CW01177662

EUROCALYPSE

Collectif Solon, avec Michel Drac

Eurocalypse a été rédigé sur un atelier du site scriptoblog.com. Ont collaboré à la rédaction de cet ouvrage les auteurs du collectif Solon : « Le Zélote », Marc Hetti, « L'Abbé Mickey », Roubachof, Michel Drac

Eurocalypse

Première publication : Scribédit, 2008

Publié par Le Retour aux Sources

www.leretourauxsources.com

© Omnia Veritas Limited – collectif Solon – 2020

Tous droits réservés. Aucune partie de cette publication ne peut être reproduite par quelque moyen que ce soit sans la permission préalable de l'éditeur. Le code de la propriété intellectuelle interdit les copies ou reproductions destinées à une utilisation collective. Toute représentation ou reproduction intégrale ou partielle faite par quelque procédé que ce soit, sans le consentement de l'éditeur, de l'auteur ou de leur ayants cause, est illicite et constitue une contrefaçon sanctionnée par les articles L-335-2 et suivants du Code de la propriété intellectuelle.

Remerciements :

Merci à nos premiers lecteurs,
Emmanuel et Express,
Le Gorille sur Roues, sans qui nous n'aurions pas pu décrire la
« FITEC » vue de l'intérieur,
Le cobaye qui ne jura pas,
Le « scriptomaniak » en chef.

PREMIÈRE PARTIE - KALI YUGA..11
  CHAPITRE I - LE SOLSTICE D'HIVER 11
  CHAPITRE II - LES CHIENS DE L'ENFER 28
  CHAPITRE III - LES ROUAGES DE LA MACHINE 41
  CHAPITRE IV - LA LUNE NOIRE 55
  CHAPITRE V - RANDONNÉE SUR LE PERIPH 71
  CHAPITRE VI - AU CRÉPUSCULE 84

DEUXIEME PARTIE - LA COLLINE DE SION 118
  Trois ans plus tard.. 118
  CHAPITRE VII - UN SERMENT... 118
  CHAPITRE VIII - SI VIS PACEM 132
  CHAPITRE IX - PARA BELLUM 178
  CHAPITRE X - LE TERRITOIRE 202
  CHAPITRE XI - L'HOMME SOUS L'ARBRE 216
  CHAPITRE XII - OPÉRATION ARMAGUEDON... 230

TROISIEME PARTIE - RAGNAROK 266
  Six mois plus tard 266
  CHAPITRE XIII - TROIS FEMMES.. 266
  CHAPITRE XIV - LA CHUTE DE BABYLONE 294
  CHAPITRE XV - TOTAL CHAOS... 323
  CHAPITRE XVI - LA CONFRONTATION... 356
  CHAPITRE XVII - LA VIE MALGRÉ TOUT 380
  CHAPITRE XVIII - LE SOLSTICE D'ÉTÉ 388

POSTFACE 407

ÉDITIONS LE RETOUR AUX SOURCES 409

« *Et il fut donné à la bête une bouche qui proférait des paroles arrogantes et des blasphèmes. Et il lui fut donné le pouvoir d'agir pendant quarante-deux mois. Et elle ouvrit sa bouche pour proférer des blasphèmes contre Dieu, pour blasphémer son nom et son tabernacle, et ceux qui habitent dans le ciel. Et il lui fut donné de faire la guerre aux saints et de les vaincre. Et il lui fut donné autorité sur toute tribu, tout peuple, toute langue, et toute nation. Et tous les habitants de la terre l'adoreront, ceux dont le nom n'a pas été écrit dès la fondation du monde dans le livre de vie de l'agneau qui a été immolé.*

« *Si quelqu'un a des oreilles, qu'il entende ! Si quelqu'un mène en captivité, il ira en captivité. Si quelqu'un tue par l'épée, il faut qu'il soit tué par l'épée. C'est ici la persévérance et la foi des saints.*

« *Puis je vis monter de la terre une autre bête, qui avait deux cornes semblables à celles d'un agneau, et qui parlait comme un dragon. Elle exerçait toute l'autorité de la première bête en sa présence, et elle faisait que la terre et ses habitants adoraient la première bête, dont la blessure mortelle avait été guérie. Elle opérait de grands prodiges, même jusqu'à faire descendre du feu du ciel sur la terre à la vue des hommes. Et elle séduisait les habitants de la terre par les prodiges qu'il lui était donné d'opérer en présence de la bête, disant aux habitants de la terre de faire à la bête une image qui avait la blessure de l'épée et qui vivait. Et il lui fut accordé de donner souffle à l'image de la bête, afin que l'image de la bête parlât, et qu'elle fît que tous ceux qui ne se prosterneraient pas devant l'image de la bête fussent tués. Et elle fit que tous, petits et grands, riches et pauvres, libres et esclaves, reçussent une marque sur leur main droite ou sur leur front, et que personne ne pût acheter ni vendre, sans avoir la marque, le nom de la bête ou le chiffre de son nom.*

« *C'est ici la sagesse. Que l'homme doué d'intelligence calcule le chiffre de la bête. Car c'est un chiffre d'homme, et son chiffre est six cent soixante-six.* »

Apocalypse, chapitre XIII

Avertissement :

« Eurocalypse » présente le scénario le plus pessimiste possible, le « pire du pire ». Il est possible que ça vous fasse peur : c'est fait pour. *La crainte est le commencement de la sagesse.*

PREMIÈRE PARTIE - KALI YUGA

> « Ce degré de décomposition est bien sûr, comme tout ce qui touche à l'homme et à ses dispositifs sociaux, un facteur hautement dynamique, et paradoxal, cette chimie avancée est aussi explosive que celle qui disloqua l'ordre médiéval au XV° et XVI° siècles dans un bain de sang généralisé, elle permet dans le même temps, dans le même espace devrais-je dire, dans le même continuum, le surgissement de formes d'art inédites, de plastiques nouvelles, de paradigmes fondateurs, de métaphysiques prédatrices, de sciences inexplorées, en bref le surgissement créatif d'une nouvelle forme d'humanité. »
>
> **Maurice G. Dantec** - Le théâtre des opérations

CHAPITRE I - LE SOLSTICE D'HIVER

C'était par un de ces soirs où la pluie battante nettoie les rues de la ville. L'eau ruisselait sur les trottoirs luisants. La nuit tombait. Dans les extrazones derrière le rempart périphérique, les extrazonards se dépêchaient de regagner leur domicile avant le couvre-feu. Dans l'intrazone de Paris Centre, les vitrines étaient décorées pour le solstice d'hiver, et si les passants couraient, ce n'était que pour fuir l'averse.

Quelque part dans Paris, ce soir-là, une femme pourtant ne courait pas. Elle marchait à pas lents sous la pluie battante. Vêtue d'un imperméable beige si clair qu'il paraissait presque blanc, elle errait par les rues, et ne semblait pas remarquer l'eau qui ruisselait sur son visage de poupée. Elle portait à la main un sac de plastique translucide. Dans le sac, il y avait un dossier volumineux dont on ne pouvait lire le titre.

Elle s'arrêta le temps d'admirer une vitrine soigneusement agencée. Le long du boulevard, un grand magasin annonçait le dix-huitième anniversaire de l'ordre eurocorporatif. La femme observa la vitrine où elle voyait brûler quarante-deux bougies, organisées en sept rangées de six. Elle ne comprenait pas pourquoi on faisait brûler quarante-deux bougies en l'honneur d'un dix-huitième anniversaire.

Les six rangées du bas formaient un carré parfait. La septième rangée était de trop, et elle nuisait à la symétrie de l'ensemble.

Enfin, la femme comprit que tout cela n'était qu'illusion d'optique. Il n'y avait jamais eu que trois rangées, de six bougies chacune. Chacune des trois rangées se reflétait dans une glace située derrière l'ensemble, d'où l'impression qu'il y avait six rangées. Quant à la septième, elle n'était que le reflet du miroir dans la vitrine.

Un énorme 18 en chocolat ornait un gâteau crémeux. C'était le dix-huitième anniversaire de l'ordre eurocorporatif, et il n'y avait jamais eu que 18 bougies, en trois rangées de six. Tout était en ordre.

La femme se détourna de la vitrine.

Elle s'apprêtait à traverser le boulevard quand le feu de circulation passa au vert. Elle s'arrêta devant un passage piéton. Elle faillit faire signe à un taxi qui passait, puis se ravisa. Elle préférait marcher, malgré la pluie.

Le feu passa au rouge, le signal piéton passa au vert. À côté de la femme, il y avait un gros monsieur entre deux âges. Il courut pour traverser la rue. La femme le regarda s'éloigner, puis elle fixa le passage piéton. Les phares des véhicules déroulaient un tapis de lumière sur la chaussée. Le signal piéton passa au rouge, le feu passa au vert. Les voitures démarrèrent – un taxi gris métallisé, puis un solocar noir conduit par un jeune homme aux cheveux ras. Et toujours la femme restait sur le trottoir, à regarder passer les véhicules, sans bouger. Il lui sembla que le jeune homme dans le solocar lui jetait un coup d'œil agressif.

Elle fit demi-tour, entra dans une brasserie et prit place à une table libre. Devant elle, la carte électronique annonçait les bières pression. Elle posa le doigt sur l'onglet « sans alcool » et choisit un thé parfumé.

Un serveur lui amena sa commande quelques secondes plus tard. Il était vêtu à l'ancienne, avec un gilet et un nœud papillon guilleret, mais il avait les yeux cernés et injectés de sang. Ce type avait l'air malade.

Elle parcourut la salle du regard. Deux tables plus loin, un gros bonhomme roux semblait l'observer. Leurs regards se croisèrent et, pendant une fraction de seconde, elle eut l'impression que le rouquin n'allait pas baisser les yeux, et qu'il faudrait que ce soit elle, Isabelle Cardan, qui détourne le regard. Pourtant, l'instant d'après, l'homme regardait déjà ailleurs. En fait, il regardait la fille assise devant lui, tout bonnement.

Cardan se secoua. Elle était en état de choc. Elle décida de se reprendre en main, d'être forte.

Elle prit une inspiration profonde.

Elle ferma les yeux et tenta de se souvenir de sa première autopsie. C'était vingt ans plus tôt, au début de ses études de médecine, à la fin de la Grande Crise. Elle était restée impassible pendant toute la durée de

l'opération, puis, seule dans sa petite chambre d'étudiante, elle s'était effondrée.
Le lendemain, elle était allée à la fac, normalement. Elle avait toujours été solide.
Elle prit une inspiration encore plus profonde.
Elle était dure, elle était forte. Elle n'avait pas peur.
Le garçon lui amena un deuxième thé, et soudain, elle se sentit mieux. Elle faillit dire au serveur malade, à voix basse bien sûr, qu'il était visiblement souffrant, qu'il y avait une alerte épidémique sérieuse, depuis une semaine, sur la conurbation Paris – Banlieue, qu'elle était médecin et qu'elle savait de quoi elle parlait, il ne fallait pas plaisanter avec le nouveau virus indien.
Finalement, elle choisit de se taire. Ce type n'avait probablement pas les moyens de se soigner, de toute manière. En général, les petits métiers en intrazone étaient l'affaire des extrazonards euros. Pour eux, c'était devenu la norme de travailler malade. Dans certaines extrazones pauvres en eau potable, c'était même devenu la norme de *vivre* malade – tous les jours du mois et tous les mois de l'année.
Elle se pencha sur la carte électronique. Il y avait de petits dessins dans les coins, des lettres stylisées. Elle se demanda si le concepteur de cette carte avait caché un message dans ces entrelacs cabalistiques. C'était possible après tout. Quand les signes n'ont apparemment pas de sens, c'est parfois parce qu'ils n'en ont vraiment pas.
Mais parfois, c'est parce qu'ils ont un sens caché.
Elle piocha un substitut de cigarette dans le paquet posé devant elle et, tout en mâchouillant la smilirette imprégnée, les yeux mi-clos, elle se repassa minute par minute le film de sa journée.

*

La plupart des gens se représentent les experts psychiatriques comme des charlatans bouffis d'orgueil, et parfois, c'est exactement ce qu'ils sont. Cependant, en règle générale, un expert psychiatrique est d'abord un médecin, modeste devant la pathologie.
Isabelle Cardan était de cette race-là.
Depuis la publication de sa thèse, on la considérait comme un des meilleurs psychiatres criminologues de l'Union Eurocorpo. Et cependant, elle restait humble. Après dix ans passés à étudier les plus grands criminels européens, elle avait peut-être balayé un pourcent du champ d'expérimentation. Un pourcent, *au mieux*.
Et ce soir-là, attablée dans une brasserie parisienne, elle se sentit encore plus humble que d'ordinaire.

Des scènes de crime, elle en avait vu beaucoup, depuis dix ans. Elle savait qu'il y avait des hommes qui prenaient plaisir à enfoncer un tesson de bouteille dans le vagin d'une femme qu'ils venaient de violer. Elle savait qu'il existait des femmes capables de torturer leur propre enfant en éteignant des cigarettes sur sa peau, avant de l'offrir à leur amant pour qu'il le sodomise à mort. Elle savait qu'il existait des gangs de trafiquants de drogue connus pour jouer au foot avec la tête de leur victime fraîchement décapitée. Elle avait longuement interrogé des psychopathes jugés extrêmement dangereux, et elle en avait conclu qu'un tueur fou pouvait être un jeune homme effacé, timide même. Toute cette dinguerie, toute cette violence pulsionnelle et absurde, Isabelle Cardan la savait. À vrai dire, elle était même *payée* pour la savoir.

Seulement voilà : elle n'avait jamais rien vu qui ressemblât à ce crime-là. Jamais. Ce crime-là n'était pas *normal* – si tant est qu'on pût parler de normalité s'agissant du crime.

Au départ, il ne s'agissait que d'une expertise très ordinaire, une affaire banale à première vue. Un crime passionnel, tout bonnement. Crime très sanglant, certes, mais enfin rien de bien palpitant. Un crime passionnel comme il y en a, chaque année, des centaines dans les intrazones, et un nombre encore bien plus important dans les extrazones.

La Criminelle avait contacté Cardan le matin même – c'était l'inspecteur Rosso, une vieille connaissance.

« Allô, professeur Cardan ? Oui ? Bonjour, Isabelle. Yann Rosso à l'appareil. On a besoin de votre avis, prof. J'ai deux macchabées, le genre pas beau à voir. »

Rosso fit entendre un rire grinçant, on aurait cru le halètement d'un moteur à l'agonie. Mais Cardan n'y prêta pas attention. Ce flic avait un côté gamin, elle le savait et ne s'en formalisait plus. Il cultivait un étrange humour paradoxal, à la fois noir et naïf, comme une armure d'enfance contre la laideur du monde.

Cardan aimait bien l'inspecteur Rosso. Derrière le cynisme affiché du bonhomme, on devinait facilement la fragilité d'un bon nounours bourru, affligé d'un cœur trop gros pour le sale boulot que la vie lui avait choisi.

Cardan était libre en début d'après-midi. Elle prit rendez-vous et ne s'inquiéta même pas du juge d'instruction : depuis quelques temps, on était devenu moins formaliste. En matière de violence urbaine et de criminalité, depuis l'effondrement économique des années 2010, l'Union Eurocorpo talonnait la Colombie, alors on n'avait plus le temps de finasser, il y avait trop de viandes froides à ramasser, les morgues en débordaient. Les flics appelaient directement l'expert médico-légal, et basta. Pas de paperasse, pas de commission rogatoire. Cardan touchait une indemnisation forfaitaire, peu de chose à vrai dire. De toute manière, elle s'en fichait : ce qui l'intéressait, c'était l'expérience qu'elle retirait des expertises criminelles – une expérience *irremplaçable.*

*

Yann Rosso, Stéphanie Berg et Isabelle Cardan sous les toits de la cité de justice.

Rosso, plutôt petit mais très costaud, crâne rasé, cicatrice sur le front, belle gueule de guerrier pour tout dire. Cardan savait que derrière cette apparence d'homme brutal, il y avait un esprit éveillé – une intelligence tournée vers la pratique, certes, mais une intelligence *réellement* exceptionnelle.

Berg grande, blonde, étonnamment féminine pour une femme flic, et surtout pour une femme flic de choc. Cardan était toujours impressionnée par la confiance en soi de cette Valkyrie alsacienne. Berg semblait n'avoir jamais peur de rien. On aurait dit qu'elle savait quelque chose que les autres ignoraient, toujours. Un mystère.

Ce jour-là, en face du tandem Rosso - Berg, Cardan se sentit intimidée. Il y avait quelque chose de physique chez ces flics, comme une présence lourde, impossible à ignorer. On a beau s'attendre à cette lourdeur, à cette présence, à cette densité, on est toujours surpris quand on se retrouve devant des gens habitués à la violence. Il y a, dans les êtres qui ont tué, une gravité hors du monde.

Berg raconta l'affaire.

Elle parlait, urbaine comme à son habitude, et Rosso se taisait, renfrogné. Dans le duo, Stéphanie Berg jouait le flic courtois, gentil, presque compassionnel. Yann Rosso, lui, était préposé au rôle de brute. C'était le teigneux qui pianote distraitement une matraque posée devant lui, l'air de rien, pendant les interrogatoires.

Et à vrai dire, de sa part, ce n'était pas entièrement un rôle de composition…

Berg racontait : affaire Blanco, crime passionnel. Du classique : monsieur Blanco, Maxime de son prénom, apprend que madame lui fait porter les cornes. Monsieur n'apprécie pas, monsieur rentre à l'improviste, surprend madame dans les bras de son amant, zigouille l'amant, zigouille madame.

Du classique, vraiment.

Cardan sentait venir l'affaire ennuyeuse. Elle commençait même à se demander pourquoi on faisait appel à elle pour un crime aussi banal. Le crime passionnel est à la police criminelle ce que les appendicites sont à la chirurgie : le truc qu'on oublie quand on referme. Dans à peu près la moitié des cas, il s'agit d'un adultère classique – le reste du temps, ce sont des histoires de séparation conflictuelles, du sordide, avec en option alcool et stupéfiants, cul et pognon. Sans intérêt.

Cardan ne comprenait pas pourquoi on avait mis le duo de choc Berg-Rosso sur une affaire comme celle-là. À croire que la Crime leur offrait une quinzaine sabbatique.

Berg racontait. Puis soudain, elle se tut.

Il y eut un silence prolongé, elle semblait chercher ses mots.

Rosso intervint : « Là où ça vire carrément zarbi, c'est au niveau du modus operandi. »

« Mais encore ? », demanda Cardan.

« Le mieux est de vous montrer, » proposa Berg.

Elle retourna le smartcom posé sur son bureau. Le lecteur vidéo était ouvert.

« Accrochez-vous, prof, la vérité fait mal. »

Cadran haussa les épaules. Elle en avait vu d'autres.

Moteur, on tourne.

Gros plan sur un visage d'homme, la quarantaine, cheveux poivre et sel, teint hâlé. L'homme sourit, puis disparaît de l'écran.

Plan américain, un type et une fille nus, couchés sur un lit défait, saucissonnés bien proprement, bâillonnés, ambiance bondage. Le type porte un masque de carnaval représentant un visage de clown.

Plan fixe, le quadragénaire bronzé apparaît derrière le lit. Il est vêtu d'un costume gris très chic, chemise blanche, cravate rayée. Il saisit le type ligoté par les cheveux, l'oblige à se redresser, le fait tomber du lit. Le type gémit, se débat. Le quadragénaire l'attrape sous les bras, l'entraîne. Bruits de lutte, cris étouffés. Le quadra revient sur ses pas, saisit la femme par la chevelure. Même motif même punition, sauf que la fille se débat moins longtemps. Hors champ, elle couine.

Long plan fixe sur le lit déserté. Une main traverse l'écran. Un flash.

A nouveau le visage du quadragénaire, souriant, avec quelque chose de dur dans le regard. Travelling sur le mec à poils, assis, attaché au dossier d'une chaise par les poignets. On voit mieux son masque. On dirait le visage du quadragénaire, maquillé en clown. La femme est couchée sur le ventre, par terre, quelques mètres derrière lui.

Isabelle Cardan demanda, incrédule : « Il a filmé son crime ? Il l'a vraiment filmé ? »

Berg mit le lecteur sur pause.

« Affirmatif. Il l'a filmé *live*, après avoir appelé ses enfants pour qu'ils assistent au spectacle sur Internet. Vous savez où se trouvent les gosses ? »

Cardan leva les mains en signe d'ignorance.

« Deux fils, dix et sept ans, » reprit Berg, « actuellement en pension dans un collège, dans l'Europrovince d'Helvétie. On a récupéré l'enregistrement sur le disque dur du cinglé, mais les Suisses ont le même chez les gamins. Ils s'attendent à tout, venant de Neustrie, mais là, j'ai l'impression qu'on les a bluffés. »

Rosso ricana. Cardan n'arrivait pas à croire ce qu'elle entendait.

« Les gosses ont assisté au crime ? En direct ? Par Internet ? »

« Affirmatif. Aux dernières nouvelles, ils sont sous psychotropes. »

Cardan n'avait jamais éprouvé une grande sympathie pour les gosses de riches qui faisaient leurs études en Suisse – une situation de plus en plus fréquente, depuis l'écroulement de l'instruction publique en Neustrie. Pourtant, elle ne put s'empêcher de ressentir une certaine compassion pour les enfants Blanco. Pas étonnant qu'ils soient sous psychotropes, les mouflets.

Papa zigouille maman, tel est le nom du film...

Berg demanda : « Vous avez remarqué, pour le masque ? »

« On dirait un visage de clown, non ? »

« Pas tout à fait, doc. Ce mec a fait faire un masque à sa ressemblance, il y a quelques jours. Préméditation, donc. C'est son visage, mais maquillé en clown. Vous avez une théorie ? »

« Pas comme ça, pas à brûle-pourpoint. Voyons la suite. »

Berg remit le lecteur en route. Cardan se cala sur sa chaise et s'efforça de respirer profondément. Ces dernières années, elle avait parcouru des montagnes de dossiers de l'identité judiciaire. Elle savait plus ou moins à quoi s'attendre.

Plus ou moins.

*

« Excusez-moi, je peux vous demander une smilirette ? Je n'ai pas pu en acheter tout à l'heure, et les pharmacies viennent de fermer. »

Isabelle Cardan sursauta. Elle saisit le paquet posé devant elle, le passa au jeune homme assis à la table d'à côté.

La brasserie s'était remplie depuis qu'elle y était entrée. À présent, il n'y avait presque plus de tables libres. Elle regarda sa montre : sept heures. Cela faisait plus d'une heure qu'elle était là. Elle n'avait pas vu le temps passer.

Ça sentait la bière. Cardan commanda un troisième thé. Au fond de la salle, le rouquin était parti. À sa place, à présent, il y avait un grand Noir vêtu d'un imperméable de cuir. Cardan tendit l'oreille : ses voisins parlaient des nouveaux flingues d'autodéfense.

« C'est pratiquement sans danger, l'agresseur est neutralisé presque instantanément. »

« Tu sais comment ça fonctionne, au juste ? C'est une sorte de seringue, c'est ça ? »

« En fait, c'est une arme à air comprimée qui tire une seringue minuscule. Il vaut mieux viser la peau pour être sûr, mais normalement, ça traverse les vêtements. »

« Même le cuir ? »

« Non, le cuir, ça ne traverse pas à tous les coups. »

« Ce que je ne comprends pas, c'est comment ça peut être sans danger. »

« La seringue est minuscule et elle est faite dans une espèce de résine qui fond à l'intérieur du corps. En fait, elle se plante sous la peau, elle explose en même temps et elle libère le soporifique. Puis elle fond, tu vois ? Comme ça, à part un tout petit trou dans la peau, pas de trace. Et trois secondes après avoir été touché, le mec est paralysé à moitié, dix secondes plus tard il est dans les vapes. Tu saisis l'intérêt ? »

Cardan haussa discrètement les épaules. Cette conversation était typique. Les gens étaient obsédés par l'autodéfense. Au fur et à mesure que l'insécurité augmentait, la population des intrazones s'armait – pistolets à ondes provoquant une sensation de brûlure, mini-gomme-cogne, les fabricants ne savaient plus quoi inventer.

Et naturellement, plus la population s'armait, plus l'Etat durcissait la législation en matière de détention d'armes. Les armes en vente libre étaient de plus en plus chères, mais de moins en moins dissuasives.

Les gens avaient peur de tout. Peur de se faire agresser sans pouvoir riposter, mais aussi peur de riposter, de tuer un agresseur et de se retrouver en taule – depuis que la Coalition Ethnoprogressiste avait repris le contrôle du parlement de Neustrie, il ne faisait pas bon être euro et avoir tué un Afro, légitime défense ou pas.

Cardan soupira. Elle détestait son époque. Si elle avait pu, elle serait entrée dans une machine à remonter le temps pour revenir, disons, aux années 1960, voire 1970. Comme la plupart de ses concitoyens, elle constatait, jour après jour, le lent écroulement de son monde. Elle voyait l'implosion molle de la société occidentale, la régression des libertés démocratiques, l'explosion sanglante de la criminalité, pour ne pas dire de la barbarie. Elle voyait tout cela, et elle ne pouvait que constater les dégâts. C'était profondément déprimant.

Circonstance aggravante, à la différence de la plupart de ses concitoyens, la violence en expansion n'était pas pour elle une *impression générale*, un simple recueil de données statistiques. Pour le docteur Cardan, les crimes n'étaient pas des entrefilets dans les journaux.

Pour le docteur Cardan, les crimes avaient une réalité : c'était du sang, de la chair torturée, les hurlements atroces des parents d'enfants enlevés et assassinés, le regard épouvanté de cette gamine, violée par une bande de junkies l'an dernier, dans un wagon du réseau conurbatif intégré, sous le nez de trente voyageurs, trop terrorisés pour intervenir.

Au regard de cette violence pure, cinglée, illimitée, les gadgets d'autodéfense en vente libre étaient ridiculement inadaptés. La plupart du temps, les prédateurs agissaient en groupe, en horde de vingt ou trente furieux armés jusqu'aux dents. Cardan essaya d'imaginer sa voisine, une petite dame eurasienne d'un mètre cinquante, avec son pistolet à mini-seringues hypodermiques, en face de vingt guerriers urbains, équipés de poignards, de massues cloutées, et même de deux ou trois pistolets-mitrailleurs sans doute, au cas où un gang rival sévirait dans le même coin.

Ridicule, tout simplement ridicule.

En réalité, la seule chose à faire en cas d'agression par une bande de *street warriors* afro, pour un intrazonard euro ou asio, c'était d'encaisser.

Tout le monde le savait, d'ailleurs. Les gadgets d'autodéfense ne servaient qu'à rassurer leurs propriétaires. En général, en cas d'agression, ils n'étaient pas même utilisés. Les gens qui le pouvaient n'allaient jamais dans les extrazones – ou alors seulement en groupe, en nombre, et si possible avec deux ou trois costauds dans l'équipe.

Comme le dit la devise : « l'union fait la force, et la force fait vivre ».

Isabelle Cardan, en ce temps-là, espérait déjà la Fraction – elle ne savait pas que la Fraction s'appellerait la Fraction, mais elle en avait déjà l'idée.

Cette idée flottait dans l'air.

Il aurait suffi d'ouvrir les yeux pour la voir.

*

Quand on vit une époque ignoble, il faut s'attendre à des crimes ignobles.

Celui de Blanco était répugnant. Cardan en avait vu de drôles, en dix ans de criminologie, mais rien qui se compare à cette boucherie. Là, on tenait un record. Berg et Rosso avaient déjà visionné la scène, ils avaient même dû se la repasser sous toutes les coutures. Pourtant, ils ne purent s'empêcher de tressaillir en visionnant le carnage. Quant au doc, plaquée au fond de son fauteuil, les poings crispés sur les accoudoirs, elle fut obligée de détourner le regard à deux reprises.

Script :
Le visage du tueur, en gros plan. Vraiment une belle gueule, dans le genre quadragénaire bien conservé. Regard clair, gris-bleu. Sourire éclatant, une pub pour une marque de dentifrice. Le Ken de Barbie, avec un peu de gris dans les cheveux.

Il dit : « Pour commencer, je vais m'occuper du goret. »

S'approche du mec ligoté. S'agenouille à côté de lui, ramasse un couteau posé sur le sol. C'est une dague de combat, tranchante comme un rasoir. Le type ligoté gémit sous son bâillon. Le tueur, très décontracté, se relève, passe dans le dos du type. Puis, d'un geste rapide, il lui tranche une oreille. Un vrai travail d'artiste, je te pose la main gauche sur le côté de la tête, et je te charcute le pavillon auditif droit. Bonsoir, tu n'as plus qu'une étiquette.

Ça s'est fait si vite qu'on a du mal à comprendre. Tiens, où est passée l'oreille droite du monsieur ? C'est quoi le trou sanglant avec des machins blanchâtres qui dépassent, on dirait du cartilage, non ?

La victime hurle sous son bâillon, un hurlement étouffé, sinistre.

Le sang coule sur son épaule.

Le tueur fait passer le couteau de sa main droite à sa main gauche. Il pose la main droite sur la plaie à vif. Hurlement étouffé. L'oreille gauche se fait charcuter comme l'oreille droite.

Le tueur se relève, il attrape un chiffon posé devant la webcam, puis il le repose, sanglant. Il vient de s'essuyer les mains. Il tripote la webcam, on entrevoit la femme. Elle est absolument terrifiée. De la bave coule de son bâillon.

La webcam revient vers le type charcuté. Celui-ci pisse le sang tout doucement. Maintenant qu'il n'a plus d'oreilles, le masque posé sur son visage a tendance à glisser vers le bas, malgré le bâillon serré par-dessus.

Le tueur repasse dans le champ, contourne la victime.

« Bon, mon vieux, maintenant, il va falloir être courageux. »

La victime tourne la tête de côté, regarde fugitivement la caméra. On voit mal ses yeux, cachés par le masque. On devine, fugitivement, un regard de bête traqué, un regard fou.

Que sera ce regard dans cinq minutes ?

On a la réponse tout de suite. Le tueur bloque la tête de la victime, puis il se penche en avant. Il donne deux coups de couteau rapides, on entend un hurlement. L'homme se débat furieusement, et quand il tourne la tête de côté, on voit deux traînées rouges coulant des yeux du masque. L'homme a les yeux crevés.

La suite se déroule très lentement, comme dans un cauchemar. Cardan, tétanisée dans son fauteuil, assiste au spectacle avec l'impression horrible de participer malgré elle à une cérémonie satanique. Elle prie pour que les enfants aient craqué avant de voir ça. Sinon, ils sont devenus fous, forcément.

C'est une boucherie.

Le tueur découpe littéralement le corps de sa victime terrifiée. Il tranche le nez à travers le masque, puis lacère le visage. Le masque est en lambeau, mais on ne voit pas pour autant le visage de l'homme torturé. Ce n'est plus qu'un amas de viande humaine et de plastique lacéré. Ensuite le tueur bloque les mains de sa victime et lui coupe les doigts, avec de petits gestes précis. Le sang ruisselle partout, l'homme torturé est à moitié évanoui. Il geint encore un peu, c'est tout.

Le tueur termine sa besogne sinistre. Il taillade les jambes de sa victime, arrache des bouts de muscles et de peau. Maintenant, l'homme est complètement silencieux. Il n'est pas impossible qu'il soit déjà mort, étant donné la quantité de sang qu'il a perdue. On entend le halètement du tueur, qui s'essouffle un peu à force de frapper, et de temps en temps un couinement de terreur poussé par la femme, hors champ.

A présent que la messe est dite, la scène n'est même plus terrifiante. C'est une guignolade sanglante, rien de plus, et Cardan, à sa propre surprise, laisse échapper un petit rire nerveux.

C'est inouï, elle assiste à la destruction méthodique d'un être humain, littéralement découpé en rondelles. Et le pire, c'est que ça la fait rire. Peut-être, inconsciemment, un souvenir de carabin lui revient-il en mémoire.

Elle se mord les lèvres, essaye de retrouver son calme. Après tout, elle est censée être le doc, le scientifique froid. Pas le moment de craquer, Berg et Rosso l'observent.

Enfin, le tueur cesse de s'acharner sur sa victime – ou plutôt sur ce qu'il en reste. Il y a du sang partout, des tripes à l'air, de la bidoche en rondelles sur le sol. Ceux qui ont assisté à l'égorgement des moutons pour l'Aïd peuvent se faire une vague idée du spectacle – sauf que là, c'est du sang humain qui est répandu sur le sol.

Inutile de se demander si la victime est morte, il y a facilement cinq litres de jus de raisin sur la moquette, c'est une inondation.

Le tueur revient vers la caméra, se nettoie les mains avec le chiffon. Sa chemise est couverte de sang. Mais ses mains sont propres et elles tiennent ferme la dague à deux tranchants.

L'homme regarde vers le bas, puis vers le haut – plutôt en haut à gauche. Puis il dit : « Maintenant, on va s'occuper de la truie. »

Il y a comme une nuance de regret dans sa voix.

La suite dépasse l'entendement.

Blanco fait pivoter la webcam. Zoom sur sa femme, bâillonnée, ligotée, terrorisée. Elle tourne la tête vers la caméra – imploration muette, regard terrible, la mort au fond des yeux. Une brebis à l'abattoir.

Cardan frissonne. Depuis des années, elle cherche à deviner ce qui peut bien se passer entre la victime et l'assassin, au moment décisif. Elle réalise soudain qu'après tout, elle n'a peut-être pas tellement envie de le savoir.

Seulement voilà, il est trop tard pour reculer. Trop tard pour changer de boulot, trop tard pour demander à Rosso de ne pas l'appeler, trop tard pour demander à Berg d'arrêter cette saloperie de film.

Trop tard, doc Cardan. Tu voulais savoir la vérité ? Eh bien, tu vas savoir.

La femme de Blanco est déjà morte. Elle le sait, elle vient de le comprendre. Le temps s'est figé pour elle. L'éternité, c'est maintenant, et dedans, il n'y a rien.

Cardan sent un grand froid descendre sur son cœur.

Une voix dit, au fond de la tête de doc Cardan : « Déjà morts. Nous sommes déjà morts, voilà la vérité. Nous sommes aussi morts que des moutons qu'on conduit au boucher. Quand on nous égorge, nous cessons de nous mentir, nous cessons de faire semblant d'être vivants. C'est tout. La vie est un mensonge et la mort est la vérité, voilà ce qu'il faut savoir. C'est tout. »

Cardan frissonne. Elle a peur, et elle a du mal à ne pas le montrer. Une crainte révérencieuse descend sur elle, alors que le tueur réapparaît à l'écran.

Maxime Blanco tient quelque chose à la main. Cardan met quelques secondes à comprendre que c'est la tête du mec qui vient de se faire charcuter. On distingue vaguement le visage, bouillie sanglante parsemée de lambeaux de plastique, reliquats du masque enfoncés, imprimés dans la chair. Des lambeaux de muscles et de nerfs pendouillent du cou tranché, dans un goutte-à-goutte sanglant. C'est répugnant, absolument répugnant.

Cardan murmure : « D'accord, d'accord. »

Tout cela, c'est réel. Tout cela, c'est la réalité. Ce type couvert de sang tenant à la main la tête coupée d'un autre type, c'est la réalité.

« La vérité fait mal, » disait Berg.

Comme c'est vrai.

Les images bien léchées des intrazones rurales paisibles sur la télé coins carrés dans un appart chic au cœur d'une intrazone urbaine : ce n'est pas la réalité. Les assurances-vie sur papier glacé vendues par des cybercommerciaux aux intrazonards des hyperzones ultrasécurisées : ce n'est pas la réalité. Les rires en boîte dans les talk-shows des années 1980 qu'on repasse en boucle à la téloche pour le quatrième âge : ce n'est pas la réalité. Les voitures bien réglées qui s'arrêtent cinq centimètres avant de percuter la poussette, comme dans les pubs de Peugeord : ce n'est pas la réalité. Les vieillards sages qui ne meurent jamais, souriants, tout propres, dans des chambres d'hôpital ultramodernes pour intrazonards friqués : ce n'est pas la réalité.

La réalité, c'est un homme couvert de sang qui brandit la tête coupée de son rival.

Cardan se secoue. Elle n'est pas là pour faire de la philo. Elle plisse les yeux et scrute l'écran.

Le tueur s'agenouille devant sa femme, pose la tête coupée sur le sol. Dans la main gauche, il tient ferme son poignard à deux tranchants. Il le fait passer dans sa main droite et, d'un geste rapide, plante la lame dans le ventre de son épouse, à droite. Ensuite, il se relève et, en même temps, il remonte le couteau sur le ventre de sa victime. Jaillit du sang noir, puis des tripes. Tout ça dégouline sur les genoux de la femme éventrée. On entend un râle, puis plus rien.

Le tueur se penche à nouveau, fend à nouveau le ventre, cette fois de haut en bas. Il saisit des morceaux de tripes et les arrache du ventre de sa femme. Ensuite, il s'agenouille à nouveau devant la victime, inconsciente évidemment, peut-être déjà morte. Il saisit la tête coupée et l'encastre dans le ventre crevé.

Puis il se relève. Il est couvert de sang, il s'essuie les mains sur son visage, geste qui imprime deux traînées rouges sur ses joues et sur son front. Son regard est dur, brûlant de colère et de cruauté.

Masque sanglant, il se tourne vers la caméra, désigne d'un ample mouvement du bras la scène de carnage derrière lui, puis il dit, d'une voix forte : « Mes fils, je vous ai refaits. Aujourd'hui, vous êtes nés une deuxième fois. Ceux qui vivent dans la chair disent qu'ils sont vivants. Ils n'en savent rien, ils font semblant et sont dupes de leur mensonge. Les sages le savent. Croyez-vous que vous ne serviez qu'à vos illusions ? Je sais ce que vous ne savez pas. J'ai chassé le mensonge hors de mon esprit, et je l'ai chassé hors du vôtre. Nous sommes la vie, les autres seront la mort. »

Ce qui se passe ensuite est stupéfiant. Le tueur sourit, après avoir parlé.

C'est un sourire d'enfant, un sourire parfaitement apaisé, comme les sourires des anges chez les peintres baroques. Il y a une grande douceur dans son regard. Véritablement, c'est un regard débordant d'amour. L'homme est soudain transfiguré, au point qu'on a peine à croire que c'est la même personne qui, dix secondes plus tôt, suait littéralement la rage et la haine. À présent, Maxime Blanco resplendit d'amour.

Geste rapide de la main. Ecran noir.

*

Rosso posa un petit verre de rhum devant Cardan.

« Merci », dit-elle, avant de s'envoyer deux centilitres dans le gosier.

Rosso répondit, avec une douceur inhabituelle : « À votre service, doc. »

Berg referma l'ordinateur portable. Puis elle se laissa basculer en arrière dans son fauteuil.

« Alors, doc ? Vous en pensez quoi ? »

Cardan essaya de rassembler ses idées. Parfois, il faut laisser parler l'instinct.

Elle demanda la permission de s'allumer une cigarette. En principe, fumer était interdit partout dans les intrazones, mais Cardan savait par expérience que les flics sont les mieux placés pour transgresser la loi.

Avec deux centilitres de rhum et une cousue, tout va mieux.

« Bon, » fit-elle, « nous avons affaire à un authentique psychopathe. Il est évident que ce n'est pas un crime passionnel classique. En l'occurrence, je dirais que le mobile passionnel a servi de prétexte, ou de révélateur si vous préférez. Ce type est fou à lier. »

Elle esquissa un sourire un peu triste.

« Jusque là, vous n'aviez pas besoin d'un psychiatre criminologue pour vous en rendre compte, je pense. »

Rosso grogna : « Non, mais c'est toujours intéressant d'avoir confirmation. »

Berg reprit : « Ce que nous voudrions savoir, doc, c'est surtout : et maintenant, qu'est-ce qu'il va faire ? Maxime Blanco est dans la nature, et nous n'avons à ce stade aucune piste. Nous ignorons où il est, la seule chose que nous savons, c'est qu'il a retiré hier une grosse somme en argent liquide. »

« Eurodollars ou consobons ? », demanda Cardan.

La question était cruciale : l'eurodollar était une monnaie stable, indexée sur le cours boursier des mégacorpos, alors que le consobon perdait pratiquement le tiers de sa valeur chaque mois. Cette monnaie de singe avait été créée pour payer les salaires des extrazonards. Cela leur permettait de consommer mais, vu l'érosion permanente de leur maigre bas de laine, il leur était impossible d'épargner…

Si Blanco n'avait sur lui que des consobons, il se retrouverait très vite à la rue. En revanche, s'il possédait des eurodollars, il pouvait raisonnablement espérer trouver refuge dans une extrazone, moyennant finances. Dans une extrazone, on pouvait acheter n'importe quoi avec des eurodollars.

« Eurodollars, » répondit Berg. « Blanco est eurorésident privilégié, il possède un appartement dans l'hyperzone de Neuilly. Il est à jour de cotisation sur Paris Intrazone et sur New York Intrarea. Il avait un job important chez Synactis, le groupe de développement informatique. Ce type a les moyens de s'offrir des eurodollars, croyez-moi. »

Cardan réfléchit. Elle avait peu, très peu d'éléments à sa disposition, mais c'était suffisant pour amorcer quelques pistes.

« Blanco est un tueur en série potentiel, » lâcha-t-elle enfin. « Ce qui révèle le tueur en série potentiel, dans son modus, c'est le caractère rituel de l'acte. À en juger par son discours final, il est en plein délire mégalomane. Bref, un concentré de pathologies. Extrêmement dangereux. »

Rosso intervint : « À votre avis, va-t-il tuer à nouveau dans les jours qui viennent ? »

Cardan secoua la tête en signe d'ignorance.

« Il est presque impossible de prévoir le comportement d'un tueur, vous le savez bien. De toute manière, il faut me laisser le temps d'analyser cette vidéo. Je pense que nous avons affaire à un illuminé plus ou moins mystique. »

Berg hocha la tête.

« Donc, doc, vous êtes prête à nous appuyer si nous demandons le classement de cette affaire en code rouge ? »

Cardan réfléchit. Le « code rouge » était une catégorie spécifique de crimes et délits, catégorie qui avait été créée quelques années plus tôt, pour faciliter le travail des forces de l'ordre dans les extrazones. Travailler sur une affaire « code rouge » présentait de nombreux avantages pour les flics. Certaines règles de droit étaient assouplies. Les interrogatoires « musclés » étaient autorisés sous le contrôle de la hiérarchie, et le maintien en garde à vue pouvait être prolongé presque indéfiniment.

Cardan n'aimait pas beaucoup les « codes rouges ». L'idée était que dans certains cas, on pouvait en quelque sorte tirer un trait sur les principes fondateurs du droit pour défendre le droit lui-même. C'était une idée dans l'air du temps – au fur et à mesure que la violence augmentait dans les extrazones, l'ordre eurocorporatif devenait de plus en plus expéditif.

Mais Cardan n'aimait pas cela. Elle se doutait que les jurisprudences créées pour le contrôle des extrazones seraient tôt ou tard généralisées aux intrazones. Et elle imaginait sans peine ce que le pouvoir en ferait…

D'un autre côté, si l'on voulait retrouver Blanco dans la jungle des extrazones, il allait falloir mettre le paquet. Pour une fois, le jeu en valait la chandelle.

« D'accord, » dit-elle. « Je soutiendrai votre demande pour le code rouge. La dangerosité de l'individu recherché justifie un code rouge. D'accord. »

Berg et Rosso échangèrent un coup d'œil satisfait. Cardan comprenait, maintenant, pourquoi ils avaient fait appel à elle. Elle était connue, auprès des flics, comme un expert qui « comprenait les choses ». Jadis, elle avait formulé, dans sa célèbre thèse de criminologie, ce que les hommes de terrain ressentaient confusément depuis des années.

« Tout criminel reflète plus ou moins les vices de l'époque où il vit, » avait écrit Cardan dix ans plus tôt. « Landru tuait les veuves après les avoir séduites. Semblablement, la guerre de 14-18 fut entre autres choses une guerre faite à la jeunesse par l'encadrement militaire et politique quinquagénaire pour se débarrasser de la concurrence sexuelle. Le docteur Petiot, qui faisait croire aux juifs qu'il allait les sauver avant de les tuer et de les brûler, faisait en petit ce que les autorités de l'époque faisaient en grand. Les grands prédateurs sexuels qui se sont multipliés en France, à partir du dernier quart du XX° siècle, n'ont jamais fait que refléter l'état général d'une société où le désir était sacralisé au nom de l'impératif de consommation. »

Oui, vraiment, c'était une thèse de grande qualité – une somme, avait dit le jury.

« Pour cette raison que le criminel reflète les vices de son époque, » poursuivait alors la thésarde Isabelle Cardan, « nous pouvons nous attendre à voir émerger, dans les décennies qui viennent, des criminels d'un type nouveau, qui reflèteront très exactement les vices d'une époque nouvelle, où nous entrons à présent, époque qui est caractérisée par l'incroyable pouvoir de modélisation des mass medias. Le processus de spectacularisation de la domination a atteint, dans notre société, un niveau inimaginable dans les sociétés qui nous ont précédés à la surface du globe. C'est la première fois que la société tout entière s'organise entièrement autour du spectacle, ce mécanisme mimétique qui sous-tendait, jadis, les jeux du cirque à Rome, ou encore les cérémonies sacrificielles aztèques : il s'agit désormais, pour chaque individu, devenu son propre dieu, de nier qu'il va mourir en observant la mort qui vient à d'autres. Notre société postmoderne repose entièrement sur ce mécanisme mimétique, soit sous la forme du culte idolâtrique de la puissance financière, culte pratiqué principalement dans nos intrazones, soit sous la forme dégradée du culte de la consommation, culte qui régit l'existence de nos concitoyens dans les extrazones – d'un côté, les riches qui idolâtrent l'argent en lui-même, de l'autre les pauvres qui idolâtrent l'illusion de l'argent, c'est-à-dire la consommation ostentatoire. »

Cardan se souvenait encore du soir où elle avait rédigé cette conclusion, après des années de travail avec son directeur de thèse. Ce soir-là, elle avait vraiment franchi une étape vers la connaissance *intellectuelle* de la vérité – cette vérité qu'aujourd'hui, pour la première fois, elle avait vue *de ses yeux*.

« Parce que la spectacularisation du processus de domination revient à nier toute forme d'intériorité à l'être humain chosifié, les criminels de demain, qui reflèteront cette spectacularisation totale, seront à la fois parfaitement chosifiés et parfaitement chosifiant. Ce seront en réalité des machines à jouir de la souffrance de leur victime, et jusqu'à un certain point, on peut considérer qu'ils obéiront aux schémas classiques rencontrés jusqu'ici chez les criminels les plus paroxystiques. Cependant, une question complémentaire se pose : on sait que le crime agit sur le cerveau des criminels psychopathes exactement comme une drogue. Les travaux récents sur le fonctionnement cérébral des criminels ont démontré qu'il existait de nombreuses ressemblances entre ce fonctionnement et celui des joueurs compulsifs. Or, le fonctionnement même des mécanismes d'addiction veut que pour dépasser l'accoutumance, le drogué augmente constamment ses doses. Alors se pose la question de savoir comment réagira le cerveau d'un criminel ayant atteint à la spectacularisation et à la chosification absolue. Il s'agit au fond de savoir ce qu'il y a après le Mal, au-delà du Mal. Voilà le moteur qui risque d'animer, à l'avenir, de nouveaux types de criminels, que nous n'avions jusqu'ici jamais rencontrés. »

Cardan aspira une longue bouffée de sa cousue.

« Qu'y a-t-il après le Mal ? », écrivait-elle dix ans plus tôt.

Elle se demandait à présent si le sieur Blanco n'avait pas commencé à répondre à cette question.

Mais bien sûr, elle garda ses réflexions pour elle. Plutôt que d'expliquer le pourquoi du comment, elle se contenta de répéter, de sa voix douce : « Code rouge ».

CHAPITRE II - LES CHIENS DE L'ENFER

Il était deux heures du matin. Depuis quatre bonnes heures, l'extrazone 934 dormait.

À travers les rues désertes, une patrouille conjointe associait chaque nuit la Police Continentale aux milices zonales. Dormez bonne gens, l'ordre règne.

Système foireux. Les flics de la PC allaient de quartier en quartier, dans leur véhicule blindé. À l'entrée de chaque quartier, les miliciens les prenaient en charge, jusqu'à la sortie, jusqu'à la zone suivante, où d'autres miliciens reprenaient le colis.

Système foireux, mais bon, soyons clair : c'était le but. Ça arrangeait tout le monde que ça soit foireux, ce système. C'était fait pour.

Les flics de la PC ne voyaient jamais rien, car les miliciens ne leur montraient que ce qu'ils voulaient bien leur montrer – c'est-à-dire rien, précisément. De toute façon, tout le monde s'en foutait de ce qui se passait dans les extrazones. L'important, c'était que le rempart périphérique et les barrières de sécurité le long des eurovoies restent à peu près étanches. Pour ça, il fallait que les extrazones soient tenues – quant à la question de savoir *par qui* elles étaient tenues, ce n'était pas le problème de la PC. Si les ethnomiliciens pouvaient faire le boulot gratuitement, personne ne s'en plaindrait.

En cas de problème, la PC appelait la force d'intervention du traité eurocontinental, la FITEC. Là, évidemment, c'était une autre histoire. Ces types-là tapaient dans le tas, direct. Ça arrivait deux ou trois fois par an, ce genre de trucs, un coup à Madrid, un coup à Berlin, un coup à Rome, à Moscou ou à Paris. En général, dans ces cas-là, l'ordre revenait très vite.

Les militaires de la FITEC avaient beaucoup musclé leurs méthodes d'intervention, surtout depuis les évènements de Rio, quelques années plus tôt, quand l'armée brésilienne avait été dépassée par une révolte dans les favelas, quand les zones sécurisées avaient été envahies. Bilan : 12.000 morts, dont une forte proportion d'intrazonards. Il avait fallu les chars lourds et une intervention internationale pour reprendre le contrôle de la mégapole en folie.

Depuis, la FITEC avait reçu consigne de frapper fort tout de suite, pour éviter qu'un mouvement de révolte ne fasse tâche d'huile. Jusqu'ici, la méthode avait donné de bons résultats. Les extrazones prenaient feu ici ou là, mais rien de bien sérieux.

Dormez bonnes gens, l'ordre règne.

*

Karim Saïdi était né dans la 934, et il en connaissait chaque recoin. Il savait parfaitement à quel jeu jouer, et avec quelle règle. Il y avait une PC, et cette PC se fichait éperdument de ce qui se passait dans les extrazones. Et puis il y avait une milice zonale, et lui, Saïdi, en était le dirigeant.

Voilà ce qu'il savait, et ça suffisait à sa gouverne.

Tout autour de Saïdi, cette nuit-là, il y avait l'extrazone 934. Encore quinze ans plus tôt, un quartier mélangé, euro et asio dans l'ensemble, plutôt bourgeois, et puis ici ou là, quelques blocs peuplés d'Afros ou de Nordafs.

Tout ça, c'était le passé. À présent, la 934 était une extrazone culturellement homogène, nordaf à 90 %, musulmane à quasiment 100 %. Tous les non musulmans étaient partis, pour s'installer qui dans une extrazone asio, qui dans une extrazone euro. Quelques privilégiés, peu nombreux, avaient pu s'acheter le permis de séjour en intrazone.

Dans l'ensemble, tout ça s'était fait en douceur. Rien à voir avec de l'épuration ethnique pure et dure, comme on en avait vue à Nantes ou à Strasbourg, à la même époque. Ici, dans la conurbation Paris-Banlieue et plus particulièrement dans l'extrazone 934, une fois l'ancienne mairie communiste brisée, l'affaire avait été pliée en deux temps trois mouvements. Même les Asios avaient finalement lâché leurs échoppes, terrorisés par les bandes de néomusuls importés tout droit du Pakistan, des malades qui vidaient un chargeur de kalash pour braquer une épicerie de quartier, des furieux, des suicidaires. Il avait suffi de deux ou trois braquages au fusil d'assaut pour que les bridés s'exilent au sud, vers l'extrazone 948, « chez eux », comme on disait maintenant.

L'extrazone 934 était née sur les décombres des villes dortoirs. C'était devenu le territoire des bandes. Huit heures du soir, couvre-feu pour les gens normaux. Insécurité maximale. *No go area*, comme cela était indiqué en toutes lettres sur les cartes de la conurbation. Depuis cinq ans au moins, aucune personne extérieure au quartier n'avait pénétré l'extrazone sans l'accord préalable de la milice zonale.

Mais pour Karim Saïdi, dit Karim Killer, dit K2, il n'y avait pas de couvre-feu. Pas besoin d'autorisation pour se baguenauder à travers les rues de l'extrazone. Et pour cause : la milice 934, c'était *sa* bande.

Tous les truands du monde le savent : le meilleur moyen de ne jamais avoir de problème avec la police, c'est encore de devenir la police. Le clan de K2 y était arrivé, pour finir : Karim était le caïd, le boss, le maître du turf. Il faisait sa police lui-même.

Que de chemin pour en arriver là…

La famille Saïdi était arrivée d'un bled paumé, quelque part en Algérie, soixante ans plus tôt, une éternité. Une filière d'immigration bien rôdée, et tout un village du bled avait rappliqué par petits bouts pour s'abattre sur un coin de France. Au départ, c'était une combine de la mairie locale, un truc des cocos. Ils avaient pigé que les patrons feraient venir des mecs pour les faire bosser à la chaîne. Du coup, ils avaient décidé de les choisir, leurs bicots, ces enfoirés de cocos. Voilà le fond de l'affaire.

Les types de la mairie avaient passé un deal avec les caïds du bled, en Algérie : vous nous garantissez que les mecs adhèreront à la CGT, moyennant quoi nous vous garantissons de faire pression sur le patronat pour qu'il vous accorde un monopole d'embauche.

Bien joué les cocos ! Sur le moment, tout le monde fut content. Les arbis, parce qu'ils pouvaient faire venir les copains du bled, la CGT parce qu'elle avait le monopole syndical, et même finalement les patrons, qui s'étaient fait à l'idée qu'après tout, tant qu'à avoir des syndicalistes sur le dos, autant qu'ils fussent encadrés par un appareil responsable.

Bien joué, les cocos.

Beau jeu, mais jeu dangereux...

Le système local se dérégla au rythme où la France, tout autour de lui, implosait – c'est-à-dire d'abord très lentement, puis de plus en plus vite. Finalement, au début de la Grande Crise, dans les années 2010, tout était parti à vau l'eau, d'un seul coup d'un seul. Une à une, les usines du coin furent délocalisées en Chine, en Inde, au Brésil. Plus de boulot du tout pour les prolos du coin, la misère.

Ça faisait pas mal de temps déjà que les cocos sentaient venir les ennuis, les vrais. Depuis les années 1980, la logique aurait voulu que les arbis retournent au bled, puisqu'il n'y avait plus de boulot en France. Seulement, problème : du boulot, il n'y en avait pas non plus au bled. Grosse cagade : des tonnes d'arbis paumés, et pas de boulot à leur donner.

Ce bordel dura trente ans. Trente ans de pourrissement ininterrompu.

Au début du bocson, les cocos crurent résoudre le problème en multipliant les emplois assistés. Ce qui deviendrait un jour l'extrazone 934 fut, pendant quelques temps, le paradis des animateurs de rue. Un vrai miracle, financé par les deniers publics, un peu parce que l'Etat banquait pour éviter l'explosion, un peu parce qu'il restait encore quelques entreprises – des sales capitalistes qui, impôts locaux aidant, renflouaient les caisses des cocos, à la mairie.

Et puis on était arrivé au bout du bout. Pas une usine, plus de sièges sociaux, plus d'impôts locaux. Et donc, pour finir : presque plus d'emplois assistés.

Là-dessus, sans crier gare, les Frères du Renouveau ramenèrent leur fraise dans le débat – des néomusuls en transe, une secte d'allumés venus tout droit du Pakistan. Un guerrier de Dieu se pointa à la mairie, et il balança au maire : « Bonjour, ou bien vous faites ce que je dis, ou bien, aux prochaines élections, nous présentons une liste contre vous. »

Le maire coco fit son choix. Il répondit au mec des Frères du Renouveau : « On vous écrasera, c'est tout. On tient cette ville. Dans les quartiers, tout le monde saura que celui qui vous soutient perd son logement, son boulot s'il en a un, ses allocs sinon. Et maintenant, dégagez ! »

Mauvaise pioche, le coco.

Le mec des Frères du Renouveau demanda à l'imam du coin de réunir quelques fondus garantis cent pour cent hallal. Résultat : sept mecs d'origine maghrébine, un Noir, deux Français convertis. Réunion dans une cave de la cité, le Frère déclara en substance : « Serait temps de faire la loi, puisqu'on est chez nous. »

Les têtes brûlées dirent : « Nous, on veut bien, mais on a un boss. Faut son accord. »

Le caïd, à cette époque-là, c'était un certain Ahmed, le prédécesseur du prédécesseur de Mokara, le prédécesseur de K2. Prudent mais ouvert à la discussion, cet Ahmed présenta au Frère les doléances du petit commerce : « Nous vivons grâce au pognon de la municipalité. Le maire nous donne des emplois fictifs. Des couvertures pour nos dealers. On en a besoin, de tout ça. »

Le Frère répondit : « Pas de problème, je garantis des emplois bidons tant que t'en voudras, j'en réponds. »

Deux jours plus tard, le néomusul s'est pointé avec un Paki. Ce mec était le représentant d'une société indienne qui cherchait à s'implanter en France pour faire du retraitement de déchets. Cette boîte fonctionnait en Inde depuis des décennies, au départ avec des capitaux américains – les Ricains voulaient les industries polluantes loin de chez eux. Maintenant, l'Inde avait du pognon, en tout cas plus que l'Europe salement déglinguée, et l'Inde avait aussi des problèmes d'eau à faire crever Calcutta. Le moment était venu d'implanter l'usine à merde ailleurs, dans un nouveau pays pauvre. Et la France, pour ça, c'était parfait.

Les Indiens, à cette époque-là, avaient plus ou moins passé un deal avec une société paki pour les représenter en France. Attendu que la France était un pays musulman, ou disons en voie de le devenir, les Pakis y étaient comme chez eux. Et ces enfoirés de Pakis avaient tout prévu : contact fut pris avec le gouvernement français, un ripou donna son accord contre une grosse enveloppe. Scénario : une zone de développement industriel prioritaire serait déclarée pile sur le territoire d'implantation, avec franchise fiscale pour les investisseurs. Le Paki était d'accord pour confier au crew du petit père Ahmed la responsabilité de la milice locale, en échange de quoi de dernier devrait tenir le territoire, pas de racket incontrôlé, la main d'œuvre prise en main, tout ce qui s'en suit.

Ahmed avait tout de suite pigé que c'était le jackpot. Plus besoin d'aller demander des emplois bidons au maire coco : maintenant les emplois, ce serait carrément lui, Ahmed, qui les fournirait directement à ses sbires ! Le rêve du truand, devenir flic à la place des flics, était en train de se concrétiser.

La suite, ce fut la double revanche des bronzés.

La première revanche, évidemment, fut surtout celle de ces connards de financiers indiens. Celui qui a le pognon passe en premier, c'est comme ça.

L'Inde était à l'époque un pays étrange. Deux cents millions de Bengali allaient bientôt devoir fuir leur pays submergé, trois cents millions de pauvres crevaient à petit feu dans les mégapoles, mais pendant ce temps-là, les groupes industriels indiens détenaient une trésorerie à faire exploser les coffres de l'Eurobank.

Ça les faisait salement bicher d'exporter leur industrie foireuse vers les anciennes puissances coloniales, les Indiens. C'était la revanche des bougnoules en costard, et ces mecs-là triquaient comme des malades à l'idée de condamner des Blancs à respirer de la merde, cette merde industrielle atroce qui, depuis cinquante ans, faisait étouffer les miséreux dans les faubourgs de Calcutta. Putain, quel pied, d'imaginer ces faces de craies, ces enculés d'européens, obligés de boire la flotte à goût de pisse et d'acide qui coulait maintenant, noire et puante, à travers les fleuves souillés de l'Inde éternelle ! Quand ils y pensaient à tout ça, les Indiens, ça les faisait triquer, et ça se voyait.

Ensuite, il y eut l'autre revanche, celle d'en bas, celle de la rue, celle des gangs « d'immigrés de la quatrième génération », comme on disait à l'époque dans les provinces francophones de l'Union Européenne. Ce fut la revanche des petits dealers de quatorze ans, des gamins qui vivaient la nuit et dormaient le jour, et qui n'avaient jamais rien connu de la vie que du béton, du shit et le rap raciste antiblanc qui résonnait à travers les quartiers *no go*, tout le temps. Ce fut la revanche des paumés, la revanche des mecs qui n'étaient personne et qui n'étaient nés nulle part. Et cette revanche-là, bien sûr, fut moins soyeuse que celle des Hindous en costard classieux. Ce fut la revanche au ras du bitume.

Ce qui se disait dans les halls, à l'époque, quand les Nordafs et les Afros parlaient des mecs de la mairie, c'était quelque chose comme :

« Connards de cocos, connards de bourgeois de gauche. Pendant un demi-siècle, vous nous avez tenus par les couilles, tas d'enflures. Vous jouez les potes avec nous, mais on n'est pas dupes.

« Vous n'êtes pas nos amis. Aucun enculé de Blanc n'est notre ami. Et nous allons vous le prouver. On est du côté du manche, et ça va faire mal. »

Et ouais, ça avait fait mal.

Le petit père Ahmed n'était pas un tendre. Pour entrer dans son crew de malade, fallait commencer par une baston avec un ancien, une explication velue à la batte de base-ball cloutée. Le principe était : le combat dure une minute, si tu es vivant à la sortie, tu rentres dans l'équipe. Pour tenir le choc, les mecs se sniffaient à la colle, juste avant. C'était ça, le crew d'Ahmed : une vraie bande de fondus.

Le jour où ces mecs-là se sont lâchés sur les connards de petits pédés de la mairie, fils de bourgeois un pouce dans le cul l'autre dans la bouche, qui jouaient à la gauche pour faire genre, eh bien ce jour-là, ça a couiné sec. Les lopettes l'ont senti passer. Ces connards avaient organisé une manif contre l'implantation de l'usine de retraitement de déchets. Ils avaient organisé cette manif avec quelques centaines de mecs qu'ils tenaient par les couilles, des types qui devaient leur boulot ou leur logement à la mairie.

Mauvaise pioche, mauvaise pioche.

Des flics vinrent parler à Ahmed, la veille du jour fatal.

« Demain, on compte sur toi pour éviter les ennuis, tous nos effectifs sont pris ailleurs. »

Message reçu cinq sur cinq.

Ahmed et sa bande tombèrent sur la manif avec leurs battes de base-ball cloutées. Il y eut du connard de pédé de gauche éclaté. Ces branleurs suppliaient : « Nous frappez pas, on vous veut pas de mal, on manifeste pour le bien du quartier. »

Dans ta gueule, enculé ! Prends ça pour mon arrière grand père, qui a été tué pendant la révolution contre les colons. Prends ça pour mon grand-père, qui a trimé toute sa vie sur une chaîne de montage pour que le tien puisse rouler dans sa caisse de bourge. Prends ça pour mon père, qui n'a jamais pu trouver de boulot, qui a largué ma salope de mère, qui s'est fait flinguer y a dix ans pour une histoire de shit, du shit qu'il revendait aux enculés dans ton genre.

Du sang sur la chaussée. De la cervelle de petit pédé, éclatée, étalée sur le trottoir en couche épaisse.

Bienvenue en Enfer, salauds de Blancs.

Après ça, on savait qui assurait l'ordre, dans le quartier.

La suite : du velours. Dès le lendemain, le maire est allé trouver les Frères du Renouveau. Ils l'ont envoyé paître, évidemment. Alors ce con de coco est allé trouver des pontes de son parti, à Paris. Ils l'ont envoyé chier idem. « Y a du pognon indien à récupérer, le quartier sera tenu, t'as fait ton temps » : voilà l'idée générale.

Exit le coco. Il est parti chanter l'Internationale dans une intrazone rurale, perdu dans ses rêves de révolution à la con. Le prolétariat immigré avait le choix entre la révolution et la revanche raciale, et le sous-prolétariat avait choisi à la place du prolétariat. Classique, tout cela. T'aurais dû t'y attendre, le coco.

Les Indiens installèrent leur usine dans la foulée.

Et ainsi, depuis près de trente ans, les affaires tournaient rond. De temps en temps, il y avait des accidents du travail, et les mecs crevaient. Y avait pas d'assurance, mais ça faisait partie du deal. En contre partie, les mecs avaient du boulot, de quoi manger et de quoi boire. Par rapport à ce qui se passait au même moment en Afrique, c'était le paradis sur terre.

*

Tel était le monde de Karim Killer, dit K2. Un monde qu'il avait reçu en héritage deux ans plus tôt, quand Mokara s'était fait dessouder, balle en pleine tête, sniper, lors d'un deal qui avait mal tourné.

Et maintenant, lui, Karim, attendait le passage des flics, à la lisière de l'extrazone, tout près du point de contrôle tenu par les milices noires, juste derrière l'avenue Nelson Mandela.

Les flics, il avait une proposition à leur faire.

K2 voulait des chiens. Des pitbulls, ou bien des dobermans, ou bien des rottweilers.

Dans les extrazones dures, le trafic de chiens de combat était directement maqué par les flics de la PC. En général, ces connards de PC se la jouaient plutôt sommet de la chaîne alimentaire, ils rackettaient les racketteurs, ils ne mettaient jamais la main à la pâte. Mais pour les chiens, c'était différent. Une passion. Un hobby. Apparemment, les flics de la PC estimaient que les chiens de combat étaient leur territoire, rien qu'à eux.

Ils étaient bons, d'ailleurs, dans ce job. Quand tu voulais un pitbull pour faire le beau dans la rue, tu pouvais t'adresser aux blackos de la 932 ou, encore mieux, aux faces de craie de la 937. Mais pour un vrai chien de combat, qui te ferait rafler la mise dans une soirée Trophée, une de ces soirées où les bandes s'affrontaient par chiens tueurs interposés ? – Alors là, y avait pas photo : seul la PC pouvait te fournir. Leurs clebs : des champions, immanquablement.

K2 avait besoin de chiens parce que son crew venait de perdre, coup sur coup, trois combats au Trophée. Mauvais, ça, pour le capital réputation. Fallait en mettre un coup. K2 voulait un chien de classe, un champion.

Avec les mecs de la PC, le deal était de toute beauté. Ils fournissaient les clebs, et en plus, ils assuraient le service après vente, ces marioles.

Quand un clebs avait perdu un combat, en général, il était amoché, mais pas mort. Fallait bien lui trouver une utilité. C'était là que la combine était finaude. Les mecs de la PC récupéraient les clébards, mais seulement après qu'on leur avait fait ingurgiter quelques sachets de sucreries du genre prohibé.

Pour ce que K2 en savait, les flics de la PC-Extrazone utilisaient ces clebs soi-disant trouvés pour passer en douce la came sous le nez de leurs collègues de la PC-Intrazone. Ou bien les flics de l'intrazone étaient au parfum et c'était juste un truc pour leur éviter de se mouiller – Karim n'était pas au courant de tout, les flics lui disaient ce qu'ils voulaient bien lui dire...

A l'arrivée dans Paris, il ne restait plus qu'à attendre que les clébards éjectent par l'arrière-train les petites capsules qu'on leur avait fait gober par le museau – ou bien peut-être que les flics les éventraient pour récupérer la marchandise, allez savoir.

En tout cas, c'était une filière sûre, et K2 l'avait utilisée plus d'une fois. Avec ces saloperies de détecteurs renifleurs, il était de plus en plus difficile de faire entrer la came dans l'intrazone, et finalement, il n'y avait pas tellement de mulets prêts à gober vingt ou trente capsules de came, avec toujours le risque qu'une capsule s'ouvre par hasard dans tes tripes, et alors adieu Berthe.

Ouais, cette histoire de clebs, c'était vraiment tout bénéfice. D'ailleurs, même quand on n'avait pas de chien de combat amoché sous la main, on pouvait toujours récupérer des corniauds dans les rues et les utiliser comme mulets. C'était une des raisons pour lesquelles on trouvait si peu de chiens errants dans les extrazones – l'autre raison, c'étaient les clochards, qui bouffaient les clebs et les chats maintenant que les poubelles elles-mêmes étaient raclées jusqu'au fond par des crevards de tous poils.

Pour l'instant, Karim pensait à tout ça, aux flics de la PC, au clebs de combat qu'ils lui avaient promis – « un champion, tu verras ! » Il pensait à tout ça et de temps en temps, il échangeait un mot avec Moke, qui était assis sur le trottoir, à côté de la bagnole et qui jouait à une connerie de jeu vidéo 3D, le casque sur la tête, le gant magique enfilé sur sa grosse patte.

Moke faisait des grands gestes, comme s'il était en train de livrer un combat de boxe.

« Moke, enlève ce casque, retour au réel, mec ! »

« Eh, Ka, laisse aller, mec ! »

K2 observa Moktar, dit Moke, par la vitre baissée du quatre-quatre blindé. Dans les extrazones, on manquait du nécessaire. Pas d'eau potable, sauf pour les privilégiés qui pouvaient se payer une installation de purification. Pas de bouffe, souvent, ou alors de la bouffe dégueulasse. L'air puait, les murs pas ravalés puaient, les couloirs en ruine puaient, les appartements miteux puaient. On n'avait pas le strict nécessaire, mais, curieusement, le superflu n'avait jamais manqué.

Les jeux vidéo hyper-réel, les hypergames comme on les appelait. Voilà un exemple de ce qui n'avait jamais manqué. Tout comme les films 3D, tout comme les simulations tactiles cybersexe, tout comme la came, n'importe quelle came, tout comme l'alcool, tout comme le jeu, les putes et les bijoux m'as-tu-vu qu'arboraient la plupart des caïds pour marquer leur statut – Moke, par exemple, qui se baladait avec deux gourmettes en or, une chaîne en or énorme et un clip dentaire en platine incrusté de diamant.

K2, lui, ne portait pas ce genre de merdes.

« Moke, tu ressembles à un connard de black, les clips dentaires et les chaînes en or, c'est pour ces pauvres cons de blackos, mec ! »

« Lâche-moi, Ka, c'est la classe, le platine. »

K2 s'inquiétait pour Moke. Ou plutôt : à cause de Moke, il s'inquiétait pour le crew. Trois ou quatre ans plus tôt, c'était lui, K2, qui jouait les doublures, et c'était son frère aîné, l'autre Moktar, dit Mokara, qui le briefait, qui le formait, qui lui apprenait comment on défend son CP, son capital réputation, dans l'extrazone. Et il écoutait, K2, il enregistrait.

Quand Mokara s'était pris une bastos, deux ans plus tôt, lui, K2, avait tout naturellement pris la tête du crew. Il n'y avait pas eu de contestation, ça s'était fait comme sur un tapis de billard. Tout le monde savait que K2 était l'adjoint de Mokara, personne ne contestait sa position. Mokara hors jeu, K2 avait pris la relève, et l'unité du crew avait été préservée.

Les choses ne se passeraient pas de la même manière pour Moke, si K2 se faisait avoir. Moke n'écoutait pas, Moke croyait que c'était arrivé, Moke passait son temps à se bourrer le nez ou à bourrer les putes, il avait dix-huit ans et il continuait à se défoncer à longueur de journée avec ses conneries de jeux vidéo hyper-réels.

Là, en ce moment, Moke jouait à un nouveau jeu, un jeu de baston. C'était le visiteur qui lui avait fourni, à Moke, ce jeu-là. De la contrebande, produit encore en test chez Synacgame, premier fabricant mondial de jeux vidéo s'il vous plaît.

Le visiteur, c'était un intrazonard réfugié depuis deux semaines chez K2. Un mec salement friqué : il avait réglé pour trois mois de protection, et il avait réglé en beaux eurodollars francs du collier. Et il en avait encore d'autres, des eurodollars, l'enfoiré.

Tant que le visiteur en aurait, de l'eurodollar, K2 le protègerait, l'hébergerait et lui procurerait même des putes, s'il en voulait. Et puis, quand le visiteur serait repassé, K2 lui indiquerait le chemin de la sortie. C'était le deal, ça, et le mec le savait. Et le mec savait aussi que K2 respecterait le deal parce qu'il en allait de son CP, et K2 savait que le mec le savait. La loi, dans les extrazones, c'était la concurrence, et ce n'était pas l'intérêt de la 934 que les visiteurs préfèrent aller se planquer ailleurs, par exemple chez ces crétins de la 932.

Outre ses eurodollars, le visiteur s'était pointé avec dans sa valise ce nouveau jeu vidéo – « nouveauté mondiale », avait-il précisé en l'offrant à Moke, dingue des hypergames. Depuis, Moke se shootait à ce truc à longueur de journée. Son addiction à ces conneries d'hypergames avait toujours été un sujet d'étonnement pour K2, mais là, ça dépassait l'entendement. Rester dix heures d'affilée à jouer à cette connerie, quand on avait le fric et le CP pour se faire n'importe quelle pute de l'extrazone, et tout ça à dix-huit berges passées. Fallait être con.

K2 avait essayé de mettre du plomb dans la tête de Moke. Après tout, Moke était son cousin, c'était aussi de loin le meilleur *street fighter* que K2 ait jamais vu. Et c'était, indiscutablement, un garçon doué d'un véritable charisme.

Mais le problème, c'est qu'il n'écoutait pas. Pas vraiment.

« Moke, on doit réfléchir avant de bouger, toujours. »

« Eh, Ka, on est les rois du monde, on fait la loi ! »

« Moke, t'es qu'un gamin. On est les rois de notre monde, ok, mais notre monde, c'est le trou du cul du vrai monde. »

« Eh Ka, de quoi tu parles ? »

« Je parle de la vérité, Moke. Ne sois pas dupe, Moke, ne sois pas dupe. »

« Eh Ka, de quoi tu parles ? »

« On te dit : tu es le roi du monde parce que tu peux te payer des merdes inutiles, Moke, des merdes que les losers du coin ne peuvent pas se payer. Mais regarde mieux, mec. Sois lucide. »

« Lucide de quoi, Ka ? De quoi tu parles ? »

« Je parle de la vérité, Moke. Les rois du monde sont les gens qui te procurent ces merdes inutiles. Les rois du monde sont les mecs qui possèdent ce qui est utile. Toi, tu es leur esclave, Moke. »

« Eh Ka, personne ne fait obéir Moke la Mort ! »

« Tu es un enfant, Moke. Ils te font obéir parce que tu veux ce qu'ils veulent te faire vouloir, tu comprends ça ? »

« On est les rois du monde, Ka. On est les rois du monde. »

« On est les cafards en chef de la poubelle d'un appart habité par des junkies, Moke. Les cafards en chef, voilà ce qu'on est. »

« Ouais, mec, ouais… »

Et puis ça s'arrêtait là, toujours. Moke n'écoutait pas, il ne comprenait pas les choses. Il croyait que c'était bien assez d'être le caïd du crew qui tenait la 934. Les rêves de K2, qui avaient été auparavant ceux de Mokara, il ne les comprendrait jamais. Il ne savait pas qu'il y avait un monde derrière les limites de l'extrazone, et que tout ce qu'on faisait ici, dans l'extrazone, ne pouvait avoir de sens que pour conquérir ce monde-là, le monde réel, au-delà des parois de la poubelle de l'appart de junkies.

Parfois, en considérant Moke, K2 se disait que tout était vain dans sa vie, et qu'après lui, il n'y aurait plus personne, dans l'extrazone, pour se souvenir du sens du mot « fierté ».

Ouais, près de trente ans plus tôt, Ahmed et son crew avaient pété la gueule aux petits Blancs.

Sur le moment, super.

Et puis après, trente ans après, au bout du compte ? – Eh bien au bout du compte, ce n'est sûrement pas comme ça que tu vas progresser, bougnoule.

*

La PC était à l'heure, comme toujours. Les flics garèrent leur blindé à côté du quatre-quatre de K2. C'était un vieux VAB de l'ex-armée française, repeint aux couleurs eurocorpo, jaune et bleu. La mitrailleuse avait été remplacée par un puissant canon à eau, arme anti-émeute d'une grande efficacité, mais dans le véhicule, il y avait un véritable matériel de guerre – fusils d'assaut, grenades, lance-roquettes. En temps normal, tout ça dormait dans un coffre sous scellés, au fond du VAB. Mais ça pouvait sortir en dix secondes chrono, et les flics avaient autorisation de tirer à balles réelles en cas de danger « immédiat ». C'était typique de la manière de procéder de la PC : sur le blindage, un canon à eau, mais sous le blindage, des fusils d'assaut.

Le chef flic descendit du VAB, et juste après lui un grand type en uniforme noir de la PC, avec à la main une laisse. Au bout de la laisse, il y avait le pitbull le plus gros et le plus musculeux qu'on puisse imaginer. La bête avec une muselière en cuir et en acier poli, elle roulait des yeux noirs et brillants à la fois.

« Ok, » dit chef flic. « Voilà le colis. »

Il avait un fort accent étranger, allemand ou peut-être hollandais, K2 hésitait et d'ailleurs il s'en foutait. Pour l'instant, il n'avait d'yeux que pour le clebs.

Les clips dentaires de Moke : de la connerie, ça ne prouvait rien. Les gourmettes en or de Moke : de la connerie aussi, personne ne va accorder du CP à un keum pour des histoires de chaînes en or, ces trucs-là, ça ne marche qu'avec les taspés, et encore.

Mais ce pitbull-là, c'était autre chose. C'était un investissement. Un investissement en came qui allait rapporter du CP. Beaucoup de CP. Il suffisait de voir rouler les muscles sous les flancs de la bête pour comprendre que c'était un champion. Les autres crews verraient ça, au Trophée, ils verraient ça et ils penseraient : « respect pour la 934, ils se sont payé LE chien de combat de l'année, celui qui va faire un carnage. »

Dans le coffre du quatre-quatre de K2, il y avait deux autres clebs. Un chien de combat amoché sérieux au dernier trophée, et une espèce de bâtard un peu fou, ramassé dans la rue l'après-midi même. Tous les deux avaient les tripes farcies de capsules remplies de came, ce qui se faisait de mieux dans le genre, arrivage tout droit d'Afghanistan, la filière paki. C'était le deal, avec en prime, petite sucrerie pour la PC, une grosse liasse d'eurodollars.

Le temps d'échanger les clebs et de compter quelques biftons, l'affaire était dans le sac. Les flics de la PC remontèrent dans leur VAB, K2 et Moke dans leur quatre-quatre, puis le convoi s'ébranla.

En temps normal, c'étaient des sous-fifres qui accompagnaient la PC dans sa tournée, mais pour l'occasion, K2 avait décidé de s'y coller. C'était l'occasion de parler avec Moke.

Le problème, c'est que Moke n'avait pas envie de parler. Assis à la place du mort, le masque de virtualité sur la tête, il continuait à jouer à son jeu à la con, en mode commande, cette fois. Il tapotait nerveusement le dos du gant enfilé sur sa main gauche, et de temps en temps, un juron lui échappait.

« Saleté de mode commande ! »

Pendant ce temps-là, K2 conduisait lentement à travers les rues de l'extrazone, sans rien dire. Il avait renoncé à sortir Moke de son délire. Ces hypergames, décidément, fonctionnaient comme une addiction, une véritable addiction.

Soudain, K2 prit une décision.
Il allait se choisir un nouvel adjoint.
Moke ne faisait pas le poids, décidément. C'était un gamin, un gamin pour la vie.

CHAPITRE III - LES ROUAGES DE LA MACHINE

Quinze jours plus tard. Fin janvier.
Stéphanie Berg au volant d'une voiture banalisée, une Opelyota, quelque part dans Paris Intrazone.
Elle avait sommeil. Depuis quelques jours, elle dormait mal, elle était fatiguée. Elle conduisait et gambergeait, en même temps, malgré son mal de crâne. Elle allait au rendez-vous d'un informateur, une certaine Hélène Pelletier. Et tout en conduisant, elle faisait les comptes.

Il s'en était passé, des choses, depuis quinze jours.

D'abord, il y avait eu l'appel de son contact à la PC.

« Allô, inspecteur Berg ? Ici le capitaine Richter, brigade PB93. Nous avons quelque chose pour vous. On a peut-être logé votre code rouge. »

Un fort accent teuton. Ou hollandais, peut-être, Berg n'était pas certaine.

« D'accord, j'arrive. »

Deux heures plus tard, elle se trouvait Porte de la Chapelle, dans les locaux de la brigade PB93, devant le capitaine Richter. Rosso n'était pas venu avec elle, il avait un truc à faire, une histoire d'indics. Rosso avait ses indics, elle avait les siens. C'était un fait entendu dans leur équipe ô combien soudée : chacun ses indics.

On n'est jamais trop prudent.

Le capitaine Richter était un grand type dégingandé, le genre de gars qui affecte de ne rien prendre au sérieux – sauf ce qui est vraiment sérieux, évidemment. Il y avait un smartcom portable posé sur son bureau et, lorsqu'il l'ouvrit et le tourna vers Berg, celle-ci constata que le lecteur vidéo était ouvert. Elle revécut soudain la scène qu'elle avait vécue un mois plus tôt, avec Yann Rosso et Isabelle Cardan – mais cette fois, c'était elle, Stéphanie Berg, qui jouait le rôle du spectateur.

« Depuis quelques temps, » expliqua Richter, « nous utilisons une nouvelle technique pour collecter de l'information chez nos bons amis des ethnomilices, explorer leurs liens éventuels avec certains gangs de narcotrafiquants, ce genre de choses. »

Berg cligna des yeux, signe qu'elle n'était pas dupe. Elle était comme tout le monde dans la police : elle savait très bien comment le système fonctionnait. Mais elle était aussi comme tout le monde dans l'Union Eurocorpo : elle faisait semblant de s'en accommoder. Si Richter avait des pudeurs, elle les respecterait.

Silence, toujours. L'avenir appartient à ceux qui dévoilent sans se dévoiler. Si Richter veut parler la langue de bois, réponds-lui en langue de bois. S'il parle de liens « éventuels » entre milices et narcotrafiquants, faisons comme si les liens étaient « éventuels ». Faisons comme si, toujours. L'avenir appartient à ceux qui font comme si, jusqu'au moment où ils peuvent faire autrement.

Richter poursuivit : « Grâce à quelques agents à nous, nous avons lancé une nouvelle mode chez ces messieurs : les combats de pitbulls. Ça fait fureur. Chaque semaine, les crews organisent ce qu'ils appellent le 'Trophée'. C'est un peu l'équivalent local du prix d'Amérique, si vous voulez, le rendez-vous du gratin, l'évènement *hype* par excellence, d'un côté ceux qui en sont, de l'autre ceux qui n'en sont pas. »

Richter esquissa un sourire guilleret.

« Vous n'êtes plus habitués à travailler dans les extrazones, maintenant, à la Criminelle. C'est la PC qui traite, dans ces coins-là. Croyez-moi, nous nous amusons bien avec nos voyous nouvelle formule. »

Berg haussa discrètement les épaules. Richter n'avait pas besoin d'apporter ce genre de précisions. S'il avait un complexe vis-à-vis de la Crime, comme pas mal de types dans la PC, c'était son problème.

« Ils sont encore plus prévisibles et programmés que nos bons vieux truands d'avant, » reprit Richter, toujours sur le ton de la plaisanterie. « Leurs codes vestimentaires, leurs attitudes, leur fonctionnement individuel et collectif : rien, jamais, rien ne vient nous surprendre. Pour dire les choses en gros, il nous suffit de lancer une mode pour qu'ils l'adoptent. »

Soudain, Richter redevint sérieux.

« Bon, maintenant, inspecteur, je vais vous confier un petit secret que votre hiérarchie n'a pas forcément besoin de savoir. On travaille en off, là. »

« D'accord. »

Berg n'était pas surprise par la demande. C'était monnaie courante, dans la police, depuis quelques années. Le « off » était une pratique admise, un moyen d'empêcher les fuites, ou en tout cas de les retarder.

« C'est nous qui vendons les meilleurs chiens de combat à ces messieurs de la gâchette facile. Nous avons monté une fausse filière de corruption, et nous leur vendons des chiens. Ces chiens sont équipés de nano-caméras planquées dans leurs yeux. Il y a des microphones miniaturisés dans leur pelage, aussi, c'est très bien dissimulé, on ne sent rien en passant la main dans leurs poils. »

Berg savait que ce genre de chose était techniquement possible, mais c'était la première fois qu'elle entendait parler d'une application pratique. Elle ne put s'empêcher de faire une mimique approbatrice. Richter sourit, content de son effet.

« Et mon code rouge, dans tout ça ? », reprit Berg.

« Votre code rouge ? – Eh bien, votre code rouge, il a fait surface il y a exactement trois jours. Lors du dernier 'Trophée'. Un 'Trophée' assez mouvementé, justement. »

Richter donna un petit coup de doigt sur le clavier du smartcom. L'écran, qui était passé en veille, se ralluma.

Richter lança la vidéo.

Au départ, Berg n'y vit pas grand-chose. Il y avait des cris, et des visages, plus ou moins brouillés.

« Nous sommes à la fin du combat de chiens. Notre champion du moment l'a emporté. Il est amoché, mais il l'a emporté. Il appartient à un certain Karim Saïdi, dit Karim Killer, dit K2. C'est un chef de bande, nous lui avons laissé l'extrazone 934 comme turf. C'est un garçon intelligent. Un contact fiable pour nous, au sein de la pègre locale. »

Richter arrêta la vidéo d'un geste rapide.

« Maintenant, là, regardez ! »

Du doigt, il pointa un visage dans la foule.

Berg se pencha et examina le visage en question.

« Oui, » dit-elle, « ça lui ressemble beaucoup. Vous avez fait un test de reconnaissance par ordinateur ? »

« Affirmatif. La forme du visage, des oreilles, l'angle facial : tout correspond. C'est votre homme. »

Berg marmonna : « Ce type est un pur produit de l'intrazone. Tendance hyperzone, même. Il se retrouve, quinze jours après sa fuite, invité à une soirée privée en plein milieu des extrazones. Etonnant, non ? »

« Oh, pas tant que ça. Vous savez, dans ces coins-là, quiconque se ramène avec un paquet d'eurodols a toutes les chances d'être invité dans les soirées de l'aristocratie locale. Non, ce qui est beaucoup plus étonnant, inspecteur, c'est la suite du film. »

Richter relança la vidéo.

Moteur, on tourne.

« Nous avons coupé environ deux heures d'enregistrement. Rien d'intéressant. La suite, ça se passe dans un entrepôt, à la lisière entre la 933 et la 934. »

Le chien doit se tenir couché, on voit le sol au premier plan, un sol sur lequel des ombres vont et viennent. Quelqu'un dit, avec le phrasé heurté caractéristique des extrazones nordafs : « Tu n'as pas à me manquer de respect. Tu sais ce que ça veut dire pour mon CP. »

Une autre voix : « Moke, arrête, j'ai pris ma décision, c'est tout. Kimi est mon bras droit, tu restes avec nous ou tu quittes le crew, mais Kimi est mon bras droit. »

« Enfoiré, enculé de ta mère ! »

« Moke, ma mère est ta tante. Alors tu te calmes, ou on te calme, vu ? »

Une autre voix : « Moke, arrête avec ce gun, on n'est pas dans tes conneries d'hypergame, là, ok ? »

La voix qui vient de parler de mère et de tante, plus tendue : « Reste en dehors de ça, Kimi. C'est mon problème. Moke, tu ranges ce gun, et tu te calmes, mec. »

« Enfoirés d'enculés de vos mères ! »

« Moke, tu remets ce gun là où il se sent bien, dans son holster, et tu restes cool. C'est pas bon, là, mec, c'est pas bon. T'es pas lucide. »

« J'emmerde ta lucidité. Ceux qui se disent lucides croient qu'ils savent, mais ils ne savent rien. »

« Qu'est-ce que ça veut dire, ça ? »

« Eh, Moke, t'es pas dans ton état normal, là. C'est pas bon, mec. »

« Tu sais rien, Ka. Moi, je sais. Ceux qui sont lucides, ce sont ceux qui sont vivants. Les sages savent. Je suis armé par l'homme, l'homme m'a dit ce que j'avais à savoir pour être armé. »

« Moke, arrête. Abaisse ce gun, Moke. C'est chaud, là. »

La suite est assez confuse. On entend le dénommé Moke dire quelque chose comme : « Dans l'autre vie, je suis ton bras droit, Ka. Pour toujours. »

Puis il y a deux coups de feu rapprochés. Bang, bang. On entend un bruit de corps qui tombe, mais on ne voit rien. Le chien se lève, tout tourne devant la caméra, mais on ne voit toujours rien.

Enfin, on discerne un homme, debout, un flingue à la main, une expression de sidération complète sur le visage.

« C'est le surnommé K2, » expliqua Richter en arrêtant la vidéo. « Le reste n'est pas très intéressant. »

« Que s'est-il passé au juste ? »

« Nous pensons que K2 a abattu le dénommé Moke après que celui-ci a dézingué le dénommé Kimi, que K2 avait choisi pour remplacer Moke dans son organisation. Un problème d'organigramme, si vous voulez. »

« Vous pensez ? Le double homicide n'a pas été constaté ? »

« Eh, inspecteur, ces types-là ne risquent pas d'appeler la police. Et nous n'avons aucune envie de griller notre plan clébards en leur laissant comprendre que nous savons pourquoi Moke et Kimi sont aux abonnés absents. Donc, officiellement, il ne s'est rien passé. »

Berg réfléchit rapidement.

« Les propos décousus de ce Moke ressemblent beaucoup à ceux tenus par Blanco, notre code rouge, il y a quinze jours. Je peux récupérer une copie de cet enregistrement ? »

« Négatif. Mais vous pouvez le consulter ici tant que vous voulez. Vous pouvez prendre des notes également, si vous le désirez, du moment qu'elles sont manuscrites. »

« C'est très bizarre, » avoua Berg, déconcertée.

« Ah, ça, pour ce qui est d'être bizarre, c'est bizarre, » approuva Richter. « J'ai lu le dossier du sieur Moke. À part les hypergames, les bijoux tape-à-l'œil et les flingues, ce mec ne s'intéressait à rien. Alors quand il se met au délire mystique tendance illuminé religieux, c'est bizarre, je confirme. J'ai vu dans votre avis de recherche pour Blanco qu'il était considéré comme un tueur psychopathe de la catégorie des mystiques du sang, ou quelque chose d'approchant. Vous croyez qu'il a converti le gamin à son délire ? »

Berg haussa les épaules en signe d'ignorance.

« Bref, » reprit Richter, « c'est bizarre, comme vous dites. Eh bien, moi, inspecteur, je n'aime pas les trucs bizarres qui arrivent dans mon coin. Derrière le rempart périphérique, j'ai un ou deux millions de paumés qui n'ont rien à perdre, et un mystique du sang capable de faire des émules, dans le circuit par chez moi, ça me rend nerveux. »

Richter se pencha en avant vers Berg et planta ses yeux dans les siens.

« Dès qu'on trouve un moyen d'exfiltrer votre client, on se le fait ? Dès qu'on trouve un moyen sûr, et pas avant. Deal ? »

Berg trouvait que Richter avait joué franc-jeu. Plus même qu'on aurait pu s'y attendre.

« Deal, » répondit-elle, en regardant l'homme droit dans les yeux.

Evidemment, à ce moment-là, elle ne pouvait pas imaginer que très vite, la question Blanco deviendrait sans objet.

*

Berg, toujours au volant de sa voiture banalisée. Devant elle, le tunnel des halles. Le parcours était encadré d'hologrammes publicitaires. On avait l'impression de rouler à travers une sorte de réalité virtuelle d'un bout à l'autre du tunnel. La première fois qu'on traversait ces projections 3D, cela surprenait, mais Berg n'y prêta pas attention. Elle était habituée.

Après le meurtre du surnommé Moke, elle avait fait un rapport à sa hiérarchie, un rapport « source verrouillée », comme on disait. En clair : « Voilà, je m'appelle Stéphanie Berg, je sais quelque chose d'important, mais je ne peux pas vous dire comment je le sais. Voilà ce que je sais, merci de ne pas me demander mes sources. »

Ensuite, tout était allé très vite. Tout là haut, en haut de l'organigramme des forces de police de l'Union Eurocorpo, province Neustrie, conurbation Paris-Banlieue, quelqu'un avait décidé qu'il fallait trouver ce Blanco, ce code rouge qui semait la mort. Et du coup, Berg et Rosso, trois jours seulement après la note « verrouillée », s'étaient retrouvés devant Briard, le vénéré patron de la Crime Paris-Banlieue.

Berg revécut la scène, tandis que l'Opelyota sortait du tunnel.

« Steph, Yann, à ma demande, on a fait du travail de recoupement, » commence le patron, alors que ses subordonnés s'installent dans son bureau.

Pause. Longue pause.

Ce qui n'étonne personne. Briard a l'habitude de laisser passer au moins vingt secondes entre deux phrases, systématiquement. Personne ne sait s'il le fait exprès pour énerver ses interlocuteurs, mais en tout cas, c'est l'effet obtenu.

« Depuis six semaines, onze personnes sont mortes à Paris de mort violente, assassinées ou suicidées. »

Pause. Rosso toussote.

« Enfin, plus de onze personnes sur tout Paris, bien sûr. Je veux dire. »

Pause. Berg se demande, pour la centième fois au moins depuis qu'elle connaît Briard, si ce type est mentalement diminué, ou bien s'il fait juste durer le plaisir histoire d'emmerder son monde.

« Voilà, je veux dire : onze personnes sont mortes de mort violente ET présentent un point commun avec Blanco, ou avec ce... comment s'appelle-t-il, déjà... »

Longue pause. Briard reste absolument immobile. Il ne cligne même pas des yeux. On dirait une effigie du musée Grévin.

« ... Moke. C'est ça : Moke. »

Pause.

« Drôle de surnom. Comique involontaire. »

Nouvelle pause, plus prolongée cette fois. Rosso s'est un peu tassé sur sa chaise. Il attend la suite. Berg observe son supérieur hiérarchique attentivement. On dirait qu'il est en train de dormir.

Enfin, le bonze se réveille, et soudain, il parle. Trois phrases d'affilée, ce qui, chez lui, est l'indice d'une excitation extrême.

« Ces onze personnes présentent le même point commun entre elles, qui est aussi un point commun avec, à la fois, Blanco et Moke. Cela concerne les jeux vidéo produits par le groupe Synactis, et plus précisément par sa filiale jeux, Synacgame. Ces onze personnes mortes de mort violente soit étaient connues pour pratiquer ces jeux, soit avaient travaillé sur leur mise au point, soit ont été tuées par quelqu'un qui les pratiquaient à haute dose. »

Rosso renifle.

« Probabilité de coïncidence ? »

Briard considère son subordonné avec attention. On dirait qu'il vient de découvrir la présence d'un intrus dans le bureau. Suit un silence prolongé.

Puis vient la réponse, comme à retardement.

« Infime. »

« Ah. »

Nouveau silence.

Puis Briard, d'une voix lente : « Vous allez prendre contact avec Synactis. Vous allez prendre contact avec une dame Virginie... comment s'appelle-t-elle déjà... Tessier. Euh non, pas Virginie, pourquoi je dis Virginie, moi... Caroline Tessier. Voilà, c'est : Caroline Tessier... C'est la responsable communication du groupe Synactis, enfin sa filiale Europe, si j'ai bien compris. »

Ce disant, le patron pose sur la table une feuille de papier, le nom et les coordonnées de la dénommée Tessier.

Rosso prend la feuille, la plie et la glisse dans la poche au revers de sa veste.

Berg se lève.

Briard fait : « J'ai autre chose à vous dire, les deux. »

Berg retombe sur sa chaise.

Briard, sur un ton monocorde : « Il y a trois nuits, vous avez couché ensemble. »

Silence. Rosso et Berg se regardent.

Finalement, Berg dit, en rougissant un peu : « Qu'est-ce que vous en savez, patron ? »

Briard répond avec seulement cinq secondes de latence : « Nous sommes la police, Steph. »

Berg dit : « Vous nous faîtes surveiller ? »

Rosso intervient : « Tous les intrazonards sont surveillés, Steph, et les flics le sont trois fois plus que les intrazonards normaux. »

Il y a un long silence. Pour la première fois, Berg remarque le tic-tac discret de la pendule de bureau.

Puis Briard, d'une voix sèche : « Je ne retiens pas ça comme une faute professionnelle, mais comme un incident indépendant de votre volonté. »

Silence. Tic-tac.

« Bien entendu, votre équipe sera cassée. Il est hors de question de vous laisser travailler ensemble plus longtemps. Je vous laisse un mois, un mois et demi, le temps d'expédier les affaires en cours. »

Tic-tac, tic-tac.

« C'est tout. Vous pouvez disposer. »

Rosso se lève.

« Ok patron. »

Berg demande : « Pourquoi ne peut-on pas continuer à bosser ensemble ? Nous sommes des professionnels, patron. »

Long silence.

Briard lève les yeux vers Berg. Un regard fixe, froid, ni agressif, ni amical. Ses yeux, quoi.

Puis, fugitivement, une lueur – comme une étincelle, un brin d'amusement. D'attendrissement, presque.

« Si demain, Steph, lors d'une prise d'otage, tu reçois l'ordre d'abattre le preneur d'otage, et que le gars entre dans la ligne de mire juste en même temps que Rosso, tu fais quoi ? Tu tires en prenant le risque de toucher Yann en même temps que ta cible, ou tu retiens ton feu ? »

Berg hoche la tête. Ouais, bonne question.

Silence. Tic-tac. Salopard de Briard. Salopard.

Tic-tac.

*

Le lendemain, Berg et Rosso devant Caroline Tessier, dans son bureau, au vingt-huitième étage d'une tour de la Défense.

En entrant dans le bureau, Rosso avait dû penser quelque chose comme : « Beau cul, la salope. »

Berg avait pensé, plus sobrement : « La salope. »

L'immeuble Synactis était situé dans l'hyperzone à sécurité maximale Neuilly-la Défense-Puteaux, dites Zone NDP. La plupart des mégacorpos étaient concentrées là. Dans l'intrazone de Paris Intra Muros, la surpopulation était devenue telle qu'une loi réservait l'immobilier aux particuliers et aux commerces.

La Zone NDP bénéficiait de la meilleure sécurité dans toute la conurbation, meilleure encore que Paris Intra Muros. Une double barrière en gardait les accès, telle une palissade au pied d'une butte féodale.

Par les fenêtres du bureau de Caroline Tessier, on découvrait les extrazones 925 et 926, deux des pires *no go areas* de la conurbation. Encore plus loin, on devinait l'extrazone 951, qui hébergeait le camp

9514, la principale zone de transit pour les prisonniers en route vers les colonies pénitentiaires des extrazones rurales.

Berg avait du mal à croire que d'ici, de ce bureau cossu, on discernait, au loin, le camp 9514.

Elle avait visité cette zone de transit, l'année précédente, pour une sordide affaire de meurtres dans le milieu de la prostitution infantile. Elle gardait un souvenir épouvanté de ce qui vu de loin ressemblait vaguement à un camp de la mort lente, et qui, vu de près, s'avérait en être un. La dégradation des conditions de vie dans le système pénitentiaire eurocorpo avait suivi une courbe encore plus pentue que la dégradation générale de l'économie européenne depuis la Grande Crise. La vie quotidienne dans ce système pénitentiaire rappelait beaucoup la vie quotidienne dans le défunt Goulag soviétique – avec moins de sévérité de la part des gardiens, tout de même, mais peut-être encore plus de dinguerie chez les détenus.

Caroline Tessier écouta les deux flics assis devant elle, avec les extrazones dans son dos et, devant elle, un très aérien bureau en matériau luminescent, dans le goût de l'époque. En écoutant les deux flics, elle prit un air très étudié, très attentif, presque une posture de soumission, à bien y réfléchir. Elle les écoutait, sourcils légèrement froncés, comme un témoin qui veut bien faire son boulot de témoin, et Berg pensa : « Elle va mentir. »

Quand un flic a acquis une certaine expérience, il sait quand un témoin va mentir. Il le sent, en tout cas, il croit le sentir. Quelquefois, il se trompe, mais c'est rare. Il y a des signes qui ne trompent pas – des regards lancés d'une certaine façon sur les côtés, un léger tic à la commissure des lèvres. Les êtres humains sont très faciles à déchiffrer, une fois qu'on a les a vus dans leur nudité, devant la mort, devant le meurtre, devant la perspective de vingt ans dans les colonies pénitentiaires. Ils n'ont que quelques mimiques à leur disposition, toujours les mêmes.

Rosso aussi regardait Tessier, et il devait penser la même chose que Berg. Mais peut-être pensait-il la même chose en termes légèrement différents. Après tout, Tessier était, objectivement, une très, très jolie femme. Sophistiquée, disons.

Berg posa devant Tessier la liste des collaborateurs de Synactis-Synacgame impliqués récemment dans une affaire criminelle ou un suicide. Tessier prit la liste, promit de fournir une copie complète du dossier professionnel de chacun d'entre eux. Aussitôt, Berg demanda qu'on recolle les données immédiatement, pour pouvoir les examiner sur place, dans la journée.

« Cela va prendre quelques temps, » dit Tessier.

« Nous avons l'habitude d'attendre, » répondit Rosso.

Il y eut un silence, puis Tessier se leva.
« Une heure ou deux, » dit-elle.
« Nous attendons, » répondit Rosso, imperturbable.
Il n'avait pas du tout l'air de vouloir bouger.
Tessier soupira, sortit, revint presque aussitôt.
« Mon assistante voit tout cela avec le service du personnel. Je peux vous offrir un rafraîchissement au bar de l'immeuble, si vous voulez ? »
Berg déclina l'invitation. Rosso se tut.
Les deux flics restèrent là, assis, tout bonnement, dans le bureau luxueux de miss Tessier. Ils embellissaient le décor comme deux crottes canines posées en plein milieu de la cour du Louvre peuvent souiller cet espace magnifique et vaguement désincarné : obscène, laid, mais là, tout simplement *là* – une réalité biologique.

Rosso avisa le menu hebdomadaire du restaurant d'entreprise posé sur le bureau de Tessier, juste devant lui. Il s'en saisit et le parcourut d'un œil distrait.

« Vous avez de la chance, » fit-il, « vous mangez de la vraie viande trois jours par semaine. Par les temps qui courent, c'est presque incroyable. J'ai lu récemment que l'empreinte écologique d'une entrecôte bœuf est quinze fois plus élevée que celle d'une entrecôte cloneviande, et pratiquement cent fois plus élevée que celle d'un steak de soja. Je parie que le mouvement pro-viande a plein d'adhérents chez vous. »

Rosso sourit, content de lui. Berg soupira mais ne fit aucun commentaire.

Tessier comprit qu'il ne servirait absolument à rien de chercher à faire déguerpir ces deux lascars. Ils étaient la police, quoi, merde. Ils avaient décidé qu'ils étaient bien, assis, là, à attendre sans rien dire, sans rien faire, dans son bureau, et de toute évidence, ils ne bougeraient pas tant qu'on ne leur aurait pas fourni ce qu'ils voulaient.

Pour se donner une contenance, Caroline Tessier s'assit à son bureau, alluma son smartcom et consulta un dossier.

Cinq minutes.

Dix minutes.

Toujours pas un murmure.

A la onzième minute, soudain, Rosso demanda, d'une voix posée : « Dîtes-moi, madame Tessier, en six semaines, sept collaborateurs de Synactis-Synacgame se font dézinguer, butent leur conjointe tendance Jack l'éventreur, sautent par la fenêtre en hurlant des obscénités, se flinguent après avoir roué de coup leurs parents ou leurs voisins, le tout en jouant les illuminés d'opérette. Dans le même temps, cinq utilisateurs intensifs des produits Synacgame nous jouent un sketch comparable.

Dont trois utilisateurs employés à la pige par vos équipes de développeurs – pour tester les nouveaux produits, si j'ai bien compris. »

« Et donc ? », demanda Tessier, qui n'avait pas relevé la tête de son dossier.

« Et donc, » continua Rosso d'une voix douce, « je me demandais si tout cela n'avait pas déjà fait l'objet d'une enquête interne. On s'est renseigné avant de venir. Synacgame a trois cents collaborateurs en France. Sept viandes froides sur trois cents gugusses, tout ça en six semaines, c'est un taux de perte qui ne serait pas toléré dans l'armée en temps de guerre. Alors, dans l'industrie du jeu vidéo, ça fait désordre, non ? »

Tessier répondit : « Je ne suis pas au courant. »

Berg fit : « Ah. Donc vous ne pouvez pas nous garantir qu'il n'y a pas déjà eu une enquête interne ? »

Tessier dit : « Si. On m'en aurait parlé, vous pensez bien. »

Rosso fit : « Qui ça, on ? »

Tessier dit : « Quelqu'un. Mon chef. »

Rosso demanda : « Qui est votre chef ? »

Tessier soupira, ouvrit un tiroir de son bureau, en sortit une planche de papier électronique. Elle tapota la planche pour sélectionner un document.

« L'organigramme de Synactis Europe, » expliqua-t-elle en tendant la planche.

Rosso étudia le document quelques instants, puis dit : « Vous êtes rattachée directement à un monsieur Weinberger, président directeur général de Synactis Europe. »

Tessier hocha la tête.

Rosso dit « très impressionnant », puis il se cala dans son fauteuil et plaça son poing droit refermé dans la main gauche. Après quoi, il sourit à Tessier, sans rien ajouter.

Il y eut un long moment de silence. Tessier finit par baisser les yeux.

Berg se leva, fit le tour du bureau, regarda le paysage par les baies vitrées.

Elle tapota la vitre du bout du doigt.

« Vous voyez cette grande tour, à peine visible, à la limite de l'horizon ? »

Tessier fit pivoter son fauteuil.

« Laquelle ? »

Berg se plaça à côté d'elle et lui montra du doigt un point de l'horizon.

« Oui, » fit Tessier. « Et ? »

Berg retourna s'asseoir.

« Cette tour se trouve en plein milieu de l'extrazone 951. Je ne pensais pas qu'on la verrait, d'ici, mais j'avais oublié que les buildings de la Défense sont si hauts. »

« Et ? »

Tessier commençait à s'énerver. Elle ne comprenait pas le jeu étrange de ces deux flics mal lunés.

« Eh bien, » reprit Berg, « l'an dernier, je suis allé là-bas, dans l'extrazone 951, plus précisément dans le camp de transit pénitentiaire pour l'europrovince Neustrie. »

Rosso esquissa un sourire.

« Là-bas, » continua Berg, « les prisonniers restent généralement assez peu de temps. C'est une sorte de gare de triage. Les prisonniers arrivent, il faut trois ou quatre semaines en moyenne pour leur trouver une destination, et ils repartent. Enfin, les neuf dixièmes repartent. »

« Et le dixième restant ? », demanda Tessier, intéressée malgré elle.

Berg répondit sur un ton détaché.

« Ils sont morts entre temps. »

Berg laissa passer un silence. Le temps pour Tessier de digérer l'information.

Rosso reprit : « Vous savez, madame Tessier, un faux témoignage dans une affaire de cette ampleur, c'est la prison ferme. »

Caroline Tessier esquissa un sourire.

« Je témoigne que Kurt Weinberger ne m'a pas parlé d'une quelconque enquête interne sur cette affaire qui n'en est d'ailleurs probablement pas une. »

Rosso soupira.

« Alors c'est à monsieur Weinberger qu'il faut aller parler, je suppose. »

Tessier laissa filer un petit rire poli, qui résonna dans son vaste bureau comme une douce cascade cristalline.

« Ecoutez, monsieur le policier, vous êtes très impressionnant, c'est entendu. Mais là, en ce moment, vous ne parlez pas d'un petit dealer de l'extrazone, là, en bas, vous parlez du dirigeant de l'un des plus grands groupes mondiaux. »

Rosso hocha la tête.

« Je comprends, madame Tessier. Je comprends. Seulement, vous savez, je ne parle pas non plus d'une banale affaire de drogue dans l'extrazone, là, en bas. Je parle d'une douzaine de viandes froides à la morgue. »

Le sourire de Yann Rosso s'était accentué quand il avait prononcé les mots « viandes froides ». Tessier pencha la tête sur le côté et plissa les yeux. « Tiens, tiens, » semblait-elle se dire, « tiens, tiens, nous avons un authentique cintré dans le circuit. »

Berg demanda : « Vous êtes certaine que vous n'avez rien de plus à nous dire, madame Tessier ? »

Cette fois, la responsable communication de Synactis Europe estima que la coupe était pleine.

« Bon, madame et monsieur les policiers, tout cela est très gentil, mais j'ai beaucoup de travail, et donc, je vous remercie de bien vouloir quitter ce bureau. »

« Non. »

C'était Rosso qui avait répondu. On passait à l'épreuve de force, et depuis tout à l'heure, il n'attendait que ça. Caroline Tessier le regarda attentivement.

« Vous avez le droit de faire ça ? »

« Non. Oui. Je m'en fous. Nous repartirons quand nous aurons récupéré les dossiers des sept apprentis cadavres qui bossaient jusqu'à tout récemment pour votre boîte de daubes, m'dame. Si vous voulez me faire déguerpir, faudra appeler les vigiles, et je ne me laisserai pas faire. Et pour votre info, je suis habilité à porter une arme, c'est pour ça que je porte une veste militaire ample. Si vous ne me croyez pas capable de provoquer délibérément un incident pour dégainer mon flingue en toute légalité, appelez vos vigiles. Vous verrez. »

Caroline Tessier regarda successivement Rosso et Berg.

« Vous savez que vous vous trouvez en ce moment au siège de Synactis Europe ? »

Rosso haussa discrètement les épaules.

« Vous savez que l'an dernier, j'ai vu mon partenaire se faire décapiter par une décharge de shotgun tirée à bout portant ? »

Tessier se leva et, avant de sortir du bureau, lança, rageuse : « Croyez-moi, vos supérieurs entendront parler de votre comportement. »

Rosso et Berg échangèrent un sourire entendu. Objectif atteint : la petite dame avait fondu les plombs.

Cinq minutes plus tard, Caroline Tessier revint dans son bureau et posa une petite pile de dossiers devant les deux flics.

« Tout est là, » dit-elle. « Maintenant, madame, monsieur, je ne veux pas vous presser, mais j'ai vraiment du travail. »

Berg ramassa la moitié des dossiers, pendant que Rosso embarquait l'autre moitié. Puis Berg dit à Tessier, avec un sourire : « Merci de votre collaboration, madame Tessier ».

Alors que pour sortir de l'immeuble, ils franchissaient l'immense portail dématérialisé en champs de force lumineux, Rosso dit à Berg : « À l'occasion, faudra qu'on l'aligne, cette conne. »

*

Ce soir-là, dans leur bureau du quai des orfèvres, Berg et Rosso dépouillèrent les dossiers Synacgame. Il leur fallut moins d'une demi-heure pour mettre à jour le pot aux roses : tous les assassins et suicidés, sans exception, avaient travaillé sur le même projet. Il s'agissait d'un nouveau jeu vidéo, intitulé « ultimate fighter ».

Parmi les pièces à conviction, Rosso avait trouvé la console de jeu vidéo, le casque et le gant tactile d'un des suicidés – casque et gant qu'il portait au moment de son suicide. Par curiosité, le lendemain, Rosso et Berg les essayèrent – comme ça, pour comprendre de quoi il s'agissait.

A priori, c'était un jeu vidéo comme les autres. Plus élaboré, plus réaliste. Une nouvelle génération, effectivement – comme l'avoua Rosso, qui en connaissait un rayon question combats de rue : « On s'y croirait. »

Ils restèrent plus d'une heure à jouer à ce truc, pour comprendre, pour s'imprégner de l'ambiance où travaillaient les équipes Synacgame. Ils restèrent plus d'une heure à y jouer, et ils ne remarquèrent rien de particulier.

Comme quoi, tout le monde peut commettre des erreurs.

Même deux excellents flics.

CHAPITRE IV - LA LUNE NOIRE

À cette heure même où Stéphanie Berg se rendait au rendez-vous d'Hélène Pelletier, Jean-Baptiste Ducast se trouvait dans le bureau qu'il partageait avec deux autres professeurs, à l'eurofaculté.

La pièce était petite mais bien aménagée. Elle se trouvait au septième étage de l'aile Est, avec une bonne vue sur Paris-Festicité.

Pour l'instant, Ducast, était seul dans le bureau. Il s'était déchaussé et il écoutait son baladeur, une antiquité MP3 d'avant l'ère eurocorpo. Louis Armstrong chantait « What a wonderful world ».

Ducast adorait Armstrong, et « What a wonderful world » était sa chanson préférée.

Il se leva et alla jeter un coup d'œil par la fenêtre. De l'autre côté de l'esplanade, il y avait la basilique Saint-Denis. L'antique demeure des rois défunts se trouvait maintenant sise en plein milieu de la Festicité, îlot de relative prospérité au cœur des extrazones Nord.

La construction de la Festicité remontait à la dernière Coupe du Monde de football, sept ans plus tôt. L'ancien Stade de France, devenu Stade de l'Amitié, avait été entièrement refait à neuf. Autour, on avait construit un village olympique, protégé par une zone de défense ultrasophistiquée. Le gouvernement eurocorporatif avait mis le paquet, et la Coupe avait été déclarée « cause continentale ». C'était la première fois que l'Union Eurocorpo obtenait le Mondial depuis bien longtemps. C'était un coup de chance, d'ailleurs. Initialement, il était prévu que la Coupe aille au Brésil – mais les émeutes de Rio avaient changé la donne.

Une bien belle Coupe du Monde. Ducast ne détestait pas le football, et il se souvenait très bien de la finale. Deux à zéro pour Coca-Pepsi, mais Mercedes-GM n'avait pas eu de chance.

Après la Coupe, les autorités avaient décidé de transformer le village olympique en festicité. C'était la règle, de toute manière : toutes les grandes conurbations européennes devaient avoir au moins une festicité. On avait pensé à Marne la Vallée, d'abord, où il subsistait quelques aménagements liés à l'ancien Disneyland, mais le projet avait été abandonné. C'était trop loin de Paris, et surtout les extrazones, tout autour, étaient incontrôlables. Et puis il y avait cette immense usine de retraitement de déchets, récemment implantée dans les environs. On suffoquait de Noisy à Torcy, pas question d'implanter la Festicité à côté de ce cloaque.

D'où la conversion du village olympique en festicité. Sur trois kilomètres carrés, cinémas, parc d'attraction – et au Stade de l'Amitié, presque chaque soir, les matchs de foot que prolongeait généralement un concert au profit d'une association caritative quelconque.

Tout ça à dix minutes en voiture de l'intrazone Paris Centre. Que demande le peuple ?

Il ne demandait rien, à vrai dire…

Et de toute façon, on ne lui avait pas demandé pas son avis.

Le ticket d'entrée dans Paris-Festicité était beaucoup trop cher pour qu'un habitant d'une extrazone puisse l'acquérir. Beaucoup, beaucoup trop cher. Dans ces conditions, qu'est-ce que ça pouvait leur faire, aux extrazonards, l'endroit où l'on implanterait la Festicité ?

Chaque matin et chaque soir, en faisant le trajet de Paris Intra Muros, Ducast observait les alentours, de part et d'autre de l'eurovoie. Bien sûr, l'autobus roulait vite sur la voie express – à présent qu'un litre d'essence valait pratiquement une journée du salaire ouvrier de base, il n'y avait plus jamais de bouchons sur les eurovoies. Mais même à bonne vitesse, il était difficile de ne pas se rendre compte du désastre.

Certaines barres n'avaient plus une seule vitre en place. Partout, des cartons – ou du papier huilé, comme au Moyen Âge. Ici ou là, des immeubles calcinés. Et partout, au pied des tours désormais investies par d'exotiques tribus néo-barbares, des baraques faites de bric et de broc – comme une marée de favelas noyant progressivement les anciennes tours de béton. La seule chose propre, dans ce foutoir, c'était la barrière anti-intrusion électrifiée qui, depuis la multiplication des attaques sur les eurovoies, protégeait les axes reliant la capitale aux intrazones de province, aux aéroports ou à quelques autres lieux fréquentés régulièrement par les intrazonards.

Ducast soupira. « À wonderful world », cher vieux Louis.

Un monde merveilleux, oui vraiment. Tu n'imaginais pas à quel point ton monde était merveilleux…

Ce qui jadis avait été la France ressemblait maintenant à un réseau nodulaire aux mailles fragiles, un ensemble de zones pacifiées reliées entre elles par des axes protégés, le tout plaqué sur une toile de fond sordide. La France, enfin les europrovinces francophones, c'était un peu Sao Paulo, le soleil en moins.

Ducast leva les yeux vers la basilique que nimbait le crépuscule d'automne.

A chaque fois qu'il voyait le tombeau des rois au milieu de la Festicité, une bouffée de colère et de rage impuissante lui déchirait l'abdomen.

« Oui, » murmura Ducast pour lui-même, « que demande le peuple ? »

D'un geste sec, il tourna le régulateur de la vitre intelligente. La basilique disparut, laissant place à un tableau d'ambiance, une vue du Mont Saint Michel.

Ducast aimait de moins en moins sa vie.

Ou plutôt, il aimait de moins en moins le monde autour de sa vie.

Il enseignait la théologie comparée à l'eurofaculté de Paris-Festicité. Auparavant, il l'avait enseignée à la Sorbonne. À présent, il n'y avait plus de Sorbonne. Toutes les universités de Paris avaient été concentrées dans la Festicité – les amphis à côté des manèges du parc d'attraction, les restaus universitaires à côté des bars à thèmes.

Ducast n'avait qu'une trentaine d'élèves, presque tous des amis. Sa chaire avait failli être supprimée deux ans plus tôt. Puis l'archevêché de Paris avait annoncé son intention d'engager le professeur Ducast pour le compte de la faculté papale de Mexico. Sans qu'on comprenne pourquoi, le recteur de Paris-Festicité avait aussitôt fait marche arrière. Soudain, la suppression de la chaire de théologie ne fut plus du tout d'actualité. C'était même, à bien y réfléchir, un enseignement qui faisait le prestige de Paris-Festicité – seule eurofaculté à proposer un cours de théologie comparée reconnu jusqu'à Mexico, nouvelle Cité Papale.

Ducast avait accueilli ces péripéties avec un détachement remarquable. À soixante-dix ans passés, il n'avait plus grand-chose à attendre de la vie. Pour être heureux, ou disons point trop malheureux, il lui suffisait d'avoir une Bible, ses livres si c'était possible, un toit et deux mille calories par jour. Sa très modeste retraite lui suffisait, elle l'amènerait bien jusqu'au tombeau, dont il ne se pensait plus très éloigné. S'il continuait à enseigner, ce n'était pas pour l'infime supplément de revenus que lui procuraient quelques heures de cours. S'il enseignait, c'était uniquement pour le plaisir de transmettre son savoir à quelques esprits éveillés. Alors, qu'on l'envoie mourir à Mexico après avoir enseigné les Américains, si on voulait. Qu'on le laisse déposer son enveloppe corporelle dans la terre de France, sinon. Pour sa part, il n'avait pas de préférence. Il y avait longtemps qu'il avait renoncé à lui-même.

Il jeta un coup d'œil à la pendule de bureau posée à côté de la photographie de sa défunte épouse. Il était près de cinq heures. Dans quelques minutes, Ducast avait rendez-vous avec le docteur Isabelle Cardan et l'inspecteur Yann Rosso.

Pour la centième fois au moins depuis le coup de téléphone d'Isabelle Cardan, deux jours plus tôt, le vieux prof se demanda pourquoi diable un psychiatre et un flic venaient le consulter, lui, Ducast, au sujet d'une enquête criminelle. Il sentait venir une sombre histoire de psychopathe soi-disant mystique – c'est-à-dire, en vérité, un malade mental dissimulant sa pathologie derrière un rideau de fausse religion. Il avait déjà été amené à étudier des cas de cet ordre, pour un essai qu'il avait écrit, trente ans plus tôt – « Crime et religion, visages de la victime, regard du tueur ».

Il ne se souvenait plus très bien de la conclusion de ce petit bouquin. Quelque chose comme : « La religion nous apparaît, que cela nous plaise ou non, comme un substitut au meurtre, c'est-à-dire qu'il nous faut un rituel sacrificiel en remplacement du meurtre, non pour tuer bien sûr, mais au contraire pour ne pas avoir à tuer. » Ou bien peut-être était-ce : « La religion vraie est un simulacre de meurtre... »

Il n'arrivait plus à se souvenir des mots exacts. C'est terrible de vieillir, tout de même.

Il réalisa soudain qu'il était toujours à pieds de chaussettes et qu'il était cinq heures moins cinq. Il se pencha, soupira longuement et, avec de petits gestes lents et précautionneux, il entreprit de remettre ses chaussures, des bottines anglaises impeccablement cirées, qu'il avait achetées un demi-siècle plus tôt – c'est incroyable, quand on y pense, mais une bottine anglaise peut *vraiment* durer un demi-siècle.

Soudain, il sourit. Il se souvenait, maintenant.

Il avait parlé d'une « représentation » du meurtre.

*

Cardan et Rosso dans le bureau de Ducast.

Le prof observait Rosso. Plutôt petit, visiblement fatigué, avec de belles valises sous les yeux. Ce type dégageait une formidable impression de force – tête rase, mâchoire lourde, yeux constamment plissés, comme s'il avait peur de se dévoiler. « Exactement la tête d'un flic de la brigade criminelle, » se dit Ducast, impressionné.

Pour l'instant, Rosso se taisait et Cardan parlait.

« Je ne suis pas croyante, ni pratiquante. Je ne suis même pas baptisée, en fait. Mon père était du genre à manger du curé tous les jours et de la viande le vendredi. »

Ducast hocha la tête. Il imaginait très bien le rapport de cette dame Cardan à la religion. Elle avait probablement le culte des catalogues VPC. Son église, c'était le magasin de fringues. Son pèlerinage, ça se passait probablement aux galeries Lafayette. Bref, le profil ordinaire des intrazonards – rapport à la religion ? Néant, rien à signaler.

Cardan racontait toujours.

« La dernière fois que je suis allée dans une église, c'était il y a cinq ans, pour le mariage d'une amie. Je n'ai pas prêté attention au cérémonial, à vrai dire. »

Ducast soupira. Il imaginait très bien le mariage de la copine de Cardan. Une de ces nouvelles cérémonies soi-disant festives, « animée » par un genre de nouveau curé frais émoulu d'un séminaire œcuménique d'Etat, gentiment con, sans doute, et qui avait dû parler de la réconciliation entre les hommes au repas de noces. Le genre de type qui encadre des randonnées christomusules subventionnées par une mégacorporation quelconque, « jeunes sportifs des extrazones, découvrez les intrazones rurales avec les chaussures Reenike ». Ducast visualisait très bien la scène. Avec ce genre de curetons dans le circuit, on ne pouvait guère en vouloir aux chrétiens d'avoir abandonné les églises.

Il laissa son esprit vagabonder quelques secondes. Il essayait de se souvenir de ce que lui avait dit ce pasteur calviniste, en 1980, au moment du rapprochement doctrinal entre catholicisme et protestantisme : « Pour rendre son sens à la religion, il devrait s'agir de faire comprendre aux gens que tout le monde n'ira pas au Paradis et que c'est très bien comme ça. Mais bien sûr, nous n'y parviendrons pas. Nous vivons une époque où les gens veulent tous aller au Paradis. C'est pour ça qu'ils le veulent sur terre, le Paradis : pour être sûrs d'arriver à bon port ! Ils veulent des garanties. Ils s'imaginent que c'est le but de l'affaire, voyez-vous ? Ils ne comprennent pas que le but de leur vie peut être la damnation, parce qu'ils s'imaginent que c'est d'eux qu'il s'agit. D'eux, et pas de Dieu. Ils croient qu'ils vont trouver Dieu sans se perdre eux-mêmes : c'était écrit, n'est-ce pas ? Voilà, les choses adviennent qui devaient advenir. Nous savions que c'était écrit, nous ne sommes pas surpris. C'était écrit. »

Oui, voilà ce qu'avait dit ce pasteur. « C'était écrit. »

Et comme il avait raison...

Cardan reprit, sur le ton de quelqu'un qui craint de ne pas avoir été entendu : « Vous comprenez, monsieur le professeur ? »

Ducast sursauta. Flûte ! Il n'avait même pas écouté ce qu'il était supposé avoir compris !

Il soupira et ne dit rien, ne sachant quoi dire.

Cardan disait : « Je ne connais rien, absolument rien en matière de religion. »

Ducast répéta : « Oui, vous ne connaissez rien... »

Il y eut un silence.

Ducast demanda, d'une petite voix : « Mais en quoi un théologien peut-il vous aider, de toute manière ? Pourriez-vous venir au fait ? »

Rosso intervint. C'était la première fois qu'il parlait et Ducast fut surpris par sa voix douce, presque chaleureuse, une voix qui ne collait pas du tout avec le personnage.

« Nous avons un problème, monsieur. Nous avons dans la nature des types qui tiennent des propos religieux, ou des propos qui ont l'air d'être religieux, en tout cas. Et ces types sont des tueurs, voyez-vous ? »

« Des tueurs ? »

« Oui. Ils tuent des gens. Nous avons plusieurs dizaines d'affaires, maintenant, qui semblent plus ou moins clairement liées à une sorte de réseau sectaire, ou quelque chose de cet ordre. »

« Un réseau sectaire ? »

Rosso toussota.

« La seule explication possible, » dit-il, « c'est qu'il y a une secte derrière tout ça. Une secte, ou quelque chose qui y ressemble. »

« Vous avez des indications sur la nature de cette secte ? »

« Non, concrètement, à ce stade, nous n'avons aucune information. Mais c'est la seule explication possible. »

Rosso bailla.

« Excusez-moi. La fatigue. »

Cardan intervint

« Depuis deux mois, plus de trente personnes sont mortes, dont près d'une vingtaine ces dix derniers jours, et à chaque fois, on trouve impliquée dans l'affaire une personne, parfois la victime, parfois le coupable, qui se trouve avoir un lien avec une certaine société Synacgame, un fabricant de jeux vidéo. »

« C'est une secte, ce fabricant ? »

« Non, pas que nous sachions. Mais il est possible qu'il ait été infiltré par une secte. »

Ducast secoua la tête.

« Je ne suis pas un expert en affaires criminelles, mais il peut y avoir des tas de raisons à cette cascade de morts violentes. Intérêts commerciaux, vengeances personnelles… pourquoi s'agirait-il nécessairement d'une secte ? »

Rosso et Cardan répondirent en même temps.

« Parce que… »

Cardan regarda Rosso. Celui-ci lui fit un petit signe de la main qui voulait dire : à vous de parler.

« Parce que, » reprit la psychiatre, « à chaque fois, l'assassin tient les mêmes propos étranges, dans les heures ou les minutes précédant l'acte. Des propos qui semblent avoir une forte connotation religieuse. »

Rosso compléta : « Et puis, depuis quelques jours, nous avons plusieurs cas de gens qui ont tenu le même genre de propos avant de faire une grosse connerie. Ces types-là n'ont pas de connexion avérée avec Synacgame, mais enfin, c'est toujours le même genre de propos déjantés. »

Ducast demanda : « Quel genre de propos 'déjantés' ? »
Rosso ouvrit la serviette posée à ses pieds et en sortit un dossier.
« Voici le dossier. Vous avez les procès-verbaux de déclaration des témoins, les constatations. Tout y est, tout ce que nous savons. Il y a aussi quelques photos – désolé, c'est assez dur parfois, mais il faut bien que vous voyiez de quoi il s'agit, pour nous dire. »
Ducast hocha la tête.
« Bien, je regarderai tout cela. Mais je voudrais d'abord vous poser une question, si vous permettez. »
« Je vous en prie. »
Ducast se mordit la lèvre et, par acquis de conscience, il tourna sa langue dans sa bouche. Quand on abordait certaines questions, il valait mieux réfléchir avant de parler.
Enfin, il se décida.
« Je sais que la police surveille les mouvements sectaires. Il y a des tas de policiers spécialisés dans ce boulot, ils ont des fiches, des dossiers... Pourquoi vous adresser à moi ? Je ne suis pas un spécialiste des sectes, alors qu'il y a des spécialistes des sectes, qui pourraient certainement vous renseigner bien mieux que moi. Pourquoi me demander *à moi* ? »
Cardan soupira.
« En fait, professeur, ce sont les spécialistes des milieux sectaires qui nous ont orientés vers vous. Nous pataugeons complètement, il faut bien le dire. »
Rosso haussa les épaules.
« Ils disent qu'ils ne comprennent pas à quoi ils ont affaire, sur ce coup. Visiblement, ça les déboussole. D'après eux, ce n'est pas normal, tout ça. »
Ducast ne put s'empêcher de sourire.
« Normal ? Une trentaine de meurtres et un mouvement sectaire en arrière-plan, cela ne peut pas être 'normal', si ? »
Rosso secoua la tête avec énergie.
« Ce ne sont pas les meurtres en eux-mêmes qui posent problème. C'est la nature des propos tenus, la façon dont tout ça se passe. Les spécialistes, chez nous, pensent qu'aucune secte ne peut provoquer ce genre de comportement chez ses adeptes. »
« Pourquoi ? »
Ce fut Cardan qui répondit.
« Parce que les sectes ne peuvent pas amener des individus au départ normaux à adopter ce genre de comportements extrêmes sans les avoir au préalable coupés de leur environnement. J'ai travaillé, jadis, sur les techniques de lavage de cerveau utilisées dans certains hôpitaux

psychiatriques : il faut des mois pour modifier en profondeur les comportements, des années pour arriver au niveau de conditionnement qui rend possible des actes aussi monstrueux que ceux auxquels nous sommes confrontés ici. »

« Et vous pensez qu'un théologien peut vous aider à y voir plus clair ? »

Rosso fit signe que oui.

« Les spécialistes des mouvements sectaires, chez nous, pensent qu'ils sont peut-être confrontés à quelque chose de nouveau, une religion clandestine, enfin quelque chose de complètement nouveau et de très, très étrange. Ils sont paumés, voilà, c'est ça la vérité. Et ils nous ont dit de venir vous voir parce que, pour dire les choses en gros, on ne risque rien à essayer. »

Ducast se renversa dans son fauteuil. Il n'était pas entièrement convaincu par les explications de Rosso. Quelqu'un, à l'intérieur des forces de police, devait avoir pensé à lui, Ducast, pour une raison précise – et donc, de deux choses l'une : ou bien Rosso ne savait pas pourquoi on lui avait suggéré d'en appeler au très effacé professeur Ducast, ou bien il le savait, mais il ne voulait pas le dire.

En tout cas, c'était louche.

Soudain, Rosso sursauta.

« Ah, j'ai failli oublier... »

Il se pencha sur sa serviette et en extirpa un minidisque étincelant.

« Il semble que la plupart des victimes, ou leurs assassins parfois, ont travaillé sur la mise au point d'une nouvelle génération de jeu vidéo. Ceci est un spécimen de cette nouvelle génération de jeux. Cela ne sortira dans le commerce que dans quelques jours. »

Il déposa précautionneusement le minidisque sur le bureau de Ducast, lequel contempla l'objet avec un dégoût visible.

« Je ne joue pas à ces choses, vous savez. »

« Oh, nous ne vous demandons pas d'y jouer, professeur, juste de jeter un coup d'œil. D'après les spécialistes, chez nous, il est fréquent que les jeux vidéo servent de support à de la propagande sectaire. Ils ont examiné ce jeu-là, et ils n'ont rien trouvé. Mais vous, peut-être que vous verrez quelque chose. »

La voix de Rosso cassa soudain. Il bailla, à nouveau. Ducast se fit la réflexion que ce flic était, visiblement, au bout du rouleau. Il devait supporter une terrible pression. Des dizaines de morts, et apparemment, pas le plus petit début de piste.

Le professeur Ducast se leva et dit à ses visiteurs : « Je doute fortement que mon intervention vous aide beaucoup, mes amis, mais je ferai tout mon possible. »

Puis, désignant le minidisque d'un index méprisant, il soupira : « Il va falloir que j'emprunte la console de jeu de mon petit-neveu. »

*

Ducast rentra chez lui par le bus, ce soir-là comme tous les soirs. Et comme un soir sur deux environ, le bus resta bloqué au contrôle de police Clignancourt. Et cela risquait fort de durer encore plus longtemps que d'habitude, car des évènements très graves s'étaient déroulés à l'est, du côté de l'extrazone 934.

Ducast en profita pour lire un exemplaire des « cahiers de la dissidence », une revue à faible tirage dont il était l'un des rares abonnés, et que le pouvoir tolérait précisément parce que son tirage était insignifiant.

Un premier article attira son attention. Il s'agissait d'une comparaison entre d'une part les travaux des prévisionnistes du début du XXI° siècle de l'ancienne ère, et d'autre part la réalité vécue en l'an XVIII de l'ère eurocorporative, 2038 de l'ancien calendrier.

« Au début du XXI° siècle de l'ère chrétienne, les prospectivistes faisaient un certain nombre d'hypothèses sur l'avenir. Quatre décennies plus tard, nous devons constater qu'une grande partie de ces hypothèses n'a pas été vérifiée. Mais nous pouvons aussi constater qu'il s'en est souvent fallu de très, très peu. L'histoire que nous vivons aujourd'hui est étonnamment proche des prévisions sur les tendances lourdes, les tendances de fond. Elle en est fort éloignée sur des points de détail, et parfois des détails qui ont leur importance.

« Pourquoi cela ? Prenons une image. Disons qu'il s'agit de prévoir le point d'impact d'un projectile. On peut se tromper un peu, mais pas beaucoup. On peut se tromper un peu parce qu'il suffit d'un écart d'un millimètre au moment où un projectile quitte le canon, pour que la cible soit manquée d'un mètre. Mais on ne peut pas se tromper beaucoup, parce que, dès lors qu'on connaît le poids du projectile, la direction approximative du tir et la quantité de poudre qui détonne, on sait à peu près où le projectile va finir sa course.

« Prenez par exemple le pétrole. Jusqu'à la découverte de l'ampleur réelle des gisements brésiliens, en 2015, on crut qu'il n'en resterait plus en 2040. Et voyez : nous sommes en 2040, et il en reste encore pour trente ans. Les prévisionnistes se sont donc trompés.

« Et en même temps, ils ne se sont pas trompés du tout. Ils avaient prévu que des guerres auraient lieu pour le contrôle des ressources, et elles ont eu lieu. La troisième guerre du Golfe est là pour en témoigner.

Simplement, au lieu d'être des guerres à mort, ces affrontements pour le pétrole furent des duels au premier sang. »

Ducast parcourut le reste de l'article avec amusement. Il y avait des citations d'ouvrages rédigés pendant la première décennie du XXI° siècle. Elles étaient drôles parfois, tant certains commentateurs s'étaient trompés sur des points secondaires. Mais l'ensemble révélait effectivement que dans les très grandes lignes, le désastre eurocorporatif avait été anticipé. Pour la dix millième fois peut-être, Ducast se mordit la lèvre de dépit, en constatant qu'on *savait* ce qui allait advenir, et qu'on l'avait laissé advenir.

« Pas de doute, » murmura-t-il, « on a vraiment été nuls. »

Il tourna la page. L'article suivant traitait des conséquences de la troisième guerre du Golfe. Il était intitulé « l'Europe au pain sec ».

« *Le rééquilibrage économique mondial issu de la paix au Moyen Orient se traduit officiellement par une nouvelle attribution des matières premières et des sources d'énergie fossile, nouvelle attribution plus favorable à la Chine et à l'Inde, donc moins favorable à l'hémisphère occidental. C'est du moins ce que dit la vulgate officielle.*

« *Mais si l'on y regarde de plus près, on s'aperçoit que ce premier mouvement, dit de « rééquilibrage », s'accompagne de la création d'un nouveau déséquilibre, cette fois à l'intérieur de la sphère occidentale. Il se trouve en effet que l'Alliance Panaméricaine n'ajuste pas, ou très peu, sa consommation d'énergie. La consommation d'énergie par citoyen de l'Alliance Panam était de l'ordre de 5 tonnes équivalent pétrole avant le rééquilibrage (9 tonnes au nord du Rio Grande, 3 tonnes au sud). Elle reste pratiquement au même niveau après le rééquilibrage (8 tonnes au nord et toujours 3 tonnes au sud, soit 4,5 tonnes en moyenne). Par opposition, la consommation d'énergie par citoyen de l'Union Eurocorporative a fortement baissé, passant de 5 tonnes avant le rééquilibrage à 3 tonnes après le rééquilibrage. En d'autres termes, l'ajustement demandé à l'hémisphère occidental dans le cadre de l'accord de rééquilibrage a presque entièrement porté sur l'Union Eurocorporative. D'où un nouveau déséquilibre, l'écart de niveau de vie ayant très fortement crû, depuis dix ans, entre les deux rives de l'Atlantique.* »

Ducast grommela : « Décidément, ils ont décidé de nous casser le moral. »

Sans lire la suite de l'article consacré à la troisième guerre du Golfe, il alla directement à la fin de la revue. Traditionnellement, c'était l'espace réservé aux questions religieuses. Cette fois, l'article religieux parlait de « la papauté, ultime môle de résistance contre la religion marchande ».

« À présent que le consistoire juif de l'Union Eurocorpo a rejoint la plupart des mouvements évangéliques dans l'acceptation de la publicité sur les lieux de culte, à présent que les mouvements néo-musulmans font sponsoriser leurs sites Internet par des sociétés spécialisées dans la commercialisation de viande néo-hallal, généralement des filiales de telle ou telle mégacorpo de l'agro-alimentaire, il ne reste plus, dans le monde occidental, qu'une organisation religieuse imperméable à la publicité : l'Eglise catholique romaine, et son alliée orientale, l'Eglise orthodoxe russe. Encore ce constat doit-il être relativisé : le cœur du catholicisme reste indemne, mais ses membres sont gangrenés. Si le Vatican interdit toute récupération publicitaire de l'image du Pape, les églises catholiques sont sur le terrain infiltrées par la publicité. »

Le prof s'épargna le corps de l'article. De toute manière, il en connaissait d'avance le contenu. L'état de la religion dans la société eurocorporative le laissait pantois. C'était quelque chose de tout à fait inédit, la première société ne produisant rigoureusement aucune spiritualité. Objectivement, l'énorme machine à fabriquer des idoles médiatiques et publicitaires avait atteint un niveau de médiocrité déconcertant. C'en était presque drôle.

Le prof sauta directement à la conclusion.

« Le paradoxe du système eurocorporatif, c'est qu'il a besoin pour se maintenir à court terme de développer des types humains qui seront incapables de le faire fonctionner à long terme. En infiltrant la religion, la publicité détruit les bases de l'éthique, sans laquelle aucune société ne peut perdurer bien longtemps. Dans un premier temps, le système corporatif se nourrit en vampirisant l'ordre des représentations religieuses, qu'il absorbe pour construire un système d'images panthéiste et idolâtrique. Mais du coup, dans un second temps, et sans doute assez vite, toute représentation de la société à elle-même deviendra impossible. La publicité en elle-même ne peut fabriquer que des images de la pulsion narcissique, antisociale par essence. Ainsi l'eurocorporatisme nous entraîne vers une véritable catastrophe : une société sans représentation d'elle-même, donc sans conscience. »

En lisant cette conclusion, Ducast ressentit une angoisse diffuse. Il arrive ainsi qu'un esprit pénétrant pressente l'avenir proche, et qu'il ne comprenne pas qu'il le pressent...

Le bus ne redémarrait toujours pas. Visiblement, l'entrée dans Paris Intrazone allait encore prendre de nombreuses minutes. Ducast soupira. Pour ne pas perdre davantage de temps, il décida de travailler. C'était l'occasion de parcourir le dossier que lui avait remis l'inspecteur Rosso.

Il sortit son calepin et commença à prendre des notes.

« MEXAYACATL », griffonna-t-il sur son calepin, tout en parcourant le compte-rendu de l'affaire Blanco.

Son écriture était resserrée et nerveuse, sa main ne tremblait pas. Ducast avait assez vécu pour savoir que la vérité des hommes est rarement belle.

« MEXAYACATL… »

Le mexayacatl était un masque réalisé par les Aztèques avec la peau d'une victime sacrificielle. L'arborer était, pour les prêtres, un acte religieux. Le sens exact de cet acte n'apparaît pas très clair, comme souvent s'agissant des cultes sacrificiels, mais Ducast décida de suivre son intuition. Le mexayacatl pouvait ouvrir quelques pistes de réflexion.

Pour autant que le prof s'en souvînt, chez les Aztèques, il s'agissait de s'emparer de l'énergie de la victime en s'appropriant ses traits, ou quelque chose de cet ordre. Le rapport avec le masque mis par Blanco à l'amant de sa femme n'était pas direct, mais tout de même, il y avait quelque chose à explorer de ce côté-là. En général, dans les cultes sacrificiels, les victimes sont transfigurées symboliquement avant le sacrifice. Il faut qu'elles soient porteuses d'un symbolisme, généralement le symbolisme de ce que l'on doit tuer pour que la vie se réconcilie avec elle-même, ou quelque chose de cet ordre.

« SUICIDE », nota Ducast. Le premier meurtre commis par Blanco pouvait être vu comme un simulacre de suicide.

Il réfléchit quelques instants, puis il ajouta, à côté de « SUICIDE », le mot « SEPPUKU ». Le charcutage de la femme de Blanco évoquait indiscutablement la cérémonie japonaise du suicide par éventration rituelle. Ducast croyait se souvenir que, là encore, il s'agissait plus ou moins de libérer l'énergie vitale – non pour se l'approprier, mais pour se l'ôter à soi-même.

Soudain, Ducast eut une illumination.

« Métaphore du retour dans le ventre maternel », griffonna-t-il. « Simulacre de coït poussé jusqu'à la mort ».

Il laissa son esprit vagabonder. Il savait par expérience qu'en matière religieuse, il est impossible de faire la part entre le raisonnement déductif et l'intuition pure.

Ce rituel étrange le faisait vaguement penser à ce qu'il avait lu, jadis, sur le symbolisme de la Lune Noire et le culte de Lilith.

Le problème, c'est qu'il ne se souvenait plus très bien de ce qu'il avait lu. « Jadis », quand on a près de quatre-vingts ans, c'est parfois lointain, très lointain…

Il reprit sa lecture. Le rapport de police citait pour finir les propos de Blanco : « Mes fils, je vous ai refaits. Aujourd'hui, vous êtes nés une deuxième fois. Ceux qui vivent dans la chair disent qu'ils sont vivants.

Ils n'en savent rien, ils font semblant et sont dupes de leur mensonge. Les sages le savent. Croyez-vous que vous ne serviez qu'à vos illusions ? Je sais ce que vous ne savez pas. J'ai chassé le mensonge hors de mon esprit, et je l'ai chassé hors du vôtre. Nous sommes la vie, les autres seront la mort. »

Ducast nota sur son calepin : « Né une deuxième fois ».

C'était une expression lourde de sens. Le chrétien est celui qui a revêtu l'homme nouveau, né à l'esprit par le baptême. Il y a aussi la tradition hindoue. Pour les Hindous, « deux fois nés », c'est-à-dire « dvija », est le qualificatif applicable aux castes supérieures, seules habilitées à étudier les textes sacrés.

Ducast marmonna dans sa barbe, pour lui-même : « Mystique hindouiste sous-jacente. »

Il avait écrit jadis un essai très contesté, mais aussi très lu, intitulé « Le Christianisme, doctrine indo-européenne ? » - un essai qui avait valu à son auteur de solides inimitiés dans certains milieux religieux, mais qui n'en était pas moins, de l'avis unanime, le principal apport de Ducast à l'histoire des religions.

L'essai en question était articulé principalement autour d'un commentaire croisé de l'Apocalypse et du Mahabharata. Ducast y soulignait les nombreux isomorphismes narratifs entre tradition chrétienne et tradition hindouiste. Il faisait remarquer qu'on pouvait voir dans l'Apocalypse, révélation de l'Etre à la fin du temps, un point de vue relatif sur le temps cyclique – le récit de la fin d'un cycle du point de vue de quelqu'un qui se serait trouvé à l'intérieur de ce cycle. Et, parallèlement, il faisait observer qu'on pouvait aussi voir dans la tradition hindoue du Kali-Yuga le récit de la fin d'un cycle, là encore – mais cette fois, du point de vue de quelqu'un qui se serait trouvé en surplomb du temps.

Si l'on admettait ces hypothèses de départ, alors non seulement le récit chrétien et le récit hindouiste présentaient des isomorphismes, mais ils pouvaient même être lus pratiquement comme deux versions d'une seule et même histoire – et Ducast n'avait eu aucun mal à le démontrer. Dans la tradition hindoue, Kalkî, la dixième et dernière incarnation du dieu Vishnou, purifie le monde corrompu à la fin du Kali-yuga. Il ouvre une nouvelle création, chevauchant un cheval blanc, tenant une épée rayonnante avec laquelle il frappe les mauvais pour rétablir le règne de la vérité. Et quelques vertueux le suivent par-delà les portes de la recréation, pour former l'humanité future. L'Apocalypse annonce exactement dans les mêmes termes la survenue du Christ en gloire, « qui brandira une épée acérée » et qui « règnera sur les nations avec un sceptre de fer ». Une fois admise la théorie des deux points de vue, il s'agit pratiquement du même récit.

Ducast avait aussi souligné qu'à quelques détails près, on retrouvait le même récit dans les autres traditions religieuses. C'était surtout cette deuxième partie du livre qu'on lui avait reprochée, dans certains milieux. « Kalkî hindou, Shaoshyant perse, Messie juif, Bouddha Maitreya et Mahdi musulman sont des esquisses du Christ à la Fin des Temps », concluait-il, « avec parfois une ambigüité sur le rôle christique ou antéchristique de l'esquisse ». Il y avait aussi cette phrase, que d'aucuns lui imputèrent en passif : « La théorie hindoue des avatars partiels, qui ne reçoivent qu'une partie de Vishnou, recoupe très exactement la théorie chrétienne du Prince de ce Monde, qui se veut l'égal de Dieu, mais n'en est que le singe. » Ou encore celle-ci : « La tradition shivaïte peut être vue comme l'expression hindoue du Rédempteur en tant qu'il frappera les nations ; lorsqu'il est écrit que le Christ foulera dans la cuve le raisin de l'ardente colère de Dieu, il nous est dit très précisément que c'est par le Diable que le Christ accomplit la Rédemption du monde. S'il n'avait pas la colère de Dieu à exprimer, s'il n'avait pas à assumer la destruction, il ne pourrait donner naissance à une seconde Création. »

Ces phrases avaient valu à Ducast l'inimitié de tout un courant du catholicisme, mais il ne les regrettait pas. Il avait voulu dire la vérité – et que Dieu lui pardonne son orgueil, il était vraiment persuadé de l'avoir dite.

Le contrôle de police terminé, le bus s'ébranla. Ducast rangea le dossier de Rosso dans sa serviette et, en observant le rempart périphérique illuminé, il réfléchit à ce qu'il venait de lire. « Oui, » se dit-il, « le doute n'est guère permis. Il s'agit d'une cérémonie satanique. L'homme purifié par la destruction, suicide ritualisé, simulacre de la mort de soi. Et puis l'éventration symbolique de la mère, accomplissement du règne de Kali, règne du Démon femelle. Une supplication pour mourir à soi, afin de renaître à une autre vie, une vie offerte par le démiurge. »

Tout cela paraissait très clair, pour finir. Peut-être un peu trop, d'ailleurs.

Il ouvrit son calepin et écrivit : « Secte : possible, mais peu probable. Chercher plutôt du côté des grandes religions, tendances extrémistes. »

Puis il jeta un coup d'œil par la fenêtre, à nouveau. Au loin, la Lune se levait sur les toits de Paris Nord. Dans le ciel, derrière le brouillard de pollution, on devinait la pub satellitaire : « Vivez fort, vivez Peugeord ! », déchiffra Ducast.

Puis un nuage passa devant la pub satellitaire, et Ducast chercha la lune noire dans le ciel profané.

*

Ce soir-là, pour la première fois de sa vie, le professeur Jean-Baptiste Ducast joua à un jeu vidéo.

Il commença par passer chez son neveu, qui vivait à deux pâtés de maison de chez lui. Ils eurent une discussion sur l'actualité politique – des heurts assez violents venaient d'éclater dans les extrazones, et comme d'habitude, droite et gauche se renvoyaient la responsabilité de l'affaire. Le neveu de Ducast se flattait d'avoir des opinions tranchées, et comme à son habitude, il expliqua que la vraie cause des incidents, c'étaient « ces sales flics qui cherchent noise aux Afros. » Ducast, pour sa part, n'avait pas d'opinion. Il se contenta donc de répondre que c'était fort possible, mais qu'il ne fallait pas généraliser.

« J'ai beaucoup de mal à croire que tous les flics sont mauvais et que tous les Afros sont bons, » dit-il. « Mais remarque bien que j'aurais tout autant de difficultés à croire l'inverse. »

Cependant, Neveu savait à quoi s'en tenir. Si, si, les flics, mon oncle, tout vient des flics.

Ducast n'insista pas. Il croyait en Dieu, il s'en remettait à Dieu et il savait que nul ne peut trier les bons et les méchants sans prendre en lui une incarnation partielle de Vishnou. Et il savait aussi ce qu'était une incarnation partielle de Vishnou. Donc il se garderait bien d'avoir une opinion sur les bons et les méchants...

D'un autre côté, il savait aussi que si lui, Ducast, avait condamné son neveu pour son excès de certitude, alors lui, Ducast, aurait à son tour cru faire le tri entre le Bon et le Mauvais, et donc lui, Ducast, aurait reçu un avatar partiel. Donc il se gardait également d'affirmer trop catégoriquement son absence d'opinion tranchée...

En homme sage, il se contenta de hocher la tête de l'air d'un vieux monsieur qui ne comprend pas tout, mais qui ne demande qu'à croire les jeunes générations.

Puis, sans transition, il demanda s'il pouvait emprunter la console de jeu vidéo de son petit-neveu.

La mâchoire de Neveu descendit de trois bons centimètres, tandis que ses sourcils semblaient vouloir s'envoler au-dessus de son front.

Ducast ne put s'empêcher de sourire devant cette tête de carnaval.

« Oh, ne fais pas cette bouille ! Tu te doutes bien que ce n'est pas pour jouer à un de ces trucs. Pas vraiment, je veux dire. Il se trouve simplement qu'on m'a demandé mon avis sur un jeu, pour des raisons... enfin, bref, on m'a demandé mon avis. »

Neveu avait les opinions un peu trop tranchées d'un garçon un peu trop impétueux, mais c'était un brave homme et un bon neveu. Si son oncle voulait faire joujou avec la console du gamin, grand bien lui fasse !

Et cinq minutes plus tard, Ducast se retrouva assis dans un fauteuil du salon, avec sur la tête le masque de virtualité et, à la main, un gant de combat virtuel.

Il joua une petite heure, essayant de comprendre comment fonctionnait cette satanée machine. Il lui fallut un bon quart d'heure pour lancer le jeu, parce qu'il ne comprenait pas le menu de lancement. Puis il lui fallut un autre quart d'heure pour venir à bout du gant – il y avait des mouvements à faire, avec les doigts, à certaines phases du jeu, pour simuler la marche. Une fois qu'on avait compris comment ça fonctionnait, c'était très simple, très intuitif. Mais il fallait d'abord comprendre.

Le jeu était idiot, bien entendu. Mais un peu moins tout de même que Ducast ne l'aurait pensé. Cela se passait dans une sorte de Moyen Âge fantastique. Le joueur incarnait un chevalier chargé de délivrer une princesse retenue par un tyran, quelque part dans une ville opprimée – les scénaristes devaient être en panne d'imagination, le jour où ils avaient conçu cette niaiserie. Le chevalier devait d'abord découvrir où se trouvait la princesse, puis trouver le moyen de la délivrer, et enfin l'escorter jusqu'à la demeure de son père, loin, très loin de la ville opprimée. Du classique, donc. À part les combats, très spectaculaires et très violents, il n'y avait rien là-dedans qui n'aurait eu sa place dans un bon vieux Walt Disney.

Ducast n'alla pas très loin dans l'aventure. Il prit juste le temps de se promener dans la ville imaginaire. Il ne remarqua rien de particulier, mais un étrange malaise s'empara de lui, au fur et à mesure qu'il jouait. Un malaise croissant, comme un poids sur la poitrine.

Au bout d'une heure, le professeur Ducast en eut assez. Il avait mal à la tête et il éprouvait une vague sensation de nausée. Cette plongée dans le virtuel ne lui avait pas plu du tout. Il remercia son neveu, prévint qu'il repasserait le lendemain soir pour jouer à nouveau, puis il prit congé et se précipita chez lui, bien décidé à s'offrir une soirée de lecture.

Ce qu'il fit, avant de se coucher.

Il éteignit la lumière et ferma les yeux. Comme toutes les nuits depuis des années, il allait dormir sans vraiment dormir.

Même assoupi, il continuait à veiller. Il ne cessait jamais vraiment de s'observer.

Et il rêva.

Et il vit ce qu'il rêvait.

CHAPITRE V - RANDONNÉE SUR LE PERIPH

Hélène Pelletier dans une Peugeord dernier modèle, assise à la place du conducteur. Posé sur le volant, un smartcom Toshibapple dernière génération. Posé sur le tableau de bord, un détecteur de microphone Sonundig.

A moins qu'il ne se soit agi d'une Peugeot, d'un laptop Appliba et d'un détecteur Gruny. Aucune importance. De toute façon, toutes les marques avaient plus ou moins fusionné, il n'y avait plus qu'un seul conseil d'administration, et ce conseil ne rendait plus compte à aucune assemblée générale. Aucune salle de conférence ne peut recevoir les actionnaires de World Inc., ils sont trop nombreux pour qu'on les réunisse.

Le monde était devenu la branche Real Estate de World Inc.

Et quant à elle, Hélène Pelletier était un numéro dans les fichiers de World Manpower Ltd.

Et elle le savait.

Elle était *payée* pour le savoir.

Depuis cinq ans, depuis qu'elle était sortie de l'eurofaculté d'Amsterdam, Hélène Pelletier travaillait chez Synactis.

Elle excellait dans son métier. Pas forcément très créative, mais très rigoureuse, elle avait toujours été bien notée, dans tous les projets sur lesquels elle avait travaillé. Elle savait parfaitement comment fonctionnait le système d'information dédié à la gestion du personnel. Elle savait comment ce système d'information, depuis l'année précédente, avait été interfacé avec celui de Bank Intérim, la banque de données partagée par les dix plus grandes entreprises mondiales sur le marché de l'intérim. Elle savait aussi que le système Bank Intérim était lui-même interfacé avec les bases de données de plus de trois mille entreprises partenaires. World Manpower Ltd existait bel et bien, depuis que les passerelles informatiques étaient opérantes entre toutes les bases de données de toutes les grandes entreprises du monde.

Et elle, Hélène Pelletier, elle avait contribué à créer ce système.

A vrai dire, elle n'en était pas fière.

En fait, elle en était même franchement *malade*.

A l'eurofaculté d'Amsterdam, Pelletier avait beaucoup fréquenté les milieux libertaires. Avec ses amis étudiants, elle avait fumé des joints, refait le monde et beaucoup parlé des théoriciens du siècle précédent. Elle avait lu les situationnistes français et les anarchistes espagnols. Elle avait rêvé, avec ses camarades d'étude, de changer le système de l'intérieur. Elle avait suivi avec passion les controverses qui opposaient, dans les samizdats de l'extrême gauche européenne, les postmarxistes partisans d'un soulèvement des extrazones aux néoléninistes, pour qui le salut ne pouvait provenir que d'une élite, recrutée dans les intrazones. Elle avait passé des années à se convaincre que sa génération ne réagirait pas comme la génération précédente, que quelque chose allait se passer, que ce système débile allait imploser, enfin, parce que ça ne pouvait plus durer. Elle avait écouté ses camarades parler de la révolution avec passion. Elle y avait cru.

Puis elle était entrée chez Synactis, et la machine l'avait happée. D'abord par le bout du petit doigt, puis tout le petit doigt y était passé, puis tous les doigts, puis la main, l'avant-bras, le bras, l'épaule. Jour après jour, elle avait oublié. Elle avait oublié ses rêves d'adolescente attardée, oublié les longues soirées passées avec Walo, son amant polonais qui parlait si bien des théoriciens postmarxistes et qui rêvait d'aller dans les extrazones rurales de Pologne, pour y lever les troupes de la révolution.

Pauvre Walo. Il travaillait pour Peugeord, maintenant. Il concevait des systèmes anti-intrusion haut de gamme pour les véhicules de luxe – en cas d'effraction, l'ordinateur de bord envoyait une décharge électrique dans la carrosserie, une décharge potentiellement mortelle.

Walo avait fait partie de l'équipe chargée de l'intelligence artificielle implantée dans le véhicule. Il s'agissait de faire en sorte que la voiture reconnaisse bien les tentatives d'intrusion, qu'elle n'aille pas électrocuter par erreur son propriétaire légitime. Walo avait mis au point le système, et ce système donnait maintenant entière satisfaction.

Intéressant, le parcours de Walo…

Il vivait à présent dans l'intrazone la plus chic de Varsovie et, bien sûr, depuis qu'il bossait pour Peugeord, il n'avait pas mis les pieds dans les extrazones rurales de sa Pologne natale. Ou plutôt, si, il y était allé une fois, en touriste, pour passer quelques jours à la campagne – comme il l'avait dit à Pelletier, le jour où il avait tenté de la ramener dans son lit : « La vie n'est pas chère dans les extrazones rurales, surtout en Pologne. Pour un ingénieur de Peugeord, trois jours dans une extrazone rurale, c'est l'assurance d'un bon bol d'air, et pour trois fois rien ! »

Pelletier n'avait pas répondu à son courriel. Elle aurait eu trop de choses désagréables à lui dire. Elle aurait pu lui parler des postmarxistes, par exemple. Lui demander ce qu'il avait fait des samizdats empilés, jadis, dans le placard de sa chambre d'étudiant. Il se serait fâché, il aurait demandé ce qu'elle, Hélène, elle avait fait de ses samizdats néoléninistes. Et elle aurait été obligée de reconnaître qu'elle les avait bazardés, tout bonnement. Tout honte bue.

Happée par le système, miss Pelletier.

Happée par le système de la tête aux pieds.

Elle regarda le détecteur de microphones. C'était le tout dernier modèle, dans le commerce seulement depuis dix jours. Les contre-détecteurs ne pouvaient pas lui échapper. Pour l'instant, c'était ce qui se faisait de mieux dans le genre. Pelletier en était certaine, elle tenait l'information d'une source sûre – un collègue de Synactis, un ancien camarade de faculté. D'après lui, avec ça dans sa voiture, Pelletier pouvait être à peu près tranquille.

Elle s'octroya une smilirette pour se calmer.

En même temps, elle n'avait pas vraiment envie de se calmer.

Plus elle réfléchissait à ce qui était en train de lui arriver, plus elle se disait qu'après tout, d'un mal pourrait sortir un bien. Peut-être était-ce enfin la brèche dans les murs de sa prison mentale, une échappée belle pour fuir le système. Qui sait ? La vie prend parfois d'étranges détours pour nous faire accomplir notre destinée...

Elle avait reçu l'appel de ce flic, Rosso, dix jours plus tôt. Elle n'avait pas été surprise, car plusieurs de ses collègues avaient déjà été contactés. Etant donné le nombre de morts violentes dans l'équipe Synacgame en quelques semaines, ça devait forcément se terminer chez les flics.

Elle avait été contactée par Rosso le matin, à dix heures. Et à dix heures quinze exactement, elle avait reçu un appel du service sécurité de Synactis Europe. Un certain monsieur Akocha lui demanda de passer le voir. Elle s'était rendue à la convocation, et monsieur Akocha, un Noir tellement grand qu'il était obligé de se pencher en passant les portes, lui infligea un topo détaillé, en long, en large et en travers, sur le thème : « Nous vous demandons de coopérer avec les forces de police, mais nous vous rappelons que la réputation de Synactis ne doit pas souffrir de cette coopération ». Suivit un exposé des « éléments à caractère technique » que Synactis Europe souhaitait ne pas voir sur la place publique – « pour éviter toute contre-publicité fâcheuse ». En clair, monsieur Akocha demandait à mademoiselle Pelletier de faire un faux témoignage, mais à aucun moment, les choses ne furent dites franchement. On resta dans l'allusion, le sous-entendu.

Les éléments à caractère technique qu'il n'était pas « utile de mentionner » : principalement l'emploi, dans les jeux Synacgame, de « verrues » développées aux Etats-Unis, surcryptées et donc indéchiffrables par les programmeurs de Synactis Europe ; secondairement l'emploi fréquent, depuis plusieurs années, d'images et de sons subliminaux dans les jeux vidéo Synacgame et dans les publicités relatives à ces jeux.

Hélène Pelletier mesurait exactement un mètre soixante cinq et pesait à peine cinquante kilos. Monsieur Akocha devait bien mesurer deux mètres dix et pesait sans doute plus de cent trente kilos. Hélène Pelletier était seule, devant monsieur Akocha, derrière qui elle pressentait l'immense machine bureaucratique de Synactis.

Hélène Pelletier fit la seule chose possible : elle obtempéra. Elle promit à monsieur Akocha qu'elle tairait aux forces de police ce qu'on lui demandait de taire. Elle assura monsieur Akocha qu'elle comprenait très bien que Synactis devait défendre sa réputation, et préserver les secrets de fabrication de ses produits les plus rentables.

Et tant pis pour les rêves de l'étudiante Pelletier. Tant pis pour ses soirées avec Walo. Tant pis pour ces nuits où, à deux, ils faisaient alternativement l'amour et la révolution – en paroles. Il y a un moment, dans la vie, où il faut regarder les choses en face : quand on pèse cinquante kilos, on obéit aux mecs qui pèsent cent trente kilos.

Donc elle avait obéi. Elle n'avait rien dit à l'inspecteur Rosso. Quand il lui avait demandé si elle savait quelque chose « qui pourrait avoir une relation avec cette épidémie de morts violentes », elle avait gardé le silence.

L'interrogatoire avait lieu dans une salle de l'immeuble Synactis, une salle mise à la disposition de la police criminelle par Synactis Europe – une salle truffée de micros, évidemment.

Silence, donc, pendant l'interrogatoire.

Silence, le lendemain, en venant bosser.

Silence, toujours, le surlendemain.

Silence, jusqu'au moment où...

*

Elle alluma la radio et prit une cigarette. Il se passait des choses graves dans les extrazones. La 934 avait pris feu, sans qu'on sache pourquoi. Une patrouille de la PC avait été attaquée par une bande de cintrés, il était plus ou moins question de deux flics écartelés par la foule, leurs restes suspendus à un pont de chemin de fer, sous les cris de liesse d'une centaine de givrés. Là-dessus, une brigade de la FITEC avait été envoyée rétablir l'ordre, mais les choses ne se passaient apparemment pas comme prévu.

En général, quand ils voyaient les transports de troupe blindés et les chars lourds, les extrazonards se calmaient. La télévision avait passé en boucle, pendant des semaines, les images des favelas traitées au napalm, après les émeutes de Rio, quelques années plus tôt. Le message avait été reçu cinq sur cinq dans les extrazones.

Ouais, le message était passé cinq sur cinq sur le moment, mais apparemment, il allait falloir faire une piqûre de rappel. Du moins si l'on en jugeait par les dernières nouvelles en provenance de la 934...

« C'est absolument incroyable, » disait le reporter, la voix haletante. « Je me trouve en ce moment dans un hélicoptère de la PC, au-dessus de l'extrazone 934, et je peux vous dire que toute la zone est en feu. Tout brûle. C'est inouï. J'ai discuté tout à l'heure avec un capitaine de la FITEC qui me disait qu'il n'avait jamais vu ça. Même à Rio, on n'avait jamais vu ça. Il semble que la PC soit incapable de dire qui a fomenté ces émeutes, on ne sait même pas s'il y a une organisation derrière tout ça, c'est complètement fou. Un tankiste m'a dit, tout à l'heure, qu'il avait reçu des instructions sur la conduite à tenir au cas où des insurgés tenteraient de s'approcher de son véhicule. Il doit tirer à vue. Apparemment, des attaques-suicides ont été commises par des hommes bardés d'explosifs. On n'a jamais vu ça dans une extrazone, ni en Europe, ni en Amérique. Un policier me disait tout à l'heure que les rues de Noisy ressemblaient plus à celles de Berlin en 1945 qu'à celles de Rio pendant les dernières émeutes. Sur le moment, j'ai pensé qu'il exagérait, mais à présent, je le crois. D'un bout à l'autre de la 934, je ne vois que des flammes. C'est un spectacle fantastique. »

Pelletier avait du mal à en croire ses oreilles. Les extrazones de Paris-Banlieue n'étaient pas à proprement parler des petits paradis, certes, mais enfin, jusqu'ici, il ne s'y était jamais rien passé de vraiment grave. Rien qui ressemblât au désastre de Rio, par exemple. Et là, soudain, on parlait d'attaques perpétrées par des kamikazes ? Comme à Téhéran, quelques années plus tôt, pendant la troisième guerre du Golfe ?

Elle murmura : « Qu'est-ce que c'est que ce bordel ? »

Puis elle coupa la radio.

Elle ferma les yeux et se renversa dans son siège, les genoux remontés contre le volant.

Depuis six jours et six nuits, elle n'arrivait presque plus à dormir.

Elle soupira et baissa la vitre de sa portière. Il faisait frisquet, mais elle décida de ne pas remonter la vitre, le froid la réveillerait.

Six jours et six nuits sans dormir.

Exactement les symptômes...

Elle avait décidé de parler aux flics quand elle avait compris ce qui se passait. Après tout, si sa maladie suivait la même évolution que celle de Blanco, quelle importance de trahir Synactis ? De toute manière, dans quelques jours, elle serait probablement bonne à interner. En deux mois, dix-huit personnes dans le service étaient devenues folles, s'étaient tuées ou avaient commis des crimes de sang – du genre qui vous envoient directement à la chambre à gaz, depuis les nouvelles lois eurocorporatives.

Et pour autant que Pelletier le sût, la majorité de ces personnes avaient éprouvé préalablement les symptômes que désormais, elle présentait de manière indiscutable.

Alors, dans ces conditions, n'est-ce pas ? Akocha pouvait toujours ramener ses cent trente kilos dans le débat. Il ne pourrait jamais être aussi terrifiant que l'homme sous l'arbre.

Jamais.

Sans doute parce qu'elle avait pensé à l'homme sous l'arbre, elle fut parcourue par une sorte de décharge nerveuse – le genre de décharge que peut provoquer un orgasme, mais sans la sensation de jouissance associée à l'orgasme.

Elle ne s'en étonna pas outre mesure. Depuis quelques jours, son corps lui jouait des tours. Elle avait des réactions inattendues, elle ressentait des bouffées de chaleur, elle était traversée par d'étranges secousses, et il lui semblait parfois que sa respiration se bloquait, sans raison particulière.

Elle soupira. Ils pourront tout mettre en équation, se dit-elle. Ils pourront coter tout ce qui existe. Ils pourront s'échanger absolument tous les biens qui sont à partager dans le monde. Ils pourront vendre et acheter le sang des hommes, le cul des filles et les larmes des enfants. Ils pourront même transformer le génome humain en marchandise et proposer des mutants sur le marché aux esclaves. Ils pourront faire tout cela, et soyez en sûr, ils le feront.

Mais il y a une seule chose qu'ils ne pourront jamais quantifier. Une seule chose qu'ils ne pourront jamais tarifer.

La trouille.

Se souvenant de l'époque où elle lisait du Marx, elle murmura : « La pétoche est le seul bien sans valeur d'échange. »

Ce qui était terrible, se dit-elle encore, c'est qu'au fond, elle n'était pas certaine de détester ce qui était en train de lui arriver. Après tout, cela faisait des années qu'elle se regardait, chaque matin, dans la glace de sa salle de bain, et qu'elle pensait quelque chose comme « regarde ce que tu es devenue, mademoiselle révoltée. Regarde bien la petite conne que tu es devenue, regarde bien comme tu t'enfonces, jour après jour, dans une petite vie étriquée. »

Eh bien, voilà, après tout, sa vie n'était plus étriquée, maintenant. La peur dilate la vie. La TERREUR dilate la vie. Elle fait battre le cœur plus vite. Elle fait fonctionner le cerveau en accéléré. Merci à l'homme sous l'arbre, se dit-elle soudain avec amusement. Avec lui dans les parages, plus question de s'ennuyer, au moins.

La vérité, c'est que Pelletier *aimait* ce qui lui arrivait – c'était peut-être ça le plus horrible. Elle ne s'était pas sentie aussi vivante depuis des années. Depuis une semaine, elle découvrait tout un tas de choses sur elle-même. Elle découvrait qu'elle n'était pas aussi blasée qu'elle l'avait cru. Elle avait encore le goût du sang.

Cet éclair rouge qui peuplait depuis des nuits son demi-sommeil fiévreux. Cette tension mystérieuse qui parcourait toutes ses fibres, comme une bête furieuse qui tourne dans une cage. Comme un requin fonçant vers la paroi vitrée d'un aquarium géant, pour se détourner, au dernier moment, dans un spasme brutal et magnifique...

Elle aimait ça. Pas moyen de le nier, elle adorait ça.

Comme c'était étrange. Il avait fallu qu'elle devienne folle pour reprendre goût à la vie. Dire qu'elle vénérait la raison depuis qu'elle était en âge de comprendre ce que le mot « raison » veut dire, et qu'à présent, elle se rendait compte que cette « raison » jamais, jamais ne pourrait la faire vivre aussi vite, aussi fort que la folie.

Elle frissonna. Il faisait vraiment froid. Elle remonta la vitre de la portière.

Soudain, une voiture entra dans l'impasse où elle s'était garée. C'était une Opelyota verte.

C'était la voiture annoncée par Stéphanie Berg, la fliquette.

Pelletier prit une grande inspiration.

Elle pensa : « ainsi soit-il. »

Berg vint se garer à côté de Pelletier, puis elle ouvrit la portière côté passager.

Pelletier sortit de sa voiture et alla s'installer à côté de Berg, à la place du mort.

Berg démarra dès que Pelletier se fut installé à ses côtés. La radio diffusait une musique douce – « Le printemps » de Vivaldi.

Berg expliqua : « Même avec un micro directionnel, il est très difficile de nous enregistrer si nous roulons. »

Pelletier se mordit la lèvre. Elle n'avait pas pensé aux micros directionnels.

Après tout, détecteur ou pas, Synactis l'écoutait peut-être à son insu.

*

Depuis six jours, non seulement Pelletier ne dormait plus, mais en outre elle n'arrivait pas davantage à manger. Elle avait toujours été très mince, mais à présent, le ventre parfaitement creux, elle paraissait franchement maigre, fine comme une liane. À côté de l'informaticienne, Stéphanie Berg avait la carrure d'un grenadier. Les deux femmes étaient aussi dissemblables qu'on peut l'être : l'une petite, maigre, brune aux yeux noirs, l'autre grande, lourde sans être grosse, blonde aux yeux bleus. Deux êtres aussi différents qu'il est possible à deux femmes d'être différentes l'une de l'autre, vraiment.

« Alors, » demanda Berg, « vous avez souhaité me parler ? Eh bien, je vous écoute, madame Pelletier. »

Hélène Pelletier regarda Stéphanie Berg longuement. Elle ne savait pas très bien par où commencer.

« Je ne vous ai pas tout dit, la dernière fois, » dit-elle.

Berg hocha la tête.

« Nous le savons. »

« Ah. »

Pelletier n'avait jamais eu affaire à la police. Elle se doutait cependant qu'avec les flics, il fallait en prendre et en laisser. Elle eut l'intuition que Berg mentait, qu'elle ne savait pas grand-chose, en fait, et que si elle prenait cet air blasé, c'était pour cacher qu'elle attendait beaucoup de la discussion. Tout cela, Pelletier le vit en un éclair, et elle s'étonna elle-même d'avoir si facilement deviné la fliquette.

« On m'a demandé de taire certains faits, avant notre dernier entretien. »

« Qui vous a demandé de taire ces faits ? »

Pelletier ne s'attendait pas à la question. Elle réalisa soudain qu'elle ne connaissait pas la réponse. Pas vraiment.

« C'est un monsieur Akocha, un cadre du service sécurité de Synactis. Disons que c'est lui qui m'a transmis la consigne. »

« Et la consigne émanait de qui ? »

« Je ne sais pas. »

A la radio, « Le Printemps » était terminé. Le présentateur annonça du Mozart. « Voi chi sapete », tiré des « Noces de Figaro ».

Berg demanda : « Vous a-t-on dit pourquoi vous deviez vous taire ? »

Pelletier répondit : « Pour préserver la réputation de Synactis. »

« Synactis a des choses à cacher ? »

« Oui. Disons qu'il y a certains détails, concernant la production de nos jeux, que la direction de Synactis veut laisser dans l'ombre. »

« Vous dîtes : la direction de Synactis. Donc vous pensez que la consigne vient du plus haut niveau ? »

« Oh, oui. Vous savez, je travaille depuis quelques mois sur des projets importants, nous rendons compte directement au siège. Un type comme Akocha ne prendrait pas le risque de me passer une consigne de ce genre s'il n'avait pas le feu vert au plus haut niveau. »

« Vous avez des contacts avec Weinberger, le boss de Synactis Europe ? »

Pelletier sourit.

« Encore plus haut, en fait. Nous rendons compte directement à la maison mère, à New York. »

Berg fronça les sourcils.

« Sur quels dossiers ? »

Pelletier était surprise de la manière dont Berg conduisait l'interrogatoire, mais si la fliquette voulait prendre des chemins détournés, grand bien lui fasse.

« Sur la nouvelle génération de jeux Synacgame. Apparemment, New York en attend beaucoup. Ils ont raison d'ailleurs. C'est un sacré bond en avant technologique. »

« Je sais. J'ai testé un de ces nouveaux jeux. »

Pelletier regarda Berg attentivement.

« À quel jeu avez-vous joué ? »

« Ultimate fight. »

Pelletier hocha la tête.

« Quand ? »

« Il y a quinze jours, à peu près. »

« Ah ! »

Il y eut un silence, puis Berg demanda : « Pourquoi cette question ? Ce jeu a quelque chose de spécial ? »

Pelletier rit doucement.

« Ah pour ça, oui, je vous garantis qu'il a quelque chose de spécial. »

A la radio, une cantatrice chantait un air de Mozart. Il pleuvait un peu sur le toit et le pare-brise de la voiture. Pelletier se sentit prise de vertige. La pluie l'avait toujours bercée. Soudain, elle réalisa à quel point elle avait sommeil.

Berg dit : « Vous avez remarqué ? On dirait que mes collègues sont de sortie. »

Pelletier se secoua.

« C'est à cause des extrazones. Apparemment, c'est grave. Vous n'avez pas suivi ? »

« Non, depuis ce matin, je n'arrête pas de travailler. »

Pelletier sourit.

« Les cordonniers sont les plus mal chaussés. Les policiers sont les plus mal informés. »

Berg ne répondit pas tout de suite. Elle écoutait la radio. Elle avait toujours adoré cet air de Mozart.

Après les dernières mesures, le présentateur annonçait du Chostakovitch, une valse. Berg demanda à Pelletier, sans transition :
« Bon, alors, qu'est-ce qu'il a de spécial, ce jeu ? »

L'informaticienne ne répondit pas directement. Elle demanda :
« Est-ce que vous avez déjà vu une image polysémique ? »

Berg fronça les sourcils.

« Une image polysémique ? Vous voulez dire une de ces images qui peuvent représenter une chose ou une autre, selon que le regard accroche un détail ou un autre ? »

« Oui, c'est cela. Vous savez : si vous regardez l'image en prêtant attention au noir sur fond blanc, vous voyez une femme, et si vous regardez le blanc sur fond noir, vous voyez un homme – par exemple. »

Berg hocha lentement la tête.

« Oui, » dit-elle, « je vois… Il y a ce genre d'images dans ce jeu ? »

« Oui, il y en a énormément. Mais ce n'est pas tout. »

Pelletier chercha ses mots. Il fallait qu'elle fasse bien attention à ce qu'elle allait dire. Il fallait qu'elle fasse bien comprendre à Berg qu'elle savait certaines choses, et pas d'autres.

« Le code de ce jeu est composé en partie de routines que nous, à Synactis Europe, avons programmé pour le compte de Synactis USA. Mais il y a aussi certains blocs de code cryptés, et nous n'y avons pas accès. »

« Vous pouvez programmer le reste quand même ? »

« Oui, » dit Pelletier en faisant un petit geste de la main, « nous n'avons à savoir que ce qui touche aux tâches que nous devons accomplir. Le reste, nous ne nous en occupons même pas, en temps normal. »

« Et cette fois, ce n'est pas un temps normal ? »

« Ecoutez, vous savez ce qui est arrivé aux membres de l'équipe, non ? »

« Oui, je le sais. Vous pensez que ça a un lien avec les images polysémiques ? »

« Je ne le pense pas, je le sais. C'est évident. »

Berg soupira.

« Ma foi, ce n'est pas si évident que cela. »

Pelletier ricana.

« Est-ce que vous dormez bien, en ce moment, inspecteur ? »

Berg marqua un temps d'hésitation.

« Non, je ne dors pas bien, » finit-elle par avouer. « Etant donné l'enquête sur laquelle je passe mes journées, ce n'est pas vraiment surprenant, d'ailleurs. »

Pelletier reprit : « Laissez-moi vous décrire vos troubles du sommeil. Vous vous réveillez le matin avec l'étrange impression de ne pas avoir fait votre nuit, alors que vous vous êtes couchée à l'heure habituelle, et que vous ne vous souvenez pas d'avoir cherché le sommeil plus longtemps que d'ordinaire. »

Berg hocha la tête.

« Oui, c'est à peu près ça. Un syndrome classique dans les cas de dépression légère. »

Pelletier murmura : « Cela va beaucoup empirer dans les semaines qui viennent, inspecteur. Vous n'en êtes qu'au début du processus. »

« Le processus ? »

« Le processus suivi par tous les membres de l'équipe hypergame, depuis deux mois à peu près. D'abord, une sensation générale de dérèglement du sommeil – cette première phase dure à peu près deux semaines, plus ou moins selon les individus. Ensuite, pendant deux autres semaines, parfois un peu plus, parfois un peu moins, des rêves de plus en plus clairs, qui vont vous réveiller en sursaut de plus en plus fréquemment. Au bout de quinze jours, il deviendra évident que ces rêves ont quelque chose à voir avec 'ultimate fight'. Vous reconnaîtrez, dans votre sommeil, des détails correspondant au jeu. En fait, vous aurez plus ou moins l'impression de jouer à 'ultimate fight'. À un détail près, cependant : quand vous jouez à ce jeu, dans la vraie vie, vous savez que vous jouez. Quand vous rêverez, bientôt, vous ne saurez pas que vous jouez. Vous aurez l'impression que le jeu est en quelque sorte devenu la vraie vie. »

Berg se mordit la lèvre inférieure.

« Et après ? Je vais rêver du jeu ? C'est de cela qu'il s'agit ? »

Pelletier secoua la tête.

« Pas tout à fait. Après, apparemment, il y a deux catégories de personnes. Si vous avez de la chance, la situation va se stabiliser. Vous serez un peu fatiguée, vos nuits seront perturbées, mais cela n'ira pas plus loin. En revanche, si vous n'avez pas de chance, vous rêverez de l'homme sous l'arbre. »

A la radio, Chostakovitch s'était tu. Le présentateur annonça du jazz, « Stormy Weather ».

Berg répéta, à voix lente : « L'homme sous l'arbre ? »

« Ceux qui le voient deviennent fous. »

« Comment le savez-vous ? »

« Ils nous l'ont tous raconté, quelques jours avant de disjoncter. Quand nous nous sommes mis à rêver du jeu sur lequel nous bossions, forcément, on s'est posé des questions. Blanco a été le premier à le voir, l'homme sous l'arbre. Et vous avez vu ce qu'il a fait à sa femme ? »

Berg jura. Un chauffard venait de déboîter sous son nez. Le boulevard périphérique était encombré, chose rare depuis quelques années.

Elle se ressaisit et demanda à Pelletier qui d'autre avait vu l'homme. Pelletier lui donna une liste.

Berg réfléchit. « Effectivement, » dit-elle, « tous ces gens-là ont mal fini. Suicide, meurtre, crise de démence. »

« Alors vous me croyez ? »

Berg sourit.

« Je prends note de ce que vous me dîtes, madame. Je n'ai à ce stade pas de raisons de vous croire, ni de raisons de ne pas vous croire. Disons que ça se tient. »

Un camion de la FITEC les dépassa en trombe, suivi par un autre camion, cinquante mètres derrière.

« Ils mettent le paquet, » dit Pelletier, impressionnée.

Berg hocha la tête. Oui, visiblement, l'ami Richter allait avoir du boulot.

Elle reprit le cours de la conversation.

« D'un autre côté, c'est l'histoire la plus incroyable qu'on m'ait jamais racontée. »

Pelletier soupira : « Oui, moi aussi, j'avais du mal à y croire, au début. Jusqu'à ce que je voie l'homme sous l'arbre, je n'y croyais pas vraiment. »

Berg digéra l'information.

« Vous l'avez vu quand ? »

« Il y a six jours, maintenant. Cela fait six nuits que je ne dors plus. Enfin, pratiquement plus. Dès que je m'endors, je me réveille. »

« Vous devez tomber de sommeil. »

« Curieusement, non. C'est peut-être ça, le plus effrayant. En fait, j'ai l'impression d'être pleine d'énergie. »

A la radio, une trompette reprenait le refrain, « stormy weather ». Sur le périphérique, trois blindés légers de l'armée continentale sortaient direction Extrazone 931.

« C'est difficile à croire, » répéta Berg.

Pelletier soupira à nouveau. Elle se dit qu'elle avait été naïve de penser que les flics avaleraient sans broncher une histoire aussi abracadabrante.

« Eh bien, » fit-elle en désignant les transports de troupe, « ça doit chauffer sur la 934. »

Berg sursauta.

« Sur la 934 ? Pourquoi la 934 ? »

Pelletier expliqua : « La radio l'a annoncé tout à l'heure, c'est sur la 934 que ça chauffe. Les autres zones ont l'air calme, mais la 934, c'est l'enfer. »

A la radio, le présentateur annonça qu'après « Stormy Weather », radio conurbation 94.8 offrait à ses auditeurs une toccata de Bach.

Soudain, Berg dit : « Je vous crois, madame Pelletier. »

Puis, elle ajouta, après avoir réfléchi quelques secondes : « Nous allons rester en contact. »

Elle indiqua à Pelletier une procédure, un code qui leur permettrait de se contacter, à l'avenir.

Pendant quelques instants, Hélène Pelletier se demanda ce qui avait fait changer d'avis Stéphanie Berg, tout à coup. Puis, fatiguée, elle cessa de réfléchir.

Elle se laissa aller dans son siège et écouta la musique de Bach. On aurait dit les premières secondes de la Création.

CHAPITRE VI - AU CRÉPUSCULE

Le soir, trois jours plus tard.
Yann Rosso dans un restaurant chinois karaoké de l'extrazone asio 945. Ambiance kitsch, rétro XX° siècle. À côté de lui, Stéphanie Berg. En face d'elle, Jean-Baptiste Ducast. À côté de Ducast, Isabelle Cardan.

Rosso pensait à Berg, à cet instant précis.

La veille au soir, ils s'étaient retrouvés chez lui. Elle avait voulu faire l'amour avant de manger, et il l'avait prise sur le canapé du salon, avec violence, comme elle aimait.

Ensuite, ils avaient dîné d'un substitut de poulet rôti pioché par Berg une heure plus tôt, dans le frigo programmeur – petit privilège coûteux, elle s'était offert une liste de courses hebdomadaire à la carte, en lieu et place de la liste préprogrammée qui n'offrait pratiquement plus rien de goûteux, depuis les nouvelles lois sur l'empreinte écologique.

Ils avaient mangé nus, assis en tailleur, chacun de son côté du canapé, et en terminant son assiette, Berg avait déplié sa jambe pour venir poser son pied sur la cuisse de Rosso.

C'était bien, ils étaient nus, assis l'un en face de l'autre, avec le pied de Berg à trois centimètres de la verge de Rosso.

Ils avaient fait le point. « On » les faisait certainement surveiller. Mais Rosso ne s'en souciait pas outre mesure. À brève échéance, tout le monde se foutrait d'eux, de toute façon. Si l'ensemble de la conurbation suivait l'évolution de la 934, dans quelques semaines, « on » aurait du pain sur la planche et beaucoup, beaucoup d'autres sujets de préoccupation.

Ils avaient fait le point et ils avaient décidé d'organiser ce repas avec Ducast et Cardan.

C'était Berg qui avait eu l'idée du restaurant chinois. Rosso l'y avait emmenée plusieurs fois, mais lui n'y aurait jamais pensé comme lieu de rendez-vous pour Ducast et Cardan.

Rosso n'avait pas d'imagination. Il n'en avait jamais eu besoin. Il avait d'autres qualités. Il était intelligent, mais à sa manière.

Ils avaient fait le point sur la situation et Berg avait dit : « Il faut que Ducast voit Cardan. Il faut qu'ils se parlent. C'est intéressant. »

Rosso avait répondu : « Oui, il faut faire un point. »

De toute manière, il ne voyait rien d'autre à faire.

*

Le soir où Rosso était allé présenter l'affaire à Ducast avec Cardan, il avait rendez-vous chez Berg. Il la trouva assise devant un smartcom grand modèle. Elle regardait un reportage sur une extrazone balayée par une émeute.

« Ces émeutes sont d'une violence inouïe, » expliquait le responsable de la sécurité en conurbation Paris-Banlieue, un certain Eric Vidal.

Rosso connaissait le bonhomme – il avait travaillé sous ses ordres, au tout début de sa carrière. C'était un arriviste, on prétendait qu'il avait étouffé quelques histoires gênantes, jadis. Avec sous le coude quelques dossiers compromettants sur des personnalités proches du pouvoir eurocorporatif, il avait réussi, chose rare pour un policier, à se faire affecter au commandement général de la FITEC.

En temps normal, ce type était un poseur. Ce soir-là, cependant, il n'avait pas l'air de jouer la comédie : il semblait littéralement sous le choc.

« Nous n'avions jamais vu cela, honnêtement. Les forces de police de la conurbation ont été confrontées à une extrazone transformée en zone de guerre, et je pèse mes mots. »

Rosso passa par la cuisine et préleva une bière sans alcool dans le frigo. Puis il revint dans le salon, s'effondra sur le canapé et, en décapsulant sa canette, il dit à Berg : « Dis donc, ils n'ont pas l'air d'étouffer l'affaire, pour une fois. »

Berg sursauta.

« Ils auraient du mal. Tu sais ce qui s'est passé ? »

« Ambiance Rio ? »

« Bien pire. Des milliers de morts en une demi-journée. C'est incroyable. On dirait qu'un ouragan a soufflé toute une partie de la ville. Ils sont devenus complètement fous. Les émeutiers ont attaqué une usine de retraitement de déchets, tu sais ? Sans l'intervention de l'armée, ils auraient probablement déclenché une catastrophe écologique. Ils voulaient déverser des tonnes de saloperies dans la Marne, si j'ai bien compris. Ça va faire dix mille morts, tu verras. »

Rosso prit une gorgée de bière.

« Dix mille morts ? C'est moins qu'à Rio. »

« Oui, mais à Rio, ça s'est passé sur toute la conurbation, et ça a pris des semaines. Là, c'est juste sur une extrazone, en moins d'une journée. Tu imagines ce que ça va donner si ça se propage à toute la conurbe ? »

« Pourquoi voudrais-tu que ça se propage ? »

Berg ne répondit pas tout de suite. Elle réfléchit pendant que Rosso s'octroyait une nouvelle gorgée de bière.

Elle habitait dans un immeuble à l'ancienne, près de la rue Mouffetard – pas de murs intelligents, capables de vous fournir de la lumière et de vous espionner en permanence. Elle n'avait pas fait tapisser ses murs de ces nouvelles tentures en tissélec à changement de couleurs programmés – d'ailleurs, on ne trouvait ce genre de choses chez aucun flic, et pour cause : les poulets savaient à quoi s'en tenir à ce sujet. Berg s'offrait aussi régulièrement un check-up complet avec un détecteur de dispositifs d'écoute. Chez elle, on pouvait parler à peu près librement.

Elle éteignit le smartcom grand modèle.

« Dis-moi, Yann, est-ce que tu dors bien, en ce moment ? »

Il la regarda avec étonnement.

« Non, pourquoi ? »

Pour toute réponse, elle sortit de sa poche un dictaphone miniaturisé, le brancha au smartcom petit modèle, non relié au réseau, qu'elle gardait posé sur la table basse, dans le salon. Elle ouvrit un fichier et tendit le casque d'écoute à Rosso.

C'était l'enregistrement de la conversation qu'elle venait d'avoir avec Hélène Pelletier. Rosso écouta tout en sirotant sa bière. Sur Vivaldi, il s'amusait. Sur Mozart, il dressa l'oreille. Sur Chostakovitch, il fronça les sourcils. Stormy Weather le fit pâlir. Et alors que résonnaient les premières mesures de Bach, il murmura : « Bordel. »

Berg lui jeta un coup d'œil.

« Tu penses comme moi ? »

« Difficile de ne pas faire le rapprochement. »

« D'après Richter, pour payer son séjour dans l'extrazone, Blanco a vendu des copies pirate du jeu sur lequel il travaillait. J'ai téléphoné à la PC, tout à l'heure. Demain, dans la journée, Richter va essayer de se libérer. Je lui ai dit que c'était important. »

« Tu en as parlé à Briard ? »

« Pas encore. Tu crois qu'il faut lui en parler avant d'aller voir Richter ? »

Rosso hésita.

Depuis quelque temps, Briard jouait double jeu. Au début, il était franc du collier. Il avait couvert ses troupes quand Caroline Tessier avait protesté auprès du ministère eurocorporatif. Et il avait accepté le classement de l'affaire en code rouge. En fait, il avait même *insisté* auprès de la hiérarchie pour que l'enquête soit prioritaire.

Mais depuis une semaine, son attitude semblait se modifier. Il demandait des rapports plus fréquents et transmettait moins volontiers les informations qu'il pouvait collecter par ailleurs. Berg, qui connaissait bien Briard pour avoir fait l'essentiel de sa carrière sous ses ordres, soupçonnait que le vieux briscard avait subi des pressions. Quelqu'un, quelque part, ne devait pas être enchanté que Berg et Rosso fourrent leur nez dans les dossiers de Synacgame.

Rosso soupira. Quand l'affaire Synactis-Blanco serait classée, l'équipe Berg-Rosso n'aurait plus de raison d'être. Donc Briard la casserait, et bien sûr il aurait raison...

Il aurait raison, mais cela, Yann Rosso ne voulait pas le savoir. Rosso voulait continuer à travailler avec Berg. Il aimait avoir Berg à ses côtés. Ce n'était pas qu'il fût amoureux, pas à proprement parler – Rosso était de cette race d'hommes qui ne peuvent pas vraiment tomber amoureux. Mais il aimait voir le corps de Berg. Il aimait la voir marcher, il aimait la sentir près de lui. Dès qu'il la voyait, il avait envie de lui entrer dedans, littéralement. Personne ne s'en rendait compte, parce qu'il savait se dissimuler – un legs de son passé, bénéfique celui-là. Personne ne s'en rendait compte, mais c'était bien là, tout le temps, cette envie de *pénétrer*.

Il réfléchit encore quelques instants puis dit à sa maîtresse, en essayant malgré tout de prendre un ton professionnel : « Je pense qu'on peut bosser un peu underground, le temps de vérifier. »

Elle hocha la tête. Ensuite, ils firent l'amour.

*

Richter à l'arrière d'un transport de troupe blindé, le lendemain, vers midi.

« Si vous avez du biscuit pour moi, j'ai une demi-heure à vous consacrer. S'il s'agit seulement de votre enquête, j'ai une minute chrono. »

Rosso dit : « Nous comprenons, capitaine. »

Et c'était vrai qu'il comprenait. Richter avait, dans sa juridiction, l'extrazone 934 – autant dire qu'il était chargé de faire régner l'ordre en zone de guerre. Alors, évidemment, il n'avait pas beaucoup de temps à perdre avec les petits problèmes des intrazones. Ça se comprenait, rien à redire.

Berg expliqua : « Nous savons pourquoi votre turf ressemble à une zone de guerre. En off, on peut vous le dire. »

Richter fit, d'une voix lasse : « Je crois que je sais ce que vous allez me dire, mais dites-le quand même. Et ça restera off. »

En quelques phrases rapides, Berg fit le point sur l'enquête. Elle raconta les blocs de code insérés dans les jeux hypergame. Elle raconta les rêves, elle dit la forte probabilité que les jeux Synactis provoquent des troubles mentaux. Elle dressa quelques parallèles entre la situation dans l'extrazone 934 et les crimes commis par les membres de l'équipe Synactis. Elle ne cita pas le nom de Pelletier.

Protéger son informateur, règle numéro un.

Richter l'écouta sans mot dire. Quand elle eut fini, il soupira : « Cela fait une semaine que nous savons, avec certitude, que les copies pirates des jeux Synacgame provoquent de sérieux problèmes psychiatriques. Ce que nous ignorions, et que vous venez de m'apprendre, c'est que ça ne vient pas de la copie, apparemment, mais des jeux en eux-mêmes. »

Rosso demanda si l'on savait combien de copies pirates circulaient.

Richter haussa les épaules.

« Pour payer son séjour et la protection du gang 934, le dénommé Blanco a remis aux hackers locaux des copies sans protection, donc faciles à dupliquer. Il y a une véritable industrie de la copie pirate, dans les extrazones. Ils sont très structurés. De temps en temps, on fait une descente pour les calmer, mais jusqu'ici, ce n'était pas notre priorité. À la limite, si vous voulez… »

Berg compléta : « À la limite, tant mieux si les extrazonards peuvent se procurer des hypergames au marché noir, pendant ce temps-là, au moins, ils vous foutent la paix. »

Rosso sourit. Pour avoir un peu traîné ses guêtres du côté des extrazones, il imaginait sans peine le sérieux de la lutte contre les contrefaçons.

Telle était la logique du système. D'un côté de la barrière de vigiles, le monde des intrazones, où les intrazonards jouissaient d'une relative sécurité, et avaient donc de bonnes raisons de ne pas acheter de trucs faisandés. De l'autre côté de la barrière de vigiles, le monde des extrazones, où les extrazonards pouvaient se faire buter du jour au lendemain sans que personne ne moufte. D'un côté, un monde où la smilirette avait remplacé la cigarette. De l'autre côté, un monde où le petit-déjeuner traditionnel, ça consistait plus ou moins en une ligne de cocaïne coupée avec Dieu sait quoi.

Qu'est-ce que vous voulez que des types défoncés du matin au soir en aient à foutre, d'avoir des logiciels sous licence et des fringues griffées réglo ? Quand on vit dans la jungle, on oublie les bonnes manières !

Richter reprit : « Pour autant qu'on le sache, les copies reproductibles ont été vendues par les types de la 934 à leurs partenaires des extrazones voisines, avec les codes facilitant la reproduction. C'est le système classique : ils cassent le code empêchant la copie, puis ils implantent une protection à eux. Et ensuite ils vendent les codes permettant de lever leur protection. »

« Un marché parallèle, avec un système de licences do-it-yourself. Malin. »

« Tellement malin qu'à l'heure où je vous parle, les copies pirates en question doivent circuler dans toutes les extrazones de la conurbation. »

Berg regarda Rosso.

« Vous voulez dire que le foutoir qui vient de ravager la 934 peut se généraliser à toute la conurbe ? »

Richter grimaça.

« Je ne dis pas qu'il *peut* se généraliser, je dis qu'il *va* se généraliser. D'ailleurs, c'est commencé. Gardez ça pour vous, parce qu'on n'a pas besoin d'un mouvement de panique en plus du reste, mais le taux d'incidents avait grimpé de cent pour cent dans la semaine précédant le désastre, sur la 934. Eh bien, un peu partout dans la conurbe, depuis dix jours, on voit monter le taux d'incident, exactement selon la même courbe, avec deux semaines de décalage, en gros. »

Il y eut un moment de silence relatif. On entendait des cris venant d'un parking, derrière le blindé, à quelques dizaines de mètres. Là se trouvait une sorte de prison provisoire, d'après ce que Rosso avait observé. Pour l'instant, des soldats étaient en train de faire monter des prisonniers dans des camions, mais les détenus ne se laissaient pas faire. Ça gueulait, ça couinait, on entendait de temps en temps des bruits de chute, quand un mariole s'effondrait sur le plancher d'un camion, victime d'un coup de crosse et d'un coup de botte. Les troufions avaient installé une mitrailleuse en retrait de la scène, et ils n'avaient pas l'air de plaisanter.

Rosso se dit que l'ambiance avait changé à une vitesse incroyable.

Et ce n'était que le début des festivités, si les calculs de Richter devaient par malheur être vérifiés…

Ça promettait.

Ça promettait vraiment.

Richter reprit : « Ce qui m'étonne, c'est qu'apparemment, à la Criminelle, c'est toujours vous qui suivez l'affaire. Depuis plusieurs jours, je m'attends à voir votre autorité se saisir du dossier. »

Il regarda alternativement Berg et Rosso. Difficile de ne pas comprendre la question qu'il n'osait pas poser franchement : « est-ce que vous êtes couverts ? »

Rosso dit : « Pour l'instant, on ne nous a rien dit. »

Le sourire de Richter se transforma en rictus.

« Si vous voulez mon avis, on vous dira bientôt. »

Puis il ajouta, en dodelinant du chef : « Vous aurez toujours la satisfaction d'avoir levé un beau lièvre… Un beau lièvre, croyez-moi. »

La porte du blindé s'ouvrit. Un lieutenant de l'armée continentale salua Richter.

« Herr Hauptmann, Erlaubnis zu schiessen ? »
« Ist das notwendig ? »
« Jawolhl. »
« Gut. Ich komme. »

La porte se referma, et Rosso entendit la course du militaire vers le parking.

Rosso adressa un regard interrogateur à Berg.
« C'était de l'Allemand, non ? »
Berg était d'origine alsacienne. Elle parlait Allemand.
Richter se leva et, sans un mot, sortit du blindé, le dos voûté.
Berg murmura : « Il doit donner l'autorisation de tirer. »
Rosso ouvrit la bouche pour parler, mais à cet instant, la mitrailleuse aboya.

Et tandis qu'une longue rafale rauque déchirait l'air froid de l'hiver, Yann Rosso comprit qu'une autre époque de sa vie allait bientôt commencer.

*

L'après-midi même, dans le bureau de Briard.
Rosso, Berg, Briard.
Briard disait, en cherchant ses mots comme toujours : « Voilà, vous... êtes... au bout de votre mission... J'ai reçu des instructions... l'enquête sur Synactis... est reprise... à un autre niveau... Je dissous... votre... équipe... »

Il esquissa un sourire en prononçant le mot « équipe ».
Rosso dit : « D'accord, patron. C'est la règle du jeu. »
Berg dit : « D'accord, patron. »
Personne n'avait vraiment envie de parler – ni Briard, ni Rosso, ni Berg. Il régnait une ambiance étrange au quartier général. Les gens parlaient à voix basse. Les plantons tiraient une gueule épouvantable. Les flics, d'ordinaire plutôt décontractés, avaient l'air soucieux. Les pontes, d'habitude si compassés, couraient dans les couloirs à perdre haleine. Aux dernières nouvelles, quatre extrazones venaient d'être placées sous le régime de la loi martiale. Personne ne comprenait ce qui se passait. L'opinion générale était que « depuis le temps que ça couvait, fallait bien que ça finisse par faire boum ». Chacun affectait de ne pas être surpris. Certains, d'ailleurs, ne l'étaient réellement pas du tout.

Briard reprit : « J'ai bien lu... votre... »
Il farfouilla dans les papiers empilés sur son bureau. Briard imprimait tout. Il se méfiait terriblement de l'informatique. Il était dans

la police eurocorporative le dernier survivant du temps lointain où l'écrit se devait d'être immuable.

« ... votre rapport source verrouillée... »

Il s'empara d'une feuille, la montra à Berg.

« ... donc, si j'ai bien compris, quelqu'un... un contact inconnu... inconnu de vous-même, donc... quelqu'un vous a contacté... vous a donné rendez-vous dans un parking souterrain... vous n'avez pas pu voir son visage... c'était un homme, apparemment.... et ce quelqu'un vous a parlé de ces... »

Il se mordit la lèvre, comme s'il avait mal, soudain.

« ... de ces fragments de code cryptés... de ces images polysémiques... dans les jeux de Synactis... n'est-ce pas... »

Berg hocha la tête.

« Oui, patron. Ça s'est passé comme ça. »

Briard renifla, se passa la main dans la chevelure, fit un petit bruit de bouche.

« ... oui, c'est ce que je vais faire remonter là-haut... ils me croiront... peut-être... »

Berg répéta, en martelant ses mots : « Ça s'est passé comme ça. »

Briard dit : « ... Oui, bien sûr... N'empêche, vous auriez dû identifier ce contact... C'est la base, dans le métier... Venant d'un flic comme vous, cette erreur... Voyez-vous, cela risque d'étonner... Vous auriez dû demander du soutien... Travailler en équipe... »

« Je n'y ai pas prêté attention, au début. Je pensais qu'il ne s'agissait que d'un affabulateur. »

« Ah... bien sûr... bien sûr... »

Tic-tac. La pendule de bureau continuait à égrener les secondes.

Rosso eut la certitude, soudain, que Briard avait peur.

Réellement peur.

Le patron se pencha en avant, comme s'il avait besoin de se cramponner au bureau pour ne pas tomber.

« ...Vous êtes très surmenés, tous les deux... Vous avez des têtes à faire peur... Le manque de sommeil, je pense... »

Tic-tac.

« ... Vous allez prendre, disons, deux mois de repos... Vous êtes en disponibilité... Profitez-en... Vous en avez besoin... Dans deux mois, je reformerai de nouvelles équipes, j'ai des recrues qui arrivent, de toute manière... D'ici là, je vous remercie de... »

Tic-tac. Tic-tac.

« ... Je vous remercie de me remettre vos armes de service... Simple mesure de précaution, vous comprenez... »

Tic-tac.

Rosso pensa : dans neuf cas sur dix, un flic qui se suicide utilise son arme de service.

Tic-tac.

Il n'y eut pas de contestation. D'ailleurs, Briard avait raison. Il était tout à fait logique de retirer leurs armes à Berg et Rosso. Sur les cent soixante dix personnes qui, chez Synactis, avaient eu à travailler intensivement sur les jeux nouvelle génération, onze pour cent en étaient mortes, suicidées, parfois après avoir tué leurs proches.

Briard ramassa les flingues, puis se leva pour les placer dans le coffre-fort, derrière son bureau.

« ... Ils sont en sécurité... Vous les reprendrez dans deux mois, j'en suis certain... »

Tic-tac.

« ... En partant, passez au service médical... Une visite de précaution... Ils vous donneront de quoi mieux supporter le manque de sommeil, ce genre de choses... Je pense qu'ils voudront vous suivre régulièrement, aussi... Enfin, je n'ai pas... tout compris... »

Tic-tac.

« ... Les autorités... étudient... une procédure... pour les gens qui... pour les gens qui ont été exposés à... »

Tic-tac.

Briard se mordit la lèvre.

« ...exposés à... »

Tic-tac.

Rosso proposa : « À la chose. »

Briard fit : « À la chose, oui, voilà. »

*

En quittant la cité de justice, ce soir-là, Berg et Rosso eurent l'impression qu'une porte se refermait sur leur passé.

Ils allèrent dîner dans un restaurant à la mode, du côté du Pont Neuf. C'était un peu cher, bien sûr, mais ce n'est pas tous les jours, dans la police, qu'on se retrouve simultanément mis en disponibilité à plein traitement, interdit de port d'arme et soumis à une obligation de contrôle psychiatrique. Ça s'arrose, ce genre de choses.

Pendant le repas, Rosso parla de Ducast. Le vieux lui avait plu, avec son air de professeur Tournesol mal luné. Berg proposa de garder le contact avec lui. Rosso promit qu'il appellerait Ducast le lendemain, et c'est ce qu'il fit.

Le vieux bonhomme ne parut pas autrement surpris d'apprendre que l'inspecteur Rosso avait été déchargé de l'enquête. Il demanda à qui il devait transmettre le petit exposé qu'il avait préparé, concernant la possibilité d'une influence sectaire derrière l'affaire Synactis. Rosso répondit : « Transmettez-le-moi, prof. Je le ferai parvenir à l'équipe qui remplace la mienne sur cette affaire. »

Ducast accepta et, le soir même, Rosso reçut son rapport par courriel.

Rapport dont la conclusion le frappa. Le prof avait mis le doigt sur quelque chose d'intéressant.

« L'influence mystique est évidente derrière l'ensemble des meurtres et des suicides considérés, mais cette influence ne renvoie pas nécessairement à l'action d'une secte. Parce qu'il s'agit d'une influence authentiquement mystique, on doit même douter qu'il s'agisse d'une secte, en tout cas d'une secte normale.

« Tous les mouvements sectaires prônent une mystique, bien sûr, mais c'est généralement une fausse mystique, une mystique de bazar. En général, les gourous des mouvements sectaires vendent à leurs adeptes une croyance naïve en l'accomplissement d'une destinée idéale, ou en une immortalité mal comprise, dans une sorte d'inversion du message chrétien. Parfois, le message est encore moins ambitieux, il s'agit tout bonnement de convaincre les adeptes qu'on leur propose un mode de vie sain, susceptible de leur apporter le bonheur au sens le plus trivial du terme.

« D'une manière générale, les sectes exaltent dans l'homme ce qu'à l'inverse les vraies religions condamnent, c'est-à-dire l'illusion de la manifestation et l'attachement au monde d'ici-bas. Les sectes, en général, poussent leurs adeptes à se prendre plus ou moins pour finalité de leur propre existence, alors que les religions visent à éloigner l'homme de l'illusion où il se complaît d'être sa propre fin. Alors que les sectes entretiennent leurs membres dans l'illusion que le but de la vie est la vie elle-même, les grandes religions enseignent que le but de la vie est la mort – un enseignement que les gourous des mouvements sectaires ne dispensent jamais, pour la bonne et simple raison qu'un homme préparé à la mort est un homme libre. Et les gourous ne veulent évidemment pas libérer leurs adeptes, ils veulent au contraire les asservir.

« La nature des suicides et des meurtres observés ici ne semble donc pas renvoyer aux catégories classiques de la mystique sectaire. On dirait au contraire que nous sommes confrontés aux effets d'une mystique authentique – évidemment détournée puisqu'elle débouche sur la libération d'une pulsion de mort irrépressible, mais bel et bien authentique à l'origine. Si l'on excepte le cas de monsieur Blanco, qui est litigieux, l'ensemble des crimes et suicides observés renvoie indiscutablement à une volonté d'oblitération complète du Moi. C'est-à-dire que si nous sommes confrontés à une secte, alors cette secte ne relève pas de la même dynamique que la plupart des mouvements sectaires contemporains : pour dire les choses simplement, il s'agit peut-être d'une véritable religion en train de naître, mais d'une religion *monstrueuse*. Nous avons affaire à un discours vraiment libérateur, qui ouvre par-delà la mort les portes de la vie, et non un discours faux, qui prétend ouvrir par-delà la vie autre chose que les portes de la mort. Mais la manière dont les portes sont ouvertes n'est pas normale. Ce n'est pas ainsi que doit procéder une religion. Il y a là un paradoxe troublant.

« L'examen des faits m'amène à évoquer une hypothèse que j'ai formulée jadis concernant l'islamisme : le déchaînement de la pulsion de mort n'est pas nécessairement le fait des doctrines faussement religieuses, il peut aussi être un moment dans le cycle de vie des doctrines authentiquement religieuses. J'avais écrit jadis que le terrorisme islamiste me paraissait représenter, dans le monde musulman, une dynamique comparable à ce qu'avait été, mutatis mutandis, le nazisme pour le monde chrétien : l'instant où, pour se réinventer, un système de pensée, parvenu au bout de ses potentialités, doit se retourner temporairement en nihilisme afin de s'anéantir. Comme pour créer une 'poche de néant' à l'intérieur de laquelle un être nouveau peut venir au monde.

« C'est peut-être à cela que nous sommes confrontés : l'instant où le néant devient absolu, et où, donc, l'être va surgir.

« Dans ces conditions, je suggère de chercher du côté des grandes religions, dans les mouvances extrémistes ou marginales, plutôt que dans les mouvements sectaires à proprement parler. Pour dire les choses simplement, cette affaire est beaucoup trop violente, beaucoup trop déraisonnable pour s'expliquer uniquement par les manipulations minables d'une quelconque religion en kit. Seule une véritable prédication peut libérer dans l'homme une violence aussi formidable. Visiblement, nous avons affaire à quelque chose d'extraordinaire. »

En lisant le topo du prof, Rosso comprit que le vieux bonhomme voyait les choses de très, très haut, et que donc il avait une bonne vue d'ensemble.

Mais tout cela, évidemment, était plutôt théorique…

Rosso se sentait profondément déprimé. Il avait besoin de parler avec quelqu'un qui l'aiderait à faire le point. Il appela Ducast et lui proposa de prendre un verre. Le prof l'invita à passer chez lui. Rosso vint.

*

Ce fut une conversation étrange, entre deux hommes que tout séparait, à part bien sûr une commune passion pour la vérité. Rosso avait décidé de parler franchement, car il paraissait peu probable qu'un vieux prof de théologie fût écouté par les Grandes Oreilles. Même si le pouvoir fliquait les intrazones à mort, il y a des limites à tout. On ne peut pas espionner tout le monde tout le temps.

Ducast ne parut pas excessivement surpris d'apprendre qu'une société comme Synacgame truffait ses jeux d'images subliminales. Même quand Rosso lui expliqua le lien entre les évènements survenus dans l'extrazone 934 et l'affaire Synactis, le vieux prof se contenta de hocher la tête, sans témoigner du moindre étonnement. Et quand Yann Rosso décrivit à Ducast la scène entraperçue la veille sur un parking, depuis un blindé de la PC, Ducast murmura, en toute simplicité : « Les gens meurent, inspecteur. C'est dans l'ordre des choses » - une réflexion qui laissa Rosso bouche bée.

Enfin l'inspecteur se tut, surpris au fond d'avoir déballé toute l'affaire devant un quasi-inconnu. Ce prof, décidément, lui faisait un drôle d'effet. C'était peut-être parce qu'il était si calme. Ou bien, peut-être y avait-il autre chose, la source de son calme, en quelque sorte. Comme un mystère.

Ducast ne répondit pas tout de suite. Il murmura : « Alors c'est comme ça que ça se passe. »

Puis il se leva et se dirigea vers les fenêtres.

Il habitait au dernier étage d'un immeuble haussmannien typique. Un balcon courait le long de l'appartement, et de là, on voyait les toits de Paris. Les cheminées se découpaient en ombres noires sur le ciel nocturne. Ducast désigna un point dans le ciel et dit à Rosso : « Venez voir, inspecteur. »

Rosso se leva et rejoignit Ducast sur le balcon.

Dans le ciel, une pub satellitaire clignotait lentement : « Reenike ».

Rosso haussa les épaules. Depuis quelques années, les mégacorporations avaient envahi le ciel. Des satellites émettaient toute sorte d'hologrammes, là haut, si bien que plus personne, nulle part, ne pouvait échapper à la pub. Le Touareg au fin fond du Sahara, le nomade du Gobi, le Tibétain sur les pentes de l'Everest et l'Eskimo sur sa banquise : tous, autant qu'ils étaient, devaient désormais savoir que Reenike fabriquait les pompes les plus confortables, que Peugeord fabriquait les bagnoles les plus sûres, ou même, comique involontaire, que Panrex garantissait l'étanchéité des préservatifs les plus fins de la planète.

« Vous voyez, » dit Ducast, « la pub nous cache les étoiles. »

« Ils ne savent plus quoi inventer, » répondit Rosso.

Il se demandait où le prof voulait en venir, mais Ducast ne se pressait pas de conclure. Le vieux prof regardait le ciel, et pendant quelques instants, Rosso eut l'impression que le vieillard l'avait tout bonnement oublié.

Puis le prof demanda, d'une voix douce : « Dites-moi, inspecteur, qu'est-ce qui est le plus réel, à votre avis ? Cette pub pour Reenike, ou bien les étoiles qu'elle nous cache ? »

Rosso répondit sans réfléchir : « Les étoiles, évidemment. »

Ducast fit la moue.

« Eh bien, non, voyez-vous. Les étoiles de notre ciel sont mortes depuis des millions d'années. Pas toutes, bien sûr, mais beaucoup d'entre elles. Le ciel que nous contemplons n'existe plus. Il n'est pas réel. Le temps que sa lumière nous atteigne, une étoile meurt. »

Le prof pointa la pub Reenike du doigt.

« Ce que nous cache cette pub, ce n'est pas le réel, c'est le fait que nous ne voyons pas le réel. »

Rosso regarda le prof avec attention. Qu'est-ce que le vieux bonhomme essayait de lui dire ?

Ducast reprit, sans transition : « Vous avez peur, inspecteur ? Je veux dire : quand vous pensez à ce jeu Synacgame, ce jeu auquel nous avons joué, vous et moi. »

Rosso s'efforça d'être honnête.

« Oui, j'ai peur. Une chance sur dix de devenir fou. J'ai peur, évidemment. »

Ducast demanda : « Définissez la folie. »

Rosso répondit : « Incapacité à distinguer le vrai du faux ? »

Ducast sourit.

« Alors nous sommes tous fous, inspecteur. »

Le prof retourna s'asseoir dans un fauteuil.

« Dites-moi, et si c'était justement parce qu'ils avaient cessé d'être fous que ces gens se sont suicidés ? Et si ce qu'ils n'avaient pas supporté, tous ces gens, c'était de découvrir le réel dans sa vérité ? Qu'en pensez-vous, inspecteur ? »

Rosso n'en pensait rien de précis.

« Qu'est-ce que vous cherchez à me dire, monsieur le professeur ? »

Ducast se versa une tasse de thé à la Russe. Il le faisait tellement fort qu'il coulait presque noir.

« Inspecteur », reprit-il en sirotant son breuvage, « je crois que nous avons une tâche à accomplir, vous et moi. »

« Vraiment ? »

Rosso avait l'impression de vivre un moment hors du temps. C'était peut-être l'attitude de Ducast, si calme, ou bien sa manière de parler. Ce vieux bonhomme avait une sorte d'aura, quelque chose qui faisait qu'on l'écoutait.

« Oui, vraiment, » confirma le prof. « Est-ce que vous pouvez m'arranger une rencontre avec cette dame Pelletier, dont vous me parliez tout à l'heure ? »

Rosso dit que oui. Il faudrait prendre des précautions, mais c'était possible.

« Alors, s'il vous plaît, faisons cela. »

Rosso accepta. Il voulait en savoir davantage, mais le prof se mit à parler de futilités. Il était très loquace, à présent, bavard pour tout dire. À chaque fois que Rosso essayait de revenir dans le vif du sujet, Ducast parlait des rites sacrificiels aztèques, ou des pratiques chamaniques des tribus sibériennes, toute sorte de questions apparemment sans lien avec l'affaire.

Finalement, Rosso prit congé. Comme il sortait, Ducast lui dit : « Et n'oubliez pas, inspecteur : j'aimerais bien rencontrer madame Pelletier. »

Puis il referma sa porte, tout simplement.

*

Ce soir-là, vers dix heures, Hélène Pelletier reçut un coup de téléphone.

« Allô, Yannick mon pote ? »

Pelletier sursauta. « Yannick mon pote » était le code indiqué par Stéphanie Berg.

« Qui demandez-vous monsieur ? »

« Je ne suis pas chez Yannick Benamara ? 01.764.5231 ? »

« Ah non, monsieur, c'est une erreur. Ce n'est pas du tout ce numéro-là. »

En raccrochant, Pelletier sourit. Elle savait où et quand.
Le lendemain.
Six heures du matin.
Gare de l'Unité Continentale.
A la consigne.
Casier 467. Code 1325.

*

Pour faire se rencontrer deux personnes dont une risquait d'être surveillée par les Grandes Oreilles, Yann Rosso utilisa un truc qu'il avait appris quelques années plus tôt, quand il travaillait avec des contacts infiltrés en extrazone. Il n'était pas certain à cent pour cent que ce « truc » soit encore tout à fait valable. Mais il n'avait pas le choix, il devait accepter le risque. De toute manière, c'était la solution la plus fiable à sa connaissance.

Les opérateurs téléphoniques commercialisaient des portables fonctionnant uniquement sur réseau privatif. En général, il suffisait de changer la carte interne, et un téléphone portable standard, ouvert à tous les réseaux, se transformait en une sorte de walkie-talkie, ouvert uniquement à un certain signal, codé selon une certaine procédure et émis sur une certaine fréquence. La portée de ces appareils était limitée, mais en théorie, leur signal crypté était quasiment impossible à intercepter.

Officiellement, pour accéder à ces matériels, il fallait une licence spéciale, accordée par EurACTOR, l'Autorité Continentale pour la Transparence et l'Organisation des Réseaux – le nom officiel de ce que les flics appelaient, depuis une bonne décennie : « les Grandes Oreilles ». Et donc, à part les flics et les mégacorpos, personne n'avait accès légalement à cette technologie.

Officieusement, bien sûr, c'était une autre histoire. Il était possible de se procurer ce matériel. Ce n'était pas donné, il fallait connaître des pirates, mais c'était possible…

Et Yann Rosso avait longtemps travaillé dans une extrazone asio. En fait, il y avait même fait l'essentiel de sa carrière. Et les Asios étaient les meilleurs pirates.

A priori, le matos n'avait l'air de rien. Un jeu de cartes et un petit boîtier noir, à peu près de la taille d'une boîte à cigares. Au marché officiel, ça valait une petite fortune en eurodols. Au marché officieux, ça n'avait pas vraiment de prix. Dans le cas de Yann Rosso et du petit gars trop entreprenant qu'il avait chopé la main dans le sac quelques années plus tôt, l'échange avait porté sur quinze années de camp de détention à régime sévère – la peine minimale pour les pirates coupables d'avoir « hacké » les réseaux de la défense eurocorporative.

Rosso connaissait comme sa poche la Gare de l'Unité Continentale, anciennement gare de l'Est. Cette gare présentait trois avantages : elle possédait une consigne, les casiers de la consigne étaient à code et pas à clef, et le paiement pouvait être effectué par porte-monnaie électronique.

Le porte-monnaie électronique était facilement falsifiable. Rosso en possédait une dizaine, enregistrés sur des matricules civiques bidon.

Il se doutait qu'il était surveillé. C'est pourquoi il n'alla pas lui-même déposer le pli pour Hélène Pelletier. Il passa chez sa grand-mère, une digne vieille dame de quatre-vingt-dix ans – mais encore toute sa tête et toutes ses jambes. Il lui demanda « un petit service ».

Grand-mère Rosso était une survivante. Adolescente, elle avait dû fuir l'Algérie. Sa propre mère, l'arrière-grand-mère de Yann Rosso, lui faisait porter jadis les messages de l'OAS, tout comme elle, vingt ans plus tôt, avait porté ceux de la Résistance. Près de huit décennies après l'affaire algérienne, grand-mère Rosso continuait à ne pas poser de questions et à porter des messages.

C'est donc une digne ancêtre un tantinet croulante, a priori la dernière personne susceptible d'être surveillée par les Grandes Oreilles, qui se rendit à la consigne de la Gare de l'Unité et glissa dans le casier 467 un pli fermé. À l'intérieur de ce pli, il y avait une carte téléphone et une feuille de carnet couverte d'une écriture nerveuse.

« Vous allez quitter immédiatement la gare, prendre votre véhicule et vous garer au parking des anciennes halles, troisième sous-sol, allée 4 si possible, à défaut à proximité. Une fois garée, vous inclinerez votre siège au maximum, de manière à vous étendre à l'intérieur de votre véhicule. Votre visage ne sera pas visible depuis l'extérieur. Aussi discrètement que possible, vous retirerez la carte de votre téléphone portable et vous glisserez à la place la carte que vous trouvez dans ce pli. Puis vous appellerez le numéro : 0001. Un monsieur Blanc vous répondra. Pour lui, vous êtes madame Brun. Vous répondrez aux questions de monsieur Blanc. À l'issue de la conversation, vous remettrez en place votre carte personnelle. Ensuite, vous essuierez longuement la carte ci-jointe avec un mouchoir ou un chiffon, afin d'effacer autant que possible les traces digitales et ADN. Après quoi vous irez au centre commercial des Halles et effectuerez quelques emplettes, afin de justifier votre déplacement. Par la suite, la carte ci-jointe sera conservée par vous dans un lieu sûr, à l'extérieur de votre domicile, et ni à votre bureau, ni dans votre véhicule. Le plus simple est de la dissimuler près de votre domicile, par exemple dans les parties communes de votre immeuble. La très petite taille de l'objet doit permettre sa dissimulation. La prochaine fois que nous voudrons vous contacter, vous recevrez un courriel d'une soi-disant société Europrimus, qui vous proposera un voyage organisé vers une destination lointaine. Vous chercherez dans le plan de Paris une place ou une rue au nom de cette destination, et vous y rendrez le lendemain soir, à l'heure indiquée dans le courriel, via la soi-disant valeur du cadeau publicitaire. Là, vous appellerez le 0001 avec la carte ci-jointe dans votre téléphone. À tout de suite. »

*

Le parking des halles, six heures trente du matin.
Le prof bailla, s'excusa. Rosso l'avait réveillé une heure plus tôt, sans s'être annoncé. Rude réveil.

Ils sortirent du véhicule et se dirigèrent vers la petite buvette installée juste à la sortie du parking, à moins de cinquante mètres de l'allée 4, au troisième sous-sol. Rosso avait à la main une petite mallette.

Le prof n'avait pas l'air étonné des précautions prises par Rosso. Il ne semblait pas non plus intrigué par l'aspect technique de l'opération. Il demanda quand même pourquoi on ne se voyait pas tout bonnement dans un endroit discret.

« Parce que je ne veux pas que les services sachent que Pelletier a rencontré physiquement quelqu'un que j'ai rencontré physiquement, » répondit Rosso. « Et si vous rencontrez physiquement Pelletier, ils le sauront. Ils le sauront parce que maintenant que je vous ai rencontré, vous risquez d'être surveillé. On ne peut plus dissimuler une rencontre physique, aujourd'hui, à partir du moment où au moins une des deux parties est sous surveillance. Il y a trop de moyens de détection, la discrétion est impossible à maintenir au niveau des contacts physiques. »

« Et on ne peut pas utiliser Internet, tout bêtement ? » demanda le prof.

Rosso sourit.

« Tout est surveillé, monsieur Ducast. Tout, sauf le type de réseau local privatif que nous allons utiliser ce matin. »

« Ah, » fit Ducast.

Puis il ajouta, fataliste : « Un jour, tout cela sera notre routine, de toute manière. »

Rosso hocha la tête. La routine, oui, vraiment. Une simple routine, désormais...

En un sens, il se sentait tout à fait ridicule. Un flic retiré du service qui prenait des précautions dignes d'une affaire d'Etat pour faire discuter un obscur programmeur informatique et un non moins obscur professeur de théologie, au simple motif que le programmeur avait une théorie intéressante, et le prof de théologie une autre théorie qui s'emboîtait vaguement avec celle du programmeur. Objectivement, la situation avait quelque chose de surréaliste.

D'un autre côté, le prof avait raison : il valait mieux tester la routine.

En fait, plus il y réfléchissait, plus Yann Rosso arrivait à la conclusion qu'il ne pouvait pas savoir si l'affaire Synactis était un canular, un accident de parcours étrange, ou bien quelque chose de tout à fait différent, quelque chose d'extraordinaire, un évènement d'une portée incalculable. Toutes les normes étaient périmées, toutes les règles étaient dépassées. Les flics étaient suspects de devenir fous, les fous avaient le pouvoir de faire surveiller les flics, et pour une raison inexplicable, un cador de la Crime considérait désormais qu'un théologien devait mener l'enquête.

Absurde.
Ridicule.
Mais c'était comme ça.
Toutes les règles étaient caduques. Il fallait désormais se méfier de tout, de tous. Et il fallait accepter de suivre des pistes qu'en temps normal, on aurait regardé comme des rêveries sans intérêt.
Et puis, on testait la routine...
Objectif : protéger Pelletier. Protéger le témoin clef.
Surtout qu'on agissait sans mandat.
Ducast commanda un café crème et un croissant. Rosso se contenta d'un petit noir. Discrètement, il alluma le central-réseau portatif dissimulé dans sa mallette. Dans la voiture, Ducast avait remplacé sa carte téléphone par celle que lui avait donnée Rosso.
Ensuite, ils attendirent.

*

A sept heures exactement, le téléphone de Ducast sonna. Il prit la communication, les écouteurs aux oreilles, le micro pendant devant sa bouche. Comme le lui avait demandé Rosso, il tenait le micro de la main droite, masquant les mouvements de ses lèvres.
Deux hommes assis devant un café dans un bistrot, un des deux hommes est appelé sur son portable et répond pendant que l'autre finit sa consommation. Quoi de plus banal ?
Rosso n'entendit qu'une partie de la discussion. Il avait les questions de Ducast, mais pas les réponses de Pelletier.
« Bonjour madame Brun. Je suis monsieur Blanc. J'ai un certain nombre de questions à vous poser, à la demande de l'inspecteur Berg. »
Un silence de quelques secondes.
« Il est probable que nous serons amenés à nous parler de nouveau, de toute manière. Notre collaboration ne fait que commencer. »
Un silence.
« Pour commencer, je voudrais que vous me parliez de l'homme sous l'arbre. Quand l'avez- vous vu, à quoi ressemble-t-il, où se trouve-t-il dans le jeu ? »
Un silence, plus prolongé cette fois.
« Une voix sans timbre... Vous êtes certaine qu'il s'agit d'un homme ? »
Silence.
« Donc il pourrait s'agir d'une femme ? »
Silence.
« D'accord. Et où se trouve-t-il, ou elle, à l'intérieur du jeu ? »

Silence.

« Il n'est pas dans le jeu, mais il apparaît en rêve à ceux qui jouent au jeu ? »

Silence.

« Donc s'il est présent dans le jeu, ce ne peut être qu'à l'insu des joueurs. Mais vous ne pouvez pas être certaine qu'il n'est pas présent dans le jeu ? Simplement, vous ne l'avez pas vu. »

Silence.

« Et dans les rêves, à quel endroit apparaît-il ? »

Silence.

« Sous le parvis, au niveau cinq... Je n'ai pas atteint ce niveau, madame. Vous pouvez me décrire ce parvis ? »

Silence.

« Dites-moi, ce parvis a-t-il la même taille dans les rêves et dans le jeu ? »

Silence.

« Plus grand, donc ? »

Silence.

« Vous n'êtes pas certaine, mais cela vous paraît probable ? »

Silence.

« Vous pouvez essayer de vérifier la prochaine fois que vous rêverez de l'homme sous l'arbre ? »

Silence.

« Oui, c'est important. Tout ce qui a trait aux dimensions des bâtiments m'intéresse. D'une manière plus générale, tout ce qui a trait aux dimensions des objets. J'aimerais que vous analysiez le code source du jeu pour voir si vous repérez des rapports, des proportions qui se répètent. Tout ce qui est numérique m'intéresse. »

Silence prolongé.

« L'arbre est à droite dans vos rêves. Est-ce que vous savez s'il est au même endroit pour les autres rêveurs ? »

Silence.

« Bon. Non, je ne suis pas arrivé jusque là. »

Silence.

« Non, non, je n'ai pas attendu si longtemps pour rater cette opportunité... Je le verrai... »

Silence.

« Et vous en aviez ? »

Silence.

« Oui, de l'eau. »

Silence.

« C'est tout ? »

Silence.

« Ah oui, la princesse qu'il faut délivrer. »

Silence.

« Donc là, il révèle comment traverser le cloître ? »

Silence.

« Cela peut vouloir dire plusieurs choses différentes, ça dépend de la grille de lecture utilisée. Les autres rêveurs aussi ont dû lui offrir de l'eau ? »

Silence.

« Et vous avez traversé le cloître ? »

Silence.

« La prochaine fois que vous rêverez, essayez de ne pas le traverser. Asseyez-vous sur le parvis et attendez la réaction de l'homme sous l'arbre. »

Silence.

« Parce que ceux qui ont traversé le cloître sont devenus fous, madame Brun. C'est une bonne raison de ne pas traverser, non ? »

Silence.

« Oui, sans doute. Mais pour l'instant, il est tout aussi intéressant d'observer la réaction de l'homme sous l'arbre, si vous faites quelque chose que vous ne devriez pas faire. »

Silence.

« Déroutez-le. Prenez-le à contre-pied. Faites ce que vous n'êtes pas supposée faire, ne faites pas ce que vous êtes supposée faire. Et observez sa réaction. C'est une part de vous, madame Brun, il ne peut pas s'agir d'autre chose. Dans vos rêves, votre cerveau est aux prises avec votre cerveau, n'est-ce pas ? La question est : de quelle part de votre cerveau s'agit-il ? »

Silence.

« Eh bien si c'est le cas, nous serons fixés. Mais à mon avis, ce ne sera pas le cas. Quand nous rêvons, nous prenons des décisions. Le problème est qu'elles ne sont pas forcément suivies d'effet. »

Silence.

« Ce que je vous demande, sur le plan technique, c'est d'analyser le code est de repérer les récurrences. »

Silence.

« Oui, je sais. Mais vous pouvez déjà analyser la partie du code qui vous est accessible. »

Silence.

« Toutes les récurrences. Toutes les structures qui se répètent, et particulièrement celles qui se répètent à plusieurs niveaux. Par exemple si vous repérez certaines lignes de code qui se retrouvent à l'identique au début, au milieu et à la fin du jeu. »

Silence.

« Donc une partie des fichiers audio est cryptée, également ? »

Silence. Coup d'œil à Rosso.

« Ce que je n'arrive pas à comprendre, c'est pourquoi vous ne pouvez pas accéder au code source, alors que c'est vous qui programmez. »

Silence.

« Et vous n'avez vraiment aucun moyen de casser le code ? »

Silence.

« Avant de prendre la fuite, Maxime Blanco s'était procuré une partie du logiciel de cryptage. Vous en êtes certaine ? »

Coup d'œil à Rosso.

Celui-ci murmura : « Des copies illégales circulent. »

Ducast répéta l'information pour que son interlocutrice l'entende.

Silence.

Ducast, se tournant vers Rosso : « Madame Brun m'explique que ça ne prouve rien Il paraît que c'est une stratégie marketing de Synactis. Comme ils savent que tôt ou tard la protection sera brisée, le service commercial diffuse dans un circuit parallèle quelques copies légèrement bridées, de moindre qualité. De cette manière, les copieurs prennent l'habitude de se dire : 'si je veux un jeu sans défaut, j'ai intérêt à me procurer un jeu légal'. »

Rosso grommela : « Les copies qui circulent depuis un mois dans les extrazones sont apparemment de parfaite qualité. »

Silence.

Ducast fit signe à Rosso que « madame Brun » parlait.

Silence prolongé.

« Cherchez plus particulièrement ce qui a trait à la mort, » reprit Ducast. « À la mort et au sexe. Je ne peux pas être plus précis à ce stade, il faut que je me balade à travers le jeu, vous comprenez ? Je n'ai pas eu le temps de l'étudier en profondeur, je vais m'y mettre dès cet après-midi. »

Silence.

« Oui, je connais les risques. »

Silence prolongé.

« Nous allons y travailler, madame Brun. »

Silence.

« Voilà, eh bien, je pense que nous nous reparlerons sous peu. Enchanté d'avoir fait votre connaissance. »

Silence.

Ducast coupa la communication.

Puis il se tourna vers Yann Rosso et lui dit : « Bon, je n'ai pas grand-chose à vous dire pour le moment, à part que cette madame Brun me semble très coopérative. »

Rosso hocha la tête. Logiquement, il n'aurait pas dû organiser cette rencontre. Logiquement, il aurait dû être déçu que le prof n'éclaire pas davantage sa lanterne. Mais il avait organisé la rencontre, et il ne se sentait pas déçu.

A croire qu'il avait déjà commencé à devenir fou...

Il expliqua à Ducast qu'il leur fallait maintenant faire quelques courses, pour donner le change.

Ducast proposa de passer dans une librairie du quartier. Il offrit à Yann Rosso un commentaire de l'Apocalypse et un ouvrage sur la légende indienne du Kali Yuga, le dernier âge du cycle cosmique.

« Lisez-les, » recommanda-t-il à l'inspecteur, interloqué. « Vous y trouverez la vérité de notre temps. »

*

Vingt-quatre heures plus tard.

Yann Rosso, Stéphanie Berg, Isabelle Cardan et Jean-Baptiste Ducast au restaurant chinois.

Un restaurant qui avait joué un certain rôle dans la vie de Yann Rosso...

Il connaissait de longue date le patron du boui-boui, un certain monsieur Kim.

Quelques années plus tôt, monsieur Kim avait eu un problème *sérieux*.

Les Chinois avaient décidé que l'extrazone 945 était leur turf à eux, et à eux seuls. Les Coréens ne voyaient pas tout à fait les choses de la même manière, et c'est bien normal après tout. L'affaire aurait pu se régler à l'amiable. Logiquement, c'est même comme cela que ça aurait dû se passer – dans les extrazones asios, c'étaient les gangs qui faisaient la loi, comme partout dans les extrazones, et quand les asiatiques font la loi, ils la font vraiment.

A la différence des gangs afros, anarchiques et inutilement violents, les gangs asios témoignaient systématiquement d'une retenue remarquable dans l'usage de la force.

Sauf, bien sûr, quand ça dérapait.

Et en l'occurrence, ça avait dérapé.

Et comme toujours quand ça dérape chez les Asios, ça dérapa pour de bon. Ces gars-là ne se lâchent pas souvent, alors quand ils se lâchent, ça fait tout de suite très mal. En trois jours, une bonne dizaine de viandes froides, des bombes, des incendies criminels, plusieurs kidnappings, et même, petit supplément pour soigner la réputation du quartier, une exécution diffusée par Internet – sur le site « officiel » d'une organisation criminelle basée à Shanghai.

Et au milieu de tout ça, monsieur Kim le limonadier, qui ne demandait qu'à faire de la bonne bouffe et à gagner sa vie honnêtement.

N'en menait pas large, monsieur Kim.

La PC s'était rangée du côté des Chinois, pour des raisons assez complexes – la principale étant que deux ethnomilices dans la même extrazone, ça en faisait une de trop. Mieux valait profiter de la situation pour trancher le nœud gordien, et puisque les Chinois étaient majoritaires dans la 945, autant leur laisser le turf. Accessoirement, il se trouvait qu'à ce moment-là, l'eurogouvernement menait des négociations commerciales assez délicate avec la Sinosphère. D'une manière générale, visiblement, « on » ne voulait pas faire de la peine au parti communiste sino, notoirement lié aux gangs de Shanghai. Et comme « on » avait les moyens de dicter sa volonté à la Police Continentale, les Coréens avaient perdu la guerre – « on » avait fait ce qu'il fallait pour ça.

C'est à ce moment-là que Rosso rencontra monsieur Kim.

Les commerçants coréens de la 945 avaient demandé aux Chinois la permission de rester sur place. Ils firent valoir qu'ils étaient disposés à payer la protection aux gangs chinois. Qu'est-ce que ça pouvait bien leur faire, aux Chinois, que quelques Coréens restent sur place pour faire du business ? Du moment que l'argent était versé chaque mois, une protection, c'est une protection, non ? D'ailleurs, regardez : monsieur Kim est coréen, mais ça ne l'empêche pas de tenir un restaurant chinois. Chinois de cœur, monsieur Kim !

Il se trouva que « on » était à ce moment-là bien content d'avoir donné des gages à la fraction proprement chinoise de la Sinosphère, mais que « on » craignait d'en avoir fait un peu trop. « On » décida donc qu'il était temps de caresser un peu les Coréens dans le sens du poil, pour s'éviter des ennuis avec ces gens-là. Après tout, il est notoire que si les Asios sont toujours polis, pas comme ces bourrins d'Afros ou ces excités de Nordafs, il ne faut pas pour autant croire qu'on peut leur chier dans les bottes. Comme le disait à l'époque le patron de Rosso : « Si tu veux des ennuis, tu n'as qu'à pisser sur le gazon d'un Asio ! En général, t'es pas déçu du voyage. »

« On » savait tout cela, et donc « on » prévint les flics qu'après tout, ces sympathiques commerçants coréens avaient bien le droit de conserver leurs échoppes. Comme les petits voyous locaux n'en étaient pas convaincus, les flics allèrent porter le message aux parrains du milieu chinois. Lesquels, après s'être concertés avec leur boss, à Shanghai, firent savoir aux flics qu'une bonne leçon, comme on dit, ça fait du bien à la jeunesse.

L'inspecteur Rosso était à l'époque affecté à la PC Conurbe Sud, et il était connu pour ses méthodes expéditives. C'est lui qu'on chargea de « donner une petite leçon à la jeunesse », tâche dont il s'acquitta en bonne entente avec les locaux – et surtout, en bonne entente avec les commerçants coréens du quartier.

Dont monsieur Kim.

Or donc, depuis cette affaire, monsieur Kim considérait l'inspecteur Rosso comme une sorte d'ami d'enfance. Le sang d'un ennemi commun est le meilleur ciment de l'amitié...

Ce soir-là, quand Rosso et Berg arrivèrent au restaurant, monsieur Kim les accueillit chaleureusement et les escorta jusqu'à leur table. Rosso se pencha vers monsieur Kim, au moment où celui-ci conseillait Berg sur les plaques chauffantes, et lui demanda, à voix basse : « Fort, le karaoké, ce soir. » Monsieur Kim tourne la tête rapidement et donna un petit coup de menton. Message reçu.

Après une voiture en marche, le meilleur endroit pour parler sans être espionné, c'est un restaurant bruyant.

Cette rencontre était risquée, évidemment. Il paraissait peu probable que Briard n'en fût pas informé. De toute manière, il devait faire surveiller Rosso et Berg, peut-être aussi Cardan – quoique, dans le cas du psy, ce fut moins certain. En tout cas, Briard saurait que Cardan avait dîné avec ses troupes, et à moins d'être complètement bouché, il en tirerait des conclusions.

A partir de là, il pouvait se passer plusieurs choses. Briard pouvait rendre compte à sa hiérarchie, ou bien garder l'information pour lui. La hiérarchie, si elle était avisée, pouvait conserver l'information secrète ou la communiquer au groupe Synactis. Tout était possible, y compris le pire. D'un autre côté, Rosso s'attendait plus ou moins à devenir fou à brève échéance, alors, n'est-ce pas...

« Vu notre situation, » lui avait fait remarquer Berg quand ils avaient parlé des risques liés à une rencontre avec Cardan, « je ne vois pas très bien ce qu'on pourrait nous faire. »

Heureux les condamnés.

Quand ils se savent condamnés, du moins.

*

Ce fut une conversation étrange. Il faut se représenter quatre touristes en goguette, discutant de tout et de rien d'un air désabusé, tandis qu'en fond sonore, le karaoké proposait des arrangements kitch des chansons françaises du XX° siècle – « Le poinçonneur des lilas », « L'été indien », « La valse à mille temps », « Mistral gagnant », « Prendre un enfant par la main », ce genre de choses. Les quatre personnes assises ce soir-là autour de la table étaient plongées dans une histoire si extraordinaire, si décalée par rapport à tout ce qu'ils avaient vu jusque là, qu'à l'exception peut-être du professeur Ducast, ces personnes ne parvenaient pas à réaliser ce qui leur arrivait. En fait, ces gens ne parvenaient même pas à y *croire*.

A aucun moment, pendant le repas, les participants à la discussion n'eurent l'impression de faire quelque chose d'important. D'une certaine manière, le chapitre fractionnaire de Neustrie fut fondé par hasard. En sortant du restaurant, ses quatre premiers membres pensaient n'avoir créé qu'une alliance temporaire entre eux seuls, ou à peu près. Au départ, en Neustrie comme partout ailleurs, la logique fractionnaire fut une réaction instinctive, un réflexe collectif. La doctrine fut fabriquée plus tard, sous la pression des évènements.

En attaquant le plat principal, Rosso et Berg fournirent à Cardan les informations qui lui manquaient. Elle ne parut pas outre mesure étonnée. Le lien entre les émeutes qui venaient de secouer les extrazones et l'affaire Synactis, elle l'avait déjà fait. Les éventrations rituelles, les cas d'énucléation : tout cela rappelait fort la manière de Blanco. Et tout en dégustant un excellent canard laqué, elle fit un véritable petit cours sur la psychologie des dépeceurs, ces criminels en série d'un type particulier, qui s'acharnent à détruire les cadavres de leurs victimes.

Pendant ce temps-là, Ducast souriait, sans rien dire, on aurait dit qu'il s'amusait, et Rosso se demanda, pour la dixième fois au moins, si ce prof génial n'était pas complètement cinglé, au fond. Ce n'était pas exclu. Les dingues ont souvent une certaine aptitude à dominer mentalement leur entourage.

Ils parlèrent ensuite du risque de contamination à l'ensemble de la conurbation. Rosso et Berg estimaient l'affaire pliée. À leurs yeux le scénario 934 allait se généraliser à toutes les extrazones.

Cardan n'était pas de cet avis.

« Plusieurs facteurs peuvent entrer en ligne de compte, des facteurs que votre capitaine Richter n'a pas intégrés à ce stade. L'épidémiologie a des règles, et je suppose qu'on peut assimiler la *chose* à une forme de virus mental. Les virus ont un cycle de vie. Il est possible que les évènements de la 934, connus du grand public, provoquent un contre-choc. C'est-à-dire qu'ayant en tête ce qui s'est passé dans la 934, les populations exposées au virus pourraient ne pas réagir comme la population de la 934 a réagi. Ensuite, il est probable que des contremesures vont être adoptées. Après tout, si les gens de Synactis peuvent trafiquer leurs jeux au point de rendre fous les joueurs, ils peuvent peut-être aussi trafiquer leurs jeux pour guérir les joueurs qu'ils ont rendus fous. »

« À mon avis, » dit Ducast, « ils ne s'attendaient pas à ce qui s'est passé. »

« Qu'est-ce qui vous faire dire ça ? »

Rosso avait parlé sans réfléchir. C'était la première fois que le prof se livrait, depuis qu'il avait rencontré Pelletier.

Ducast haussa les épaules.

« Le simple bon sens, inspecteur. Synactis veut vendre, n'est-ce pas ? C'est ce que veulent tous les commerçants. Et vous admettrez que les clients qui se suicident, ce n'est pas bon pour le commerce. »

Rosso en convint. Cependant, il gardait l'impression inexplicable que Ducast n'avait pas tout dit, que le prof en savait plus long qu'il ne voulait bien l'avouer.

Ils parlèrent ensuite des spots publicitaires que Synactis avait diffusés, quelques jours plus tôt. Il y avait aussi eu des teasers disponibles sur Internet, et même une animation satellitaire. Il était très possible que ces pubs, ces teasers, soient bourrés d'images et de sons subliminaux. Si c'était le cas, alors toute la population allait être contaminée par « la chose », joueurs et non joueurs confondus.

Suivit un court moment d'abattement. Autour de la table, quatre personnes, quatre esprits en communion, et ce constat aussi insupportable qu'inévitable : leur monde, le monde qu'ils avaient connu jusqu'ici, risquait fort de disparaître à brève échéance, emporté par un tourbillon de folie d'autant plus terrifiant qu'on en ignorait la cause exacte. Et eux, eux quatre, par un hasard extraordinaire, avaient eu connaissance de ces faits avant tous les autres hommes.

Hors de leur petit cercle, personne, ou presque personne, ne savait ce qui se passait *en réalité*. Les journaux titraient encore, ce soir-là : « le calme revient dans les extrazones ». De savants sociologues livraient à longueur de colonnes leur analyse des évènements qui venaient de secouer la 934 : « perte de repères dans la jeunesse, blabla, désespérance sociale, blabla, phénomène de foule, blabla ».

Des mots, des milliers de mots vides de sens…

Le monde politique s'était lui aussi livré au petit ballet habituel. La gauche ethnoprogressiste avait accusé la droite intrasécuritaire d'être responsable des émeutes : « politique flicarde vécue comme une agression par les habitants des quartiers, politique de régression sociale, etc. » La droite avait riposté en tentant d'entraîner la gauche sur un terrain glissant : « Heurts interethniques, échec de l'intégration des populations issues de l'immigration, etc. »

Des mots tout cela, des milliers de mots vides de sens...

A des années lumières de ces explications faussement scientifiques, ou bien ouvertement partisanes, eux quatre, assis autour de la table, ce soir-là, eux quatre connaissaient la vérité. Ce qui venait de débuter, c'était un cas de *possession*, l'aboutissement inéluctable, prévisible et pourtant radicalement imprévu, d'un processus d'aliénation *absolue*, sans précédent, la conclusion logique d'une *mise en esclavage mental*. Quelqu'un, quelque part, avait été assez fou pour vouloir programmer les esprits. Et ce quelqu'un, quelque part, s'était planté.

Le programme avait été installé, certes.

Seulement voilà, le programme avait un bug.

Soudain, le karaoké entama « Les amoureux des bancs publics », de Brassens, et sans raison, Cardan se mit à fredonner, bientôt imitée par Ducast, puis par Berg. Seul Rosso resta silencieux.

A la fin de la chanson, Ducast lui dit : « Vous auriez dû chanter avec nous, Yann. »

« Vous trouvez que c'est le moment ? »

Cardan murmura : « C'est une réaction très classique dans ce genre de situation. Juste avant une catastrophe, quand la population se rend compte qu'il va se passer quelque chose de grave, les gens font la fête comme jamais. C'est une réaction très rationnelle, d'ailleurs. »

« Faire la fête et massacrer Brassens parce que notre ville va être transformée en champ de bataille, vous trouvez ça rationnel ? »

« Bien sûr. Il n'y a plus rien d'autre à faire, Yann. Alors autant s'amuser. »

Rosso avait beaucoup de défauts. C'était un homme brutal, un amant médiocre parce que violent, et il avait fait des trucs pas franchement catholiques dans sa carrière de petit soldat de l'ordre eurocratique. Mais il avait tout de même une grande, une vraie qualité : il avait de la tripe. Il en avait à revendre.

« Et moi, » dit-il sur un ton de défi, « je dis que vous faites la fiesta parce que vous avez peur de demain, peur de devoir affronter demain. »

Ducast observa Rosso avec un intérêt non dissimulé.

« Vous êtes un homme étonnant, inspecteur. »

« Pourquoi ? Parce que je n'ai pas peur ? »

« Oui, précisément pour cette raison. »

Rosso éclata de rire. Maintenant, il en était certain, le prof était fou.

« Vous comptez vraiment vous en tirer, hein ? », reprit Ducast.

Outre un paquet de tripes à faire exploser le baquet d'un homme normal, Rosso avait une autre qualité : il avait l'esprit pratique. Il savait faire la part du feu.

« Je ferai ce qu'il faut pour ça, en tout cas. Survis ou meurs en essayant, monsieur le professeur : telle est ma devise. Et si vous étiez né dans le milieu où je suis né, et si vous aviez fait la carrière que j'ai faite, croyez-moi, vous auriez la même devise. »

Il prit une gorgée de bière chinoise. Ça faisait du bien. Il n'y avait plus que dans les extrazones qu'on pouvait picoler de l'alcool. Dans les intrazones, bière sans alcool pour tout le monde ! — sauf dans les brasseries chics, hors de prix.

« Et j'en suis fier, d'ailleurs, de cette devise, » reprit-il, un peu échauffé par l'alcool, dont il n'avait guère l'habitude. « Je ne suis pas un intellectuel, c'est vrai. Je ne suis même pas un flic genre monsieur Propre, si vous voulez tout savoir. Mais je suis fier d'être ce que je suis. »

« Pourquoi ? »

« Parce que tant que je suis là, il y a de la vie. »

« De la vie ? »

Ducast semblait intrigué.

Rosso se cala dans sa chaise. Le prof voulait connaître le topo ? D'accord, on allait l'affranchir.

« Tout autour de moi, depuis que je suis gamin, tout s'écroule. J'ai grandi pendant les dernières années de la France, et je me souviens très bien qu'à cette époque-là, y avait pas d'extrazones, y avait pas de passeport intérieur, personne n'aurait imaginé les patrouilles d'hélico 24/7 au dessus du rempart périphérique. D'ailleurs en ce temps-là, y avait même pas de rempart périphérique.

« J'ai vu mon monde partir en couille entre mon adolescence et l'âge adulte, prof. Quand je suis entré dans la vie active, j'ai choisi la police parce que c'est un endroit où on apprend à survivre. Regardez autour de vous, prof. Regardez en vous, aussi. Vous n'avez plus envie de vivre. Plus personne n'a envie. Ce monde de merde vous a tué.

« Vous baissez les bras, c'est ça, la réalité. Vous, prof, vous lisez plein de bouquins sur la religion, mais dans votre cœur, je ne vois que le renoncement. Vous êtes prêt à y passer.

« Moi, je vivrai. Pas pour moi, pas pour moi. Je vivrai pour la vie elle-même, parce qu'elle ne m'appartient pas. On me l'a confié, quelqu'un, je sais pas qui, le patron, peut-être, comme il est dit dans vos livres à la con. Ma mère et mon père, plus sûrement. Enfin j'en sais rien, je sais juste que c'est pas à moi, je l'ai juste en dépôt. Alors je vais m'en sortir vivant, prof, pour transmettre la vie. Quand j'arriverai au bout du chemin, avec des gosses derrière moi si Dieu le veut, je dirai au patron :

j'ai jamais laissé tomber l'affaire. Maintenant, pousse ton pion. Moi, j'ai poussé le mien. »

Au bout de sa tirade, Rosso laissa échapper un petit rôt discret mais franc. Puis, ayant dit, il s'octroya une énorme bouchée de nouilles sautées, avec un bon morceau de canard laqué pour faire glisser le tout.

Berg souriait. Il lui rendit son sourire tout en mâchant énergiquement. Il avait faim, il avait soif, il avait envie de courir, de suer, de se battre et de baiser.

Et puis surtout, il emmerdait le prof, et tous les curés avec lui.

Le karaoké, à la demande d'une table d'Anglais éméchés, entama « Woman », de John Lennon. Les Anglais reprirent le refrain. Ils chantaient tellement mal que c'en était pitié. Mais ils y mettaient une conviction impressionnante.

Le prof dit : « D'accord. »

Rosso ne lui jeta même pas un coup d'œil. Il mangeait, voilà tout.

Le prof ajouta : « Quand vous serez devant l'homme sous l'arbre, souvenez-vous de ceci : vous n'avez pas le droit de perdre. »

Rosso reposa sa fourchette à côté de son assiette.

« Peut-être que je ne le verrai pas, l'homme sous l'arbre. D'ailleurs, je ne suis même pas sûr d'y croire. »

« Vous le verrez, » dit Ducast. « Il ne peut pas laisser vous laisser passer. »

« Pourquoi ? »

« À cause de votre virilité. »

« Ma virilité ? »

« Vous désirez la mort. »

« Je vous ai dit que je voulais vivre. »

« Oui, c'est bien pour ça que vous désirez la mort. Les gens qui ont peur de la mort ont aussi peur de la vie, Yann. Ceux qui ont en eux votre soif de vivre sont immanquablement dévorés par la soif de mourir. Raison pour laquelle, d'ailleurs, ils font tout pour ne pas mourir. »

« C'est complètement incohérent, votre truc. Vous dîtes n'importe quoi. »

Ducast ne se fâcha pas. Il se contenta de sourire.

« Nous en reparlerons quand vous aurez croisé l'homme sous l'arbre, monsieur l'inspecteur. »

« Bon, écoutez, on verra. Je m'en sortirai, point final. D'accord ? »

Ducast se renversa dans sa chaise. Il semblait très calme, presque détaché.

« Vous vous en sortirez seulement si vous vous battez pour plus que pour vous-même, inspecteur Rosso. Sans ça, l'homme vous aura. »

« Pourquoi ? »

« Parce qu'à un certain moment, si vous n'avez pas près de vous quelqu'un pour qui mourir, vous renoncerez au combat. Si vous n'avez pas une bonne raison de mourir, vous ne trouverez pas non plus en vous une bonne raison de vivre. »

« Je ne comprends pas. »

« Peu importe. Le moment venu, vous saurez quoi faire. À une condition : vous battre pour quelque chose. »

« Si je me bats pour quelque chose, l'homme sous l'arbre ne pourra pas me faire perdre la boule ? C'est bien ce que vous dîtes ? »

Ducast cligna des yeux en signe d'approbation.

« C'est complètement dingue, » grinça Rosso. « Et pourquoi devrais-je vous croire ? »

« Pourquoi êtes-vous venu me voir, déjà ? »

Rosso fit la moue.

« Parce que nous n'avions personne d'autre à qui poser certaines questions. »

Ducast cligna à nouveau des yeux.

Rosso réfléchit. En plus de sa tripe et de son pragmatisme, l'animal avait une autre qualité : il fonctionnait à l'instinct. Et en ce moment, son instinct lui soufflait que Ducast savait quelque chose d'important, quelque chose qui pouvait leur sauver la vie, à tous, un jour prochain. C'était une conviction parfaitement irrationnelle, mais Rosso y croyait. Dur comme fer. Appelons ça une intuition.

Le flic hésita. Pour il demanda : « Et pour quoi, pour qui devrais-je me battre ? »

A partir de ce moment-là, Ducast avait partie gagnée, et il le savait. Rosso le suivait : dès lors, les autres marcheraient dans la combine.

Le prof répondit : « Pour nous, inspecteur Rosso. Pour nous. »

Rosso se tourna vers Ducast. Il commençait à comprendre où le vieux bonhomme voulait en venir.

Ducast, lui, souriait, plus énigmatique que jamais.

Et c'est alors qu'il accomplit le geste, le petit geste anodin, qui allait brutalement faire déborder le récit collectif du lit creusé pour lui par le destin.

Il sortit un calepin de sa poche et dit : « Nous allons nous *organiser*. »

*

Ducast pensait, à ce moment-là, que les autorités pouvaient perdre rapidement le contrôle de la situation. Logiquement, si cela arrivait, sur les quatorze millions d'habitants que comptait la conurbation, dont onze millions dans les extrazones, il y aurait bientôt, si les règles de l'épidémiologie étaient respectées, quelque chose comme deux millions de fous suicidaires.

Deux millions de fous suicidaires en liberté, cela fait beaucoup, beaucoup de criminels potentiels dans la nature. Aucun Etat policier ne peut maîtriser une menace pareille. Même l'eurogouvernement allait très vite capituler devant le chaos.

« À mon avis, » disait Ducast, « nous devons nous attendre à une progression exponentielle de l'insécurité. D'abord, le phénomène sera à peine perceptible pour nous autres, intrazonards. Il accélèrera si lentement qu'au début, nous ne percevrons même pas son accélération. Puis, à un certain moment, un seuil critique sera franchi, et soudain, la violence s'amplifiera à une allure affolante. À ce moment-là, tout craquera d'un seul coup, en quelques jours, peut-être en quelques heures. »

Il laissa passer un silence. Il voulait que tous comprennent bien ce qui allait se passer.

Puis il reprit : « Comme l'a expliqué madame Cardan, il n'y a aucun moyen de savoir à quelle vitesse exacte le phénomène va se dérouler. Donc, il est temps de s'organiser, parce que ça peut arriver n'importe quand. Et si nous voulons survivre, il va falloir nous battre. »

Berg suggéra : « Il faut nous préparer à partir pour une zone rurale, et dès qu'on voit que tout fout le camp, on se barre sans demander notre reste. »

Ducast répondit : « Oui, c'est ce que nous devons faire. Mais pour y parvenir, il ne faut pas le faire seul. Nous devons travailler ensemble. Et puis de toute façon, aucun de nous ne se sauvera s'il n'a pas quelqu'un à protéger. C'est la seconde raison pour laquelle nous devons agir ensemble : cela nous protégera aussi de nous-mêmes. »

Il désigna Cardan du bras.

« Une femme et un vieillard à protéger, ça devrait faire l'affaire. »

Cardan dit : « J'ai un enfant à la maison. »

« Alors, c'est encore mieux, » répondit Ducast.

Il montra son calepin et dit : « Je crois que pour éviter de commettre trop d'erreurs, il faut d'entrée de jeu nous fixer quelques règles, que nous devrons tous respecter à l'avenir. »

« Dites, prof. »

« Pour commencer, » dit Ducast, « nous devrons nous tenir le plus éloignés possible des postes de télévision, des radios. Même l'Internet est suspect. Il vaut mieux éviter les sites grand-public. »

« Pourquoi ? »

« On ne peut pas faire confiance aux médias dominants. Ils sont tous plus ou moins contrôlés par les gens de Synactis, de toute manière. »

« Donc, pas de média ? »

« Voilà. Autant que possible, pas de média. Uniquement ce qui est indispensable pour se tenir informé, et encore, de préférence en passant par Internet, et par des sites alternatifs. Eviter les médias grand public, se soustraire aux tentatives de manipulation. Dieu sait ce qu'ils vont inventer, maintenant, pour faire tenir les gens tranquilles. Après tout, s'ils ont mis au point des techniques subliminales capables de rendre fou, ils peuvent aussi en avoir développé d'autres capables de rendre idiot, ou Dieu sait quoi. »

« D'accord, » admit Rosso, « ça se tient. Règle numéro un : pas de médias. »

« Pas de médias, » répéta Berg.

Ducast prit une gorgée de bière.

« Après, il y a l'aspect pratique. La protection physique. »

Rosso proposa : « Règle numéro deux : un flingue. Nous pouvons vous procurer ce qu'il faut. »

« D'accord, » dit Ducast, « donc la deuxième règle est : une arme par adulte. »

« Une arme par adulte, » approuva Cardan sans hésiter. Elle avait jadis milité pour la prohibition des armes, mais ses opinions avaient beaucoup évolué depuis quelques jours. Les images des flics dépecés vivants par la foule prise de folie, dans l'extrazone 934, avaient fait le tour du monde. Cardan elle-même n'en revenait pas de la vitesse à laquelle on change d'avis sur la question des armes, quand on réalise qu'on peut se retrouver devant celles des autres sans en avoir une à soi.

« Le problème, » dit Rosso en la regardant, « est de s'assurer que nous ne retournerons pas cette arme contre nous-mêmes. Jusqu'ici, ceux qui ont joué à ce jeu… »

« Oui, mais ils étaient seuls, » répondit Ducast. « Nous, Nous ne serons pas seuls. C'est pourquoi nous résisterons au moment décisif. »

« On finit toujours par être seul, à certains moments. »

« On n'est jamais seul, » dit Ducast, « tant qu'on sait qu'on a quelqu'un, quelque part, qui a besoin de vous. »

Il soupira.

« Ce que je vais vous dire maintenant va vous paraître très bizarre, mais je vous demande de m'écouter attentivement. Seuls, vous ne vous en sortirez pas, mes amis. Personne ne s'en sort seul. Pour vaincre ce qui vient vers nous, il faut rester unis. Nous vaincrons tant que nous resterons unis, nous serons vaincus si nous nous séparons. C'est pourquoi je vous propose d'établir un rituel. »

« Un rituel ? »

« Oui. Je sais que le mot étonne, aujourd'hui. Vous avez tous été élevés dans une société sans rituel. Mais vous savez, un rituel, c'est très simple, en réalité. C'est un moyen de se souvenir périodiquement de certaines choses essentielles, pour ne pas les oublier. C'est à cela que ça sert. »

Rosso murmura : « Vous proposez quoi ? »

Ducast haussa les épaules, comme pour dire : là n'est pas la question.

« Ce qu'il nous faut, » dit-il, « c'est un rituel de serment. Nous devons nous jurer les uns aux autres de risquer nos vies, si c'est nécessaire, pour nous protéger mutuellement. »

« C'est tout ? C'est pratiquement déjà ce que nous venons de faire, non ? »

« Pas tout à fait. Pour que le rituel soit un rituel, il faut que le serment soit répété régulièrement. Disons : au moins une fois par semaine. Il n'est pas nécessaire que ce soit très cérémonieux. Il suffit simplement d'accomplir un geste précis, un peu comme un nœud fait à un mouchoir, si vous voulez. Disons, par exemple : répéter chaque semaine un serment collectif. »

« Quel serment ? »

« Par exemple : si ta vie est en danger, je risquerai ma vie pour sauver la tienne. »

« C'est tout ? »

« Oui, et c'est bien assez. C'est même énorme. »

« Un serment par semaine ? », proposa Rosso.

La proposition fut acceptée.

Ils jurèrent. Spontanément, sans réfléchir à ce qu'ils juraient. Aucun d'entre eux, à part Ducast peut-être, ne réalisait ce qui était en train de se passer. Mais ils jurèrent, et cela suffit pour leur faire franchir un point de non-retour.

Ensuite Berg proposa : « Une retraite par groupe. C'est important : il faut avoir des points de ralliement. Nous en aurons besoin. »

« Tu peux préciser ? », demanda Rosso.

« Quand les choses sérieuses vont commencer, nous devons avoir une retraite, un coin sûr, soit une pour nous tous, soit deux si nous nous scindons en deux groupes. »

La proposition fut adoptée.

« Il faut aussi décider sur quelle base nous proposons à d'autres personnes de se joindre à nous, » suggéra Berg.

« Je propose qu'on leur demande s'ils sont prêts à prêter notre serment, tout bonnement, » répondit Ducast. « S'ils sont prêts à le prêter devant deux témoins, ils entrent dans le réseau. »

« D'accord. Ça me paraît bien. Deux témoins par initiation. »

Ducast relut les notes jetées sur son calepin : « Pas de médias, une arme par adulte, un serment par semaine, une retraite par groupe, deux témoins par initiation. »

Les trois autres approuvèrent. L'affaire avait été décidée si vite qu'ils n'avaient même pas eu le temps de comprendre quel jeu ils jouaient. Ducast avait bien manœuvré.

Pendant ce temps-là, à la table voisine, les Angliches entonnaient « Across the universe » des Beatles. Chose curieuse, à présent qu'ils étaient ivres morts, ils chantaient plutôt bien.

DEUXIEME PARTIE - LA COLLINE DE SION

Trois ans plus tard

> « *Il existe une seconde hypothèse que je ne saurais formuler autrement qu'en privé et qui nécessiterait auparavant que je consultasse mon avocat, c'est que les derniers isolats résistent jusqu'à s'engager dans une sorte de reconquista sans doute différente de l'espagnole mais s'inspirant des mêmes motifs. Il y aurait un roman périlleux à écrire là-dessus.* »
>
> Jean Raspail - « La patrie trahie par la République », dans le Figaro du 18 juin 2004

CHAPITRE VII - UN SERMENT

C'était par une de ces nuits où la lune éclaire de sa froide lumière les pentes enneigées sous les forêts profondes. Isabelle Cardan grimpait la route forestière, son pas faisait crisser la neige en une mélodie rassurante. Il ne faisait pas très froid. Elle avait baissé la capuche de son anorak, et elle laissait l'air nocturne lui picoter les oreilles. Elle marchait d'un bon pas.

Elle montait à l'ancienne bergerie pour une réunion de réseau. À ses pieds, il y avait le fond de vallée du Vercors, à mille mètres d'altitude. Devant elle, une ombre dans la nuit. C'était l'autre versant, la crête du Moucherotte, à deux mille mètres d'altitude.

Pour une fin d'automne, il faisait doux. Année après année, la neige descendait de moins en moins bas. Isabelle se souvenait de son enfance. En ce temps-là, la vieille ferme était sous la neige plus de la moitié de l'hiver. À présent, c'était à peine si la neige s'accrochait plus de trois semaines. La plupart du temps, il fallait monter jusqu'aux pâturages d'altitude pour la trouver.

Tout en marchant, Isabelle réfléchissait. Elle repensait au Vercors, cette forteresse naturelle, ce lieu chargé d'histoire.

En 1944, c'était un maquis particulièrement puissant, qui menaçait les arrières de la Wehrmacht. Les Allemands décidèrent de prendre d'assaut le plateau. Ils savaient qu'il serait difficile de s'emparer des *pas*, ces cols qui ouvrent le Vercors. Ils menèrent donc un assaut aéroporté –

qui réussit facilement d'ailleurs, car les troupes de la Résistance, sous-équipées, commirent l'erreur fatale d'engager un combat frontal.

Suivit une répression féroce. Encore dans les années 1970, quand de nouveaux habitants venaient s'installer dans un village du Vercors, il n'était pas rare que les locaux les missent en garde : « Faites attention, il y a des sujets à ne pas aborder. » Dans les familles, certaines blessures profondes mettent plus d'une génération à cicatriser.

À la fin du XX° siècle, il y avait encore un musée de la résistance. Il se trouvait en haut de la montée qui conduit de Grenoble à Saint-Nizier, au nord du plateau. En ce temps-là, les gens s'intéressaient à ce qui s'était passé dans les années 40. Et puis, le temps passant, les derniers témoins de la tragédie s'éteignirent. Le Vercors redevint un pays presque comme les autres.

Il y eut la grande crise des années 2010. Isabelle, une collégienne à l'époque, vivait à Grenoble. Elle se souvenait de ce temps-là. Elle se souvenait de la proclamation du gouvernement eurocorporatif, juste après la faillite de la République Française et la mise sous tutelle par l'Eurobank. Elle se souvenait du gouvernement eurocorporatif de la fin des années 2010, de la mise en place du système zonal et du passeport intérieur payant. Elle s'en souvenait comme si c'était hier. La naissance affreuse d'un monde sans âme, c'est quelque chose qu'on n'oublie pas.

Au début de l'an VI de l'ère eurocorporative, le Vercors avait été déclaré « intrazone rurale touristique », un statut particulier qui permettait à certaines zones rurales de bénéficier des avantages spécifiques des intrazones, tout en continuant à être habitées par des personnes à revenu modéré, voire modeste. En contrepartie, les habitants de ces zones devaient participer aux entreprises touristiques promues par la ligue eurocorporative de la jeunesse. On n'a rien sans rien.

Peu après la création de l'intrazone rurale, les autorités adjoignirent au « musée de la résistance » un « lieu de mémoire de l'amitié entre les peuples ». Au départ, le panneau « musée de la résistance » était surmonté d'un petit écriteau « lieu de mémoire de l'amitié entre les peuples ». Puis, un jour, il y eut un grand panneau « lieu de mémoire de l'amitié » surmonté d'un petit écriteau « musée de la résistance ». Pour finir, le petit écriteau avait tout simplement disparu, et l'ancien « musée de la résistance », réduit à la portion congrue, était devenu une annexe du « lieu de mémoire ». Exit le maquis, exit la figure héroïque de ceux qui disaient *non*. Dans la nouvelle Europe corporative, le mot *non* n'existait plus.

Isabelle Cardan était originaire du Vercors. Sa famille possédait une ancienne ferme d'élevage, à mi-pentes entre le fond de vallée et les crêtes. Pour pouvoir s'y maintenir après la réforme immobilière, la famille

Cardan avait été contrainte de transformer la ferme en gîte d'étape. C'est ce qui avait coûté leur vie à la sœur et au beau-frère d'Isabelle.

La ligue eurocorporative de la jeunesse organisait régulièrement des randonnées pour les enfants des extrazones périurbaines de Grenoble. Chaque été, une partie des gamins étaient envoyés en vacances dans les zones rurales. Pour les autorités, c'était un outil de contrôle. Dans les mois d'été, traditionnellement propices aux troubles civils, on expédiait les adolescents se promener sur les pentes du Vercors. Pendant ce temps-là, au moins, ils ne brûlaient pas de voiture, ils ne lançaient pas de pierres, ils ne fomentaient pas d'émeutes.

Parfois, bien sûr, dans les extrazones touristiques, il y avait des incidents. Entre des gens comme la sœur d'Isabelle Cardan, bonne catholique rurale, et les Karim Killer version grenobloise, il y avait un « léger » fossé culturel…

Pour la sœur et le beau-frère d'Isabelle, c'est ce qui s'était passé. Un « incident », comme on disait pudiquement dans les journaux. Un malheureux « incident ».

On n'avait jamais pu savoir comment l'affaire avait débuté. Un chahut qui tourne mal, telle fut la version officielle – mais Isabelle Cardan avait du mal à y croire. Les « jeunes » auraient fait du bruit en pleine nuit, son beau-frère serait allé leur demander de mettre une sourdine. Il leur aurait, d'après leurs dires, « manqué de respects » – le respect dû par un père de famille à une bande de gamins…

Bref, les gosses avaient « un peu expliqué la vie » au beau-frère, et comme le beau-frère n'était pas du genre à se laisser faire, l'affaire avait tourné vinaigre. L'homme avait été poignardé à dix-huit reprises. Il était mort de ses blessures, vidé de son sang sous les lazzis de ses agresseurs. Ivres de haine, peut-être rendus fous par la consommation de drogues, les « jeunes », comme on les avait appelés dans les journaux, s'en étaient ensuite pris ensuite à sa femme, la sœur d'Isabelle. Elle avait été violée et égorgée par la meute des enfants monstres, dans la cour du gîte rural, à deux pas d'une vieille plaque de marbre, posée là par son grand-père, et commémorant le martyr d'un groupe de résistants, fusillés huit décennies plus tôt dans cette même cour, par d'autres barbares.

L'Histoire ne se répète pas, à ce qu'on dit. Mais elle aime à bégayer. À présent, les SS pouvaient aller se rhabiller, avec leur race des seigneurs, leurs têtes de mort et leur folklore débile. On avait trouvé pires monstres qu'eux : des gamins d'origine africaine paumés sous le ciel d'Europe, lobotomisés par la télévision et les jeux vidéo, avec un QI culminant au grand maximum à 85 – et shootés jusqu'aux yeux, bien entendu.

Pendant longtemps, Isabelle Cardan n'avait vu dans ce drame qu'un effet de la fatalité, la conséquence d'une certaine barbarie propre aux extrazones. Et puis un jour, elle avait assisté à une conférence, donnée dans le cadre d'un cercle d'étude fractionnaire par un ancien fonctionnaire eurocorporatif. Retraité depuis quelques années, ce type avait récemment rejoint la Fraction, et ce qu'il avait à raconter valait le déplacement.

Le thème de la conférence était : « Intrazone / Extrazone : une stratégie du pouvoir ».

Le conférencier avait d'abord rappelé les raisons officielles de la création du système zonal. Ces raisons officielles avaient le mérite de la simplicité : il existait désormais des quartiers où le niveau d'insécurité justifiait l'application d'une forme de loi martiale, d'où les extrazones, tandis que d'autres quartiers devaient être protégés, d'où les intrazones. Au final, en « encageant » la criminalité, le système zonal permettrait d'abord de la « contenir » à l'intérieur des extrazones, et puis, progressivement, de la « refouler », jusqu'à l'anéantir.

Le fonctionnaire retraité fit constater à ses auditeurs que ce n'était pas du tout ce qui s'était passé en pratique. Et, ajouta-t-il, il ne fallait pas s'en étonner, car le but réel de l'opération n'avait en réalité jamais eu quoi que ce fût à voir avec l'encagement de la criminalité…

Tout le monde savait que dans les intrazones, il y avait des milliers de gens pourvus d'un lourd casier judiciaire – souvent des délinquants en col blanc, mais pas toujours. Et tout le monde savait que la criminalité prospérait dans les intrazones, et que cette criminalité « moelleuse » avait des liens étroits avec celle des extrazones, dite « rugueuse ». En fait d'encagement, on fait mieux.

Jusque là, le vieux bonhomme n'avait rien dit de bien intéressant, et dans l'auditoire, certains des participants à la conférence se surprirent à bailler. La suite, cependant, devait les réveiller en sursaut.

L'ancien fonctionnaire expliqua qu'il avait participé, lors de la création du système zonal, à la commission chargée de préparer les directives continentales. Il avait pu constater que le principal souci des gens qui programmaient l'affaire, c'était non pas d'endiguer la criminalité, mais au contraire de créer les structures sociales les plus à même de la *renforcer*. À croire, dit-il, que la véritable finalité du projet était l'exact opposé de la finalité officielle. À croire qu'il s'agissait, en fabriquant les extrazones, de fournir des territoires sur mesure à la criminalité, et en fabriquant les intrazones, d'encager l'économie « blanche » pour qu'elle cesse de perturber le déploiement de l'économie « noire ».

Au final, le système zonal s'était traduit par une véritable explosion de la criminalité sous toutes ses formes, mais surtout par une véritable banalisation du crime, devenu un *mode de régulation sociale*, au même titre que la *loi*. Le système zonal avait fabriqué deux modèles de citoyens dociles – les premiers, les intrazonards, parce qu'ils avaient peur de se retrouver relégués en extrazone, et les seconds, les extrazonards, parce qu'ils finissaient par trouver normal que les truands locaux fissent la loi.

Et tout cela, souligna le conférencier, tout cela n'était pas le fruit d'une erreur. Tout cela résultait au contraire d'un calcul délibéré. Le pouvoir avait organisé le règne des mafias.

Et c'était logique.

L'ancien fonctionnaire eurocorporatif, piochant dans ses notes, avait cité un extrait du discours prononcé par le représentant de l'eurogouvernement, lors de la séance d'ouverture de la commission de rédaction des directives continentales : « Nous voulons que les mégapoles de demain échappent à l'anarchie croissante des mégapoles africaines, et puisque le niveau de vie des populations européennes a vocation à converger vers celui des populations africaines, nous devons nous adapter en conséquence. Je veux qu'une chose soit bien claire : nous voulons une organisation urbaine et périurbaine facile à contrôler, c'est l'objectif principal. Vous n'êtes pas ici pour construire une société de liberté, parce qu'une telle société n'est plus adaptée aux conditions économiques et politiques du temps. Vous n'êtes pas une assemblée de législateurs chargés de peser le juste et l'injuste. Vous êtes des techniciens, et votre travail est de faire de l'ingénierie sociale. Vous devez fabriquer sur mesure la société dont le système eurocorporatif a besoin pour fonctionner sans accroc. Voilà de quoi il s'agit : de cela, et de cela uniquement. Nous voulons des intrazones peuplées d'une élite dévouée, consciente de la faveur qui lui est faite, et nous voulons des extrazones contrôlables, qui ne risquent pas de s'embraser toutes en même temps et de manière coordonnée. Qu'on me comprenne bien : je ne parle pas là d'une société idéale, je parle des problèmes de l'heure, avec tout ce que cela implique. »

Discours éclairant, comme le fit remarquer le conférencier.

Ce que le représentant n'avait pas précisé, toutefois, c'était la nature du « système eurocorporatif » que les « techniciens » étaient supposés servir en faisant de « l'ingénierie sociale ». Ce qu'était ce système, voilà ce que le fonctionnaire eurocorporatif avait progressivement découvert, en observant le fonctionnement de la commission.

C'étaient les représentants des mégacorpos qui avaient donné le « la », tout au long du travail. Un incident surtout avait éclairé la lanterne du fonctionnaire. Une discussion avait eu lieu sur la question de savoir s'il fallait interdire ou pas les regroupements ethniques par extrazone. Les représentants de la Police Continentale avaient suggéré de contrarier ces regroupements, très favorables au développement des systèmes maffieux.

Les représentants des cartels financiers avaient au contraire plaidé pour le développement de zones ethniques, au motif que ces zones constituaient, à leurs dires, des « marchés captifs » facilement maîtrisables, où l'on pourrait déployer un « marketing sectoriel adapté ». La discussion s'envenima rapidement, les représentants de la PC allant jusqu'à suggérer qu'il pouvait exister des liens financiers entre certaines maffias ethniques et certaines mégacorpos – un des flics, qui fut par la suite suspendu de la commission, alla jusqu'à demander au représentant d'un cartel panaméricain s'il comptait spécialiser les Chinois dans la « blanchisserie ».

Et le fonctionnaire retraité avait pu constater que les décideurs donnèrent entièrement raison aux cartels contre la PC. Et le fonctionnaire en tira un certain nombre de conclusions quant à la nature du système qu'il servait. Et c'est pourquoi, dès qu'il le put, il prit sa retraite.

« Je suis arrivé à une conclusion, » expliqua-t-il à la fin de sa conférence. « Je suis arrivé à la conclusion qu'il n'y a pas à proprement parler de 'complot' au plus haut niveau, chez les décideurs. C'est à la fois beaucoup plus simple, beaucoup plus triste et en fait, beaucoup plus terrifiant. Il y a d'un côté un appareil d'Etat largement dépassé par les évènements, incapable de piloter effectivement une société devenue beaucoup trop complexe, avec un niveau d'interdépendance ingérable, qui fait que dès que vous touchez à quelque chose quelque part, cela a des conséquences jusqu'à l'autre bout de la planète. Il y a d'un autre côté des acteurs financiers dont le poids est devenu prépondérant, mais qui ne pilotent qu'en fonction de la rentabilité du capital.

« À partir de là, l'appareil d'Etat a besoin des mégacorpos. Donc en pratique, il met sa puissance de coercition au service de ces organisations privées, émanations du capital. Circonstance aggravante, tout indique qu'il y a désormais interpénétration entre les maffias et les mégacorpos. En fait, j'ai même l'impression qu'étant donné le poids des fonds d'investissement implantés dans des paradis fiscaux et financés avec de l'argent sale, on peut dire que les maffias ont depuis la grande crise des années 2010 *pris le contrôle* des mégacorpos. Donc, pour dire les choses simplement, comme l'appareil d'Etat dépend des mégacorpos et comme les mégacorpos sont contrôlées par les maffias, nous sommes de facto gouvernés par les maffieux. Donc, mes amis, si le taux de criminalité a atteint un niveau si élevé dans nos sociétés jadis pacifiées, c'est tout simplement parce qu'en réalité, désormais, ce sont les criminels qui font la loi. »

A la fin de la conférence, le public avait longuement applaudi. Mais parmi les auditeurs, personne n'applaudit plus fort qu'Isabelle Cardan. Pour la première fois depuis la mort de sa sœur, elle venait de comprendre ce qui, jusque là, lui échappait. Elle venait de comprendre ce qui la dérangeait le plus, finalement, dans la mort de sa sœur : l'absence de vrais coupables. Cette mort atroce, cette femme violée sous les yeux de son fils par une bande de barbares, cette mort était en apparence le résultat de la fatalité. Il semblait, pour ainsi dire, que ce fût un crime sans criminels – après tout, des gamins de quatorze ans ne peuvent commettre un crime *en conscience*.

Or, là, soudain, en écoutant le fonctionnaire retraité livrer son analyse, Cardan comprit que derrière ce crime, il y avait de *vrais* criminels.

Ces criminels, bien sûr, les vrais coupables, n'étaient pas les gamins lobotomisés – eux n'avaient été que les armes du crime.

Et les vrais coupables, Isabelle Cardan en était certaine, n'étaient ni idiots, ni fous.

Ces criminels-là, et Isabelle Cardan commençait tout doucement à le comprendre, faisaient le mal *en connaissance de cause*.

*

Elle continuait à penser à sa sœur et au vieux fonctionnaire quand elle arriva aux bergeries. C'était quatre bâtisses de pierre séparées par un chemin perpétuellement boueux. On ne pouvait accéder à ce hameau déserté qu'en quatre-quatre – ou alors, à pied, et il fallait compter vingt bonnes minutes de marche.

Devant la porte, il y avait un tout-terrain militaire portant une immatriculation civile – plaques de l'intrazone Paris Centre.

Cardan savait pourquoi ce quatre-quatre était là.

Il était là parce que Ducast ne pouvait pas monter à pied.

Elle se dirigea vers la bergerie principale et toqua à la porte.

Hervé Blondin lui ouvrit. Elle lui souhaita bonsoir et pénétra dans la grande pièce mal éclairée. Il y avait là une vingtaine de personnes – la plupart des groupes fractionnaires du réseau Isère avaient envoyé un représentant. Au fond de la salle, elle reconnut Ducast, qui parlait avec le père Rossi – le seul prêtre catholique que comptât la Fraction sur l'ensemble de l'ancien territoire français, d'après ce que Cardan avait entendu dire.

C'était une réunion à la fois très banale, et en même temps tout à fait exceptionnelle. Elle avait été organisée parce que l'un des membres fondateurs de la Fraction, Jean-Baptiste Ducast, allait emménager dans le ressort du réseau Isère, et qu'il devait donc se joindre formellement à un des groupes du réseau – en l'occurrence, celui d'Isabelle Cardan, puisque c'était chez elle qu'il emménageait.

En un sens, cette réunion était très banale, c'était une prestation de serment comme une autre. Mais d'un autre côté, elle était exceptionnelle, parce que la prestation de serment concernait un des membres fondateurs du chapitre Neustrie. C'était à cause de Ducast que les autres groupes du réseau avaient envoyé un représentant, bien sûr. Un serment solennel ordinaire aurait eu lieu en présence des membres du groupe concerné, en tout et pour tout.

La décision de faire venir Ducast en Isère avait été prise le mois précédent, après son évanouissement en plein milieu d'un discours – épuisement nerveux, avait diagnostiqué le toubib.

Ce malaise n'avait été une surprise pour personne. Le prof avait de toute évidence trop tiré sur la corde. Depuis trois ans, il avait multiplié les déplacements, les conférences. Sur les trente-huit chapitres que comptait désormais la Fraction, il en avait visité dix-sept. Et sur les vingt réseaux du chapitre Ligurie, on en comptait déjà huit qu'il avait visités – alors que ce n'était pas « son » chapitre, puisqu'il résidait jusque là dans l'europrovince de Neustrie. Pour un homme de son âge, passer ainsi sa vie sur les routes, ce n'était pas raisonnable.

« Que voulez-vous qu'il m'arrive de mieux que de mourir en faisant ce que je fais en ce moment ? », demanda-t-il à Cardan, quand elle lui proposa de s'installer à la campagne, chez elle, pour se refaire une santé.

« Vous devez d'abord penser à la communauté », lui avait répondu Cardan. « Nous avons besoin de votre vision, de votre lucidité. C'est plus important que d'aller vous balader à gauche ou à droite. Vous n'êtes pas encore autorisé à mourir, prof. »

Finalement, il s'était laissé convaincre. Il resterait à la campagne quelque temps. L'altitude, d'après Cardan, lui ferait du bien – il avait un cœur en acier, un véritable métronome, c'était même étonnant pour un homme de son âge. Ce qu'il lui fallait, c'était du calme. Et une vie réglée.

Elle chercha Karim Saïdi du regard, c'était lui qui avait conduit le prof – lequel ne prenait plus le volant, depuis son malaise. Il se tenait dans un coin, silencieux, immobile. C'était le personnage le plus étrange que Cardan connût dans la Fraction – un milieu, pourtant, où ne manquaient pas les originaux. Il avait d'abord été chargé du recrutement dans les extrazones musuls de la Neustrie, mais depuis peu, pour une raison inconnue, il passait son temps avec Ducast.

C'était là le binôme le plus dépareillé qui pût imaginer : l'ancien caïd des extrazones et l'ex-professeur de théologie. Dieu seul savait de quoi ces deux types pouvaient bien discuter : ils n'avaient rigoureusement rien en commun !

Cardan décida d'ignorer Karim – il la mettait mal à l'aise, sans qu'elle pût dire pourquoi. Peut-être la fixité de son regard, cette manière d'être propre aux extrazones...

Elle alla saluer Ducast. Il lui proposa de procéder immédiatement à la prestation de serment.

« Comme ça, » dit-il, « ce sera fait. »

Elle fit signe à Blondin, le représentant du groupe Vercors Nord, qui discutait avec le représentant du groupe Seyssinet-Extrazone.

Pendant que Blondin préparait la prestation de serment, elle l'observa. Blondin était ce qu'on appelait un demi-frac, c'est-à-dire un fractionnaire marié à une non-fractionnaire. Une situation assez fréquente : à peu près un quart des fractionnaires était dans ce cas.

Comme presque tous les demi-fracs, Blondin était surinvesti dans la Fraction. Une réaction classique, prévisible : en général, quand le conjoint refusait le serment fractionnaire, ou bien le fractionnaire quittait la Fraction, ou bien il s'y investissait à fond, comme pour défier le destin, comme pour obliger sa moitié à constater qu'elle avait fait le mauvais choix.

Cardan se secoua. Elle n'aurait pas aimé être une demi-frac. Ce ne devait pas être facile tous les jours. La règle fractionnaire précisait que les enfants ayant deux parents fractionnaires seraient élevés selon les normes fractionnaires, car ils étaient membres de la Fraction dès leur naissance. Mais pour les enfants des demi-fracs, c'était plus compliqué. Ils devaient simplement être instruits du projet fractionnaire. Ensuite, ils pouvaient soit décider de se joindre à la Fraction, soit décider de ne pas s'y joindre – à treize ans révolus, pas plus tôt.

En observant Blondin qui s'activait, préparait la table pour le serment, avec les deux chaises de part et d'autre, et la flamme posée au milieu, elle se demanda, pour la centième fois au moins, comment il s'en sortait avec sa femme.

Et ses enfants ? Comment vivaient-ils la situation ? L'aîné allait sur ses douze ans, l'heure du choix approchait...

Elle se sentait un peu responsable de la situation, en l'occurrence. C'était elle qui avait amené Hervé Blondin à la Fraction, et c'était elle, aussi, qui avait échoué dans le recrutement de sa femme, Monique. Cela s'était passé presque trois ans plus tôt, et c'était un des premiers cas de demi-frac.

Quand elle en avait parlé à Ducast, il s'était contenté de hausser les épaules en citant un verset de l'Evangile : « Cette nuit-là, je vous le dis, deux personnes seront couchées dans un même lit : l'une sera emmenée, l'autre sera laissée. »

Evidemment, c'était une façon de voir les choses. Ça réglait le problème : *Mektoub*, et passons à autre chose ! Mais pour Cardan, cette façon de voir n'était pas acceptable. Ducast avait bien de la chance d'être croyant. Mais elle, Cardan, elle n'était pas croyante. Elle supportait mal l'idée que Blondin, à cause d'elle, fût désormais symboliquement séparé de sa femme. Ignorant Dieu, elle avait toujours attaché beaucoup d'importance au couple – même si, curieusement, elle ne s'était jamais mariée.

Elle essaya de se remémorer les circonstances du recrutement de Blondin. Qu'est-ce qui avait foiré ? Bien difficile à dire, comme toujours en pareil cas. C'était pendant la période de troubles, à la fin du premier hiver, après l'embrasement des extrazones en Neustrie. Des rumeurs circulaient, on disait que ce n'était que le début des ennuis. Plusieurs versions contradictoires existaient, concernant l'utilisation de techniques de suggestion subliminale par le pouvoir. Certaines rumeurs recoupaient en partie la vérité.

Ce n'était pas du fait de la Fraction, au demeurant, car il avait été décidé qu'il valait mieux ne pas ébruiter l'affaire Synactis. Si la Fraction avait dévoilé le pot-aux-roses, la fragile trêve tacite conclue avec le pouvoir aurait immédiatement été rompue – et il était trop tôt, beaucoup trop tôt pour ça.

L'opinion générale, dans la population, était qu'en tout cas, il s'était visiblement passé quelque chose. Quoi au juste, on ne savait pas. Mais quelque chose. Quelque chose d'exceptionnel. Quelque chose qui, normalement, n'aurait pas dû se produire. Une mégapole de quatorze millions d'habitants avait pris feu, sans raison apparente. Et on avait observé des répliques sismiques, un peu partout à travers l'Union Eurocorpo. Quelque chose, vraiment, n'est-ce pas, quelque chose avait *salement foiré...*

Un après midi, Blondin et Cardan avaient discuté au café, devant la mairie. Elle avait procédé au recrutement comme on le faisait à l'époque : de manière très indirecte. Elle avait encore en tête les conseils de Ducast : « Nous avons une chance, une seule, mais elle est réelle : le système a été surpris par son propre succès. Ils ont probablement cherché à déstabiliser les esprits pour créer davantage de chaos, afin de justifier l'abolition des dernières libertés démocratiques, mais leur accélérateur chaotique leur a échappé.

« C'est là que réside notre chance : *que la catastrophe soit telle qu'elle emporte ceux qui espéraient profiter d'elle.*

« Maintenant, ils sont dépassés. Il va leur falloir quelque temps pour reprendre le contrôle de la situation. Dans ce contexte, nous devons mettre à profit la période qui s'ouvre devant nous, c'est une occasion unique. Les gens vont avoir peur, ce qui était le but recherché par les manipulateurs, mais ils vont avoir peur *plus encore que souhaité*, ils vont avoir peur *au point qu'ils n'auront même plus confiance dans la capacité du système à les protéger.*

« Il y a un coup à jouer : nous pouvons proposer une offre de sécurité complémentaire au système, et profiter de cette offre pour construire un réseau autonome. Pour cela, vous devrez écouter les pressentis, leur faire dire leur peur, leur faire dire leur désir de sécurité, et les amener sans les presser à la conclusion que la sécurité ne peut être garantie que par une *ligue*. Si vous parvenez à leur faire dire cela, vous avez partie gagnée. »

C'était exactement ainsi que ça s'était passé avec Blondin. Cardan n'avait pratiquement rien eu à dire. Il avait réinventé la Fraction tout seul, en lui parlant – juste en confiant son inquiétude devant l'évolution de la situation, sa crainte de voir les autorités débordées, et même le peu de confiance qu'il avait en elles. Pendant qu'il parlait, Cardan croyait voir clignoter le mot « milices » en néon faisant cercle au dessus de sa tête, comme une auréole humoristique. Et comme souvent, en observant un pressenti en train d'exposer son opinion, elle se fit la réflexion qu'au fond, en créant la Fraction, ses fondateurs n'avaient fait que donner un nom à un être collectif latent. Un être qui n'attendait plus qu'une chose pour se matérialiser : qu'on le nommât, précisément.

Elle avait dit à Blondin qu'elle souhaitait secrètement qu'il existât une organisation telle que celle suggérée par son analyse. Il lui avait avoué que lui aussi, il aurait voulu qu'elle existât, cette organisation. Elle lui avait alors posé la question d'usage : « Et si cette organisation existait, tu la rejoindrais ? » Il lui répondit oui, et devint donc fractionnaire avant de savoir qu'il l'était.

Pour quelle raison son recrutement avait-il était si facile, alors que celui de sa femme s'était révélé impossible ? Cardan n'en savait rien. D'une manière générale, les hommes, au début, avaient été beaucoup plus faciles à recruter que les femmes. Peut-être était-ce l'effet d'une certaine prédisposition féminine au conservatisme, mais Monique Blondin n'avait même pas voulu entendre parler de ce qu'elle appela, avec une moue dédaigneuse : « des mômeries ». Elle affecta d'abord de se moquer gentiment de son mari, puis, quand elle comprit que c'était une affaire sérieuse, elle eut au contraire tendance à dramatiser – elle expliqua à son Hervé qu'il allait faire leur malheur, que la Police Continentale viendrait l'arrêter, qu'il participait à une entreprise séditieuse. Il lui répondit d'abord qu'il n'était pas question de sédition, que la Fraction n'était qu'une société de pensée promouvant l'entraide, ensuite qu'en tout état de cause, il y avait un moment où il fallait savoir si on voulait se laisser conduire à l'abattoir – et lui, Hervé Blondin, en tout cas, avait fait son choix.

Monique Blondin opposa à l'argumentation ambiguë de son mari une fin de non recevoir incohérente. Elle lui fit savoir d'abord qu'elle s'occupait de choses concrètes, car la situation exigeait qu'on se prenne en main, et d'autre part qu'il valait mieux « laisser couler », qu'à tout prendre on avait bien de la chance d'être intrazonards, et que plus on se tiendrait tranquille, mieux cela vaudrait.

Bien évidemment, il ne pouvait rien sortir de ce dialogue de sourds. Peu à peu, Hervé Blondin se fit à l'idée qu'il serait fractionnaire et pas sa femme, qu'entre lui et sa moitié, un fossé s'était creusé. Et elle, de son côté, se fit à l'idée que son mari avait désormais une vie hors du foyer, hors de l'univers où elle, Monique, pouvait se flatter de régner. Leur couple survécut parce qu'ils avaient trois enfants à élever et parce qu'au bout de quelques semaines, Hervé Blondin cessa complètement de parler de la Fraction à sa femme – laquelle se garda bien de le relancer sur la question.

*

La prestation de serment fut expédiée de la manière la plus simple, mais Blondin joua son rôle de représentant de groupe avec sérieux, et Ducast se prêta au jeu, conscient qu'il ne fallait pas plaisanter avec le serment. Après tout, c'était un *vrai* serment, et on pouvait un jour avoir à l'honorer, avec tout ce que cela impliquait.

Le rituel de la première prestation de serment, formelle et devant témoin, réglait l'entrée d'un nouveau membre dans la Fraction – ou d'un fractionnaire dans un nouveau groupe. La procédure était réglée dans ses moindres détails.

« Pour être valable, l'interrogatoire doit être conduit par l'initiateur fractionnaire, si possible le représentant du groupe concerné, en présence de deux témoins fractionnaires, si possible des membres du groupe concerné. L'interrogatoire est mené dans la discrétion. Peuvent y assister des fractionnaires autres que les témoins, mais aucun non fractionnaire ne doit y assister. Si possible, l'interrogatoire doit être conduit dans la retraite du groupe concerné, à défaut au domicile d'un fractionnaire.

« Il est important de faire comprendre au pressenti, d'entrée de jeu, qu'il s'agit d'une discussion sérieuse, et que ses réponses vont l'engager moralement. Il faut ensuite faire promettre au pressenti d'observer la discrétion sur le déroulement de l'interrogatoire, et cela quelle qu'en soit l'issue.

« Il faut également, avant de commencer l'interrogatoire, rappeler le contexte au pressenti. Trois faits seront soulignés plus particulièrement : tout d'abord, que la démarche est légale, et même légaliste ; ensuite, que la situation politique est extrêmement tendue, et que dans ces conditions, même une démarche légaliste peut être dangereuse ; enfin qu'il y a toujours un moment, dans un pareil contexte, où il s'agit de savoir si l'on a le courage de vivre debout, c'est-à-dire que *le danger est le prix de la liberté*.

« Puis l'interrogatoire proprement dit peut commencer. L'initiateur commence par annoncer au pressenti qu'il va lui poser trois questions fermées, puis trois questions ouvertes, et enfin une septième et dernière question, fermée celle-là.

« La première phase de l'interrogatoire comprend les trois questions fermées. Avant de poser chaque question, l'initiateur doit préciser au pressenti qu'il ne peut répondre que par oui ou non. Après chaque réponse positive du pressenti, l'initiateur doit lui faire répéter cette réponse positive deux fois, puis il doit rappeler au pressenti qu'il a dit oui trois fois. Enfin, avant de poser les questions, l'initiateur précise au pressenti que les mots employés, liberté, esclavage, vie, mort, doivent être pris littéralement et dans leur pleine acception.

« La première question de la première phase est : Si tu n'avais le choix qu'entre l'esclavage et la mort, choisirais-tu la mort ? La deuxième question de la première phase est : Et dans une telle situation, si je jurais de défendre ta liberté au péril de ma vie, risquerais-tu ta vie pour défendre ma liberté ? La troisième question de la première phase est : Et si nous nous donnons une discipline, pour défendre ensemble notre liberté commune, te soumettras-tu volontairement à cette discipline ?

« Si le pressenti répond non à une des trois questions, l'initiateur met un terme à l'interrogatoire. Si le pressenti répond oui aux trois questions à trois reprises, l'initiateur demande alors à chacun des deux témoins, à tour de rôle, de confirmer que la procédure a bien été respectée.

« Puis l'initiateur passe à la deuxième phase de l'interrogatoire, qui comprend les trois questions ouvertes. Il précise au pressenti qu'il ne doit à présent rien cacher, et que s'il a caché quelque chose, et si cela est prouvé, il sera chassé de la Fraction. Et qu'en revanche, quelles que soient ses réponses, à condition qu'elles soient sincères, elles ne peuvent empêcher son entrée dans la fraction.

« La première question de la deuxième phase est : Es-tu, ou as-tu été membre d'un parti politique, et si oui, lequel ? La deuxième question de la deuxième phase est : Es-tu, ou as-tu été membre d'une loge maçonnique, d'un groupe religieux ou d'une société de pensée, et si oui, de quelle religion, de quelle loge, groupe ou société ? La troisième question de la deuxième phase est : As-tu par le passé été condamné en justice à une peine infâmante, et si oui, pour quel crime ?

« Après que le pressenti a répondu aux questions de la deuxième phase, l'initiateur rappelle les réponses qui ont été faites et s'assure que les deux témoins ont noté les mêmes réponses que lui. Ces réponses engagent désormais le pressenti.

« L'initiateur expose ensuite qu'une organisation existe, qu'elle s'est donnée pour tâche de protéger la vie et liberté de ses membres, solidaires face à l'oppression et face au danger, et que cette organisation s'appelle la Fraction. Puis il demande au pressenti s'il a des questions. Il répond aux questions du pressenti sans détour, sans rien cacher, sous le contrôle des témoins.

« Une fois que le pressenti a posé toutes les questions qu'il souhaitait, l'initiateur lui demande de répondre par oui ou par non à la question suivante : à présent que tu sais qui nous sommes et ce que nous faisons, es-tu prêt à prêter notre serment ?

« Si le pressenti répond non, l'initiateur répond : Passe ton chemin, et garde le silence sur notre rencontre.

« Si le pressenti répond oui, l'initiateur lui demande de répéter après lui le serment fractionnaire : si ta vie ou ta liberté sont en danger, ami, je risquerai ma vie et ma liberté pour défendre ta vie et ta liberté. Une fois que le pressenti a juré, l'initiateur lui dit : je te salue, fractionnaire, et le pressenti devient dès cet instant un membre à part entière du groupe fractionnaire en cause. »

Tel était le rituel, à la fois simple et lourd de conséquences. Blondin en déroula l'ensemble point par point, avec cette application lente qu'il mettait à toutes choses. Ducast le suivit pas à pas, sans rien brusquer. La plupart des représentants présents observaient avec attention, conscients d'assister à un phénomène intéressant : un fondateur traversait l'initiation – et il n'y avait rien de plus logique, c'était même la quintessence de la logique fractionnaire : on n'était jamais initié, on était toujours à initier. *Chaque fractionnaire était à la fois l'initiateur et le pressenti de tous les autres.*

Ce soir-là, en observant la prestation de serment de Ducast, Cardan éprouva une sensation inexplicable. Comme si, pour la première fois depuis trois ans que l'aventure avait commencé, elle arrivait enfin à se convaincre que tout cela, c'était vrai, que cela arrivait vraiment.

Une renaissance.

CHAPITRE VIII - SI VIS PACEM

Assis dans un coin de l'ancienne bergerie, silencieux et immobile, Karim Saïdi, dit Karim Killer, dit K2.
La veille, il était allé causer du pays avec un groupe qui n'avait pas répondu à un appel test de son réseau. Il y était allé avec Berg. C'était un groupe en extrazone, et Berg avait eu l'air déplacée, dans un terrain vague entre deux cités, au milieu d'un groupe composé pour moitié d'Afros et de Nordafs. Berg, pour tout dire, avait eu l'air d'un extraterrestre en visite, pour un peu on lui aurait proposé de la reconduire à sa soucoupe.

Ouais, la veille, c'était K2 qui menait la danse. Dans son monde. Dans son monde à lui. Dans une extrazone afro.

Et à présent, dans cette bergerie paumée au fin fond de la cambrousse, c'était lui, K2, qui se faisait l'effet d'un extraterrestre.

Dans une intrazone euro.

K2 réfléchissait, assis dans son coin, discret, silencieux.

Deux mondes, deux planètes, et une seule Fraction. Paradoxe : ceux qui avaient coupé les ponts avec la machine en avaient jeté de nouveaux entre eux. Dissoudre et reformer, disait le vieux Ducast. Dissoudre et reformer, mais pas comme la machine l'avait prévu. Tout était là : *pas comme la machine l'avait prévu*. Profiter de la dissolution générale de la société pour reformer une société autre que celle prévue par le programme. Dissoudre comme c'était prévu, *mais reformer comme ce n'était pas prévu*. Tout était là.

Voilà ce que disait le vieux, et il avait raison, bien sûr.

Assis dans son coin, discret, silencieux, Karim Saïdi, dit Karim Killer, dit K2, essayait de se souvenir : comment lui, l'ancien caïd de la 934, avait-il atterri là, dans cette bergerie d'altitude, au milieu d'une bande de yahoos survivalistes euro ? Et comment Berg, l'ex-flic de la Criminelle, s'était-elle retrouvée, la veille, à briefer une bande d'extrazonards flippés ?

Même trois ans après les faits, K2 n'arrivait toujours pas à croire que ce qu'il vivait, il le vivait vraiment.

*

Flash-back.

Tout avait commencé à la fin de l'automne, trois ans plus tôt, à cause de ce fou furieux de Blanco, l'intrazonard friqué à mort, bourré d'eurodollars double barre, qui s'était pointé un matin dans la 934. Au bistrot – bookmaker de la zone, ce mec avait carrément demandé s'il y avait moyen de se loger, dans le coin, moyennant finances. Le taulier avait mordu le topo sans avoir besoin qu'on lui fasse un dessin, et il avait envoyé le colis à K2.

La suite, du velours, rien que du classique. Le mec avait sorti une liasse d'eurodollars épaisse comme son pouce et l'avait posée devant K2.

« La même chose chaque mois, j'ai l'argent planqué quelque part. »
« Marché conclu. »

Le crew de K2 fonctionnait comme la plupart des gangs en extrazone. Pratiquement, les lascars ne mettaient jamais le nez hors de la 934, ou alors seulement pour répondre à l'invitation d'un autre gang, pour un Trophée par exemple. Mais à l'intérieur de la 934, ils faisaient la loi. Sur leur turf, c'était eux qui décidaient de qui allait où et pour faire quoi.

Planquer cet intrazonard en cavale ? L'enfance de l'art.

Comme la plupart des gangs, le crew 934 possédait un quartier-général fortifié. Il s'agissait d'une ancienne résidence de standing, que les gangs de politiciens du coin avaient jadis réservée à l'élite locale – enfoirés de fonctionnaires municipaux véreux, enfoirés de militants syndicaux véreux, enfoirés de militants politiques véreux, enfoirés de journalistes véreux, enfoirés de promoteurs immobiliers véreux, enfoirés de juristes publics véreux, enfoirés de ceci, enfoirés de cela.

A présent, la bâtisse était habitée par les tueurs de K2, et en toute objectivité, sur le plan de la moralité, il n'était pas certain que cela se traduisît par une dégradation sensible. À tout prendre, un voyou a la franchise de la brutalité, alors qu'un parasite logé au cœur des systèmes légaux n'a même pas le courage d'assumer ses crimes.

Et puis, dans le Milieu, au moins, il y a une loi forte, puisque c'est celle du plus fort. C'est peut-être mieux, à tout prendre, que la loi du plus lâche, la loi des enfoirés véreux, la loi du système *mou-salaud*.

En tout cas, c'était comme ça que K2 voyait les choses à l'époque, et depuis, il n'avait pas vraiment changé d'avis...

Cette résidence possédait une piscine, mais ce n'était pas pour ça que Mokara, le frère aîné de K2, l'avait choisie comme quartier-général, quelques années plus tôt. De toute façon, il n'y avait plus d'eau courante ou presque, dans l'extrazone – une ou deux heures par jour, au grand maximum. Remplir une piscine, il ne fallait pas y songer.

Non, ce n'était pas la piscine qui avait branché Mokara. Ce qui lui avait plu dans cette résidence, c'étaient les immenses pelouses râpées, tout autour – un parfait champ de tir, un véritable glacis, idéal pour sécuriser la zone. Dans la foulée, le crew 934 avait dealé avec les blackos pour l'armement : quarante K de shit direct du Rif contre un plein chargement de mines antipersonnel, garanties fabrication brésilienne –

les crews de Lagos avaient paraît-il racheté la quasi-totalité de ses dépôts à l'armée nigériane, laquelle avait contourné l'embargo international grâce aux gangs de Rio.

Résultats, les keums de la 934 avaient été les premiers, dans toute la conurbe, à se mettre à la dernière mode : le quartier-général aux normes militaires, avec mines, caméras de surveillance, et même des missiles antichars russes, capables de percer les blindages des véhicules de la Police Continentale – à défaut de pouvoir amocher ceux de la FITEC, autrement plus lourds. Manquait la DCA, bien sûr, mais juste avant la catastrophe, K2 y pensait très sérieusement.

C'était là, au QG du crew 934, que K2 avait logé Blanco – qui se faisait appeler « monsieur Blanc ». On lui avait fourni quelques filles, certains soirs, et surtout de l'alcool. Il buvait beaucoup – beaucoup trop même. Par contre, il ne fumait pas de shit et il ne se défonçait pas à la coke.

On ne peut pas avoir tous les vices…

Pour se faire du pognon, le mec avait commencé à dealer des jeux vidéo hackés. Une industrie comme une autre – plutôt plus respectable qu'une autre, même, dans les extrazones. Ils en avaient causé, avec « monsieur Blanc », et K2 avait tout de suite compris qu'il y avait de l'argent à faire.

« Je suis venu chez vous, » avait expliqué Blanco, « pour deux raisons. La première, c'est que vous passez pour une des extrazones les plus fermées et en même temps pour un coin assez peinard, donc de mon point de vue, c'est parfait. La deuxième, c'est que vous êtes la seule extrazone non asio qui fasse dans le hacking à un bon niveau. Et ça, ça m'intéresse. »

« Pourquoi ne pas t'adresser aux Asios ? »

Blanco avait souri.

« Les Asios sont de mèche avec les fabricants. Je sais de quoi je parle. Ces mecs-là jouent toujours double, triple, quadruple jeu. Peux pas leur faire confiance. Trop risqué. »

K2 n'avait pas insisté. « Monsieur Blanc » avait des informations et il avait le droit de les garder pour lui. Du moins, il aurait le droit de les garder pour lui aussi longtemps qu'il casquerait son loyer. Après, naturellement, un petit interrogatoire pourrait s'avérer utile.

K2 avait amené Blanco au hacker en chef dans la 934, un certain Ba444. Ce mec, Ba444, était complètement barré à l'ouest, timbré notoire. Mais c'était un vrai pro pour tout ce qui concernait l'informatique. Il avait hacké des jeux, bien sûr, mais pas seulement. Deux ans plus tôt, à la demande de K2, lui et ses gars avaient carrément craqué le système d'information de la PC – une partie, du moins. Depuis, la 934 partait avec un gros avantage sur les extrazones voisines : K2 avait récupéré les dossiers de ses ennemis chez les flics, et ça, ça n'avait pas de prix.

Une fois chez Ba444, Blanco avait ouvert sa hotte de Père Noël. Ce mec avait des hacks pour tout ce qui était Synacgame, et uniquement pour ce qui était Synacgame. Le reste, il ne connaissait pas et ne voulait pas connaître.

« Monsieur Blanc » et ce taré de Ba444 avaient commencé à turbiner, et ça affurait bien, rien à redire, le pognon coulait à flot. En quelques jours, un tas de nouveaux jeux hackés étaient sortis de l'atelier clandestin de la 934. Les réseaux fonctionnaient à plein régime, les copies de jeux hackés, reprotégés par les soins de Ba444, se vendaient comme des petits pains. La contrefaçon représentait facilement le tiers des ressources financières des gangs, et la contrebande de jeux vidéo représentait une fraction non négligeable de ce pactole. K2 appréciait. Des invités comme « monsieur Blanc », il aurait aimé en avoir tous les jours.

Ce qui faisait surtout triquer les mecs de la 934, c'était que leur filière sortirait des jeux hackés *avant* la sortie des jeux officiels. C'était la première fois que ça se passait ainsi, et c'était tout à fait le genre de trip qui pouvait faire monter le capital réputation d'un crew. Dans les extrazones, il y avait deux trucs qui plaisaient : prétendre qu'on méprisait les intrazonards, ou bien démontrer qu'on était meilleur qu'eux, même sur leur terrain. Sortir des tailleurs Chanel plus beaux que les vrais Chanel, proposer des copies de montres suisses tellement bien construites qu'elles soutenaient la comparaison avec les vraies montres suisses : voilà ce qui faisait triquer les mecs, dans les extrazones. Commercialiser des fausses montres suisses qui tombaient en panne au bout de trois semaines, on savait faire depuis longtemps, ça ne faisait plus bander personne. Mais commercialiser des contrefaçons capables de concurrencer effectivement les originaux, ça, c'était le pied. La preuve, en quelque sorte, que les extrazonards étaient en train de déplacer le centre du système, que ce qui était jusque là le dehors, « extra », était en train de devenir le dedans, « intra ».

C'était ça, le pied, pour des mecs comme K2 : avoir, un instant seulement, l'illusion que c'était eux, les « extra », qui excluaient pour une fois, pour une fois seulement, les « intra ». Pour des mecs comme K2, ça n'avait pas de prix. Ça voulait dire qu'ils existaient.

Pendant quelques semaines, donc, la cohabitation de « monsieur Blanc » avec ses nouveaux amis extrazonards s'était déroulée au mieux. Blanco était content d'avoir trouvé refuge là où les flics n'iraient jamais le chercher, même s'ils avaient vent de sa présence, et K2 était content d'avoir à disposition une source de revenus supplémentaires. Tout allait pour le mieux dans le meilleur des mondes.

Et puis, en quelques jours, *le meilleur des mondes s'était transformé en pire des cauchemars*. D'abord très lentement, presque insensiblement. Puis de plus en plus vite. Jusqu'au moment où tout avait basculé, d'un seul coup et de manière irrémédiable...

Ce qu'il faut bien voir, c'est qu'une extrazone, c'est comme une cocotte minute coincée. Tant que ça n'explose pas, ça mijote, et personne n'est incommodé. Et puis quand ça explose, on n'a même pas le temps de comprendre qu'après tout, on aurait bien fait de laisser sortir la vapeur, de temps en temps.

Le problème, avec les cocottes minute, c'est qu'on ne voit pas la pression monter. Ça se passe à l'intérieur.

Avec les extrazones, c'est pareil. Ça se passe à l'intérieur, et quand tu comprends qu'il fallait lâcher la vapeur, c'est trop tard.

Une extrazone, c'est un bouillon de culture. C'est un milieu expérimental hautement instable.

Ce qu'on y cultive, c'est la haine.

Extrazonard, tu te lèves le matin, tu sais que tu vas passer ta journée à l'intérieur de l'extrazone, parce que t'as pas le pognon pour t'acheter un passeport intérieur. Tu sais que tu peux quand même passer dans l'extrazone voisine, cela dit, à tes risques et périls, mais tu sais que tu n'iras pas, parce que tu as peur des Afros si tu es nordafs, des Nordafs si tu es afro, ou bien des Asios, ou bien des Turcos, ou bien, ou bien...

Dès le matin, avant ton premier joint, déjà tu les hais tous.

Les autres, tu les hais.

Parce qu'ils t'empêchent de bouger, tu comprends ?

Tu sais qu'il existe l'intrazone, à deux pas de chez toi. Tu montes dans le bus, tu passes le contrôle au barrage périphérique, et dans vingt minutes, tu marcheras dans une rue où personne n'a peur de se faire racketter par l'ethnomilice du coin. Tu sais que tout cela existe, et tu sais que tu n'as pas l'argent pour y aller.

Tu détestes l'argent et tu le vénères. Et tu détestes les flics de la PC qui t'empêchent d'aller là, là où tu voudrais aller, mais en même temps, secrètement, tu les vénères, eux aussi – parce qu'ils ont ce que tu n'as pas : un uniforme. Surtout, bien sûr, tu détestes les Euros, plus que tout, ces enculés qui peuplent l'intrazone – tiens, la bonne blague, ils se la coulent douce, ces salauds.

La haine te gonfle la poitrine, la haine coule dans tes veines, la haine fait palpiter ton cœur un peu plus vite. Ta vie, au fond, n'est supportable que grâce à la haine. Tu en es là, et tu en es parfaitement conscient : c'est comme ça, la haine t'est devenue aussi nécessaire que l'air que tu respires.

Une extrazone, c'est la soupe primordiale, le chaos des particules élémentaires avant le big bang. Une extrazone, c'est un système solaire à l'instant où il se fait bouffer par un trou noir. Sauf que ce qui fait tourner les trucs autour des machins, ce n'est pas l'attraction, c'est la haine. Le nombre Pi, dans cette mécanique quantique du chaos politique, culturel et économique, c'est la masse de haine que peut contenir un cœur humain.

La haine fait gronder les moteurs de bagnole trafiqués pour rouler au mélange, TNT sous le capot. La haine donne la cadence du rap sous acide qui fait vibrer les vitres, enfin celles qui restent, dans ta cage de béton collective. La haine tourne autour d'elle-même, elle s'enroule autour de son propre centre de gravité comme un serpent géant qui rêverait d'une proie alors qu'il crève de faim. La haine, dans les extrazones, est l'alpha et l'oméga.

Hate makes the world go round.

Logiquement, ça devrait péter. Tant de haine accumulée, tu te lèves le matin et tu te dis : aujourd'hui, ça va péter. PC ou pas PC, hélicos ou pas hélicos, on s'en fout, on va mettre le feu.

Et puis, le soir arrive, tu te couches, défoncé par l'herbe ou par la CC coupée avec Dieu sait quelle saloperie, et voilà, il ne s'est rien passé. Ça n'a pas pété. Tu n'as pas mis le feu, et personne n'a mis le feu à ta place.

Pourquoi ?

Parce que dans la soupe primordiale de haine recuite qui te sert de milieu naturel, il y a force et contreforce. Il y a un contrepoids à la haine.

Ce contrepoids, c'est la peur.

La haine, dans une extrazone, s'enroule tellement sur elle-même qu'elle se dévore, comme un anaconda affamé qui s'avalerait, encore et encore, inlassablement. C'est comme ça que ça marche, c'est pour ça que les extrazones n'explosent pas : parce qu'il y a tellement de haine, tellement de haine qui tourne en rond, que tout finit par se retourner, dessus dessous, et il ne reste que la peur.

Et la peur stabilise tout.

Tu marches dans une rue qui est contrôlée par un gang rival : tu hais les mecs que tu vois, tu as envie de leur mettre le canon de ton gun dans la bouche et d'appuyer sur la détente, histoire de repeindre ces murs lépreux avec du sang et de la cervelle de porc. Ouais, tu meurs d'envie de tuer, mais tu ne le fais pas. Pourquoi ? Parce que tu as peur. Tu sais que cette haine incroyable, qui bouillonne dans tes veines, bouillonne tout autant dans les veines des mecs que tu veux te faire. Alors tu ne bouges pas.

Tu ne bouges pas d'abord parce que tu sais que si tu en butes un, les autres vont t'emmener dans un coin tranquille et te mettre à dissoudre dans un bain d'acide juste assez dilué pour que ça dure des heures.

Tu ne bouges pas, ensuite, parce que tu sais que si tu bouges, ces enculés iront se venger sur ta petite sœur de dix ans, hum, une grosse *bite de nègres* dans un petit cul kabyle. Alors tu ne bouges pas.

Tout le système est fondé sur cet équilibre entre la peur et la haine, dans les extrazones.

Le point de rencontre de la peur et de la haine, c'est la race. C'est pour ça que dans les extrazones, tout le monde est raciste, obligé. Tu es raciste contre les Noirs si tu es blanc, contre les Marocains si tu es algérien, contre les types du Rif si tu es de Casa, et ainsi de suite. Tu es même raciste contre les types qui viennent d'un autre bled dans le Rif, ou même contre les gars qui viennent de la moitié sud de ton bled du Rif, vu que ta famille, elle, elle vient de la moitié nord du bled. Tu es raciste par principe, raciste 24/7, c'est pour ainsi dire une seconde nature. Pourquoi ? Parce que c'est le point d'équilibre, le point où la haine et la peur convergent : la race.

La race te permet de faire coïncider en permanence ta haine et ta peur. Grâce à la race, tu sais constamment qui haïr, et donc tu sais aussi constamment de qui avoir peur, et réciproquement. Avec la race, ta haine cesse de se complexifier à l'infini, elle se cristallise et elle devient contrôlable. Avec la race, ta haine cesse de t'isoler, elle te rapproche de ceux qui ont la même haine que toi. Avec la race, avec la coalition des haines qu'elle rend possible, la peur devient supportable.

Tout le monde sait que ça marche comme ça, dans les extrazones. C'est pour ça que tout le monde est raciste, et d'ailleurs personne n'en veut aux autres de l'être. C'est comme le tatouage de Günther, le type de Berlin Extrazone qui te fournit en came en ce moment : *Rache und Rasse*. La rage et la race. Il a ça tatoué sur l'épaule, le type. Il a raison. C'est le fin mot de l'affaire, dans les extrazones. Et c'est pour ça que ce grand blond à gueule de SS, ce white trash de merde, il se balade dans les extrazones afros avec ses symboles nazis white supremacist, et personne ne lui dit rien.

Voilà, c'est comme ça, c'est aussi simple que ça : les blacks savent bien que la seule chose qu'ils ont à échanger avec Günther, c'est la haine. Et ils savent que cet échange est fondamental, qu'il est le sel de la terre, désormais : cet échange rend possible la gestion de la peur, cette force qui équilibre tout, dans les extrazones. Sans cet échange, Dieu sait ce qu'il adviendrait des extrazones. Sans cet échange, sans cette communion paradoxale dans la haine, la vie deviendrait tout bonnement impossible.

Une extrazone, c'est comme la terre au-dessus d'une faille sismique. Rien ne bouge, alors on a l'impression que tout est calme. Mais sous le sol, de manière invisible, une force affronte une contreforce. Une force énorme. Inimaginable. Cent mille fois la plus grosse putain de bombe thermonucléaire jamais fabriquée. Cent millions de fois cette putain de bombe, même, si ça se trouve. Et on ne voit rien parce que, pour l'instant, la force et la contreforce s'équilibrent. Exactement.

Une extrazone, c'est comme le littoral californien cinq minutes avant le Big One. Tout est calme. Le sol est stable. La vie est belle, ou presque.

Dans cinq minutes, peut-être, regarde le Pacifique et tu verras : la terre va exploser et la mer déferlera sur toi, et tu ne seras même plus une poussière emportée par le vent.

Dans cinq minutes, peut-être.

Ou dans cent mille ans.

*

Blanco s'était pointé dans la 934, et il avait fait quelque chose. Quelque chose qu'il ne fallait pas faire.

Quoi au juste ? K2 ne savait pas tout. Il savait que Ducast et Rosso savaient des choses qu'il ignorait encore, au sujet des jeux piratés de Synacgame, mais pas moyen de leur faire dire de quoi il retournait.

« Si nous en disons trop, » avait dit Rosso, « cela pourrait compromettre la sécurité de nos informateurs. La nature des informations que nous avons pourrait aider l'adversaire à détecter nos sources. »

Dont acte. Personne ne savait rien de plus que K2 sur ces foutus jeux, dans la Fraction.

A part Rosso et Ducast, évidemment...

En tout cas, Blanco s'était pointé avec ses jeux foireux, et il avait fait ce qu'il ne fallait pas faire.

Il avait rompu l'équilibre entre la haine et la peur.

K2 avait joué aux jeux de Blanco. Un passe-temps comme un autre, et puis tout le monde jouait à ces trucs, dans les extrazones. C'était pour ainsi dire culturel : le jeu vidéo était, dans la génération de K2, à peu près incontournable. Surtout chez les mecs.

K2 y avait joué, mais pas beaucoup. Juste un peu, pour voir. C'était extraordinaire, maintenant, ce qu'on parvenait à recréer en virtuel. Par moment, on ne se rendait plus compte qu'on était dans un jeu. Avec le casque sur le front, le gameglove à la main droite, on était littéralement à l'intérieur du jeu – « ultimate fight », comme le disait le titre.

Le scénario de ce jeu à la gomme avait quelque chose de délicieusement ringard. Le genre « Prince of Persia », ces antiquités vieilles d'un demi-siècle, auxquelles certains collectionneurs jouaient encore, pour le cachet *vintage*.

En fait, pour dire les choses honnêtement, par rapport à la norme des jeux de baston qui pullulaient sur le marché, et dont le seul argument était « cassons nous la gueule virtuellement ça fera moins mal », c'était même un truc de *taffioles*. K2 avait rigolé quand il avait vu Moke y jouer. C'était un jeu pour les gamins, douze ans maximum, et encore. Mais Moke insistait, Moke lui disait : « T'as jamais vu ça, carrément un autre monde, une autre planète. »

Bref, K2 avait accepté de faire quelques parties.

On pouvait jouer à ce jeu seul, ou en équipe. Les rares fois où K2 y avait joué, il faisait équipe avec Moke. K2 jouait le rôle d'un guerrier, le genre gros barbare musculeux, et Moke celui d'un autre guerrier, dans le même style. À eux deux, ils devaient délivrer une princesse emprisonnée quelque part dans la ville, et la ramener à son père, au loin.

Au début du jeu, les deux personnages entraient dans la ville par une porte bien gardée. Le premier problème était d'obtenir un laisser passer. Pour cela, il n'y avait qu'un seul moyen : il fallait qu'un marchand, pourvu du précieux parchemin, accepte de prendre les joueurs sous sa protection.

Trois marchands se succédaient à la porte, dès les premières minutes du jeu. Chacun des trois proposait de faire entrer les joueurs, mais attention : il y avait une condition, une condition différente pour chacun des marchands. Le premier marchand, un quadragénaire grand et élégant, exigeait que les guerriers l'aident à se débarrasser d'un de ses concurrents, une fois entrés dans la ville. Le deuxième marchand, un petit vieux recourbé, exigeait que les guerriers lui servent de gardes du corps, une fois entrés dans la ville. Quant au troisième marchand, un gros homme rougeaud aux yeux affolés, il voulait savoir ce que les guerriers allaient faire dans la ville, et ce que ça lui rapporterait, à lui.

Moke, fan du jeu, avait déjà testé les trois possibilités, lors de ses parties successives. Les trois l'avaient amené, pour l'instant, à l'échec en bout de course. Cela pouvait venir d'un tas de choses, il avait pu se tromper plus loin dans le parcours. En tout cas, il ne savait pas quel marchand il fallait choisir.

K2 proposa de s'adresser au gros rougeaud.

« C'est le plus honnête. Au moins, on sait à qui on a affaire. Les autres, on va se retrouver à leur service sans savoir où ça nous mène. »

Moke, ou plutôt le personnage de Moke, répondit, avec une mimique dubitative : « D'un autre côté, on ne sait pas qui c'est. Et lui dire comme ça ce qu'on vient faire... »

Le jeu était vraiment très bien fait, sur le plan technique. Grâce au masque plaqué sur le visage du joueur, son personnage prenait, devant les yeux de son partenaire, exactement les mimiques qui correspondaient au discours tenu. Rien à dire : on se serait cru dans la réalité.

K2 fit remarquer à Moke qu'on n'était pas obligé de dire la vérité. Ils expliquèrent au marchand qu'ils allaient pénétrer dans la ville en vue de retrouver un escroc, pour le compte d'un marchand étranger qui avait une dette à se faire rembourser.

K2 était convaincu que le jeu aurait un bug, étant donné que cette réponse ne comprenait pas les mots-clés correspondant au scénario du jeu. Mais il n'en fut rien. Le gros rougeaud demanda : « Combien vous paye ce marchand étranger ? »

Impressionné par les capacités de l'intelligence artificielle, K2 répondit, sans réfléchir : « Cent pièces d'or. » Le rougeaud lui répondit, avec une petite mimique satisfaite : « J'en veux vingt. Ce sera ma commission pour vous avoir fait entrer. C'est raisonnable. Je cours des risques, en faisant cela. »

K2 et Moke acceptèrent de lui donner vingt pièces d'or – soit la totalité de ce qu'ils possédaient. Puis, les poches vides, ils entrèrent dans la ville.

La suite du jeu était assez classique. Il fallait trouver des alliés parmi les réprouvés des bas quartiers, il fallait se méfier des indicateurs de police, il fallait deviner des passages secrets, etc. Il y avait des duels à l'épée, des combats épiques à la hache contre les créatures à demi humaines, etc. Bref, les ingrédients habituels du genre. Mais ce qui était curieux, du point de vue de K2, c'était de constater à quel point ce jeu absolument dénué d'originalité pouvait être prenant. Rarement une activité lui avait paru aussi absorbante – alors qu'objectivement, rarement une activité lui avait également paru, a priori, aussi dénuée d'intérêt.

Chose étonnante, dès le premier soir après avoir joué à ce jeu, K2 rêva de la princesse qu'il fallait délivrer. Et chose encore plus étonnante, elle lui apparut sous les traits d'une femme extrêmement bandante.

Le lendemain matin, il se souvenait de ce rêve avec une netteté étonnante.

Il se sentit mal à l'aise.

K2, dit Karim Killer, vivait dans un monde où la femme n'avait pas sa place. Sauf, à la rigueur, comme objet qu'on exhibe, pour soigner son CP, son capital réputation. Pour le reste, le monde de K2, comme d'ailleurs le monde des extrazones en général, était un monde viril. Un monde où il fallait être fort. Un monde où ce que représente la femme pour ces crétins d'Euros n'avait pas droit de cité.

Un monde *musulman*.

K2 n'en menait pas large, ce matin-là, en se souvenant de ce rêve.

Un rêve de femme.

K2 était inquiet. Ce jeu *à la con* risquait de lui prendre sa force. De le rendre semblable à ces Euros idiots, qui se laissaient mener par leur *meuf*.

Il y avait quelque chose dans ce jeu. Quelque chose de pas normal. Quelque chose qui n'allait pas.

Il se promit de ne plus y jouer.

Promesse, d'ailleurs, qu'il ne tint pas.

Trois ans après les faits, K2 n'arrivait toujours pas à croire que ce truc, ce machin, ce passe-temps débile conçu pour des enfants… que ce bidule, donc, avait pu rendre fous ceux qui y jouaient.

*

L'explosion de Paris extrazone 934, trois ans plus tôt, avait été, de l'avis unanime, l'évènement le plus important de la jeune histoire de l'Etat eurocorporatif. Pendant trois semaines, la moitié environ de la conurbation Paris-Banlieue avait vécue sous le régime de la loi martiale aggravée, et les militaires étaient autorisés à tirer à vue sur toute personne violant le couvre-feu.

K2 avait assisté à l'évènement de l'intérieur. Très peu de gens pouvaient se vanter d'avoir traversé l'affaire de manière aussi approfondie que lui. La plupart de ceux qui s'étaient trouvés embarqués dans la galère n'étaient plus là pour raconter ce qu'ils avaient vu. K2 était un survivant.

Le tourbillon de haine avait été projeté par la folie à des hauteurs insoupçonnées. Il était arrivé ce qui devait arriver : à un certain moment, la peur avait été moins forte, beaucoup moins forte que la haine. À un certain moment, tout au fond de l'océan, là où les monstres tapis au fond de l'esprit dévorent éternellement les âmes en peine, là où le Diable fait la somme des échecs et des déceptions et soustrait malicieusement ce qui reste d'espoir dans les cœurs sans amour, quelque part tout au fond de l'océan, donc, l'équilibre des forces avait été rompu.

Il y avait eu des signes annonciateurs. D'abord Moke était devenu fou, visiblement *fou*. Ce gamin déconnait à plein tube. Il y avait eu l'histoire de la taspé qu'il avait battue à mort, et ça avait mis une mauvaise ambiance dans le crew. Il prétendait qu'elle lui avait manqué de respect, il disait qu'elle avait voulu le chauffer. D'accord, ça méritait peut-être une paire de claques. C'est une chose qui arrive entre un mec et une gonzesse, quand ça ne marche plus, et on n'allait pas en faire un four.

Mais quand Moke s'était réveillé un matin avec sa meuf transformée en steak tartare en plein milieu du plumard, on s'était dit, dans le crew, qu'il y avait un problème. Surtout que Moke, on s'en était vite rendu compte, ne se souvenait pas du tout de ce qui s'était passé *en réalité*.

C'est comme ça que ça avait commencé. Une taspé transformée en steak tartare par un gamin immature, un cerveau de douze ans dans un corps d'Hercule...

Deux jours plus tard, K2 annonça à Moke que Kimi, un jeune qui montait, allait prendre sa place comme numéro deux dans l'organisation. K2 avait pris sa décision avant l'affaire de la taspé retrouvée morte dans le plumard de Moke, mais disons que sans cette affaire, il aurait peut-être pris plus de gants...

La suite ? – Un avant-goût de ce qui allait bientôt dévaster la 934. Moke avait complètement disjoncté. Perte de contrôle *totale et instantanée*. Bilan : deux morts, Moke et Kimi, et un gros, gros malaise dans le crew 934. Quand dans un gang, le numéro un flingue le numéro deux parce que le numéro deux vient de flinguer le numéro trois, ça fait désordre.

L'affaire s'était sue très vite. Comment ? K2 n'en savait rien. Il avait appelé deux gars à lui, des types fiables, et ensemble, ils avaient fait disparaître les corps. Trois jours plus tard, pourtant, la moitié du crew ne discutait que de ça : comment K2 avait expédié Moke ad patres, comment Moke aurait d'abord flingué Kimi, et qui allait devenir quoi dans le gang.

Et ça causait, et ça causait. Il n'y a pas plus bavard que les voyous. Ils affectent de garder leurs affaires pour eux, pas en parler devant les meufs, ce genre de *conneries machos*, mais en réalité, un voyou, comme ça bosse pas, ça palabre tout le temps. Par la force des choses.

Bref, K2 n'avait pas eu le temps de s'organiser. L'affaire était arrivée aux oreilles des jeunots de Noisiel avant qu'il ait pu combiner du solide.

Le caïd, à Noisiel, c'était Kous. Pas une lumière, soit dit en passant, mais un sacré paquet de muscles. Le genre de gars qui passe la moitié de son temps à pousser de la fonte. Il s'était fait un nom, dans l'extrazone, deux ans plus tôt, en réglant son compte à un type qu'on appelait le Tof.

Ce mec, le Tof, n'était pas prudent. Il était peut-être encore plus con que Kous, ce qui n'est pas peu dire. Il avait buté un Black de la 932, un jour, pour une histoire de taspé.

Les potos de ce gus, évidemment, ne l'avaient pas trouvé drôle, le mecton, sur ce coup-là. Ils avaient donc demandé à K2 des explications sur le pourquoi du comment. K2 avait répondu qu'il avait fait son enquête, qu'il n'y avait pas de raison valable à ce meurtre, que le Tof n'avait pas le droit de buter les blackos comme ça, sans raison valable, et qu'en conséquence, justice serait rendu.

Le Tof avait su que K2 avait dit ça, et il avait déclaré : « Y en a qui vont pas durer longtemps dans le quartier ».

Comme il est dit précédemment, le Tof était très, très con.

Il faut être con pour parler comme ça dans une extrazone. Surtout quand on parle du caïd local.

Le soir même, Kous avait reçu un appel de K2.

« Salut, mec. T'en as marre de cramer ton oseille pour le Tof ? »

« Oï, mec. »

« Ce mec, il m'intéresse plus. À toi de voir. »

« Oï, mec. »

Le lendemain, donc, le Tof avait croisé Kous pour la dernière fois. Une balle dans la tête, direct. Ni bonjour, ni rien. Juste une balle dans la tête.

En apprenant l'affaire, K2 avait dit au crew : « Il y a un nouveau caïd à Noisiel ».

Dans les extrazones, ça fonctionnait recta. Les questions d'organigramme, ça ne restait jamais longtemps en suspens. Ou un mec avait sa place dans l'organisation, ou il passait l'arme à gauche. Ça simplifie les choses.

Et donc, deux ans après cette affaire, quand K2 avait buté Moke qui avait tué Kimi, ce crétin de Kous s'était dit : « Bon, eh bien, voilà, il y a une question d'organigramme à résoudre. Résolvons, donc. »

Par un beau matin, quelques temps après l'affaire Moke-Kimi, K2 avait rendez-vous avec un mec à lui, pour collecter. Le mec en question, un certain Zak, dit le Gros, faisait dans le pain de fesses. Son job, c'était de fournir de la vieille suceuse aux paumés qui réglaient en consobons et de la jeune suceuse aux salauds qui payaient en eurodollars. La routine, quoi. Comme dans n'importe quelle extrazone.

Par contre, le catalogue n'incluait pas de *petits garçons à enculer*. C'était contre les principes de K2.

En partant vers la taule de Zak le Gros, ce matin-là, K2 eut une prémonition. L'instinct du tueur, peut-être. L'instinct du tueur qui sent quand un autre tueur en a après lui.

Bref, ce jour-là, K2 portait un pare-balles – précaution dont il s'abstenait ordinairement, n'appréciant pas outre mesure de mijoter toute la journée dans ce carcan.

Porter un gilet pare-balles peut parfois faire la différence entre la vie et la mort. Par exemple quand un tireur embusqué vous loge deux balles de carabine de précision dans le buffet, c'est exactement la différence que ça fait : entre la vie et la mort.

Zak le Gros avait eu droit à un interrogatoire musclé.

« Tu étais le seul à savoir pour le rendez-vous de ce matin. Je dis jamais quand je viens, sauf à toi. À qui t'as causé, connard ? »

Zak le Gros était, comme son surnom l'indique, un mec suiffeux. Etant donné sa surcharge pondérale, il supportait mal d'être suspendu par les poignets, les bras liés dans le dos. Au bout de quelques minutes de ce traitement, le mec avait les épaules démolies, et il se mit à table facilement.

Ouais, il avait causé, c'était vrai. Il avait prévenu les mecs de son crew, histoire d'assurer ses arrières.

« Assurer tes arrières pourquoi, connard ? »

Zak avait répondu genre grosse crise de larmes. Faut dire que son épaule gauche prenait un angle franchement bizarre. Visiblement, y avait de l'os déboîté. Au milieu de ses supplications « détache-moi K2 merde déconne pas je vais crever », il trouva quand même le temps d'expliquer que bon, n'est-ce pas, le passé récent ne plaidait pas en faveur de K2, il fallait bien le dire. Quand un caïd vient de buter son numéro deux et peut-être aussi son numéro trois, qu'est-ce qu'on en savait après tout, il ne fallait pas s'étonner que le numéro quatre envisageât quelques précautions, n'est-ce pas, c'est humain non ?

« Assurer tes arrières comment, connard ? Me faire marquer par qui ? »

Avant de s'évanouir, Zak trouva la force d'expliquer qu'il avait demandé à son crew d'être là, prêt à intervenir. Et d'ailleurs, n'est-ce pas, K2 s'en était bien trouvé, puisque le sniper, les mecs de Zak l'avaient flingué illico, à peine la deuxième balle tirée.

K2 réfléchit quelques instants. Ouais, ça se tenait. Le gros n'y était pour rien.

Il ordonna au crew de détacher Zak, lequel s'écroula sur le sol comme un sac de patates – en vrac. Puis il tapota la tête du mec en lui disant : « Ok, je te crois. Tu restes dans l'organisation. Fais soigner ton épaule, je paierai les frais. »

Restait la piste du sniper.

C'était un mec débarqué depuis peu dans l'extrazone, secteur Est, direction Noisiel. Il fallut vingt quatre heures au crew de K2 pour tracer son pedigree. Ce mec était un Albanais des extrazones de Bruxelles, débarqué sur Paris pour cause d'incompatibilité d'humeur avec un caïd de là-bas. Il avait été pris en main par l'équipe de Kous. Faut dire que depuis la deuxième guerre de Yougo, tout ce qui venait des Balkans était très réputé niveau combat. Là-bas, pendant près de dix ans, la baston avait été permanente. L'Alliance Panam et l'Union Eurocorpo avaient entretenu le conflit aux petits oignons, histoire de tester leurs armements. Les derniers modèles de fusil d'assaut, de lance-roquette, de tout-ce-que-tu-veux-pourvu-que-ça-pète, les ex-yougos y avaient eu droit en avant-première, avec la formation ad hoc. Résultat : des milliers de tueurs parfaitement formés, pain béni pour les maffias. Les bosniaques débarqués en France se trouvaient un job dans les crews musuls, les Serbes allaient bosser chez les Russes, les Croates étaient les mercenaires préférés des mégacorpos.

K2 n'avait plus qu'à additionner deux plus deux. Ce con de Zak avait prévenu son crew de la venue du caïd, un des mecs du crew avait causé. Allez savoir pourquoi, c'était venu aux oreilles de l'employeur de l'Albanais, et voilà le guet-apens, servez chaud.

Ne restait qu'à trouver le nom de l'employeur de l'Albanais, mais le premier de liste était évidemment le mec pour qui ce type bossait ordinairement.

Nommément : Kous, le bourrin de Noisiel.

K2 en était encore à se demander comment il allait vérifier si, oui ou non, c'était bien Kous le commanditaire du guet-apens, quand le bourrin leva les derniers doutes en lançant son crew à l'assaut du crew de K2.

Big Bang, J-3.

*

Normalement, dans une guerre de gangs en extrazone, il y a des règles. Peu nombreuses, floues. Mais des règles, quoi. L'une de ces règles dit que quand l'un des deux caïds s'est fait avoir, le crew du perdant demande la paix et on s'arrange. Comme ça, les guerres ne durent pas trop longtemps. Les affaires continuent.

Normalement, c'est comme ça que ça se passe.

Normalement.

Mais pas cette fois-là.

Cette fois-là, le résultat des courses fut *foutrement* différent.

Quand cette guerre-là a éclaté, l'ambiance était déjà mauvaise dans la 934. Depuis plusieurs jours, il se passait des trucs bizarres. À l'usine de retraitements de déchets, il y avait eu un accident : un des employés était tombé dans une cuve remplie d'acide. Le mec en avait été sorti vivant, mais la peau complètement bouffée. Normalement, ça n'aurait pas dû poser de problèmes particuliers. Dans l'extrazone, pour chaque job payé au quart en eurodols dans cette usine à la con, il y avait dix familles qui crevaient de faim, subsistant péniblement des consobons chichement concédés par l'aide sociale eurocorporative. À partir de là, en cas d'accident du travail, c'était pertes et profits point final. Ça faisait partie du contrat.

Mais là, allez savoir pourquoi, ça ne s'était pas passé comme ça. Les copains du mec bouffé à l'acide avaient monté un mouvement de protestation. Comme quoi les conditions de travail se dégradaient sans cesse, comme quoi c'était plus supportable, comme quoi il fallait que l'usine paye une indemnisation à la famille du mec qui s'était fait bouffer.

Les Pakis qui dirigeaient l'usine connaissaient les bonnes méthodes pour casser un mouvement social : ils avaient fait appel à K2.

K2 avait son opinion sur cette affaire, et si ça n'avait tenu qu'à lui, les Pakis auraient eux-mêmes fini dans les cuves d'acide. Mais les choses sont ce qu'elles sont, n'est-ce pas, alors il avait fait ce qu'il devait : il avait monté une petite expédition punitive chez les meneurs de cette rébellion.

D'habitude, dans ces cas-là, les couillus de K2 flinguaient un mec et tout rentrait dans l'ordre. Les bons petits tocards flippaient, pigeaient que finie la récré, et tout le monde retournait bosser, bien gentil bien soumis.

Le problème, c'est que les tocards ne s'étaient pas comportés comme d'hab.

Les tocards avaient la haine.

Et ils n'avaient pas peur.

Et pas de peur, pas de contrepoids.

Pas assez en tout cas.

Le lendemain de l'expédition punitive des types de K2, un groupe de mecs s'était pointé au QG local du crew, juste à côté de l'usine – un immeuble d'habitation désaffecté, transformé en forteresse par l'organisation. Ces mecs s'étaient pointés juste avant l'aube, avec des cocktails Molotov et des bidons d'essence, et ils avaient foutu le feu au local. Bilan : trois keums grillés vifs, et plus d'une tonne de marchandises de contrebande partie en fumée.

Mauvais, très mauvais plan.

K2 n'avait pas apprécié, et lorsque ce con de Kous avait tenté de le faire flinguer, il méditait justement une *putain de razzia* qui allait salement calmer les petits tocards de l'usine.

Le jour de l'entrepôt incendié, il y avait aussi eu l'histoire des putes et du mac empalé avec une bouteille brisée. Le mec en question avait une écurie d'une petite dizaine de putes. C'était un des gars qui bossaient pour Zak. Il était notoire qu'il cognait ses putes, plus que nécessaire. Le genre de tordus qu'on emploie parce qu'il rapporte, mais à qui on refuse d'accorder ne serait-ce qu'un coup de tête en guise de salut.

Ses deux meilleures gagneuses s'étaient occupées du cas de ce tordu. Faut croire qu'il avait cessé de leur faire assez peur pour contrebalancer la haine qu'il leur inspirait. Elles avaient profité de son sommeil pour l'attacher sur le lit, et puis elles lui avaient défoncé l'anus avec un tesson de bouteille. Il était mort de la perte de sang.

Après ça, que faire ?

K2 était bien emmerdé, pour tout dire. En toute honnêteté, ce saligaud avait bien mérité sa fin. D'un autre côté, un petit dixième des revenus de l'organisation provenait de la prostitution. Fallait tenir la laisse courte aux putes, elles rapportaient du pognon, pas énorme, mais du sûr.

Bref, il avait décidé de mettre les putes à l'abattage, pendant quelques semaines. Ça leur *élargirait le cul*, à défaut des idées.

Une mesure de clémence, autant dire.

Et puis, il y avait eu tout le reste. Une patrouille de la PC prise à partie du côté de Noisy, sans que K2 ait donné son autorisation. C'était quoi, ce bordel ? Et puis le magasin eurocorporatif pillé à Torcy, avec à la clef le gérant retrouvé égorgé dans sa réserve. Là encore, la question : c'était quoi, *putain*, ce bordel ? Nom de Dieu, à quoi ça sert d'avoir monté une organisation solide, qui dit qui a le droit de voler quoi à qui, si les premiers crétins venus se mettent carrément à piller les magasins d'Etat, comme ça, pour passer le temps ? Et puis il y avait eu cette histoire incroyable, à Gournay : un mecton lapidé à mort sans raison apparente, par une bande de jeunes parfaitement incapables d'expliquer leur acte.

Putain, mais c'était quoi, ça ? Orange Mécanique puissance 10 ? Des trucs comme ça, c'était supposé arriver dans la 932, à Clichy, à Montfermeil, chez les blackos qui, notoirement, ne savent pas se tenir. La 934, jusque là, c'était quand même une extrazone clean, propre, bien contrôlée. Et K2 l'aimait bien comme ça, son turf, et il voulait le garder comme ça.

Comme tous les truands intelligents, K2 était fondamentalement un homme d'ordre, pour ne pas dire un *mec d'extrême droite*. Ayant souvent pu constater de visu les conséquences concrètes de l'anarchie, il aimait que les gens restent à leur place et que ces places soient clairement délimitées. C'est logique : quand on vit dans la jungle, on s'accroche aux rares règles reconnues dans la jungle. On y tient d'autant plus que sans elles, la vie deviendrait tout bonnement impossible.

Donc, quand Kous avait fait son numéro de jeune loup à la con, K2, qui commençait à craindre que la situation échappe à tout contrôle, avait prévenu sa garde rapprochée : tout le monde au QG 24/7, armé et sobre.

Ça sentait la poudre dans la 934.

*

Voilà le contexte, quand on passe aux choses sérieuses, Big Bang J-3 dans l'extrazone.

Ça commence classique. Kous comprend qu'il est grillé. Il sait que K2 va attaquer – tôt ou tard. Et il sait qu'il n'a qu'une dizaine de mecs fiables dans son crew. Alors que K2 en a une bonne trentaine, et sans compter ses vassaux, et sans compter les mecs que ses alliés, Pakis ou autres, pourraient lui envoyer en renfort.

Bref, pour Kous, il n'y a plus que deux solutions : fuir, ou tenter une blitzkrieg.

Il choisit la blitzkrieg.

J-3, six heures du mat.

Il fait encore nuit.

Mais dans la 934, la nuit est traversée d'éclairs.

Simultanément, cinq équipes de deux mecs débarquent chez les cinq principaux lieutenants de K2. Attaque éclair : on se pointe chez les mecs, on tire sur tout ce qui bouge, on reste cinq minutes maximum, et puis on dégage. L'idée, c'est de priver K2 de ses cadres. Après, avec un peu de chances, on pourra retourner le reste de son crew.

L'opération n'est pas bien préparée. Sur les cinq attaques, une seule réussit. Au final, il y a quinze morts, mais parmi eux, quatre des mecs de Kous, et seulement un des lieutenants de K2. Pour Kous, c'est un désastre. À ce stade, sa situation paraît désespérée.

Mais ce *petit enculé* a un joker dans sa manche. Il maîtrise, temporairement, le principal média des extrazones : la rumeur. Il parvient à faire croire aux demi-sels de son turf qu'une partie du crew de K2 est entrée en rébellion contre le boss. Ce genre de prédiction peut s'avérer auto-réalisatrice. Si la rumeur se répand, si le bluff prend, Kous peut encore retourner la situation à son avantage.

C'est ce qui se produit pendant la journée. L'organisation de K2 est solide, mais elle n'a rien à voir avec ce que peut représenter, par exemple, une franc-maçonnerie structurée comme la Fraction. Il n'y a pas de doctrine, pas de dimension idéologique. C'est une maffia, c'est-à-dire que le bousin ne tient au fond que par la peur. Tant que K2 fait plus peur que Kous, l'organisation tient. Mais si K2 cesse de faire peur, l'organisation explose – instantanément.

Pendant cette journée fatidique, les chefs de quartier et les sous-chefs de quartier discutent entre eux. Qui est prêt à rallier Kous ? Il a fait parvenir des messages discrets, ces derniers temps. Il a baissé la redevance que doivent lui verser les dealers pour opérer sur son turf. S'il généralise cette pratique à l'échelle de la 934, ça fera pas mal de pognon en plus pour les sous-fifres. On dit qu'Untel est prêt à le rallier. Et Untel aussi. Peut-être qu'il est temps de faire savoir discrètement à Kous qu'on n'a rien contre lui. Peut-être qu'il y a de l'argent à faire et un allié puissant à ménager.

Et ça discute, et ça discute. Il n'y a pas plus bavard que les voyous.

Quand K2 veut mobiliser ses troupes pour lancer sa contre-offensive, la plupart des sous-fifres sont aux abonnés absents. Ils ne disent pas non, ils ne disent pas oui. Ils ne disent rien du tout. Ils ne viennent pas au rendez-vous fixé par K2, c'est tout.

Mais ils ne vont pas non plus voir Kous. Ils attendent.

L'extrazone 934 s'enterre. Dans les QG des bandes, les mecs entassent les provisions. Ils sont prêts à soutenir un siège. La rumeur se répand à travers les rues, comme une traînée de poudre qui s'enflamme : on ne sait plus qui est le caïd de la 934. Dès midi, les flics de la PC sont au courant. Ils intensifient à nouveau les patrouilles, alors que depuis deux jours, ils étaient déjà en alerte maximale.

Dans la soirée, K2 fait ses comptes. Il peut compter sur ses lieutenants, les lieutenants de ses lieutenants et quelques tueurs fiables, des gars qui lui doivent tout et qui ne sont pas du genre à changer d'avis pour un oui ou pour un non. Au total, une vingtaine de gâchettes. Des bons, bien sûr, mais hélas pas assez nombreux pour écraser Kous et sa dizaine de potos.

Trop risqué d'attaquer, beaucoup trop risqué.

K2 n'est pas un chien fou. Il est très différent de Kous. C'est un type prudent, méthodique. Il comprend que s'il veut reprendre le contrôle de l'extrazone, il va falloir bien préparer la contre-offensive. Il décide de ne pas montrer sa faiblesse. Il envoie trois mecs buter un caïd de Torcy coupable de s'être affiché dans la rue à côté de Kous. Message aux neutres : restez neutres, et il ne vous arrivera rien. Sortez de la neutralité, et gare à vous. Message reçu cinq sur cinq : le lendemain, l'hémorragie est stoppée. Le crew de K2 n'en sort pas renforcé, mais celui de Kous non plus.

Les positions sont gelées, dans une configuration qui reste légèrement favorable à K2. Le sort de l'extrazone 934, presque cent mille habitants, va se décider entre deux bandes de quelques dizaines de velus. Comme d'habitude : un tout petit nombre *porte ses couilles* et domine la masse. K2 n'est pas surpris. À la limite, il s'en amuse.

Ce jour-là, Big Bang J-2, K2 achève de consolider sa position. À présent qu'il a stabilisé le rapport de forces au sein de la pègre, il lui faut le soutien de la puissance qui, en dernière analyse, décide du nom du caïd, partout en banlieue : à savoir, évidemment, la PC.

K2 prend rendez-vous avec Richter, le capitaine PC sur la 934. Les deux hommes se connaissent. Cela fait quelques temps qu'ils coopèrent, et ce soir-là, ils trouvent sans problème un terrain d'entente. Pour autant, ils sont sans illusion sur leur accord. Pour Richter, K2 est un maffieux cynique, qu'il soutient parce qu'à tout prendre, il vaut mieux avoir affaire à un homme d'affaires sans pitié plutôt qu'à Dieu sait quel psychopathe. Pour K2, Richter est le représentant d'un pouvoir totalitaire qui ne se donne pas pour tel, chargé de défendre un ordre fondé sur l'injustice, l'exploitation des faibles et la spoliation systématique du peuple. K2 sait très bien que lui, le truand raz-de-bitume, n'est soutenu par Richter que parce que Richter, en dernière analyse, est un soldat discipliné, qui bosse pour d'autres truands, des truands en col blanc, pas raz-de-bitume du tout, ceux-là. K2 sait très bien qu'à l'instant où il cesserait d'être utile aux truands en col blanc, Richter le laisserait tomber comme une vieille chaussette. K2 a parfaitement compris son monde, c'est ce qui explique que, jusqu'ici, il ait toujours survolé son milieu, sans problème.

Richter fait savoir à K2 que le lendemain, le QG des forces de sécurité eurocorporative va lancer une brigade spéciale de la FITEC sur Noisiel. Objectif officiel : rafler les pillards du magasin eurocorporatif de Torcy, et pour cela, décapiter les « organisations criminelles » responsables des « troubles ». Objectif officieux : passer un message à la pègre de la 934. Le message, c'est : « la PC soutient K2, parce que la PC aime la stabilité. »

A partir de là, K2 pense qu'il a partie gagnée. Il n'y a plus qu'à attendre.

Le lendemain, Big Bang J-1, Richter tient parole. Une brigade spéciale de la FITEC intervient sur Noisiel. Pendant ce temps-là, K2 ne bouge pas. Il n'en a pas besoin. Logiquement, la FITEC va débarquer sur Noisiel, et dans la soirée, un à un, tous les neutres vont rallier le camp de K2. Il se montrera magnanime, bien entendu. Fera comme s'il n'avait rien remarqué. Accueillera ces *enculés* à bras ouverts, comme des frères, pour ainsi dire. Les comptes, on les règlera à froid, le moment venu.

Ouais, un plan bien huilé. Du billard.

Sauf que.

Sauf que le soir, les neutres ne se manifestent pas. Parce qu'à Noisiel, les choses ne se sont pas du tout passées comme prévu.

Mais alors là, vraiment, *pas du tout.*

*

Lorsque la 41° brigade spéciale de la Force d'Intervention du Traité Eurocontinental lança l'opération « Petit tonnerre sur Noisiel », en l'an XVIII de l'Etat eurocorporatif, un évènement historique eut lieu. Sur le moment, cet évènement ne fut pas perçu comme historique. Mais il l'était bel et bien.

On a écrit depuis, dans les manuels d'Histoire, que l'opération « Petit tonnerre » avait écrit la toute première ligne d'un nouveau chapitre dans l'Histoire de l'Europe. Et c'est la vérité. La suite, c'est-à-dire d'abord les troubles civils de l'an XVIII, puis, en l'an XXI, le Ragnarok, la suite est devenue possible parce qu'il y eut, d'abord, l'opération « Petit tonnerre ». L'instant précis où l'Histoire déraille, le moment où il se passe quelque chose qui n'était pas prévu au programme.

Au début, ce jour-là, tout se passe pourtant de manière tout à fait normale. Les renseignements de la PC sont fiables, on sait où on va, pour arrêter qui et pourquoi. Du gâteau, une opération de routine. Le commandant de l'opération est un certain colonel Norman Baxter, un Anglo, un vétéran de la guerre d'Iran. Son adjoint, le lieutenant-colonel Pierre Clisson, vient de servir quatre ans à Manchester, dans la brigade francophone qui assure la sécurité des extrazones anglopakis. C'est un spécialiste du combat de rue. La 41° brigade est au grand complet, elle comprend quarante véhicules de transport de troupe blindés dernier modèle, équipés chacun d'une mitrailleuse lourde et d'un canon à tir rapide de 30 mm.

Les véhicules n'ont rien à voir avec les vieux véhicules de l'avant blindés qui équipent la PC. Ce sont des transports de troupe de la dernière génération OTAN. Et les 400 hommes qui servent ces véhicules, comme conducteur, mitrailleur, canonnier ou dans l'infanterie embarquée ? Eh bien, ces 400 hommes sont les cracks de la FITEC. La crème de la crème.

En face d'un pareil déploiement de force, toute résistance sera vaine, c'est l'évidence. En envoyant la 41° dans cette extrazone qui, depuis quelques jours, semble s'agiter un peu trop, la FITEC passe un message à la population. Ce message, c'est : tenez-vous à carreau, ou bien gare à vous. Nous pouvons frapper où nous voulons, qui nous voulons, quand nous voulons.

L'étape suivante, si le message n'est pas reçu, ce seront les éliminations ciblées…

Mais le message sera reçu, Baxter et Clisson en sont convaincus. Pour eux, l'opération « petit tonnerre » n'est qu'un exercice grandeur nature, une bonne occasion de vérifier la disponibilité opérationnelle de leur *outfit*. Ils ne prennent pas la 934 au sérieux, c'est une extrazone plutôt calme, en temps normal. Rien à voir avec la 932, Clichy-Montfermeil. Là-bas, ce serait autre chose.

La 41° brigade frappe à l'aube. Elle sort de sa caserne à six heures, déboule sur le périph tous feux allumés, file par l'autoroute de l'unité européenne, ancienne A4, direction l'extrazone 934. À Noisy, elle sort du corridor sécurisé, direction Noisiel extrazone. Dans le convoi, la sono diffuse à plein tube l'hymne de la FITEC – en Français, bien que la 41°

soit principalement anglophone : il faut que les habitants comprennent les paroles.

« *Haut le drapeau, les rangs fermes et serrés,*
« *La FITEC avance, d'un pas calme et assuré.*
« *Les camarades que les guérilleros vont tuer,*
« *Marcheront dans nos rangs à jamais.* »

Cet hymne a été traduit dans toutes les langues de l'union. Il y a même une version en mandarin et une autre en thaï, pour le cas où les extrazones asios entreraient en rébellion. Cela fait partie du boulot de la FITEC de le faire entendre, cet hymne, de temps en temps, dans les extrazones. Manière de dire au bon peuple : voyez, nous avançons bille en tête, nous ne cherchons absolument pas à passer inaperçus. Vous nous avez bien vus ?

L'objectif de l'opération est la rafle d'une cinquantaine de personnes, dont une dizaine sont susceptibles d'être lourdement armées. Grâce aux images recueillies depuis trois jours par les drones qui survolent en permanence les extrazones, l'état major de la 41° sait exactement où « loger » les suspects. Dans la plupart des cas, il s'agit de jeunes gens, parfois très jeunes, même, et qui ont participé au pillage d'un magasin à Torcy. Il y a aussi quelques « personnalités nuisibles », dont un certain « Kous » et ses lieutenants.

Au début, tout marche comme sur des roulettes. La 41° traverse l'extrazone 934 à toute vitesse. Quelques gamins s'approchent des chars avec des pierres dans les mains, mais quand ils repèrent au flanc des blindés l'emblème de la FITEC, une tête de mort grimaçante coiffée du béret noir, les émeutiers font machine arrière, sans demander leur reste. La FITEC, c'est notoire, ne réagit pas comme la PC. Elle tire à vue, et elle tire pour tuer.

Les quarante blindés de la brigade avancent en une seule colonne jusqu'au point de dispersion, Noisiel Centre. Là, la brigade éclate en trois escadrons de treize véhicules, tandis que le blindé de commandement prend position sur l'esplanade, devant l'ancienne gare désaffectée. Le premier escadron, commandé par le major Juan Marquez, file vers Torcy, où logent la plupart des gamins mêlés au pillage du magasin eurocorporatif. Le deuxième escadron, commandé par le major Anton Dremmler, prend position derrière l'ancienne gare, il servira de réserve mobile, en cas de coup dur. Le troisième escadron, commandé par le major Ted Lipton, se dirige vers Noisiel Nord, le QG du surnommé « Kous », pour procéder à la rafle des « personnes nuisibles » identifiées sur Noisiel par la PC, brigade du capitaine Richter.

Pour Juan Marquez, a priori, ce doit être une mission de tout repos. Cent trente combattants d'élite contre une cinquantaine de gamins désorganisés : *piece of cake*.

Pour Ted Lipton, cela risque d'être un peu plus compliqué. Certes, avec cent trente combattants et l'appui feu direct de ses blindés, il ne devrait pas avoir de mal à dominer les dix ou douze truands qui partagent le repère de « Kous ». Mais à la différence de Marquez, Lipton anticipe tout de même une riposte, et ses hommes portent leurs kevlars pare-balles.

A sept heures trente deux, le colonel Baxter reçoit un message étrange. Le major Marquez l'informe qu'il vient de perdre six hommes, soufflés dans l'explosion d'un blindé. Baxter demande des précisions. Il a du mal à croire ce qu'il vient d'entendre. Il demande au QG FITEC de relayer vers Marquez et lui les images captées par le drone en surplomb de la 934. En attendant des informations plus précises, il envoie le lieutenant-colonel Clisson en appui à Marquez, avec trois blindés.

A sept heures trente sept, Marquez transmet enfin des informations plus précises. Le blindé qui a fait explosion devait servir au convoyage des « éléments cibles », c'est-à-dire les personnes raflées. Aux dires d'un survivant, mal en point mais tout de même en état de faire son rapport, un des ados raflés a hurlé « Les vrais savent ! » juste avant l'explosion. Marquez pense qu'il s'agissait d'un kamikaze.

A sept heures quarante quatre, l'opérateur radio de l'escadron Marquez prévient qu'un des « éléments cibles », plutôt que de se laisser appréhender, s'est jeté à la gorge d'un soldat un poignard à la main. Le soldat est parvenu à abattre le forcené avant que celui-ci ne l'égorge. À sept heures quarante huit, l'opérateur précise que quatre snipers, postés sur les toits, viennent d'être abattus grâce aux images du drone. Deux soldats de la FITEC ont été blessés légèrement lors de l'échange de tir.

A sept heures cinquante, l'opérateur radio de Marquez indique qu'un soldat de la FITEC vient d'être égorgé par une femme dans la cage d'escalier d'un des immeubles où habitent les « cibles ». La femme a été abattue. Simultanément, à cinquante mètres de là, un attroupement s'est formé autour d'une escouade de la FITEC. Les soldats ont été obligés de faire usage de leurs armes pour se dégager.

Le colonel Baxter est déconcerté. Les images du drone et les transmissions de Marquez ne laissent planer aucun doute : Torcy est zone de guerre. Tout ça pour quelques dizaines de gamins qui ont pillé un magasin à moitié vide ? – Il n'y croit pas, il commence à penser que les renseignements de la PC ne sont pas très fiables. À huit heures deux, il avise son autorité de la situation, précise qu'il redoute d'être engagé dans un « scénario d'escalade » et demande des consignes.

Baxter ne redoute pas une défaite militaire. Compte tenu du rapport de forces, un tel résultat est impensable. Il se souvient de la conférence qu'il a prononcé à Sandhurst, en revenant du Golfe : « En Irak dans les années 2000, la coalition tuait trente rebelles pour chaque Anglais tué. En Iran, vingt-cinq ans plus tard, nous avons tué 300 rebelles pour chaque soldat anglais tombé. Dans vingt ans, quand une force rebelle se heurtera à une armée technologiquement compétente, il faudra que 3000 rebelles meurent pour détruire un seul robot soldat ! »

Non, Baxter ne redoute pas la défaite militaire. Ce qu'il redoute, c'est d'avoir à employer, pour vaincre, des moyens lourds. Ce qu'il redoute, c'est de devoir faire tirer au canon sur les immeubles. Ce qu'il redoute, c'est le coût politique d'un affrontement ouvert, forcément massif et destructeur, en pleine conurbation – un coût politique que les politiciens, bien entendu, inscriraient sans hésiter au débit de la FITEC.

Le colonel Baxter, vétéran de la troisième guerre du Golfe, a été formé sur le terrain par des vétérans de la guerre d'Irak. La situation à laquelle il est confronté lui rappelle étrangement ce que les anciens lui ont raconté sur le tout début de l'embrasement irakien, en 2003…

Baxter frissonne. Il n'aime pas cela. Il appelle Clisson. Le lieutenant-colonel vient d'arriver à Noisiel. Il rend son rapport en quelques mots secs : « Situation inattendue. Résistance inorganisée mais très vive, par petits groupes très mobiles. Pas d'action coordonnée de la part des adversaires, plutôt une suite d'opérations suicide. » Baxter demande son avis à Clisson. Celui-ci tranche sans hésiter : « Il faut ajourner l'opération, nous sommes dans un contexte opérationnel que nous ne maîtrisons pas. Nous avons besoin de renseignements. Nous risquons d'avoir à engager des moyens lourds. »

A huit heures quatre, Lipton annonce avoir un visuel sur les « cibles prioritaires ». En clair : il a localisé « Kous » et son crew. Les cibles sont pour l'instant planquées dans un immeuble, mais, manque de chance pour eux, la FITEC voit à travers les murs. Le nouvel imageur pour caméra thermique, combiné avec les détections d'ultrasons, permet de repérer un être humain, et même d'en obtenir le signalement, à travers un mètre de béton armé. Sans problème.

A huit heure six, Baxter demande à Lipton de lui transférer ses visuels. Il n'a pour l'instant pas d'autre source visuelle que les caméras embarquées car il n'y a qu'un seul drone en opération au-dessus de la 934, et il est occupé ailleurs.

Ce qui se passe ensuite : un de ces concours de circonstances qui, parfois, décident d'une bataille.

Huit heures sept : le visuel arrive sur les écrans de contrôle, dans le blindé de commandement de Baxter. Qualité médiocre, et surtout pas de vision d'ensemble. Baxter grommelle que c'est quand même incroyable, un seul drone pour toute la banlieue nord, un jour d'opération. Les restrictions budgétaires sont de pire en pire.

Huit heures neuf : les troupes de Lipton ont repéré un système d'alarme dans le bâtiment occupé par les « cibles ». Il faut quatre minutes pour le neutraliser.

Tout va bien. Les « cibles » sont immobiles, dans trois pièces, au quatrième étage du bâtiment.

Huit heures douze : les hommes de Lipton montent les escaliers. Ils ont ordre de pénétrer dans l'appartement vide qui se trouve derrière celui occupé par les « cibles ». Ensuite, au signal, ils passeront d'un appartement à l'autre en défonçant les murs avec le matériel ad hoc. En termes FITEC, cela s'appelle « lisser l'espace construit pour restructurer l'espace de combat » – charmante expression pour décrire l'effet d'une charge creuse appliquée sur un mur de béton. Les professeurs de l'école de guerre urbaine de la FITEC sont des poètes.

Une fois dans l'appart, grâce à l'effet de surprise, les hommes de Lipton doivent neutraliser les « cibles » au moyen d'armes non létales – pistolets à seringues hypodermiques, principalement.

Huit heures treize : toutes les équipes sont en place sauf une, qui lambine. Soudain, une des « cibles » se lève et dit quelque chose. Le décodage ultrason obtenu à partir des micros directionnels indique quelque chose comme : « Je vais pisser. »

Problème : le type ne se dirige pas vers les *chiottes* de l'appart. Faut croire qu'elles sont bouchées. Il se dirige vers la porte du palier.

Sort de l'appart. Se dirige vers l'appart d'à côté.

Faut croire que dans cet appart-là, les *chiottes* ne sont pas bouchées.

Lipton ordonne à ses équipes sur site de se planquer, mais c'est trop tard. Le type ouvre la porte de l'appart vide... et se retrouve nez à nez avec trois mecs de la FITEC.

Le type crie quelque chose comme « flics ! », retourne sur le palier en courant, ouvre la porte de l'appart où sont planquées les « cibles ». Il répète « flics ! ». En quelques secondes, les « cibles » se lèvent, récupèrent les mitraillettes posées sur la table dans l'entrée de l'appart et dégagent. Sur le palier, un mariole vide un chargeur sur la porte de l'appart où sont tapis les gars de la FITEC. Lesquels attendent le « top » de Lipton pour déclencher l'assaut.

Sur les écrans de contrôle, Baxter observe le désastre. C'est fichu. Les « cibles » vont essaimer si on les laisse filer. Et si on tente de les neutraliser, comme on n'aura pas l'effet de surprise, cela ne pourra pas être fait au moyen des armes non-létales.

Lipton a fait exactement le même calcul. À huit heures quatorze, alors que les imageurs thermiques perdent la trace d'une des « cibles », il demande à Baxter l'autorisation « shoot to kill ». Ses snipers, qui ont parfaitement quadrillé la zone, ont des armes capables de tirer à travers un mur de cinquante centimètres de béton. Mais ces armes-là sont létales, évidemment.

Au même moment, Baxter reçoit la réponse du QG à sa demande de consignes suite à la résistance imprévue à Torcy.

« Décrochez immédiatement pour évaluation de la situation avant retour offensif. »

En clair : on arrête tout.

Il hésite quelques secondes. Un mot de lui, et les « cibles » de Lipton seront abattues, ça ne fait pas un pli.

Finalement, Baxter ne donne pas cet ordre. Ces « cibles » sont classées « nuisibles », pas « menaces immédiates ». Tant pis pour le dénommé « Kous », on le rattrapera au tournant.

La 41° brigade décroche dans les minutes qui suivent.

Dans son blindé de commandement, le colonel Baxter ne peut pas savoir qu'en épargnant « Kous », il vient de déclencher les pires émeutes urbaines de l'Histoire européenne.

*

La nuit suivante est une longue veillée d'armes. Dans l'extrazone 934, la rumeur se répand comme une traînée de poudre : la FITEC a reculé. Les bérets noirs, pour la première fois depuis leur création, ont été tenus en échec par une émeute. Dans chaque cage d'escalier pourrie, dans chaque terrain vague, dans chaque immeuble squatté, les jeunes gens se montent la tête. « On » a fait reculer la FITEC, « on » a réussi là où toutes les extrazones avaient échoué, jusqu'ici. Des groupes de jeunes excités se répandent dans les rues, bramant le cri de ralliement « 934 en force ! »

Ce qui se passe alors est extraordinaire. Pour la première fois depuis qu'ils sont nés, ces jeunes gens s'aiment. Toute la haine qu'ils portaient en eux explose, s'anéantit dans un ultime et formidable sursaut. La haine coule des cœurs blessés comme le pus coule d'une ampoule crevée. Pour la première fois de leur jeune vie, les mâles connaissent autre chose que l'équilibre précaire de la peur et de la haine. Ils découvrent un autre monde, un monde où l'équilibre de la vie s'organise autour de l'amitié virile, de la réussite commune, de l'ivresse procurée par la victoire. Ils défilent par les rues, et ils exhibent leurs armes. Partout dans la 934, soudain, les flingues sortent des caves. Les gangs, dans un élan collectif inexplicable, font cause commune et partagent leur arsenal avec tous ceux qui veulent bien combattre.

Alors que les groupes de jeunes défilent dans les rues, ces rues qu'ils croient avoir conquises, leurs parents les observent par les fenêtres des barres d'immeubles. Ici ou là, les yeux brillants, un vieil homme salue la foule des gamins en armes. Dans les quartiers pavillonnaires transformés en favelas de luxe pour pauvres un peu moins pauvres que la moyenne, les gens se groupent dans les petits jardins, et ils acclament le défilé bigarré des jeunes gens en folie.

Bientôt, dans la rue, il y a toutes les générations, hommes et femmes mêlés – ce qui est rare, dans un quartier nordaf. Les arrière-grands-parents se souviennent de leur enfance au temps des colonies, ils croient revivre la révolution algérienne. Un frisson parcourt leur dos. Et si, enfin, c'en était fini de l'humiliation ? Et si, enfin, après tout ce temps, on avait le droit d'être fier – tout simplement, fier de ce que l'on est. Les grands parents, eux, ne se souviennent que de leur vie de jeunes immigrés paumés, exploités, finalement parqués dans l'extrazone, comme des détenus dans un camp. Les parents, pour beaucoup, n'ont jamais connu autre chose que le chômage de masse, la sensation atroce d'être des hommes en trop dans un monde qui n'avait plus besoin d'eux. Paradoxalement, ils sont probablement la génération qui a le plus souffert – sur le plan moral, du moins. Beaucoup se mêlent à la foule des gamins, s'emparent d'une arme, annoncent qu'ils rejoignent la rébellion.

En une journée, l'impossible survient, c'est du jamais vu dans la conurbation Paris-Banlieue. C'est un mécanisme stupéfiant, qui fait un peu penser à ces réactions chimiques soudaines – une cristallisation presque instantanée, après un très long processus préparatoire, resté totalement invisible. En quelques heures, une simple émeute inorganisée s'est transmuée en rébellion politique.

Au centre de cette mutation, il y a quelques meneurs. Ceux-là ne braillent pas, ne s'agitent pas. Tous sans exception, ils ont rêvé de l'homme sous l'arbre. Tous sans exception, ils sont, depuis, dans une transe étrange, qui les soude mieux que ne pourrait le faire une doctrine partagée. Ils éprouvent une sympathie spontanée, comme si leurs organismes vibraient à l'unisson. Ils ont une explication pour l'homme sous l'arbre : c'est un signe d'Allah. Même les moins religieux du groupe sont convaincus, à présent, qu'Allah leur enjoint de combattre en son nom, pour triompher de l'oppression exercée par les impies, pour libérer les musulmans.

Autour d'eux, beaucoup ont joué aux jeux introduits dans l'extrazone par Blanco, mais eux seuls ont vu l'homme sous l'arbre. Ils sont la minorité, la petite minorité des élus, des initiés, ceux dont Allah veut connaître le nom. Il leur appartient de mener la révolte, ils le savent. Prenant la tête des groupes de jeunes guerriers qui défilent dans la rue, en cette nuit d'hiver singulièrement clémente, ils brandissent leurs kalashs antédiluviennes et crient : « Allah akbar ! » La foule reprend les cris de guerre, l'appel au jihad résonne à travers les rues de ce qui fut une ville française.

Non seulement le mouvement est politique, mais en plus il est religieux. *Fanatiquement* religieux.

Au QG de la FITEC, place de l'Opéra, dans Paris Intrazone, on suit l'évolution de la situation minute par minute. Vers vingt heures, les drones repèrent le dénommé « Kous ». Il fait partie des meneurs du mouvement. On le remarque en tête d'un défilé, exhibant un énorme fusil anti-véhicule de calibre 50 – « matériel américain provenant de Bosnie », estime Richter. « Démodé, totalement inopérant sur nos blindés », assure Baxter.

Pendant toute l'après-midi, le général Felipe Zamora, commandant la FITEC Paris-Banlieue, a tenté d'obtenir des consignes claires du pouvoir politique. Il n'a rien obtenu, juste l'autorisation de boucler la zone pour éviter la contagion, et un vague encouragement à « entreprendre toute action qu'il jugerait nécessaire pour reprendre le contrôle de l'extrazone 934 ». En clair : personne ne veut se mouiller, ni parmi les pontes de la région Neustrie, ni au niveau supérieur, au conseil continental. Les politiciens sont aux abonnés absents.

Pendant la soirée, alors que cinq brigades de la FITEC se déploient autour de l'extrazone 934 pour empêcher les émeutiers de faire leur jonction avec les attroupements qu'on peut observer chez les Afros de la 932 et les Euros de la 776, Richter contacte K2. La conversation est courte. Richter veut savoir si K2 est en mesure de reprendre le contrôle de la situation par ses propres moyens. K2, qui sait parfaitement que Richter dispose d'informations précises, estime qu'il n'a pas intérêt à bluffer. Il avoue être complètement dépassé par les évènements. Seule lui reste fidèle sa garde rapprochée, une vingtaine de types. Autant dire rien, puisque toute la jeunesse de l'extrazone semble avoir basculé dans le camp des rebelles. Le caïd ne peut, pour l'instant, que rester terré avec ses hommes. La rumeur, dans le quartier, dit que les émeutiers, menés entre autres par Kous, s'apprêtent à attaquer les anciens ethnomiliciens – à l'exception de ceux qui ont sympathisé avec l'émeute, évidemment.

Richter insiste : « Tu es sûr qu'il n'y a pas une possibilité ? Et si nous sortons Kous du jeu ? »

K2 voit une ouverture. Il s'y engouffre sans hésiter.

« Si vous sortez Kous du jeu, ça peut faciliter les choses plus tard, à froid. Mais là, pour l'instant, les jeunes sont excités, on ne peut rien faire.

Il faut les laisser refroidir, dans quelques jours, ils seront passés à autre chose, et on pourra reprendre le contrôle. Pour l'instant, ici, je fais le dos rond, parce que c'est tout ce que je peux faire. »

Après cette conversation, Richter participe à une conférence avec le général Zamora, le colonel Baxter et quelques autres officiers de la PC et de la FITEC. Zamora explique qu'il vient d'avoir au téléphone le ministre eurocorporatif de la sécurité intérieure, un ami personnel.

« Il est en déplacement à New York. Il était à un cocktail quand je l'ai eu au bout du fil. Il m'a dit qu'il me laissait carte blanche. C'est à nous d'apprécier la situation. Lui, pour l'instant, il ne peut apprécier que les petits-fours. »

La conférence dure une petite heure. C'est maintenant qu'il faut décider de la stratégie. Les avis sont partagés. Baxter estime que la FITEC est confrontée à un « scénario Rio potentiel », et qu'il faut absolument écraser l'émeute dans l'œuf. « Frappons vite, frappons fort, et dans deux jours, cette histoire ne sera plus qu'un mauvais souvenir. » Zamora n'est pas convaincu. Il sait que s'il lance ses brigades à l'assaut, et si ça tourne mal, c'est lui qui portera le chapeau. Richter sent qu'il a des chances d'être écouté s'il propose une approche plus fine. Il explique qu'à son avis, puisque l'extrazone 934 est bouclée, le mouvement s'éteindra progressivement.

« Nous avons affaire à une minorité d'excités, des gamins qui se montent la tête, avec en arrière-plan de petits groupes aux motivations mal identifiées, peut-être des fanatiques politico-religieux. Notre objectif doit être de couper la population de cette minorité d'excités. Je pense que c'est jouable, à condition d'être méthodiques et de prendre notre temps. »

« Comment proposez-vous de procéder ? »

« La 934 a de l'eau, dans la Marne, mais elle n'est pratiquement pas potable. Ou alors, il faut avoir le goût du risque, j'aime autant vous le dire, parce qu'avec l'usine de retraitement installée à Chelles-Sud, l'eau de la Marne... Bref, la 934 dépend entièrement de l'eau potable que le réseau d'alimentation interurbain lui concède. Coupons les conduites d'eau, et attendons. Coupons également l'approvisionnement en nourriture, bien entendu. »

« Votre estimation de la durée de résistance, dans ce cas de figure ? », demande Zamora.

Richter grimace.

« Pour être honnête, général, je ne me risquerais pas à vous donner une estimation précise. Les extrazonards font des réserves d'eau et de nourriture, ils peuvent certainement tenir une semaine, peut-être deux, sans trop de difficultés. Ensuite, la dissension fera son effet parmi eux, et nous devrions avoir des moyens de pression. »

« Vous disposez d'un réseau d'hommes sûrs, sur site ? »

Richter prend le temps de réfléchir avant de répondre. Il n'a pas envie de révéler l'existence de K2, ni l'intensité de la collaboration entre le caïd et la PC. Tout cela ne regarde pas la FITEC. Il décide de s'en tenir aux généralités.

« Comme vous le savez, général, » finit-il par répondre, « en milieu urbain, seul un réseau peut combattre un réseau. Et comme vous le savez également, la police et la pègre évoluent en relation l'une avec l'autre, parce que le pire ennemi d'un réseau d'un certain type est toujours un réseau du même type, mais possédant juste un pas, un petit pas d'avance en termes d'adaptation. Donc, dans les extrazones, nous avons développé des réseaux de sécurité dont la structure se calque presque exactement sur celle de nos adversaires, avec ce plus, évidemment, que nous maîtrisons par ailleurs les instruments technologiques et organisationnels de l'Etat eurocorporatif. Sans entrer dans les détails, je peux vous garantir que si vous parvenez à neutraliser les meneurs de cette émeute, je serai en mesure de leur substituer assez rapidement des meneurs appartenant aux réseaux que nous contrôlons directement ou indirectement. »

Zamora fait un tour de table, pour vérifier l'opinion de ses subordonnés. Tous, sauf Baxter, sont favorables à la ligne proposée par Richter.

Zamora est assez content que Richter prenne les choses en main. Comme ça, si ça tourne mal, il aura un bouc émissaire tout trouvé.

Il conclut la conférence en définissant la stratégie générale qui sera suivie « jusqu'à nouvel ordre ».

« Nous allons sécuriser la zone. Je veux un bouclage complet et féroce, avec autorisation de tirer à vue. Pour éviter des incidents inutiles, le périmètre de sécurité sera matérialisé par des barrières. Cela devrait suffire à faire reculer les éléments adverses, qui me paraissent plus préoccupés de parader dans leurs rues que de nous affronter directement. Par ailleurs, pour hâter autant que possible les dissensions au sein du camp adverse, nous allons procéder à des éliminations ciblées. Le capitaine Richter va nous remettre une liste des meneurs identifiés par ses services. Capitaine ? »

Richter hoche la tête.

« Disponible sous deux heures, mon général. »

Zamora règle encore quelques détails techniques, puis il lève la séance.

Personne, autour de la table, n'imagine un seul instant ce qui va se passer le lendemain.

*

Jour J. Deux heures trente. Le peloton commando de la 23° brigade de la FITEC pénètre dans l'extrazone 934 par les égouts. Déplacement dans l'obscurité totale, à l'aide des lunettes de vision reconstituée dites graphoradar. Un émetteur radar envoie, autour du porteur des lunettes, un balayage. Le retour sert à tracer, sur l'interface homme-machine, une image reconstituée. Mieux qu'un amplificateur de lumière, mieux qu'une vision infrarouge. Ne fonctionne que dans les espaces restreints, mais permet littéralement de voir dans l'obscurité, même absolue.

Le groupe progresse rapidement sans rencontrer de résistance. Les égouts n'ont pas été sécurisés par les gangs qui ont pris le contrôle de la 934. Ah, ces amateurs !...

Arrivé sous l'ancien centre commercial de Noisiel, le groupe d'assaut passe en imagerie thermique, puis les commandos émergent à l'air libre. Le regard ouvre sur une arrière-cour, déserte. Tout va bien, la manœuvre se déroule comme prévu.

Le groupe d'assaut est intégré dans un plan d'opération composé d'une série d'actions tactiques parfaitement coordonnées. Douze commandos vont surgir simultanément à travers l'extrazone. Ces douze commandos vont utiliser autant que possible les déplacements sous couvert urbain – c'est-à-dire par les égouts, de cave en cave, ou bien, très ponctuellement, de maison mitoyenne en maison mitoyenne, en faisant sauter les murs. Les rues ne seront quasiment pas utilisées, les toits non plus – trop risqué, un groupe serait immédiatement repéré.

Chaque groupe d'assaut doit atteindre un point névralgique de la proto-organisation adverse. On ignore combien de cibles prioritaires se trouvent dans chaque point névralgique, et a fortiori où se trouve quelle cible. Mais ce qu'on sait, c'est que statistiquement, en frappant ces douze points névralgiques, les groupes d'assaut ont de fortes chances d'éliminer une bonne partie des cibles potentielles. C'est l'essentiel, à ce stade. Selon un concept opérationnel validé depuis peu par la FITEC, en groupant les éliminations ciblées, on peut frapper fort. C'est l'intégration du plan d'opération qui garantit que les éliminations effectives recouperont plus ou moins le plan d'éliminations ciblées.

Le peloton commando de la 23° brigade a reçu une mission assez délicate. Le point névralgique visé n'est pas accessible facilement. Il va falloir traverser d'abord un groupe d'anciens pavillons résidentiels transformés en favela. Ensuite, il faudra se glisser dans les caves d'une ancienne HLM, les traverser et enfin surgir dans l'arrière-cour d'un immeuble vétuste, qui sert paraît-il de QG au surnommé « Kous ». Comme la mission est jugée prioritaire par l'état-major FITEC, le peloton commando a ordre de tirer à vue. En clair : quiconque croisera sa route sera éliminé. Homme, femme, enfant, vieillard, peu importe. Personne ne doit donner l'alarme, l'élimination du surnommé « Kous », jugée probable si son QG est atteint, est absolument prioritaire.

Depuis vingt-quatre heures, l'extrazone 934 est plongée dans le chaos. Il y a déjà eu des dizaines de meurtres, des règlements de comptes, des pillages. La cellule communication de la FITEC mettra les morts sur le compte des émeutiers.

Le peloton commando traverse le groupe de pavillons sans difficultés. Quatre personnes sont surprises dans leur sommeil, abattues aussitôt au moyen de pistolets munis de silencieux. Cinq trous percés dans les murs, six maisons mitoyennes traversées. Personne n'a rien vu, personne n'a rien entendu.

Ensuite vient le passage dangereux : quinze mètres à découvert jusqu'à l'entrée des caves. Le peloton commando passe plusieurs minutes à scruter la zone au moyen des imageurs thermiques. Quand il apparaît qu'il n'y a pas âme qui vive, ni dans la rue, ni sur les toits, ni aux fenêtres, les hommes de la FITEC traversent la rue, en une seule rangée, rapide et silencieuse. Ils se plaquent contre le mur de l'ancienne HLM, puis se glissent dans les caves, qu'ils traversent au pas de course. Jusque là, tout va bien.

C'est au moment où les éléments de tête atteignent la sortie des caves que ça coince. Un homme apparaît dans l'encadrement de la porte de sortie. Il est aussitôt abattu. Hélas pour les hommes de la FITEC, il y avait un autre homme derrière. Celui-là a le temps de lancer un cri d'alarme avant d'être abattu. Quand les commandos sortent de la cave, ils sont accueillis par des rafales de fusil d'assaut kalashnikov, par un vieux FAMAS armée française et par l'aboiement rauque de ce qui ressemble bigrement à une mitrailleuse américaine calibre 50.

Heureusement pour les hommes de la FITEC, le tir des guérilleros est imprécis. Un des commandos est touché, sa combinaison intelligente indique une blessure légère mais handicapante, il va avoir du mal à marcher. Pendant ce temps, quatre tireurs d'élite ont pris position derrière un petit muret et, exploitant au mieux la visée thermique couplée à leur fusil de précision, ils abattent un à un les tireurs qui interdisent l'accès du bâtiment cible. Ils utilisent les munitions intelligentes à tir courbe, un gros atout par rapport aux vieux matériels dont disposent les miliciens.

Le peloton commando est encore en mesure de réussir sa mission. Il paraît probable qu'un assaut frontal permettra l'élimination des cibles. Cela risque de se solder par un carnage, certes, mais le résultat visé sera atteint : parmi les morts, on trouvera probablement un certain nombre de cibles prioritaires.

Le chef de groupe envoie un message à son autorité. Il annonce qu'il va lancer l'assaut, qu'il faut s'attendre à des pertes et il demande que l'unité de récupération vienne immédiatement sur site pour une évacuation rapide du commando, une fois l'attaque menée à bien. Quelques secondes plus tard, il a le feu vert du QG, qui a suivi l'engagement depuis le drone en vol stationnaire, juste au-dessus de la position visée. Il s'agit d'un drone non armé, car la 41° brigade n'est pas équipée des drones de combat réservés aux opérations extérieurs.

En ce moment, le chef de groupe se dit qu'un drone armé serait pourtant bien utile...

L'assaut est conduit dans les règles. À présent que les snipers ont nettoyé l'opposition, le groupe peut se déployer dans l'arrière-cour. Les commandos commencent par se positionner en réseau de feu, puis ils déclenchent un tir d'annihilation d'une intensité formidable. Les munitions spéciales perforent les murs, traversent cinquante centimètres de béton, ensuite deux voire trois cloisons, puis viennent arracher un bras ou une tête avant d'aller se ficher dans le mur de béton suivant.

Au bout de quelques dizaines de secondes de ce feu d'enfer, l'immeuble ressemble à une passoire. Selon toute probabilité, les occupants y sont tous restés, ou peu s'en faut. Le chef de groupe s'apprête à lancer une escouade en reconnaissance pour vérifier la présence de survivants, quand il entend le wop-wop des hélicoptères de combat. Il fait signe de déclencher la balise radio pour signaler le point d'exfiltration, puis il lance : « Premier squad en couverture, deuxième squad paré pour l'exfiltration ! »

Les hommes se placent rapidement en formation, avec cette automaticité des mouvements collectifs qui dénote un entraînement professionnel. Les hélicos arrivent sur site et le premier squad embarque en quelques secondes. Le deuxième squad va suivre quand soudain, une mitrailleuse se dévoile, planquée derrière un fourré, à cinquante mètres. L'hélico la fait taire d'une rafale de canon de 30 mm à tir rapide, mais le mal est fait : quatre commandos ont été touchés, dont deux très grièvement. Le chef de groupe commande leur évacuation quand soudain, toujours depuis les fourrés, une roquette antichar fuse et rate l'hélico de quelques mètres.

« Evacuation immédiate ! », ordonne le pilote d'hélicoptère.

Le chef de groupe examine ses hommes. Leur transport sera difficile, l'un d'entre eux semble paralysé. De nouvelles rafales de mitrailleuse balayent la zone d'embarquement. Chaque seconde d'hésitation peut coûter une vie humaine, voire l'hélicoptère.

« Exfiltration ! », ordonne-t-il, la mort dans l'âme.

Abandonner deux hommes derrière soi est une chose terrible. Mais en l'occurrence, il n'a pas le choix.

Les commandos embarquent à toute vitesse dans l'hélico, qui remonte presque à la verticale. Ivre de rage à l'idée qu'il laisse deux blessés graves sur site, le chef de groupe précise au pilote de l'hélico : « Nous n'avons pas eu le temps de vérifier le site. Rasez-le ! »

Le pilote d'hélico ne se le fait pas dire deux fois. Il déchaîne toute la puissance de feu de son engin sur l'immeuble déjà criblé de balles. En moins de dix secondes, le bâtiment implose littéralement.

Prostré au fond de l'appareil, un des blessés demande : « Si c'était pour en arriver là, à quoi bon nous envoyer sur site ? »

Le chef de groupe répond, sur un ton désabusé : « Parce qu'il faut que la cellule communication du QG puisse parler d'élimination ciblée. »

Puis il s'accoude contre la porte de l'hélico, pendant que l'extrazone 934 défile à toute vitesse sous l'appareil. Il se souvient, soudain, des reportages de guerre, à la télé, ces images qui l'avaient tellement marqué dans son enfance. Il trouve qu'en ce moment, vue d'en haut, Noisiel en l'an XVIII de la nouvelle ère ressemble bigrement aux vieilles images de Gaza, dans les années 2000 de l'ère chrétienne.

*

Le jour qui suit, l'extrazone 934 explose. Les commandos de la FITEC ont frappé un peu partout, et nulle part ça ne s'est passé en douceur. Au total, plus de 120 personnes ont trouvé la mort, on déplore également 200 blessés, dont beaucoup ne survivront pas.

A Noisiel, les commandos ont raté leur cible principale : Kous est toujours vivant. C'est lui qui a dirigé le petit groupe planqué dans un fourré, et lorsque les hélicos s'éloignent, c'est lui qui donne l'assaut, avec sa garde rapprochée, et qui s'empare des deux commandos blessés – blessés, mais vivants.

A l'aube, il les exhibe dans les rues de Noisiel, portés sur des civières improvisées, puis il les livre en pâture à la foule, ivre de colère et de haine. Les deux types se font littéralement déchiqueter vivant. Kous préside à leur lynchage, silencieux, farouche, avec au fond des yeux cette lueur de démence commune à tous ceux qui ont vu l'homme sous l'arbre.

Kous monte sur le toit d'un quatre-quatre et harangue la foule. Il parle d'une voix forte, bien timbrée, avec une éloquence que nul ne lui connaissait. Il parle, mais en fait, il ne choisit pas les mots qu'il prononce. C'est l'homme sous l'arbre qui parle par sa bouche, Kous est le haut parleur d'un djinn. Est-ce lui qui parsème son discours de références coraniques, ou bien est-ce le djinn ? Kous lui-même l'ignore. Il est en transes. Il ne sait plus ce qu'il fait, il ne sait plus ce qu'il dit.

« Ils nous ont attaqués parce que nous sommes des hommes dignes. Ils nous ont attaqués parce que nous refusons de nous soumettre à leurs lois arbitraires. Partout où nous serons, ils nous poursuivront toujours, car nous sommes la vertu et ils sont le vice. Nous n'aurons pas de paix tant qu'ils seront vivants, et c'est pourquoi de notre côté, nous ne devons pas leur laisser de paix, jamais. Armez-vous, frères, sœurs, car ceux qui combattront notre combat trouveront leur récompense. Vainqueurs ou vaincus, frères, sœurs, si nous combattons nous trouverons notre récompense. Armez-vous et dites : voici le jour où nous sommes libres. Armez-vous et dites : voici le jour où nous suivons la justice. Armez-vous et dites : la vie pour les musulmans et la mort pour les infidèles. »

Kous parle, et la foule l'écoute. Son prestige est grand. La FITEC a voulu le tuer, et il n'est pas mort. Il a fait prisonnier deux diables à béret noir, et il les a livrés à la foule. Son prestige est grand.

Il ordonne à la foule de se mettre en marche, et la foule se met en marche. Elle part derrière lui, dans la direction de Noisy et de Chelles. Kous affirme que Karim Saïdi est à la solde de la FITEC, il dit que c'est K2 qui a révélé aux diables à béret noir les lieux où ceux-ci trouveraient les meneurs du soulèvement. En marche vers Noisy, à Champs sur Marne, à Gournay, il rameute des groupes disparates, des groupes de pillards attirés par la perspective de régler leur compte personnel avec la bande de K2, quelques anciens de l'usine de Chelles Sud, d'autres attirés uniquement par le pillage, d'autres encore tout simplement rendus fous par l'odeur de la poudre, du feu et du sang.

Et la foule marche vers Noisy, et la foule grossit sans cesse.

K2 a été prévenu par les rares amis qui lui restent fidèles. Il comprend que la situation lui a complètement échappé. Il décide de se réfugier hors de l'extrazone. Mais cela suppose l'accord de la FITEC. Il appelle Richter, sur le numéro que celui-ci lui a laissé la veille. K2 explique la situation et demande la possibilité d'une exfiltration. Richter est évasif. Il n'a probablement pas envie de se mouiller pour K2, mais il ne lui dit pas franchement non. Il se contente d'indiquer au caïd une méthode pour sortir de l'extrazone : il faut passer par les caves d'un bâtiment, situé à la limite entre l'extrazone 934 et l'extrazone 932. Là, ce sont des hommes de la PC qui montent la garde, pas la FITEC. Si K2 se présente à ce barrage, s'il sort de la cave en levant les mains et en criant : « Je suis Karim Saïdi, ne tirez pas », alors Richter peut lui arranger le coup.

« Une dernière question, » demande Richter. « Tu sais où est le mec qui se fait appeler monsieur Blanc ? » K2 dit que non. Le mec s'est barré la veille, on ne sait pas où il est. Richter soupire. « D'accord, Ka, ramène-toi. Mais attention : si ça foire, je ne te connais pas, je te préviens. »

K2 comprend. Richter lui fait une fleur, mais il ne faut pas que ça se sache. Message reçu.

Dans les extrazones nordafs, pour passer inaperçu dans les rues, quand on n'a pas envie de montrer sa gueule, la solution, c'est la burka. K2 se travestit en gonzesse – peu glorieux, mais efficace. Et il se barre. Son crew ? Il leur a proposé de l'accompagner, mais les gars n'ont pas suivi. Ils pensent qu'une fois K2 parti, ils n'auront plus grand chose à craindre. Le nouveau caïd, dans leur esprit, c'est Kous. Ils feront allégeance à Kous, voilà tout.

K2 sent qu'ils ont tort. Kous est barge, c'est évident. On ne peut pas compter sur un mec comme ça. Mais les gars du crew ne veulent rien entendre. Ils tiennent trop à leur turf, ils n'ont pas pris la mesure de ce qui est en train de commencer. Tant pis pour eux !

K2 se barre, direction la 932. Trois bornes à pied. Il se faufile au milieu des rues tenues par les miliciens, des gamins sortis de nulle part, des types qui, jusqu'ici, se tenaient plutôt à carreau. D'où viennent toutes ces armes ? K2 n'en revient pas. Avec son arsenal, il s'imaginait tenir l'extrazone sans problème. Et soudain, il réalise que des centaines d'armes de guerre étaient planquées dans la 934. Des centaines d'armes venues on ne sait comment, par on ne sait quelles filières, mais qui étaient bel et bien là, sous son nez, et dont il n'avait jamais entendu parler.

Une grande leçon d'humilité, pour l'ancien caïd...

L'exfiltration se déroule très bien. K2 s'approche de l'immeuble qui fait frontière entre les deux extrazones. Arrivé devant l'entrée des caves, il jette un coup d'œil : il n'y a personne à proximité. Les miliciens, décidément, sont très mal organisés. K2 descend à la cave sans se presser, comme une bonne femme qui va chercher des provisions. Il traverse le sous-sol à pas lents, enveloppé dans sa burka. Arrivé au bout du corridor, il s'en débarrasse et lève les mains en l'air.

« Je suis Karim Saïdi, ne tirez pas ! »

Les types de la PC sont postés à vingt mètres. Ils font signe à Karim d'avancer vers eux. Il court, il craint que, dans son dos, un milicien n'ouvre le feu. Mais personne ne garde l'arrière-cour, Karim arrive sans encombre chez les keufs.

Un lieutenant l'accueille d'un « on est au courant » laconique.

Puis les flics emmènent K2 vers un véhicule de l'avant blindé aux couleurs de la PC. Le VAB démarre aussitôt.

« Où m'emmenez-vous ? »

« Tu verras. »

Le VAB roule une demi-heure, puis s'arrête. La porte s'ouvre et Karim reconnaît la place de l'Opéra, dans Paris Intrazone. Les flics lui mettent une cagoule.

« Pour que personne ne voit ta gueule, » expliquent-ils.

Puis ils l'entraînent vers un grand immeuble grisâtre. Le poste de commandement de la PC sur Paris Intrazone, juste en face du poste de commandement de la FITEC.

Encadré par deux flics de la PC, K2 traverse au pas de charge d'interminables couloirs grisâtres. On l'emmène au sous-sol, on le fait entrer dans une petite pièce chichement éclairée par un néon défectueux et meublée sobrement d'une table et de deux chaises.

« Garde ta cagoule en permanence, » lui explique-t-on avant de l'enfermer dans la pièce.

Puis le temps passe.

Une heure.

Puis une autre.

Et encore une autre.

Et K2, épuisé, finit par s'endormir le cul sur sa chaise et la tête dans les mains.

*

Il est réveillé en sursaut quand la porte s'ouvre. Richter entre, avec un café dans chaque main.

Le capitaine s'assied de l'autre côté de la table et pose un gobelet de café devant Karim.

Puis il sort de la poche de poitrine de sa vareuse PC un paquet de cigarettes blondes et un briquet. Pose le tout devant K2, qui pioche une sèche et se l'allume. Café, tabac, ça va mieux. Disons : un tout petit peu mieux.

Richter soupire.

« Ton crew est mort, Ka. »

« Je sais. »

Nouveau soupir. Richter sourit, mais il a l'air triste.

« Nous sommes en train de réduire la 934 en champ de ruine. C'est une boucherie, on n'a jamais vu ça. »

K2 ne trouve rien à répondre. Une question lui vient à l'esprit : « Et Kous ? »

Richter ne répond pas. Il regarde le plafond comme s'il pensait à autre chose.

« Dis-moi tout ce que tu sais sur le mec qui se faisait appeler monsieur Blanc. Tout. Tout de suite. C'est pressé. Qui il a rencontré, qui il fréquentait, où tu penses qu'il peut être. Collabore à cent pour cent, et je te garantis que je te renverrai l'ascenseur. »

K2 comprend qu'il a intérêt à jouer le jeu. Son instinct de voyou le lui dit, ce flic veut monsieur Blanc.

Putain, il le veut vachement, le mec.

Alors il dit tout. Tout ce dont il se souvient. Richter note, le relance de temps en temps sur un point de détail.

Quand K2 a fini de raconter, Richter fait : « Bon, tout ça ne me dit pas où il est, mais c'est mieux que rien. »

Puis il reste silencieux pendant un long moment.

« Nous avons ici un dossier sur toi, tu sais, » fait-il enfin. « Il y a de quoi t'envoyer croupir dans une colonie pénitentiaire jusqu'à la fin de tes jours. »

« Je sais. »

K2 attend la suite.

Richter dit : « Nous n'utiliserons pas ce dossier, de toute manière. Ou bien tu bosses pour nous, ou bien tu es mort. »

« Je sais. »

Richter garde la tête renversée vers le haut, mais il abaisse son regard vers K2. Dans cette position, Karim voit très bien ses iris bleu clair, si clairs qu'ils paraissent blancs.

« Tu as entendu parler du programme Caméléon, K2 ? »

Karim secoue la tête en signe de dénégation.

Richter reprend : « Si je te disais qu'à partir de maintenant, tu t'appelles, disons, Ahmed. Tu es né en Algérie. Venu en France récemment. Tu as les yeux verts, et une cicatrice sur la joue gauche. »

K2 réfléchit.

« Je n'ai pas les yeux verts. »

« Si, Ahmed. Tu as les yeux verts. Et tu as de gros sourcils, aussi. »

K2 réfléchit. Ses yeux sont bruns et ses sourcils sont fins.

« Vous voulez me refaire la gueule ? Pour m'envoyer comme taupe, c'est ça ? »

Richter sourit.

« Ce qu'il y a de bien avec toi, Ahmed, c'est qu'on n'a pas besoin de sous-titrer. »

K2 réfléchit.

« Et sinon ? »

« Sinon, on ne te refait pas la gueule, on te ramène dans la 934 après avoir fait courir le bruit que tu nous as rancardés pour les éliminations ciblées d'hier soir, et on te laisse te démerder. »

K2 réfléchit. Il réalise soudain que ce bruit, ce bruit qui a failli lui coûter la vie, peut-être que c'est ce saligaud de Richter qui l'a fait courir.

Mais K2 est un garçon pragmatique.

« Je n'ai pas vraiment le choix, » constate-t-il.

« Eh non, » confirme Richter, amusé par la tournure de la conversation.

« Je peux poser une question ? »

« Pose. »

« Pourquoi vous me proposez ça ? Vous n'êtes pas obligé. »

Richter hoche la tête.

« J'aime bien ton style. Tu es intelligent, lucide, calme. Tu connais ton intérêt, donc tu ne joueras pas au con avec nous, parce que tu sais qu'on te tient par les couilles et qu'on serre quand on veut. En plus, tu connais parfaitement le mode de fonctionnement des extrazones, tu connais parfaitement le mode de fonctionnement des gangs. Tu feras une taupe parfaite. »

Richter se lève et dit, toujours souriant : « Bon, j'avais cinq minutes à te consacrer, tu as eu raison de ne pas hésiter. Tu m'aurais fait perdre mon temps, je te brûlais. »

Puis il sort, ni bonjour ni au revoir.

Et K2 réalise qu'il est devenu flic.

*

Dans le mois qui suivit, Karim Saïdi mourut, et Ahmed Barka vit le jour.

D'abord, « ils » l'emmenèrent dans une clinique, quelque part du côté d'Epinal, dans une milizone. Il y resta pendant trois semaines, et à part le chirurgien et deux infirmières, personne sur la base ne vit ses visages – ni l'ancien, ni le nouveau. Le jour de l'opération, il entra dans le bloc opératoire avec une cagoule sur la tête. On lui retira la cagoule, on lui fit une piqûre. Il se réveilla quatre heures plus tard, dans une chambre, la tête engoncée dans une sorte de casque de cosmonaute à la visière en verre teinté.

Il était nourri par perfusion et resta couché quatre jours avant qu'on l'autorise à voir son nouveau visage. Une infirmière, une de celles qui avaient participé à l'opération, releva la visière de son casque et lui tendit un miroir. Il regarda dedans : un inconnu aux gros sourcils broussailleux le regardait avec des yeux verts étonnamment lumineux. De sa voix légèrement modifiée, rocailleuse, il dit : « ça fait un choc. » L'infirmière ne répondit rien. De toute évidence, tout cela, pour elle, c'était la routine. Dieu seul savait combien de personnes changeaient de visages chaque année, dans cette clinique.

Deux mois plus tard, il était dans la rue, dans l'extrazone 782. Il s'appelait Ahmed Barka, il arrivait tout droit d'Algérie, où il avait vécu dans les bas quartiers d'Oran. Il était envoyé par un caïd d'Alger, et il avait quelque chose à vendre – vite et discrètement. Ce qu'il avait à vendre ? Du matériel militaire, volé à l'armée algérienne. Pour quel caïd travaillait-il ? Secret. Comment ce matériel était-il tombé entre les mains de son gang ? Secret aussi.

Le véritable Ahmed Barka existait-il ? L'avait-on chargé, lui, K2, de prendre la place de quelqu'un de réel, ou bien avait-on forgé une légende ? Il n'en savait rien. Son intuition lui disait qu'il vivait dans la peau d'un mort, quelqu'un que les flics avaient retiré du circuit ni vu ni connu, mais il ne pouvait pas en être certain.

Son travail : être Ahmed Barka, voilà tout. Il devait aller voir un certain Mehdi la débrouille, lui expliquer qu'il était envoyé par un certain Bambak, un black qui avait trafiqué jadis avec les musuls de la 782, et qui se portait garant pour lui.

Pourquoi se portait-il garant, le dénommé Bambak ? Allez savoir. Encore un keum que la PC devait tenir par les couilles, pour une raison ou pour une autre.

L'infiltration se déroula sans anicroche. Bambak se porta garant pour « Ahmed », Mehdi la débrouille n'était pas si débrouillard que ça, et trente caisses de fusils d'assaut américains modèle 2013 changèrent de mains – ainsi qu'un bon paquet d'eurodols, en sens inverse. Pourquoi la PC fourguait-elle ce matos à la 782 ? Ahmed-Karim n'en savait rien, et d'ailleurs, il s'en fichait. On lui avait mis un contrat en main : cinq missions d'infiltration, sous cinq identités différentes, et on lui lâcherait la grappe, avec un nouveau visage, une nouvelle identité et une prime en eurodols qui lui permettrait de voir venir. Seule condition : il resterait dans l'Union Eurocorporative, et si on refaisait appel à lui ultérieurement, et il ne pourrait pas dire non.

Un marché honnête, en somme. Et puis, de toute manière, il n'avait pas les moyens de refuser.

Le reste, les fusils d'assaut dans la 782, ce n'était pas son problème.

Il avait réussi ses cinq missions d'infiltration, en un peu moins de deux ans, sans problème. Entre deux missions, systématiquement, les toubibs changeaient son visage – pas autant que la première fois, mais suffisamment pour le rendre méconnaissable. Au bout d'un an et demi, il s'appelait Karim – Ahmed – Moktar – Saïd – Mohammed – Sofiane. Parfois, quand il essayait de se souvenir de ses vies successives, il confondait. Par moment, il ne se souvenait même plus que Karim, jadis, avait été un homme réel – et pas une balance jouant les truands pour le compte de la PC. D'ailleurs, à la réflexion, même quand il s'en souvenait, il se demandait si, au fond, il n'avait pas été, depuis le début, quelqu'un d'autre que lui-même. Un homme qui jouait le rôle d'un homme qui jouait le rôle d'un homme.

Peut-être qu'au fond, nous faisons tous semblant d'être ce que nous sommes ? Peut-être, au fond, que Sofiane, la balance qui allait fourguer de la dope aux blacks de la 913 était à peine moins réel que K2 ? – Ce K2 qui vivait jadis, et qui faisait semblant d'être le caïd de la 934...

Vivant des vies de trois mois chacune, dont la moitié passée à apprendre une légende et l'autre moitié à en rajouter un chapitre, Karim – etc. s'est fait une promesse : quand tout cela sera fini, quand il aura accompli ses cinq missions, quand on lui refera la gueule une dernière fois, il sera lui-même. Il ne jouera plus comédie pour se cacher la tragédie. Il vivra, il assumera. Plus de style affecté pour épater les petits du quartier et garder son statut de caïd. Plus de quatre-quatre à la con pour afficher ce statut. Plus de mensonge. Juste lui, Karim, lui tel qu'il est. Il se trouvera quand il aura cessé de chercher quelqu'un qui n'est pas lui-même, voilà ce qu'il a compris, maintenant. À présent, il en est certain, s'il sort vivant de ce truc, il sera plus libre, plus vivant, plus fort qu'il ne l'aurait jamais été, caïd dans la 934, en train de jouer les gros bras pour oublier sa souffrance, son malheur, son égarement.

Il sait qu'il ne reverra jamais sa famille, mais ce n'est pas un problème. Sa mère a été tuée pendant les émeutes – ce salopard de Kous l'a désignée à la foule comme une « donneuse ». Quel enfoiré, s'en prendre à une mère, c'est incroyable. Les flics ne l'ont pas raté, Kous, pour finir, et c'est une bonne chose. Ils l'ont chopé en reprenant le contrôle de Noisiel, et comme il avait une réputation de tueur de flics, ils se le sont accommodé à la sauce FITEC : couché les mains liées dans le dos, à même le sol, juste devant la chenille d'un char lourd. Le char a démarré, Kous a hurlé.

Karim – etc. imagine la scène, et il se dit qu'il aurait aimé être là pour voir passer ce salaud sous un blindé de la FITEC.

Karim – etc. ne reverra jamais sa famille, et ce n'est pas un problème. La seule personne dans cette famille qui lui manquera, c'est sa mère. Ses deux sœurs sont des connes, son frère cadet est un abruti qui n'a jamais rien fait de bon, et Mokara est mort depuis longtemps. Quant à son père, K2 ne l'a jamais connu.

Karim – etc. termine sa cinquième et dernière mission, et il ne pense à rien d'autre, il fait son boulot, c'est tout.

Et c'est là, tout à la fin de sa cinquième mission, que Karim – etc. rencontre son destin.

*

La 913 était une des pires extrazones de la conurbation. Elle s'étendait entre les anciennes « villes nouvelles » d'Evry et de Grigny – l'enfer urbain dans toute sa splendeur.

K2 estimait que c'était le pire endroit qu'il ait jamais vu. Les extrazones musuls, comme la 934 au temps de sa splendeur, ça ressemblait vaguement à Alger le soleil en moins, mais ça restait vivable. Mais dans la 913, on était à Lagos, on était à Yaoundé, on était dans une mégapole d'Afrique Noire en l'an XVIII de l'ère nouvelle, c'est-à-dire quelque part au-delà de l'enfer.

Tout le territoire compris entre Evry et Grigny avait été progressivement envahi par un bidonville de trois cent mille habitants. L'ouest était appelé le petit Dakar, parce qu'il était principalement peuplé de Sénégalais. L'est était surnommé Macouteville, parce que c'était le territoire des Haïtiens. Là-bas, il n'y avait pas d'eau courante, pas d'électricité, pas de gaz, rien du tout. Retour au Moyen Âge, mais avec une densité de population dingue. Tous les jours, des camions amenaient des bidons d'eau de la Seine, et des porteurs d'eau partaient à travers le bidonville – un consobon pour deux litres d'une eau saumâtre, qui vous rendait malade à en crever si vous n'étiez pas habitué : tel était le tarif.

Le plus extraordinaire, c'est que des milliers de gens entraient chaque année dans cet enfer avec l'impression d'avoir atteint une sorte de purgatoire amélioré. Aussi hallucinant que cela paraisse, tous les gens qui avaient pu aller en Afrique et en étaient revenus vivants le confirmaient : par rapport aux conditions de vie qui régnaient désormais dans les mégapoles africaines, la 913, c'était finalement très acceptable. Pour commencer, on ne risquait pas de tomber victime d'un culte sacrificiel cannibale, comme c'était paraît-il monnaie courante, là-bas, désormais. Et puis le taux de contamination par le virus du sida restait inférieur à 20 %. Par rapport aux normes africaines, c'était très raisonnable.

Dix ans plus tôt, cet immense bidonville n'existait pas. Il avait fallu la politique soi-disant généreuse de la coalition ethnoprogressiste pour fabriquer cette horreur.

Pourtant, tout n'était pas sombre dans la 913. À l'intérieur de l'enfer, il existait de petits paradis. Le pouvoir des gangs, énorme déjà dans les extrazones musuls, était encore bien plus important chez les blacks. Et bien sûr, plus l'extrazone était pourave, plus le pouvoir des gangs était grand.

C'est pourquoi, fort logiquement, dans la 913, on atteignait en quelque sorte un Everest, le point culminant de la corruption, le Gangland absolu – le rêve qu'Al Capone n'aurait même pas pu faire.

Chaque gang avait son QG, mais à la différence des gangs nordafs ou asios, qui cherchaient plutôt la sécurité, les blackos faisaient dans le tape-à-l'œil – la culture africaine de la frime, sans doute. Le gang des cobras haïtiens tenait le bidonville est nord-est, du côté de Grigny, et il possédait le QG le mieux décoré de toutes les extrazones : des crânes humains fichés sur des pieux, tout autour du bâtiment, ambiance vaudou. Pour le reste, ce gang de tarés faisait son chiffre principalement avec les putes – le seul produit d'exportation de Haïti. Il avait progressivement fait son trou en évinçant les gangs sénégalais, au fur et à mesure que les Haïtiens, grâce aux lois passées par la coalition ethnoprogressiste, avaient envahi la 913, fuyant les Caraïbes sinistrées, comme un nuage de sauterelles qui passe d'un champ à un autre.

K2, alias Sofiane, était supposé vendre à cette bande de cintrés des programmes permettant de truander les comptes bancaires sur le réseau Internet, la bonne vieille combine des familles, mais remise au goût du jour grâce aux ingénieurs tunisiens. Depuis quelques temps, en effet, les cobras semblaient se diversifier – peut-être que la fesse ne rapportait plus assez. La PC voulait infiltrer ces mecs, savoir ce qu'ils magouillaient et surtout, comment ils avaient pu, en quelques mois, acquérir des technologies leur permettant d'opérer dans un secteur qui, normalement, était chasse gardée des mafias asios.

L'arrivée de « Sofiane » dans Macouteville : un grand moment ! K2 avait du mal à ne pas rire pendant que l'énorme et vétuste limousine aux coussins peau de panthère roulait au pas à travers les ruelles sordides de la favela. Décidément, avec les blacks, on n'était jamais déçu. Ces mecs avaient des *goûts de chiottes*, des tronches de dingues défoncés à l'herbe boostée, et en prime ils s'écoutaient du technoreggae en agitant leurs dreadlocks en cadence. Folklorique.

Des gens qui jouaient un rôle.

Grotesque, tout cela était grotesque.

Arrivé au QG du gang, une bâtisse à moitié en ruines mais décorée comme il est dit précédemment, « Sofiane » put remarquer que l'accès en était gardé par des miliciens en sandales et bermudas arborant fièrement des fusils d'assaut et même, pour l'un d'entre eux, un lance-roquette, dernier modèle russe. Cette manière d'exhiber l'armement en disait long sur le niveau d'anarchie atteint par la 913. Dans la 934, où régnait encore un certain ordre, jamais il n'aurait autorisé son crew à arborer comme ça le matos. Les flingues étaient planqués, inutiles de susciter des convoitises – et surtout inutile de provoquer la PC.

Apparemment, dans la 913, la PC, on ne savait même plus que ça existait.

Ses hôtes l'emmenèrent au deuxième étage de leur château fort foireux pour discuter avec le « cousin » en charge des arnaques électroniques. Ils affectaient un air blasé, mais « Sofiane », qui avait longuement fréquenté les blacks et se flattait de savoir les décoder, sentait qu'ils étaient en fait très fiers de montrer à un Nordaf qu'eux, les blackos, se diversifiaient, qu'ils attaquaient de nouveaux marchés et qu'il fallait les prendre au sérieux.

Complexés, les blacks.

Immanquablement.

Au deuxième étage, il y avait le cousin, un grand black baraqué, le genre à se mettre de profil pour passer les portes. À côté de lui, il y avait un petit mec blanc, avec une tronche d'alcoolo en fin de parcours. « Sofiane » le regarda et, soudain, il eut l'impression de recevoir un coup de poing au creux de l'estomac.

Ce petit mec, c'était « monsieur Blanc », l'homme que K2 avait planqué dans la 934, deux ans plus tôt.

*

« Sofiane » était payé pour livrer des technologies aux Haïtiens, point final. De toute évidence, les logiciels étaient vérolés, la PC devait avoir prévu un moyen de traquer l'usage qui en serait fait. Mais cela n'était pas l'affaire de « Sofiane ». Il devait terminer sa cinquième mission, point final. Il devait livrer les softwares aux blackos, tel était son contrat. « Sofiane » n'était pas payé pour identifier « monsieur Blanc ». « Sofiane » était payé pour livrer des softwares foireux à une bande de malades adeptes des sacrifices humains vaudous, et ça suffisait à lui mettre les nerfs à vif, on s'en doute bien.

Cependant, K2, lui, se souvenait très bien de « monsieur Blanc ». Et il se souvenait aussi très bien de l'insistance de Richter, ce flic de la PC qui voulait tout savoir sur « monsieur Blanc ».

« Sofiane » rédigea donc le rapport que son autorité sur l'opération attendait de lui, et nulle part, il ne mentionna la présence de « monsieur Blanc ». Mais par contre, il prit contact avec Richter.

Le capitaine Richter accepta le rendez-vous que K2 lui fixa dans un bar de Paris Intrazone, un coin où Karim – etc., désormais payé en eurodols, avait pris ses habitudes. C'est peu de dire que le flic fut intéressé par les confidences de K2. Alors comme ça, « monsieur Blanc » refaisait surface ? « Oh, que oui, Ka, oh que oui, que ça m'intéresse... »

Quelques jours plus tard, « Sofiane » devait retourner en infiltration dans la 913. Richter lui demanda de sympathiser avec « monsieur Blanc ». De discuter avec lui.

« Dis-lui qu'on a quelque chose de plus intéressant pour lui. »
« Quoi ? »
Richter réfléchit.
« Ecoute, je vais voir ce que je peux faire… Demain, je te dirai. Faut que je voie avec des pros du truc… On va greffer une opération sur ton opération. »
K2 haussa les épaules.
« Pour moi, c'est égal. Vous voyez ça avec mon autorité. »
Richter secoua la tête énergiquement.
« Non, je préfère que ce soit une opération noire. Pas la peine d'aviser ton autorité. »
« Hein ? C'est contre les règles. »
Richter sourit.
« Il fut un temps où tu étais moins porté sur les règles, Ka. »
Karim – etc., à son tour, secoua la tête.
« Ouais, mais j'ai changé de camp, capitaine. Vous vous souvenez : d'un côté les tricheurs, de l'autre côté, les arbitres ? Eh bien, quand vous passez arbitre, vous respectez les règles. »
Richter essaya l'intimidation.
« Tu sais que j'ai toujours ton dossier. »
Mais Karim – etc. avait appris pas mal de trucs, depuis deux ans.
« Oui, et moi, j'ai quatre missions bouclées, bientôt cinq. Et un contrat qui précise : je boucle mes missions, et on efface tout. Un contrat, c'est un contrat. »
Richter ne répondit pas tout de suite. Puis il murmura : « Je suppose que c'est le seul moyen… Tu y crois vraiment, à ton trip d'un côté les méchants, de l'autre les gentils ? »
« Vous n'y croyez pas, vous, capitaine ? »
Richter se marra franchement.
« Je pourrais te raconter des trucs, Ka, qui te feraient voir les choses sous un angle très différent. »
« Ok, capitaine. Racontez. »
Richter sortit de sa poche un paquet de smilirettes. Il griffonna au dos du paquet une adresse et une heure.
« Demain, à cette adresse. »
Puis il se leva et jeta, en s'éloignant : « Viens seul et vérifie que tu n'es pas suivi. »
K2 n'eut pas le temps de répondre. Déjà, Richter avait quitté le rade. Il ne restait plus qu'à se rendre au rendez-vous…
Et donc, le lendemain, à l'heure convenue, K2 se pointa à l'adresse indiquée par Richter. C'était dans une tour d'habitation des bords de

Seine, l'avant-dernier étage. Là, dans un appartement plutôt bien meublé, Richter l'attendait avec une meuf que K2 n'avait jamais rencontrée.

« Inspecteur Stéphanie Berg, Sofiane alias Karim », dit Richter, ni bonjour ni comment ça va.

Ensuite la dénommée Berg commença à parler. Elle parla pendant une bonne demi-heure, et ce qu'elle raconta à K2 lui donna l'impression très nette de basculer dans la quatrième dimension.

CHAPITRE IX - PARA BELLUM

Quand le surnommé « Ka » était entré dans la pièce, Stéphanie Berg s'était dit que ce type ne serait pas facile à convaincre. Visage dur, regard incisif, lèvres pincées, ce petit quelque chose dans l'attitude qui dénote l'habitude du danger : un client sérieux.

Elle sentit instinctivement qu'il était inutile de chercher à le mettre en confiance. Cela ne pourrait qu'éveiller sa méfiance. Elle se contenta d'un « bonjour monsieur Ka », sec et vaguement professionnel, puis elle commença son exposé, sans transition.

« Bonjour monsieur Ka. Mon ami ici présent, le capitaine Richter, m'a dit que vous aviez localisé monsieur Blanco, alias 'monsieur Blanc'. Mon ami, le capitaine Richter, m'a aussi dit qu'il vous avait demandé de nous aider à exfiltrer 'monsieur Blanc'. Et mon ami, le capitaine Richter, me dit aussi que vous n'êtes pas très coopératif.

« Je peux comprendre que vous hésitiez à nous rendre service. Après tout, vous ne pouvez pas savoir pourquoi nous voulons parler avec 'monsieur Blanc'. Vous ne savez pas qui est en réalité 'monsieur Blanc', ni ce qu'il a fait, ni quelles informations il détient. Et vous ne savez pas davantage qui nous sommes, et pourquoi nous avons besoin des informations que détient 'monsieur Blanc'. Dans ces conditions, il est tout à fait naturel que vous ne souhaitiez pas nous aider.

« Nous avons parlé de tout cela avec mon ami, le capitaine Richter. Et nous sommes arrivés à une conclusion : le mieux, c'est de vous dire tout simplement de quoi il s'agit. Nous allons vous expliquer qui est en réalité 'monsieur Blanc', ce qu'il sait et pourquoi cela nous intéresse.

« Nous ne vous dirons pas tout. Il y a des choses que vous n'avez pas besoin de savoir. Il y en a aussi qu'il serait dangereux pour vous de savoir. Des choses que vous ne voulez d'ailleurs même pas savoir, parce que vous savez que si vous les saviez, vous seriez en danger. Nous ne vous dirons que ce que vous avez besoin de savoir, et rien de plus. Et nous apporterons des preuves de tout ce que nous vous dirons.

« L'histoire que je vais vous raconter maintenant, monsieur Ka, est certainement la plus extraordinaire histoire qu'on vous ait jamais racontée. D'ailleurs, à moins que vous ne soyez doué d'une imagination exceptionnelle, même dans vos cauchemars les plus délirants, vous ne pourriez pas inventer un dossier aussi étrange que celui dont allez maintenant prendre connaissance. Cependant, souvenez d'une chose : nous détenons des preuves irréfutables de tout ce que je vais maintenant vous raconter, et nous pouvons produire ces preuves.

« À l'issue de notre conversation, j'en produirais même une qui devrait vous convaincre…

« À présent, commençons par la partie de l'histoire que vous connaissez, si vous voulez bien.

« Ou disons : la partie de l'histoire que vous *croyez* connaître.

« Il y a deux ans, une vague d'émeutes a secoué la conurbation Paris-Banlieue. Cette vague d'émeutes est partie de l'extrazone 934. Cet évènement a brisé des milliers de vies, dont la vôtre. Vous avez perdu la quasi-totalité de vos amis, si tant est qu'on puisse parler d'amis pour désigner les membres d'un gang – et votre propre mère a été tuée pendant les troubles. C'est, pensez-vous, un certain monsieur Kous qui l'a tuée. Et ce monsieur Kous, lui-même, a été tué ensuite. En tout cas, c'est ce que vous pensez.

« Je vais maintenant vous apprendre la vérité, monsieur Ka. La vérité est que ce n'est pas monsieur Kous qui a tué votre mère.

« Monsieur Kous était à la tête des rebelles néomusuls, des fanatiques sectaires animés par un étrange délire mystique. Et ce sont ces rebelles qui ont tué votre mère. Et cependant, comme je vais maintenant vous l'expliquer, ce n'est pas monsieur Kous qui a tué votre mère. Quelqu'un tirait les ficelles, monsieur Ka, et ce n'était pas monsieur Kous. En fait, monsieur Kous n'était qu'une marionnette.

« Oubliez ce que vous croyez savoir sur les rebelles, monsieur Ka. Vous croyez savoir que ces rebelles étaient des musulmans égarés, fanatisés par une théologie contraire aux enseignements. Vous croyez savoir que, de manière assez curieuse, ces fanatiques plaquèrent leur théologie hérétique sur les scénarios de certains jeux vidéo piratés, largement distribués dans l'extrazone 934 – des jeux vidéo développés par une certaine compagnie Synacgame, filiale du groupe Synactis International. Et vous croyez savoir que la société Synacgame n'était pour rien du tout dans cette affaire, que ce sont les fanatiques sectaires qui utilisèrent le support des jeux vidéo pour faire passer aux jeunes leur message délirant.

« Oubliez tout cela, monsieur Ka, car tout cela est entièrement faux.

« Voici la vérité, monsieur Ka. La vérité, c'est que certes, il y avait une organisation clandestine dans la 934. Et il est vrai, également, que 'monsieur Kous' était un de ces leaders. Il est vrai, également, que cette organisation avait une doctrine étrange, qui semblait mêler de manière anarchique des bribes de théologie islamique et la fast-food culture issue des jeux vidéo – fast-food culture qui, hélas, est aujourd'hui la *seule* culture d'une bonne partie de la jeunesse, en particulier dans les extrazones. Tout cela est vrai, en un sens, *mais* il est faux que cette organisation ait utilisé la fast-food culture comme prétexte, comme support pour diffuser sa théologie hérétique.

« La vérité, monsieur Ka, c'est exactement l'inverse de ce que vous croyez savoir. Ce n'est pas une doctrine islamique qui a été dissimulée derrière la récupération des personnages d'un jeu vidéo, c'est une doctrine distillée par ce jeu vidéo qui a été dissimulée derrière des éléments épars, issus de la doctrine islamique. Par conséquent, l'organisation underground qui a minée l'extrazone 934 n'était pas une organisation islamique fanatique utilisant les jeux vidéo pour diffuser sa doctrine, c'était une organisation inspirée par ces jeux vidéo, *et qui a utilisé l'islam pour dissimuler sa véritable nature.*

« Naturellement, monsieur Ka, vous devez vous demander comment des jeux vidéo, de simples jeux vidéo, ont pu inspirer une doctrine débouchant sur la guerre civile. Ce sont des jeux, de simples jeux, sans aucun rapport a priori la politique, ou avec la religion. Comment ces jeux pourraient-ils avoir une influence politico-religieuse ? – Voilà, évidemment, la question que vous vous posez, monsieur Ka.

« La réponse, monsieur Ka, se trouve quelque part dans le cerveau de 'monsieur Blanc'. C'est bien pourquoi nous voulons avoir une conversation avec lui.

« Pour vous expliquer toute cette affaire, je dois maintenant faire un petit détour. Il me faut vous parler de la société qui fabrique les jeux vidéo en question.

« La SIC, la Synactis International Company, a été créée dans les années 2010 de l'ancienne ère, juste après la tornade boursière qui lamina la plupart des blue chips. Elle fut construite par la fusion des trois principaux concepteurs de logiciels au monde. Par la suite, pour des raisons règlementaires, dans le cadre de discussions qui sont remontées jusqu'à l'organisation mondiale du commerce, les autorités de régulation boursière ont imposé le démantèlement partiel de cette entité formidable. La SIC a donc été coupée en une dizaine d'entités plus réduites, dont la moitié a été regroupée par la suite, à l'initiative des Américains, dans une SIC reconstituée, mais sur un périmètre plus étroit.

« Cette SIC nouvelle formule entretient des rapports symbiotiques complexes avec les entités issues de la SIC ancienne formule. En fait, je dirais que la SIC nouvelle formule a en pratique reconstitué le périmètre de la SIC ancienne formule, à ceci près que le contrôle est moins direct – les entités éparses issues de la SIC ancienne formule n'entrent pas dans le périmètre de consolidation de la SIC nouvelle formule.

« Le contrôle est maintenant exercé indirectement, soit par le biais des brevets, que la SIC nouvelle formule a conservés et dont elle autorise l'exploitation uniquement par les filiales de la SIC ancienne formule, soit par l'intermédiaire d'un fond d'investissement basé aux îles Cayman, Davidson Worldwide – un fond d'investissement surnommé, dans les milieux de la haute finance, 'big D'.

« 'Big D' est un fond d'investissement très discret. Je suppose, monsieur Ka, que comme la quasi-totalité de nos contemporains, vous n'en avez jamais entendu parler. Et pourtant, 'Big D' joue probablement, dans votre vie, un rôle bien plus important que, mettons, le gouverneur de l'europrovince Neustrie.

« Quand on analyse attentivement la structure capitalistique des dix plus grands groupes mondiaux, leaders respectifs dans les domaines de l'armement, de la chimie, de l'agroalimentaire, du pétrole, de la sidérurgie, de l'automobile, de la construction navale, de la construction aéronautique, des systèmes d'information et des médias, on s'aperçoit de quelque chose. Tenez vous bien, monsieur Ka : ces dix groupes sont *tous* contrôlés par des fonds d'investissements qui sont eux-mêmes contrôlés par Davidson Worldwide.

« Est-ce que vous vous rendez compte, monsieur Ka, des implications de cet état de fait ? Cela veut dire que la personne qui dirige 'Big D' décide du niveau d'armement de l'armée qui vous protège, de la solidité des freins du bus qui vous convoie, du taux d'organismes génétiquement modifiés dans votre assiette, du prix du litre d'essence et donc du prix de votre ticket de bus. Si vous prenez l'avion, 'Big D' décide du prix du ticket, de la vitesse à laquelle vous volerez, et même de la fiabilité de l'appareil. Si vous allumez votre smartcom, 'Big D' décide des logiciels espions implantés dans la mémoire de votre machine. Si vous allumez la télé, c'est 'Big D' qui fixe le programme. Vous ne le connaissez pas, vous ne savez même qu'il existe, et cependant, il décide de presque tous les aspects de votre vie. Fascinant, n'est-ce pas ?

« Mais il y a encore plus fascinant, monsieur Ka. En étudiant attentivement l'organigramme officiel de Davidson Worldwide, on comprend facilement que cet organigramme officiel n'est, de toute évidence, pas l'organigramme réel. Le fonctionnement de 'Big D' est inspiré de celui de l'ancien groupe Carlyle, démantelé il y a près de trente ans, avec un conseil d'administration littéralement truffé d'anciens chefs d'Etat, et à la tête de ce conseil d'administration, une personnalité sans le moindre relief – actuellement, il s'agit d'un certain Paul Harrisson, un Anglais – un quinquagénaire très élégant, un monsieur qui porte bien le costume sur mesure à dix mille eurodols.

« Paul Harrisson est un ancien haut fonctionnaire de la Banque Mondiale. Il a un très beau carnet d'adresses. Il connaît personnellement la plupart des gens qui comptent dans l'Alliance Douanière Panaméricaine, dans l'Union Eurocorporative et dans la sphère de prospérité sino-japonaise. Mais il n'a bien évidemment pas les épaules pour diriger un conseil d'administration où siègent une bonne dizaine d'anciens chefs d'Etat. En fait, tout indique qu'il joue un rôle de secrétaire de séance. Il lit l'ordre du jour, les membres du conseil approuvent les résolutions qui leur sont proposées, sans jamais rien trouver à y redire d'ailleurs, puis tout ce beau monde se quitte en bonne entente et file en ordre dispersé se taper la cloche dans les meilleurs restaurants de la ville où se tient la réunion – tantôt New York, tantôt Berlin, tantôt Tokyo.

« Voilà ce qu'il y a de plus fascinant chez 'Big D', monsieur Ka : non seulement vous ignorez en temps normal jusqu'à l'existence de cette puissance, non seulement vous ignorez de toute manière qui la dirige, mais en outre, *personne* ne sait qui la dirige. 'Big D' n'est pas une société cotée en bourse, et son pavillon de complaisance lui permet de dissimuler complètement la structure de son actionnariat. En d'autres termes : nous savons que les gens qui contrôlent 'Big D' sont de facto les maîtres du monde, mais nous ne savons pas qui contrôle 'Big D' – et apparemment, à part les intéressés, personne n'en sait rien.

« C'est plus qu'inquiétant. Une fois qu'on a analysé les activités de Synactis ces dernières années, et quand on se souvient que ces activités sont de fait pilotées par les gens qui contrôlent 'Big D', on a très envie de savoir qui contrôle 'Big D', et pour mettre en œuvre quel projet au juste.

« Laissez-moi vous toucher deux mots des activités de Synactis, ces dernières années.

« Il y quatre ans environ, SynacAdvert, filiale publicité de Synactis, a entamé des recherches sur un nouveau mode de *'placement produit'*. Le placement produit, monsieur Ka, consiste à glisser une référence à un produit ou à une marque dans un film, dans une série télévisée, dans un roman, dans un article de journal, ou même dans un jeu vidéo. Il arrive même qu'une publicité serve de support à un placement produit – par exemple une publicité pour une marque de plats cuisinés à micro-onder peut servir au 'placement produit' d'une marque de four à micro-ondes.

« Ce nouveau mode de placement produit a été baptisé par les équipes de SynacAdvert le 'Trojan Mimesis', c'est-à-dire 'l'imitation troyenne', ou, si vous préférez, 'l'imitation à la manière troyenne'. C'est une double référence classique : d'une part une référence au 'cheval de Troie', la ruse par laquelle Ulysse réussit à faire entrer les Achéens dans la ville de Troie ; et d'autre part, c'est une référence au concept de 'mimesis', développé par Aristote dans la Poétique – en résumé : l'imitation du réel par l'art.

« Cette double référence renvoie au fonctionnement du 'mode TM', pour 'trojan mimesis'. Le cheval de Troie est une ruse, qui consiste à se dissimuler derrière une apparence trompeuse. La mimesis est, dans toute création artistique, la première phase de dramatisation des pulsions, des fantasmes et des phobies, phase nécessaire pour créer la tension qui va rendre possible la phase suivante, c'est-à-dire la catharsis – la purification, en Grec. La mimesis créée une sensation de souvenir, agréable ou désagréable, ancrée dans l'inconscient. La catharsis va libérer cette sensation dans le conscient, et ainsi permettre l'explosion des pulsions, des fantasmes, des phobies. Donc, le mode 'trojan mimesis' va consister à créer un souvenir à l'intérieur de l'esprit du spectateur, mais sans que le spectateur s'en rende compte. La technique ? Des images subliminales d'un type nouveau, dites 'interactives'.

« Concrètement, le mode TM exploite une propriété de l'esprit humain que les cogniticiens appellent la 'conscience imageante'. Ils désignent par là le processus par lequel notre cerveau reconstitue l'image mentale d'un objet, d'un visage, ou même d'une forme théorique. Lorsque nous sommes confrontés à une image floue, nous avons tendance à plaquée sur cette image une image mentale proche. Notre conscience imageante nous sert à reconstituer la cohérence du réel quand celle-ci cesse d'être évidente. Le mode TM utilise cette propriété de l'esprit humain.

« En arrière-plan sont insérées des images subliminales imprécises, volontairement floues, mais renvoyant plus ou moins, par moment, à des formes discernables. Sur ces images subliminales floues sont superposées des images subliminales claires, précises, qui correspondent aux produits à placer.

« L'insertion des images subliminales n'est évidemment pas faite au hasard. Par exemple, si le support est un film, les images du produit qu'on veut placer sont insérées à des moments du film qui correspondent à la catharsis, ou à l'annonce de la catharsis, tandis que ce produit est absent des scènes qui correspondent à la mimesis, en particulier s'il s'agit d'une mimesis négative.

« Les images floues sont insérées en support à la construction de la mimesis liée au produit placé, et elles exploitent généralement ce que les psychiatres appellent la 'mémoire profonde' – c'est-à-dire la mémoire inconsciente de nos toutes premières années, voire de nos premières semaines, mémoire que les adultes conservent mais ne peuvent exprimer, ni visualiser clairement. C'est la mémoire du visage de votre mère quand elle se penchait vers vous pour vous donner le sein, la mémoire de votre père la première fois qu'il vous a fait grimper sur ses épaules, le souvenir de votre première peur aussi – par exemple, la première fois que vous avez vu couler votre sang. Ces images implantées dans votre mémoire profonde structurent votre personnalité, elles vous aident à organiser intuitivement vos conceptions du Bien et du Mal. Elles sont très étroitement liées à la représentation intérieure que nous nous faisons de la divinité, si nous sommes croyants. Elles expliquent plus ou moins nos attirances sexuelles ou nos phobies irrationnelles.

« Les images floues générées par le mode TM exploitent l'existence d'un certain nombre de stéréotypes. Par exemple, dans un film, on insèrera l'image floue d'une mère donnant le sein en arrière-plan d'un produit alimentaire, et on laissera la conscience imageante des spectateurs superposer leur propre image mentale de la mère au visage flou qui apparaît à l'écran.

« Dans le cas des jeux vidéo faits pour être joués avec un masque de virtualité, le système peut être perfectionné grâce à l'analyse des mouvements rétiniens. C'est surtout dans ce cas que l'on peut parler, à bon droit, d'images interactives. Le logiciel va analyser les évolutions de la rétine pour optimiser les images floues, de manière à ce qu'elles soient aussi proches que possibles des images mentales résiduelles propres au sujet considéré. Il paraît que c'est techniquement très facile, parce que notre pupille se dilate spontanément devant un spectacle agréable, et se rétracte au contraire devant un spectacle désagréable.

« Il y a quatre ans, lorsque SynacAdvert s'est lancée dans l'expérimentation du mode TM, l'état-major de Synactis International était plutôt incrédule. Mais très vite, les résultats obtenus par SynacAdvert ont convaincu même les plus sceptiques. Le procédé a été optimisé, puis diffusé à l'ensemble des filiales du groupe Synactis. Les sociétés liées, hors périmètre de consolidation, ont également pu bénéficier de cette percée de SynacAdvert en matière de placement produit. Il en est résulté un accroissement notable du chiffre d'affaires de toutes les compagnies concernées. Bien entendu, les consommateurs n'ont pas été tenus au courant de ces manipulations.

« En soi, le développement du mode TM par Synactis International est déjà inquiétant. Mais il y a encore beaucoup plus inquiétant, monsieur Ka.

« Le Department of Defense de l'Alliance Panaméricaine entretient une antenne à l'intérieur du groupe Synactis. Le nom de cette structure est 'Corporate Intelligence Service', en abrégé : CIS. C'est une pratique courante à l'intérieur de tous les grands groupes américains, pratique qui a d'ailleurs été copiée par l'Union Eurocorporative – c'est ainsi que Synactis Europe possède, en son sein, un 'service de veille informationnelle', ou SVI, directement lié à Europol. À ce propos, une remarque : puisque le DOD panaméricain n'a pas de lien organisationnel direct avec Europol, alors que le CIS a des liens très forts avec le SVI, on peut légitimement se demander si le CIS est une antenne du DOD à l'intérieur de Synactis... ou une antenne de Synactis à l'intérieur du DOD. Après tout, Synactis est en mesure de faire la synthèse des informations recueillies par le DOD et par Europol – donc Synactis est mieux informé que les plus puissants gouvernements de la planète...

« Le CIS a été informé des progrès du mode TM. Et le Department of Defense de l'Alliance Panaméricaine s'est aussitôt saisi du dossier. Plus précisément, c'est la section 'action psychologique' qui a été chargée de réfléchir aux possibilités d'utilisation du mode TM dans le cadre des campagnes d'influence développées par l'Alliance Panaméricaine.

« Comme vous le savez certainement, monsieur Ka, dans le monde d'aujourd'hui, les guerres entre grande puissance ne sont plus des guerres ouvertes, comme il y en avait jadis. Les armées de la Sinosphère, de l'Union Eurocorpo et de l'Alliance Panaméricaine, si elles s'affrontaient de façon ouverte, détruiraient la planète en quelques minutes.

« Les guerres d'aujourd'hui sont menées principalement à l'aide des médias, et secondairement grâce aux mafias. Les médias reçoivent pour tâche de démoraliser l'adversaire, de briser la cohésion de sa population, de perturber de toutes les manières possibles le bon fonctionnement de son système social et économique, principalement en détruisant peu à peu le substrat culturel qui permet aux peuples de se représenter à eux-mêmes. Les mafias, quant à elles, sont chargées d'exploiter les failles créées par l'action psychologique, et si possible de les élargir, en répandant la corruption sous toutes ses formes, et bien entendu sous sa forme la plus immédiatement palpable : les stupéfiants.

« Dans le cadre de ce type de guerre, le mode TM offre évidemment des perspectives fascinantes, et les spécialistes de l'action psychologique l'ont immédiatement compris. Le mode TM permet de modifier les perceptions fondamentales de l'être humain, car ses représentations les plus structurantes peuvent être manipulées à son insu. Pour prendre une image : la publicité classique, la propagande classique, c'est comme manipuler la signalisation le long de la route parcourue par l'esprit. Mais le mode TM, c'est la possibilité de modifier *la route elle-même*.

« Il y a environ trente mois, le CIS a passé commande à Synactis d'une 'arme de destruction psychologique massive', pour reprendre les termes employés par le Department of Defense. Comme ce sont les jeux vidéo qui offrent le meilleur support pour le mode TM, c'est Synacgame, la filiale jeux de Synactis qui a traité la commande. Et ils ont fignolé le travail.

« L'arme en question utilise le mode TM non pour placer des produits, mais pour induire des comportements. En phase 'mimesis', elle utilise principalement l'image maternelle – raison pour laquelle elle est dans l'ensemble plus efficace sur les hommes que sur les femmes ; pour être efficace sur les femmes, il aurait fallu qu'elle utilise davantage l'image paternelle. L'arme commence par instiller une forme floue progressivement identifiée à l'image profonde de la mère. Ensuite, elle organise le retrait progressif de cette forme floue pour susciter une tension, une contradiction que le sujet cherchera nécessairement à surmonter. Arrive alors la catharsis, qui est associée à un comportement déviant – en l'occurrence, il s'agissait de l'autodestruction, par suicide ou, de manière plus symbolique, par la drogue ou l'alcool.

« Les modalités de développement et de test de l'arme en question donnent à réfléchir. Les routines servant à construire les formes floues ont été développées par des laboratoires situés aussi bien dans la Sinosphère que dans l'Alliance Panaméricaine, et comme les sociétés situées dans la Sinosphère rendent toutes des comptes aux services de renseignement chinois, il est très probable que ces derniers étaient au courant du développement de cette arme. Or, *ils ne s'y sont pas opposés*.

« Mais il y a mieux : le groupe Synactis décida de tester l'arme en question, et le lieu choisi pour la tester fut la conurbation Paris-Banlieue. Or, Europol a été mis au courant par le SVI de Synactis, et les autorités eurocorporatives *ont donné leur accord*. En d'autres termes, les dirigeants de l'Union Eurocorpo ont autorisé le Department of Defense de l'Alliance Panaméricaine à tester une arme sur le sol de l'Union Eurocorpo.

« Arrivé à ce point, si vous le permettez, monsieur Ka, récapitulons les données du problème. Nous avons un fond d'investissement opaque, implanté dans un paradis fiscal, et qui contrôle indirectement les dix plus grandes entreprises mondiales. Nous avons une mégacorporation du marché des logiciels, qui met au point une nouvelle technique de marketing s'apparentant quasiment à un viol mental. Nous avons une coopération étroite entre les services de développement de cette mégacorpo et les services spéciaux de deux des trois principales puissances mondiales, et nous avons en outre la probable participation des services spéciaux de la troisième puissance mondiale. Nous avons pour finir le développement d'une arme d'action psychologique, et nous avons un accord entre l'Alliance Panaméricaine et l'Union Eurocorporative pour tester cette arme sur le territoire de l'Union. Vous comprenez, maintenant, monsieur Ka, pourquoi nous trouvons si inquiétant de ne pas savoir qui dirige Davidson Worldwide ? Qui est derrière tout cela ?

« L'arme a été testée il y a un peu moins de deux ans. Le test ne s'est pas déroulé comme prévu. Non que l'arme se soit avérée inefficace, certes non ! Au contraire, le problème est venu du fait qu'elle a *trop bien* fonctionné. En fait, les dirigeants de Synactis ont été dépassés par leur propre succès.

« Ils avaient prévu de faire assembler l'arme par Synacgame Europe, en utilisant des composants développés par Synactis America. Mais au fur et à mesure que l'assemblage avançait, l'équipe de développeurs de Synacgame Europe a été décimée par une mystérieuse épidémie de folie suicidaire. L'arme était tout simplement trop puissante pour être assemblée. Quiconque travaillait dessus souffrait de troubles du sommeil, susceptibles de dégénérer, dans un peu moins d'un cas sur dix, en pathologie mentale lourde – schizophrénie paranoïde, en règle générale, avec des cas de mythomanie et d'obsession sanguinaires.

« Les études effectuées par la suite ont démontré qu'une forme mémorielle paradoxale venait parasiter l'image maternelle floue suggérée par le mode TM. Apparemment, cette forme mémorielle ne s'était pas manifestée tant que le mode TM avait été utilisé en placement produit. Le mode TM, dans le cadre de l'arme mentale, suggère une catharsis par l'autodestruction, mais cette forme floue retourne la dynamique en violence pure et simple – une autodestruction retournée vers l'Autre, si vous voulez, donc la destruction à l'état pur.

« C'était le but du test de vérifier si cette arme pouvait contribuer à créer le chaos dans la population visée, et le moins qu'on puisse dire, c'est que le test s'est avéré concluant. Du fait de l'intervention de cette forme mémorielle paradoxale, qui agit comme le négatif de l'image maternelle, le niveau de violence suggéré par l'arme a été nettement plus élevé que ce qui avait été programmé. En quelques semaines, plusieurs membres de l'équipe Synacgame se sont suicidés, souvent après avoir tué leurs proches.

« Monsieur Ka, parmi les personnes infectées, on trouve, vous l'avez compris, un certain Maxime Blanco, alias 'monsieur Blanc'. Avant d'être atteint par le virus mental concocté par ses estimés collègues de Synactis, c'était plutôt un brave homme. Ses connaissances le décrivent comme un quadragénaire sportif, épanoui, qui adorait sa femme et ses enfants. Mais une fois infecté, il a tué sa femme dans des conditions indescriptibles.

« Après ce meurtre, Blanco s'est réfugié dans une extrazone – *votre* extrazone, monsieur Ka. Là, comme vous le savez, il a commencé à se faire de l'argent en écoulant des copies pirates des logiciels sur lesquels il avait travaillé chez Synactis. Et ce faisant, comme vous l'avez compris, il a diffusé le virus mental mis au point par Synacgame pour le compte du CIS.

« À partir de ce moment-là, tout le protocole d'expérimentation mis en place par Synactis tombait à l'eau. Au lieu d'une diffusion prudente à des cercles de testeurs, les produits contaminants se sont retrouvés sur la place publique – et ils étaient bien, bien plus virulents que tout ce que l'état-major de Synactis avait pu imaginer.

« Quand ils ont compris ce qui se passait, les dirigeants du groupe Synactis ont immédiatement ordonné la diffusion des antidotes – des virus mentaux cachés dans les spots télévisés et les animations satellitaires, grâce au mode TM. Ces virus offraient un ensemble de formes floues en catharsis capables d'inhiber les réflexes de violence et d'autodestruction induits par l'arme d'action psychologique. C'est ce qui explique que les émeutes qui ont déferlé sur la 934, votre extrazone, n'ont finalement pas contaminé le reste de la conurbation – ou seulement sous une forme très atténuée. Il faut trois à quatre semaines d'exposition au mode TM pour qu'il commence à faire sentir ses effets de manière sérieuse. L'antidote a été diffusé assez vite pour stopper le processus.

« Ainsi, monsieur Ka, le reste de la conurbation a été sauvée. Seule votre extrazone, la 934, a été balayée par un raz-de-marée de haine, de violence, de folie.

« Vous comprenez maintenant, monsieur Ka, pourquoi ce n'est pas le surnommé 'Kous' qui a tué votre mère. Ce garçon n'était qu'un instrument. Quand il a fait exécuter votre mère, il était le jouet d'une force supérieure, déchaînée en partie volontairement, en partie involontairement, par les gens qui ont organisé la diffusion d'une arme d'action psychologique fondée sur le mode TM.

« 'Kous' n'était pas totalement innocent, bien sûr. Après tout, il aurait pu ne pas céder à cette force. Mais même s'il n'était pas innocent, il n'était pas non plus le principal coupable.

« Le principal coupable, monsieur Ka, est la personne, ou plus vraisemblablement le groupe de personnes, qui ont commandité l'opération pour le compte des vrais patrons du groupe Synactis, c'est-à-dire les dirigeants occultes de Davidson Worldwide...

« Revenons à Maxime Blanco, alias 'monsieur Blanc'. Quand la situation est devenue incontrôlable, dans l'extrazone 934, il a soudainement disparu. La PC a cependant fini par retrouver sa trace : il avait vendu à un certain William Janson-Benoît, alias Ba444, un pack de routines informatiques confidentielles cryptées par Synactis, en échange d'une filière de sortie sûre – apparemment, monsieur Ka, 'monsieur Blanc' avait quelque doute concernant votre sens de l'hospitalité, et il avait pris ses précautions.

« Nous savions, grâce à la PC, qu'il avait transité par l'extrazone 932, mais ensuite, nous avions perdu sa trace. Et pourtant, je peux vous garantir que ce n'est pas faute de l'avoir cherché ! Maxime Blanco détient semble-t-il une bonne partie, peut-être la totalité des codages qui permettent de décrypter les images subliminales, les 'formes floues', insérées par Synacgame dans ses jeux vidéo. Autant vous dire qu'il nous intéresse au plus au point.

« Et qu'il intéresse sans doute aussi beaucoup les services spéciaux eurocorporatifs, soit dit en passant...

« Nous voulons être les premiers à lui mettre la main dessus, monsieur Ka. Et soit dit entre nous, cela vaudrait certainement bien mieux pour lui, car je doute que les services spéciaux lui laisseraient la vie sauve, s'ils le trouvaient porteur des codes de décryptage Synactis.

« Pour nous, monsieur Ka, mettre la main sur Maxime Blanco est un objectif prioritaire. S'il nous livre les codes de cryptage, nous pourrons décoder certaines séquences de l'arme d'action psychologique Synactis – et, ce qui est peut-être encore plus important, nous pourrons sans doute décoder les antidotes, pour pouvoir les reproduire.

« Bien sûr, vous vous demandez qui est ce 'nous' au nom duquel je parle, depuis tout à l'heure. Alors voilà, en quelques mots : nous sommes un groupe de gens, des gens ordinaires, des particuliers, qui se sont constitués progressivement en une organisation. Notre organisation comprend également des membres de la Police Continentale, et même de la FITEC. Mais ils agissent en tant que simples particuliers, quand ils se joignent à nous.

« Notre objectif est de faire en sorte que ce ne soit plus les gouvernements seuls qui maîtrisent ces armes, mesures et contre-mesures, et avec elles notre destin. Nous n'avons qu'une confiance très limitée dans un gouvernement eurocorporatif capable d'approuver l'utilisation de sa population comme cobaye pour tester une arme nouvelle. Nous n'avons qu'une confiance très limitée dans un système où quelqu'un, à la tête de Davidson Worldwide, peut donner des ordres à la fois aux antennes des services spéciaux panaméricains à l'intérieur de Synactis America, et aux antennes des services spéciaux eurocorporatifs à l'intérieur de Synactis Europe. Nous avons de bonnes raisons de penser que ces gens, inconnus de nous mais que nous savons très puissants, ont à l'égard de notre population des projets fort peu sympathiques. Alors, nous nous organisons en conséquence. Nous nous préparons, de toutes les manières possibles, à affronter une situation où les maîtres de Synactis utiliseraient *pour de bon* leur arme de destruction psychologique massive – pour de bon cette fois, et pas dans le cadre limité d'un exercice.

« Pour l'instant, nous n'avons décodé qu'une petite fraction des routines cryptées insérées il y a deux ans par Synactis dans les jeux contaminants. Mais c'est déjà suffisant pour nous faire une idée de la puissance de cette arme.

« Et pour vous convaincre que je ne délire pas, monsieur Ka, je vous propose maintenant une partie de jeu vidéo. Bien sûr, la copie sur laquelle vous allez jouer n'est pas la copie commerciale. Dans la copie que je vous propose, les formes floues ont été rendues visibles – celles, du moins, que nous avons pu déchiffrer.

« Oh, je sais que vous avez du mal à croire ce que je viens de vous raconter. Mais jouez au jeu que je vous propose, monsieur Ka, et nous verrons si vous croyez. »

*

Richter et Berg laissèrent Karim Saïdi jouer une grosse heure. Ils savaient que ce serait suffisant.

Quand ils retournèrent dans la pièce où il l'avait laissé, ils le trouvèrent prostré sur sa chaise, en état de choc.

Exactement comme ils s'y attendaient.

Richter avait une flasque de schnaps sur lui. Il en offrit une rasade à K2, qui la descendit cul sec.

Il leva les yeux vers eux, et ils reconnurent, dans son regard, cette expression étrange, commune à tous ceux qui revenaient du « territoire » – c'était ainsi qu'on désignait le jeu décrypté.

« Laissez-moi décrire l'expérience que vous venez de traverser, » proposa Berg à K2. « C'est comme si vous aviez regardé dans un miroir capable de refléter non votre visage, mais la structure de votre cerveau. Vous avez littéralement l'impression d'avoir plongé en vous-même. »

Richter sortit de sa poche de chemise un paquet de cigarettes et un briquet. Il posa le tout devant K2.

K2 sursauta. C'était exactement le geste qu'avait eu Richter, deux ans plus tôt, quand il l'avait recruté pour la PC. Et c'était la même marque de cigarettes.

Il piocha une tige et l'alluma.

« Par curiosité, » demanda Berg, « qui avez-vous rencontré ? Votre mère et votre père ? »

K2 grommela : « Je n'ai jamais connu mon père. »

Il y eut un silence, puis il ajouta, à voix basse : « J'ai rencontré des mecs que j'ai tués. »

« Ah, » fit Richter, « moi aussi, ça m'est arrivé. »

Nouveau silence. K2 réfléchissait, il semblait très calme. Berg se fit la réflexion que Richter avait raison : ce garçon était solide. La plupart des gens, après avoir traversé le « territoire », étaient à peine capables d'articuler une phrase sensée pendant plusieurs heures.

K2 demanda soudain à Berg : « Tout à l'heure, vous m'avez dit que 'Kous', je le croyais mort. Ça veut dire qu'il ne l'est pas ? »

Berg regarda Richter, lequel esquissa un sourire.

« Alors ? », insista K2. « Si nous devons travailler ensemble, j'ai besoin de savoir. »

« Donc nous allons travailler ensemble ? »

« Oui, » admit K2. « Evidemment. »

Richter prit une grande inspiration.

« Votre meilleur ennemi, 'Kous', a été exfiltré par la FITEC. J'avais donné consigne de l'éliminer, mais à la fin du soulèvement, de nouveaux ordres sont tombés, venus de très, très haut. Et soudain, il est devenu très important de capturer vivant le plus grand nombre possible de membres de l'organisation responsable des émeutes. 'Kous' est passé par cette charrette-là. Je pense que les commanditaires de l'opération voulaient examiner les résultats de leur manipulation. »

« Je croyais qu'il était passé sous un char ? »

« Non, ils ont fait passer sous le char un type porteur d'une cagoule en expliquant à la foule que c'était le dénommé 'Kous', mais il ne s'agissait pas de lui. Nous avions ordre de faire croire à la mort des leaders, même si nous devions en fin de compte les capturer vivants. »

« C'est qui, le mec que vous avez écrabouillé à sa place ? »

« Je n'en sais rien. La FITEC ne m'a communiqué ce détail. »

K2 réfléchit encore un moment, puis il dit à Richter : « D'accord. Dites-moi où je vous l'amène, le Blanco. »

*

K2 avait tenu parole. Il avait collaboré avec les fractionnaires. Ils avaient pu exfiltrer Blanco. En échange de sa vie et d'un nouveau visage offert gracieusement par la PC, ce saligaud avait livré les routines qu'il tenait en sa possession illégalement. Même s'il en savait moins qu'espéré, grâce à lui, la Fraction avait fait de gros progrès dans son exploration du « territoire ».

K2 était ensuite entré formellement dans la Fraction. Cela s'était fait après qu'il eut exfiltré Blanco. Au début, l'ancien caïd était hésitant. Puis Richter l'avait présenté à Rosso, qui tenait à recruter des profils atypiques.

« Dans la Fraction, » avait expliqué Rosso à K2, « nous ne nous intéressons pas au passé des gens. Ce qui compte, c'est l'avenir. Nous te demandons d'où tu viens, mais seulement pour savoir à qui nous avons affaire. Tout ça n'a pas beaucoup d'importance. L'important, c'est : où vas-tu ? Si tu vas dans la même direction que nous, et même si tu viens d'un endroit très différent de l'endroit dont nous, nous venons, on peut marcher ensemble. Tu veux avoir un avenir ? Nous aussi. Tu en as marre d'être un pion sur un échiquier, dans une partie que tu ne comprends pas ? Nous aussi. Tu veux créer ton environnement au lieu d'être créé par lui ? Nous aussi. Tu veux maîtriser ton destin ? Nous aussi, c'est exactement ce que nous voulons. Tu penses que tu n'y arriveras pas tout seul ? Nous sommes arrivés à la même conclusion. »

Et comme K2 hésitait encore, Rosso ajouta : « Ne crois pas que cela nous ennuie d'avoir avec nous un mec qui a carburé dans un gang. Tu sais, j'ai pas mal traîné dans les extrazones, moi aussi, avant d'être affecté sur Paris Criminelle, et je sais comment marche le système. Je sais que dans certains quartiers, on n'a pas vraiment le choix de son destin. Le fait que tu connaisses ces milieux-là sera au contraire un atout pour nous. Il y a plein de gens, dans la Fraction, qui n'ont aucune idée de ce qu'est une extrazone dure. Notre organisation est faite d'intrazonards et d'extrazonards vivant dans des extrazones encore à peu près potables. Toi, tu saurais leur expliquer, à ces types-là, ce que ça veut dire, une extrazone dure. »

Et voilà pourquoi, depuis son entrée dans la Fraction, K2 était chargé d'accompagner les inspecteurs du chapitre Neustrie quand ils allaient vérifier la bonne organisation de la sécurité dans les réseaux et les groupes…

Berg, au départ, n'avait pas compris pourquoi Rosso demandait à l'ancien caïd de tenir cette fonction de « consultant » d'un nouveau genre. Et puis, peu à peu, elle avait saisi l'intérêt de la démarche. La veille encore de ce jour où K2 s'était retrouvé dans une bergerie abandonnée, sur le plateau du Vercors, pour assister au serment de Ducast, elle avait inspecté un groupe, à Meaux Extrazone Nord, en sa compagnie – et elle avait pu constater l'efficacité du personnage, sa capacité à faire passer certains messages, presque par sa seule présence.

Meaux Extrazone Nord était une de ces petites extrazones mi-afro, mi-euro, comme les villes moyennes en comptaient beaucoup. Les mécanismes d'épuration ethnique n'avaient pas joué partout avec la même intensité, pendant la grande crise des années 2010. Dans les grandes métropoles, où les gens ne se connaissaient pas et où peu de liens intercommunautaires avaient été tissés, l'épuration ethnique avait été totale et rigoureuse. Dans les grandes métropoles, il y avait eu très vite des quartiers afros, des quartiers euros, des quartiers asios, bien délimités. Mais dans les villes moyennes et, a fortiori, dans les petites villes, les mécanismes d'épuration ethnique avaient joué de manière plus variable. Parfois, l'affrontement avait extrêmement violent, parce que les gens se connaissaient *et se détestaient*. D'autre fois, on s'était arrangé, parce qu'on se connaissait *et s'appréciait*, d'un quartier à l'autre.

Localement, des réseaux de solidarité non ethniques avaient pris le relais des chaînes d'approvisionnement normales, pendant les grandes pénuries de biens de consommation. Alors que dans les grandes villes il y avait une intrazone unifiée et des extrazones segmentées par origine ethnique, dans certaines villes moyennes, la situation était plus binaire : d'un côté une intrazone, de l'autre côté une extrazone – ou un tissu d'extrazones imbriquées les unes avec les autres, et communiquant les unes avec les autres.

A cause de cette moindre ethnicisation de l'urbanisme, les habitants des villes moyennes ou des petites villes ne se rendaient pas vraiment compte de ce qu'était devenue la vie dans les extrazones des grandes conurbations. Il existait tout un pan du territoire où l'on savait certes intellectuellement ce qui se passait dans les extrazones dures de la conurbation Paris-Banlieue, mais où on ne parvenait pas à *intégrer* vraiment cette connaissance purement intellectuelle – comme si, à un certain moment, le fait de ne pas être directement confronté à la violence interdisait d'en saisir la profondeur.

Meaux Extrazone Nord était parfaitement représentative de ce syndrome.

Un mois plus tôt, il y avait eu des incidents sérieux à Düsseldorf-Extrazone. La FITEC avait été envoyée sur site, pour « rétablir l'ordre par tous moyens que l'autorité militaire jugerait nécessaire ». Cela s'était terminé par des accrochages sérieux entre les gangs et les forces armées, avec à la clef une bonne centaine de morts – les incidents les plus graves depuis les émeutes de Paris-Banlieue, trois ans plus tôt. Les gangs de Düsseldorf avaient appelé à l'aide leurs « frères » des autres extrazones – et, à nouveau, on avait vu surgir la rhétorique pseudo-islamique qui avait fleuri pendant les incidents de Paris-Banlieue.

Pour l'instant, la Fraction n'avait pas d'informations laissant penser qu'il s'agissait d'une nouvelle manipulation par une quelconque arme d'action psychologique. Il pouvait tout bonnement s'agir d'un concours de circonstances.

Mais peu importait, de toute manière. Au point où on en était, étant donné le degré d'infestation de tous les supports médiatiques par le mode TM, il était probable que l'équilibre psychique de toute la population était brisé. À la limite, les techniques de marketing déployées par les mégacorpos constituaient désormais une arme d'action psychologique *en elles-mêmes*, indépendamment de leur finalité commerciale.

Les extrazones de Paris-Banlieue avaient commencé à bouger dans la foulée de Düsseldorf. Des patrouilles de la PC attaquées, des magasins eurocorporatifs pillés, etc. Le chapitre fractionnaire de Neustrie avait activé ses contacts au sein des forces de police et dans la presse. But de l'opération : estimer le risque de dérapage et s'enquérir de l'attitude des forces de l'ordre.

Richter, principal contact de la Fraction à l'intérieur de la PC sur Paris-Banlieue, avait été formel : les instructions de la PC n'avaient pas évolué depuis les incidents survenus trois ans plus tôt. À savoir : protéger en toutes circonstances l'intrazone à sécurité maximale Neuilly-la Défense-Puteaux, dite Zone NDP.

Dixit Eric Vidal, responsable sécurité sur Paris-Banlieue, lors de la conférence des responsables PC sur la conurbation : « Comme tous les flics de la planète, nous sommes au service des gens qui nous payent, et les gens qui nous payent sont les mégacorpos installées dans la zone NDP. Donc nous protégeons prioritairement cette zone-là, parce que c'est là que se trouvent les gens dont notre salaire dépend. Des questions ? » – pas de questions dans la salle.

Une fois sécurisée la zone NDP, la PC et la FITEC avaient reçu pour mission de protéger Paris-Intrazone, et plus particulièrement les quartiers *rupins*. S'il restait ensuite des disponibilités, et seulement dans ce cas, les extrazones devaient être sécurisées. Comme il était peu probable qu'il restât beaucoup de disponibilités une fois Paris-Intrazone sécurisé, cela impliquait qu'en pratique, les extrazones seraient abandonnées à leur sort.

En d'autres termes, la population pacifique des extrazones allait être livrée en pâture aux hordes barbares issues de ces mêmes extrazones. Etant donné la sociologie des extrazones, cela voulait dire en pratique que les extrazones euros et asios, âge moyen élevé, revenu légèrement supérieur au minimum vital, étaient promises au pillage par les bandes issues des extrazones afros, âge moyen inférieur à vingt-cinq ans, forte proportion de revenus inférieurs au minimum vital.

Dans ces conditions, et même si les rapports de police laissaient penser que la flambée de violence retomberait rapidement, le chapitre de Neustrie décida de lancer un exercice général d'alerte. De toute manière, c'était une excellente occasion de tester les réflexes collectifs de défense dans l'organisme fractionnaire en Neustrie.

Tous les réseaux relayèrent l'alerte. Mais dans le réseau Pays de Brie, le groupe Meaux Extrazone Nord ne réagit pas correctement...

Stéphanie Berg et K2, devant la cellule de commandement du groupe Meaux Extrazone Nord. Berg placide, posée, le ventre légèrement en avant dans la position caractéristique de la femme enceinte – c'était son dernier mois avant d'être obligée de se mettre au repos. K2 légèrement en retrait, les yeux baissés, comme absorbé dans ses pensées.

Berg observait la cellule de commandement, debout en rang d'oignons devant elle. Tout le monde était là : le représentant, le référent, l'intendant, le gardien et le veilleur. La réunion avait été organisée à l'initiative du gardien, un certain Pierre-Yves, qui avait à se plaindre du comportement de son représentant, un certain Vincent. Le veilleur, Yann, avait soutenu la requête du gardien. Le référent, Malek, et l'intendant, Désirée, semblaient garder une prudente neutralité.

L'organisation fractionnaire était la même à chaque niveau. Il y avait cinq filières – les représentants, pouvoir exécutif ; les référents, pouvoir judiciaire ; les intendants, chargés des finances ; les gardiens, chefs militaires ; et enfin les veilleurs, la police. Chaque filière avait un membre dans chaque groupe, dans chaque réseau, dans chaque chapitre.

Le représentant était le chef du groupe. En théorie, son autorité était complète, sous réserve qu'il respecte le code fractionnaire. Seul le représentant de réseau pouvait le contredire. Même si le style de direction promu était généralement assez participatif, la Fraction était une organisation hiérarchique, où le principe d'autorité prévalait. Le représentant devait faire preuve d'écoute, inviter les membres du groupe à s'exprimer avant de prendre position. Mais une fois qu'il avait fait son opinion et pris une décision, sauf veto motivé du référent, cette décision s'imposait à tous – « sans hésitation ni murmure ».

La Fraction était, fondamentalement, une organisation civile, adaptée donc à la vie civile. Mais c'était une organisation civile *conçue pour pouvoir se transformer instantanément en organisation militaire*, si cela devenait nécessaire. En conséquences, cette organisation civile était souterrainement calquée sur la structure des organisations militaire.

Et comme toute organisation de type militaire, ce n'était pas une démocratie.

Et donc, quand le représentant ne faisait pas son boulot, la machine tombait en panne.

Il y avait un garde-fou : le référent était chargé de vérifier que le représentant respectait le code fractionnaire – recueil de lois élaboré par le conseil central de la Fraction. L'autorité du représentant était en effet complète *à condition qu'il n'agisse pas contre le code fractionnaire*. Si un représentant de groupe prenait des décisions manifestement contraires à ce code, le référent de groupe devait poser un veto et signaler le problème au référent de réseau, lequel en avisait le représentant de réseau. Le représentant de réseau devait alors résoudre le problème, et s'il ne le faisait pas, le référent de réseau pouvait à son tour aviser le référent de chapitre. Celui-ci pouvait alors se tourner vers le représentant de chapitre, et si celui-ci ne répondait pas à la requête, le code fractionnaire prévoyait un garde-fou ultime : la convocation d'un jury de trente fractionnaires tirés au sort, instance habilitée à trancher toute crise insoluble par les voies ordinaires.

Ce système de double hiérarchie rappelait un peu le double commandement dans l'Armée Rouge de Trotski, officiers d'une part, commissaires politiques d'autre part, mais avec tout de même quelques différences : d'abord la loi était écrite, il n'y avait pas d'arbitraire ; ensuite les responsabilités étaient clairement tracées : les référents n'avaient pas à se mêler de la conduite opérationnelle des groupes. Cela, c'était l'affaire des représentants. Le seul travail des référents était de connaître le code fractionnaire et de vérifier qu'il n'était pas transgressé. Sortis de leur fonction de contrôle, c'était des fractionnaires absolument comme les autres, sans aucune autorité propre.

Dans le cas de Meaux Extrazone Nord, le représentant avait refusé de faire exécuter l'ordre de mobilisation transmis par le réseau, au motif « qu'il n'y avait aucune menace sérieuse à Meaux ». C'était une faute de sa part, mais en l'occurrence, le système de double commandement ne fut d'aucune utilité. Le référent avait consulté le code fractionnaire, et il n'avait rien trouvé qui s'appliquât précisément à ce cas de figure. Le code précisait que le représentant de groupe « agissait au mieux des intérêts du groupe au vu de la situation locale et dans le cadre des instructions transmises par le représentant de réseau ». Le référent ne pouvait pas s'opposer au représentant sur cette base. Le représentant jugeait que l'alerte n'était pas fondée, et il était dans son droit.

Berg prit note des explications du référent, puis elle demanda au veilleur ce qu'il pensait de l'appréciation de la situation par le représentant.

Le veilleur était chargé, dans les groupes fractionnaires, du renseignement au sens large. Cela incluait principalement deux fonctions : repérer les dangers potentiels pour la Fraction au niveau local, et s'assurer que les fractionnaires n'étaient pas « retournés » par une organisation adverse. Logiquement, s'agissant de l'appréciation des menaces, un représentant sérieux devait d'abord consulter son veilleur.

Le veilleur de Meaux Extrazone Nord, un petit homme sec au regard vif, était visiblement soucieux de soutenir le gardien. Mais il était aussi tenu par l'obligation de tout fractionnaire : dire la vérité aux autres fractionnaires.

« Je dois reconnaître, » admit le veilleur, « que je n'ai aucune information me permettant de supposer qu'il y avait une menace directe et immédiate sur la sécurité des fractionnaires de notre groupe. »

Berg se mordit la lèvre. La position du veilleur n'allait pas lui faciliter la tâche. Elle n'était pas prête à blâmer un représentant, sauf si elle pouvait démontrer qu'il avait vraiment failli.

K2 intervint soudain, alors qu'il s'était jusque là fait oublier dans un coin de la pièce.

« Combien de dossiers as-tu sur les dangers potentiels dans ton ressort ? », demanda-t-il au veilleur.

« Une dizaine. »

« Ce n'est pas assez. Il y a trente mille habitants dans ton ressort, et tu sais ce que ça veut dire : ça veut dire qu'il y a au moins trois ou quatre cents lascars affiliés à des gangs. »

Le représentant intervint, sur un ton cassant.

« Les gangs d'ici, ami, ne sont pas comme ceux de Paris-Banlieue. Ils dealent, bien sûr, et il y a parfois de sales affaires, mais dans l'ensemble, ils ne commettent que des petits larcins, des vols à la roulotte, etc. Tout ça ne va pas bien loin. »

K2 leva les yeux vers le représentant. Il y avait une lueur d'ironie au fond de son regard.

« Tu sais ce que je vois, quand je te regarde ? », demanda-t-il au représentant.

Celui-ci haussa les épaules en signe d'ignorance.

« Je vois un brave homme qui se trompe de lieu, d'époque et de méthode. »

« Explique. »

K2 alluma une cigarette. Il faisait toujours ça quand il allait expliquer les choses sérieusement.

« Jusqu'ici, ami représentant, ici, en Neustrie, dans ta petite ville, les choses se passent à la bonne franquette. Finalement, ça roule plus ou moins pour tout le monde, pas vrai ? »

Sourire amusé.

Puis, sérieux, soudain.

« Tu vois, je vous regarde, là, tous, et je me dis : ces gars-là ne tiendront pas cinq minutes si ça chauffe. Pas que vous soyez lâches, non. Ni faibles, ni bêtes. C'est juste que vous n'y êtes pas. Je vous regarde, là, devant moi, et je me souviens de la manière dont ça fonctionne, là d'où je viens, et je me dis : ils n'y sont pas. Le jour où ils se retrouvent d'homme à homme avec les crews de Paris-Banlieue, ces mecs explosent en cinq minutes chrono.

« Vous savez pourquoi ? Parce que vous êtes des femmes.

« Ouais, me regardez pas comme ça. Je cherche pas à vous insulter, je vous dis la vérité : vous êtes des femmes. Vous raisonnez comme des femmes. Vous vivez depuis trop longtemps dans un pays trop riche, vous vous êtes habitués à vivre comme des femmes. Comme des bourgeoises. Vos valeurs, votre façon de penser, c'est pas les valeurs, c'est pas la façon de penser de mecs qui portent leurs couilles.

« Vous savez comment je le sais ? Je le sais, parce que comme des femmes, vous cherchez à pas avoir d'ennemis.

« Vous avez un veilleur qui trouve qu'avec dix ennemis, il a ce qu'il lui faut pour gamberger. Votre veilleur ne cherche pas vraiment à *trouver* vos ennemis. Il est content quand il en a pas trouvés. Et ça, c'est la façon de raisonner des femmes. Ce sont les femmes qui veulent pas d'ennemi. Quand t'es une femme, tu veux faire des enfants, tu veux la paix. Les hommes, eux, ils veulent pas ça, c'est pas leur boulot. Leur boulot, c'est d'aller tuer les enfants de l'ennemi, pour qu'il y ait plus de terre pour leurs enfants à eux.

« Et ouais, mes gueules, *c'est comme ça que ça marche*. Ouais, je sais, je sais ce que vous pensez. Vous pensez que je suis une brute, un salaud, un connard. Et vous avez raison. Je suis tout ça. Je suis méchant, cruel, j'ai soif de domination, je veux imposer ma volonté par la force. C'est ma nature. Vous savez pourquoi ? Parce que j'ai grandi dans un monde où si tu fais pas le méchant, tu fais la victime. Dans mon monde, *c'est comme ça que ça marche*.

« Alors, je suis là, devant vous, le méchant, le cruel, le salaud, le connard. Vous m'avez vu ? Vous m'avez bien regardé ? Ouais ? Vous avez saisi le message ? Bon, alors maintenant écoutez : des mecs comme moi, des mecs qui pensent comme je viens de vous dire, dans Paris-Banlieue, extrazones, y en a un ou deux millions, et ils en ont rien à cirer de vos valeurs de femmes. Ces mecs-là, ils ont grandi dans des coins où tu t'imposes que par la force. Ils sont en guerre, tout le temps, entre eux, et avec les crews de cintrés qui débarquent tout droit d'Afrique ou d'Inde, des mecs qui arrivent d'un enfer que vous autres, les gars, vous pouvez même pas imaginer.

« Ouais, ouais, vous pouvez même pas imaginer, pas la peine d'essayer. La vie dans les bidonvilles de Karachi ? Vous pouvez pas imaginer. Y a des mecs, des Pakis qui bossaient avec nous et qui m'ont raconté. Là-bas, la vie d'un homme, elle vaut même pas un eurodol. Tu trouves des junkies dans les rues, en veux tu en voilà, qui te tiennent un contrat pour même pas un eurodol. Pas de problème : la vie d'un homme là-bas, c'est même pas la valeur d'un chien ici.

« Et vous autres, vous êtes là, devant moi, avec vos couilles que vous portez pas, tout contents parce que jusqu'ici, pour vous, ça se passe à la bonne franquette.

« Ben va falloir vous réveiller les gars, parce que si vous portez pas vos couilles, y en a qui viendront vous les couper. Les cintrés que je viens de vous parler, les mecs complètement barrés, qui viennent de Karachi ou de Lagos, y en a des milliers, à même pas une heure de caisse de chez vous.

« Si ces mecs-là débarquent un jour en force, dans votre coin, ils iront trouver les petits cons de vos quartiers. Ils leur fileront des flingues, et là, vous verrez ce que les blacks font des fromages blancs comme vous. Ou des nordafs comme toi, Malek, c'est pareil. Tu le sais, toi, hein, ce qu'ils feront ? Hein ? Et toi, Désirée, la black qui vit avec un Blanc, à ton avis, ils feront quoi, les mecs qui arrivent de Lagos, s'ils te tombent dessus ? Et ouais, t'as compris. Un conseil : s'ils rappliquent, tue-toi tout de suite ou graisse ta chatte.

« Ces mecs-là, s'ils veulent un truc qui est à vous, ils s'en prendront à vos enfants, sur le chemin de l'école. Alors vous savez quoi ? Y a qu'un seul moyen d'être tranquilles avec des mecs comme ça : faut que vous sachiez à quelle école vont leurs enfants.

« Ou leur petite sœur. Ou leur petit frère.

« Ouais, je sais, c'est pas glamour. Mais si vous voulez survivre, faudra peut-être un jour en passer par là.

« C'est comme ça que ça marche, les gars. C'est comme ça que c'est, et c'est comme ça que ça sera. Alors faut le savoir, et faut agir en conséquence.

« Le veilleur, ici, demain, il dit plus : 'ouais, y a une dizaine de mecs qui posent problème, donc on a ça dans nos dossiers et ça suffit'. Le veilleur, demain, il dit : 'pour que le groupe reste en éveil, pour que les réflexes soient entretenus, faut qu'on ait au moins cent mecs dans nos dossiers. De toute façon, même s'ils sont pas vraiment dangereux aujourd'hui, ils peuvent le devenir demain'. Alors le veilleur, il se démerde, et il trouve une centaine de mecs dangereux. Parce que c'est comme ça, quand tu t'es trouvé des ennemis nombreux, c'est comme ça que tu te souviens, tout le temps, que tu dois porter tes couilles.

« Et si tu t'en souviens tout le temps, tu t'en souviendras au moment où ça sert. »

Fin de l'algarade.

K2 retourna s'adosser au mur du fond. Berg observait le groupe, devant elle. Les types n'en revenaient pas. Les yeux ronds, la mâchoire inférieure pendante.

Berg se dit que K2 était une véritable bénédiction. Exactement le genre de type qu'il fallait montrer à ces marioles pour leur remettre les idées à l'endroit.

Là, en ce moment, les joyeux drilles de Meaux Extrazone Nord gambergeaient. Ils imaginaient un million de gugusses taillés sur le format du sieur K2, sortant brutalement de Paris-Banlieue et déferlant sur les campagnes proches.

Et ça, ça leur donnait à gamberger, à ces marioles. Oh que oui, ça leur donnait à gamberger.

Comme souvent lorsqu'elle se trouvait devant un groupe venu d'une extrazone de province ou d'une intrazone protégée, Berg éprouvait un sentiment complexe, un mélange de compassion et de colère. Comme ces gens étaient stupidement bons ! Ils avaient tant de bonté en eux, tant de simplicité, qu'il était impossible de leur pardonner leur faiblesse. Quand on est bon, on doit être fort. C'est un devoir. On doit être fort quand on est bon, parce qu'on porte en soi une partie de la bonté du monde, et cette partie, on doit la défendre. Un bon n'a pas le droit d'être faible, parce que sa faiblesse rend forts les mauvais. Un bon n'a pas le droit d'être pauvre, parce que sa pauvreté rend riches les mauvais. Un bon n'a pas le droit d'être lâche, parce que sa lâcheté enhardit les mauvais. C'est comme ça : quand tu es bon, tu dois l'être *vraiment*.

Elle les observa, ces joyeux drilles de Meaux Extrazone Nord, et elle se dit, pour la millième fois peut-être depuis qu'elle était entrée dans la Fraction : alors voilà avec quelle troupe il allait falloir affronter les barbares ? Voilà les résistants qui devraient faire face, peut-être, un jour, à la tempête de feu déchaînée par les maîtres inconnus de Synactis, de Davidson Worldwide, et de l'immense puissance qui étendait son empire, d'un bout à l'autre du monde ? – Quand elle pensait au rapport de forces qui s'était établi, désormais, entre les peuples émasculés et les puissances ensauvagées, Berg avait presque envie de rire.

C'est vrai, c'en était comique : d'un côté ces cinq malheureux qui s'imaginaient que le monde était bon, doux, et qu'il suffisait de ne pas penser à mal pour ne pas être confronté au Mal, et en face un million de fous furieux, manipulés, programmés, infestés de virus mentaux par l'énorme machinerie, par l'immense puissance mondiale. Comment ne pas sourire, à la perspective d'un combat aussi déséquilibré ?

Elle se tourna vers Vincent, le représentant.

« Tu comprends, ami représentant, pourquoi quand le réseau te dit de mobiliser, tu dois mobiliser ? »

Vincent hocha la tête.
« Oui, » fit-il. « *Je comprends.* »

CHAPITRE X - LE TERRITOIRE

Jean-Baptiste Ducast à l'entrée du Territoire.
Le prof pensait que c'est là que se livrerait la vraie bataille. Là, dans le Territoire.

C'est pourquoi il ne s'inquiétait pas du rapport de forces entre la machine et les dissidents. Il ne voyait pas les choses comme Berg. De son point de vue, le rapport de forces, en lui-même, ne signifiait pas grand-chose.

Voici comment Ducast voyait l'affaire : l'énorme machine était bien sûr infiniment plus puissante que les peuples ; seulement pour vaincre, il lui faudrait conduire un projet infiniment plus complexe que celui des peuples. Donc la machine était la plus forte, mais elle avait la tâche la plus difficile.

Pour vaincre, il fallait que la machine mette le monde entier sous contrôle.

Qui peut conduire semblable entreprise ? Rosso avait parlé à Ducast, au sujet des extrazones. Richter avait procuré à la Fraction les débriefings de la FITEC, après les émeutes, trois ans plus tôt. Apparemment, les opérations avaient été bien conduites, par des officiers compétents, qui dirigeaient des troupes excellentes, dotées des armements les plus récents. Les soldats de la FITEC étaient de bons professionnels, et ils avaient des moyens technologiques *extraordinaires*.

Et pour finir ? Eh bien pour finir, ils s'étaient *plantés*.

Pourquoi ? Tout simplement *par hasard*. Un gugusse avait eu envie de pisser au mauvais moment, il était tombé nez à nez avec un commando FITEC au grand complet, il avait donné l'alarme à ses potes, et cela avait suffi pour mettre toute l'opération par terre.

Conclusion : la machine pouvait tout calculer, tout conditionner, mais ses serviteurs seraient toujours, en dernière analyse, à la merci d'un accident.

Le réel n'est pas prévisible à cent pour cent.

Jamais.

Quand Rosso avait raconté l'affaire à Ducast, le prof s'était dit : voilà la raison profonde pour laquelle la machine échouera. L'homme n'est pas programmable. Pour le programmer, il faut le détruire. Donc le projet de la machine est irréalisable, parce que l'homme ne se laissera pas détruire.

Par opposition, le travail des dissidents était finalement très simple. Pour vaincre, il leur suffisait de conserver leur liberté de penser. Tant qu'il se trouverait quelque part dans le monde quelques cerveaux humains non programmés, l'énorme machine serait en échec.

D'un côté, des moyens formidables mis au service d'un projet irréalisable. En face, des moyens dérisoires, mais un projet très simple.

Voilà pourquoi la vraie bataille se livrerait dans le Territoire – dans cet espace mental peuplé de formes floues. Dans cet espace sacré, théoriquement inviolable, et désormais investi par le mode TM. Là se dresserait la dernière forteresse des hommes, là se livrerait le dernier combat – le combat décisif.

Depuis l'exfiltration de Blanco et grâce aux travaux d'Hélène Pelletier, la Fraction avait fait de gros progrès dans la connaissance du mode TM. De larges fragments en avaient été décryptés. Une grande partie des formes floues, subliminales dans le mode TM, avaient été rendues visibles dans les versions piratées des jeux Synacgame.

Il manquait cependant le plus important : les antidotes. C'était à leur recherche que Ducast partait, quand il s'aventurait dans le Territoire. Et il n'était pas loin de penser qu'en dépit des apparences, ce travail-là s'avérerait, en dernière analyse, plus décisif que les procédures de sécurité mises en place par Berg, ou même que le travail d'organisation conduit par Rosso.

Ducast s'était désormais presque complètement retiré de la Fraction opérative. Il passait le plus clair de son temps à étudier le Territoire. Assis dans un fauteuil aux accoudoirs de bois, au fond de la chambre mansardée qu'il occupait dans la maison familiale d'Isabelle Cardan, il plongeait dans le virtuel des heures durant, chaque jour. Le masque de virtualité sur le front, le gameglove sur la main droite, il jouait à un jeu qui n'avait rien à voir, mais vraiment rien à voir avec celui initialement programmé par Synacgame.

Jean-Baptiste Ducast jouait à cache-cache avec le Diable.

*

Le Territoire est un miroir. Ce miroir reflète un décor, une trame de fond tissée par le monde corporel. Dans la version commerciale du jeu, ce décor est l'enjeu. Les péripéties dans le monde corporel forment la trame du jeu. Les formes floues sont présentes en images subliminales. Les joueurs les voient, mais sans savoir qu'ils les voient.

Dans la version décryptée sur laquelle joue Ducast, le décor corporel n'a que très peu d'importance. Il n'est intéressant qu'en lien avec la véritable intrigue, celle tissée par l'interaction des formes floues. C'est là que se joue la vraie partie, quand le miroir reflète non le monde, mais le regard de celui qui le contemple. C'est là, dans le regard que l'être porte sur le monde, c'est là que se joue la vraie partie, entre des formes imaginaires, fugace représentation d'une réalité supérieure, purement intellectuelle.

Quand il entre dans le jeu, Ducast se trouve aux portes de la ville. Il voit s'approcher les trois marchands, à qui il faudra demander de l'aide pour franchir la porte. Dans leurs ombres, il voit se cacher d'autres ombres.

Le premier marchand, un homme grand et fort, dit à Ducast : « Je te ferai rentrer si, en échange, tu me débarrasses d'un de mes concurrents. »

Pendant que l'homme parle, Ducast regarde la forme floue cachée dans son ombre. Il la regarde, il la scrute, et peu à peu, il lui semble reconnaître, très vaguement, la silhouette de son père. Et puis, une fois qu'il a cru la reconnaître, cette silhouette devient de plus en plus précise, et bientôt c'est son père qui se tapit dans l'ombre du marchand.

Mais quelle est cette étrangeté ? Ducast détourne le regard un instant, et quand il le ramène vers le marchand, ce n'est plus son père qui est caché dans l'ombre. Puis l'instant d'après, à nouveau, c'est son père. Pendant un très court moment, Ducast a eu l'impression de voir quelqu'un d'autre dans l'ombre du marchand, quelqu'un qui n'était pas son père. Un visage inconnu, mais une impression de déjà vu…

Quel est cet autre visage, caché derrière le visage du père de Jean-Baptiste Ducast ?

Ducast l'ignore. Il répond au marchand : « Je ne t'aiderai pas. »

Voici le deuxième marchand, à présent. Un petit homme à la mine effarouchée, avec des petites mains fragiles.

« Je te ferai entrer, » dit-il, « si tu me sers de garde du corps une fois à l'intérieur. »

Ducast observe l'ombre qui se tapit dans l'ombre du marchand. Il observe l'ombre, et soudain, il lui semble reconnaître le visage de sa mère, comme si elle se tenait derrière ce marchand – comme si elle cherchait, elle aussi, une protection. Ducast détourne le regard un instant, puis il le ramène vers l'ombre. Pendant un très court instant, il voit quelqu'un dans cette ombre, quelqu'un qui n'est pas du tout sa mère. Puis l'instant d'après, à nouveau, l'ombre dans l'ombre a le visage doux et paisible d'une mère aimée.

Ducast répète l'expérience : à chaque fois, fugitivement, un visage se dévoile qui n'est pas celui de sa mère. Mais à chaque fois, la transformation est trop rapide, et Ducast ne parvient pas à reconnaître le visage évanescent.

Il décline la proposition du deuxième marchand. À présent, voici le troisième larron, le marchand rubicond.

Celui-là dit à Ducast : « Je te ferai entrer, mais il va falloir me payer pour cela. Combien m'offres-tu ? »

Ducast propose dix pièces d'or, soit la moitié de ce qu'il a en bourse. Le marchand lui sourit et lui dit : « J'en veux le double, ou tu n'entreras pas. » Ducast obtempère. Il sait, par expérience, que ce marchand-là demande toujours la totalité des vingt pièces d'or. Toujours.

Ducast regarde dans l'ombre du troisième marchand. Et dans cette ombre, il ne voit *rien*. Il n'y a pas d'ombre cachée dans l'ombre de ce marchand-là, ou bien elle est si bien cachée qu'on ne la voit pas. C'est un marchand, il veut son or, on le lui donne et on entre. Voilà tout.

Ducast donne ses vingt pièces d'or, et il entre dans la ville.

Là, il doit choisir entre trois directions. À gauche, il y a la rue qui mène au quartier mal famé, celui des prostituées, des salles de jeu et des tavernes. Vers la droite, il y a le quartier du temple – prêtres, étudiants et croyants en pèlerinage. Tout droit, il y a la forteresse, où très probablement la princesse est prisonnière.

Ducast veut des renseignements. À chaque partie, la princesse change de place, alors à chaque partie, il faut partir à la pêche aux informations.

Et pour cela, il faut parler aux gardes. Eux seuls savent où se tient la princesse.

Ducast tourne le dos au temple. Il prend à gauche, vers les tavernes.

Ce qu'il cherche ? Des gardes en vadrouille.

Eméchés de préférence.

*

La grande rue qui mène au quartier des tavernes est, dans le jeu commercial, parsemée de spectacles plus ou moins guillerets. Ici, un ivrogne parle tout seul, debout sur la margelle d'un puits. Là, un jeune homme svelte joue de la cithare. Plus loin, un riche seigneur aux vêtements somptueux tient une jeune femme par la taille. Ducast longe la rue et prête à peine attention à ces péripéties secondaires. Depuis le temps qu'il joue à ce jeu, il a fait connaissance avec les personnages inventés par Synacgame. Il sait que l'ivrogne noie un chagrin d'amour dans un torrent de gros vin bleu, il connaît par cœur les trois morceaux que joue le musicien, il sait que le riche seigneur est un mari trompé, qui cherche consolation auprès d'une gamine effrontée – sans se douter qu'il s'agit d'un pickpocket bien décidé à lui faire les poches.

Ducast, qui joue sur la version décryptée, voit les ombres qui s'agitent dans l'ombre de ces personnages. Il n'y attache pas davantage d'importance. Cela fait longtemps qu'il a compris à quoi correspondent ces formes floues.

Dans l'ombre de l'ivrogne, voici une silhouette infantile, vaguement esquissée. On dirait que cette silhouette pleure. Ducast la regarde rapidement, et déjà, il lui semble reconnaître sa propre silhouette – ou plutôt : sa silhouette *d'enfant*.

Soudain, une bouffée d'angoisse. Jean-Baptiste Ducast se souvient du jour où il s'était perdu dans Paris. Tout lui revient en mémoire – chaque détail, au point qu'il a impression de revivre sa mésaventure. À nouveau, il a dix ans. Tout y est. Les Citroën DS, les affiches électorales du futur président Pompidou. Les gardiens de la paix portant képi. Des rues peuplées d'hommes en cravate, presque tous blancs de peau, presque tous coiffés avec une raie. Les femmes en jupe et bottes. L'odeur du tabac, partout. La France en 1969.

Se peut-il qu'il se souvienne de la couleur des liserés, aux képis des policiers ? Eh bien, oui, il s'en souvient ! Il se souvient de tout. Les affiches électorales étaient ridicules, il y repense avec attendrissement. « Avec la France, pour les Français ». Et qui est ce monsieur qui voulait être « un président pour tous les Français » ? – Voilà, ça lui revient : Alain Poher.

Qui se souvient encore d'Alain Poher, en l'an XXI de la nouvelle ère ? Eh bien, Jean-Baptiste Ducast se souvient encore de lui ! Pourquoi ? Parce que c'est devant une affiche de ce candidat-là qu'il retrouva enfin sa maman, soixante-dix ans plus tôt. Après avoir couru, affolé, tout le long du Boulevard Montparnasse.

Magie des formes floues, que les utilisateurs normaux du jeu Synacgame voient sans voir...

Tout le monde a perdu sa maman, au moins une fois, alors qu'il était enfant. Et tout le monde se souvient de la terreur éprouvée, ce jour-là. Et tout le monde donnerait n'importe quoi pour ressentir à nouveau le soulagement, la joie, ressentie jadis quand maman réapparut.

Ducast détourne son regard de l'ivrogne à l'enfant. Il regarde à présent le musicien, et voici qu'une ombre dans l'ombre lui rappelle son père, un jour de colère. C'était avant Paris et le boulevard Montparnasse. C'était à la maison, dans la banlieue de Lyon. Ducast devait avoir cinq ou six ans, et il avait fait une grosse, une très grosse bêtise. Il avait desserré le frein à main de la voiture paternelle, garée en pente. La voiture était partie en arrière, le petit Jean-Baptiste n'avait pas compris ce qui se passait. Son père était vraiment en colère. « Ne refais jamais ça, Jean-Ba. Jamais ! »

Pourquoi Synacgame a-t-il implanté l'ombre d'un père en colère dans l'ombre d'un musicien ? – Ducast connaît la réponse à cette question. Une réponse à la fois très simple et très compliquée, et qui tient en deux mots : « *marketing expérientiel* ».

A présent, le prof observe le charmant pickpocket. Il n'est pas surpris de reconnaître, dans son ombre, une ombre floue qui lui rappelle, soudain, une brasserie du cours Mirabeau, à Aix en Provence. C'était en 1982 de l'ancienne ère. Il avait rendez-vous avec une fille, et cette fille n'était pas venue. Elle s'appelait… Mince alors, il ne se souvient plus de son nom ! Pourtant, à l'époque, il en avait pleuré, de ce lapin tout chaud, posé par cette petite peste.

Derrière son masque de virtualité, Ducast sourit. Les manipulations mentales de Synacgame sont d'une redoutable efficacité tant que les cibles n'ont pas conscience d'être manipulées. Mais quand on connaît le dessous des cartes, on sourit devant la naïveté des ressorts utilisés par Synactis. Le moins qu'on puisse dire, c'est que ces gars-là ne font pas dans la finesse. Même chez Walt Disney, au temps jadis, les ficelles étaient mieux cachées que chez Synacgame.

Le marketing expérientiel, pour ce que Ducast en a retenu, consiste à favoriser l'immersion du joueur dans le jeu pour mieux lui instiller les besoins et les frustrations génératrices du désir. C'est une technique de publicité proactive particulièrement bien adaptée aux jeux vidéo.

Le joueur doit s'identifier à son avatar, une identification favorable au bon développement du mode TM. Une fois le joueur « immergé » dans le jeu, les sensations qu'il prête à son avatar deviennent ses sensations propres. En induisant des états psychiques en lien avec des représentations précises, le jeu crée des schémas mentaux. La répétition à très haute dose fait le reste. Et voici les arcs réflexes neurologiques mis en place, qui conditionneront le comportement du joueur dans le monde réel !

Dans le cas des armes d'action psychologique développées par Synacgame pour le Department of Defense, les mêmes mécanismes ont été utilisés, mais sous une forme modifiée – l'objectif n'est plus de vendre un produit, mais de conditionner les cibles à adopter un comportement agressif. Une agressivité que seule l'injection de l'antidote permettra d'annihiler, bien entendu – d'où l'intérêt stratégique de la démarche, pour le camp qui, seul, détient l'antidote.

La manipulation mentale sous-jacente à cette arme psychologique suscite une violente frustration, bien plus violente que celle générée par le mode TM commercial. Les formes floues décelées par Ducast, alors qu'il marche vers le quartier des tavernes, ont pour fonction de *créer* cette frustration. Si Ducast avait choisi de suivre le premier marchand, celui taillé à l'image de son père, le jeu aurait privilégié d'autres formes floues, plus axées sur la figure paternelle. S'il avait décidé de suivre le second marchand, celui taillé à l'image de sa mère, le jeu aurait utilisé la figure maternelle de manière systématique. Là, Ducast ayant choisi le troisième marchand, le programme joue à la fois sur la captation de la figure paternelle et sur celle de la figure maternelle.

La première forme floue, celle de Ducast enfant cherchant sa mère ? Il s'agit de déclencher un réflexe de peur. Pour cela, il faut remonter à la peur originelle, celle du nourrisson qui sort du ventre de sa mère. De là, l'évocation d'un souvenir traumatique lié à la figure maternelle. L'instant où l'être particulier s'est coupé du tout : voilà ce que Synacgame recrée dans l'esprit du joueur.

La Chute.

La deuxième forme floue, celle du père de Ducast, en colère, dans l'ombre du musicien ? Il s'agit de susciter une sensation de frustration, afin de renforcer encore la peur. Le principe : inhiber les capacités d'action et de création. Sous-entendu : si tu tentes de retourner vers le Tout par tes propres moyens, alors le Tout se transformera en ce que tu crains le plus – c'est-à-dire, évidemment, ton père.

Le Dieu de colère.

La troisième forme floue, celle de cette jeune femme qui posa jadis un lapin au jeune Ducast ? La clef de voûte pour que l'édifice de peur tienne bien solide, bien implanté dans l'esprit du sujet. Un message très clair, très simple : nous, nous qui programmons ce jeu, nous pouvons décider de te réconcilier avec le Tout – toi, l'être particulier. Mais nous pouvons aussi décider de ne pas te réconcilier. Nous te tenons en notre pouvoir. Nous sommes les maîtres de ta réconciliation, de la réunification de ton être.

Tel était le message.

Exactement celui d'une fille qui pose un lapin.

Le pacte proposé par le Diable…

Ducast sait tout cela. Il l'a compris depuis bien longtemps. En fait, il l'a subodoré dès le premier soir où il a joué, chez son neveu. C'est pourquoi il marche sans s'arrêter le long de la rue des tavernes, sans prêter attention à l'ivrogne, au musicien et au pickpocket. Il sait déjà dans quelle taverne il va se rendre, et pour y rencontrer qui. Il n'a pas de temps à perdre.

Il marche d'un bon pas dans la ville virtuelle programmée par Synacgame quand, soudain, dans le monde réel, il entend un bruit, comme des coups frappés à une porte.

Il met le jeu en mode pause et lance, en retirant son masque de virtualité : « Entrez ».

C'est le père Rossi, comme chaque soir.

*

Rossi avait du mal à se couler dans la Fraction.

Certes, les commandements du code fractionnaire ne le dérangeaient nullement. Pas de médias ? Il n'avait de toute manière jamais eu la télévision, et il n'écoutait presque jamais la radio. Il était peut-être le dernier Français à avoir fait l'expérience d'Internet, vers l'an 2010. Une arme par adulte ? Pas de problème. Le père Rossi estimait qu'un vrai chrétien défend le Christ en se défendant lui-même, car le Christ vit en lui. Un serment par semaine ? Dans le groupe du père, constitué pour l'essentiel de catholiques, le serment était prêté juste après la messe – Dieu d'abord, la Fraction après. Une retraite par groupe ? Rossi vivait à la campagne depuis toujours, et d'une certaine manière, par son mode de vie ascétique, il était fractionnaire depuis toujours. Deux témoins par initiation ? Rossi avait souvent été sollicité. Sa qualité de prêtre en faisait un témoin particulièrement apprécié.

Si le père Rossi avait du mal à devenir fractionnaire, ce n'était pas à cause du mode de vie fractionnaire. C'était à cause de l'idée fractionnaire *en elle-même*. Après tout, le catholicisme est par définition universel. Et comment rester *universel* quand on est devenu *fractionnaire* ? Il y avait, dans le projet fractionnaire, quelque chose qui clochait, du point de vue d'un catholique. Rossi, quand on lui avait proposé d'entrer dans le mouvement, avait dit oui parce qu'il estimait devoir suivre ses ouailles, là elles iraient. Mais fondamentalement, le concept même de « Fraction » le mettait mal à l'aise. *Ce n'était pas catholique.*

La venue de Ducast dans le réseau Isère avait été, pour le père Rossi, un véritable don du ciel. Le fondateur du chapitre Neustrie pourrait l'aider à se forger une opinion plus juste sur la Fraction. Donc, depuis que le prof s'était installé chez Cardan, Rossi venait régulièrement boire un petit verre de génépi avec lui – et c'était lui, le curé, qui amenait la bouteille. Ducast se prêtait volontiers au jeu.

Rossi était un catholique fervent, avec tout ce que cela impliquait de bon et de mauvais.

Ce qu'il y avait de bon : une confiance inébranlable en la bonté de Dieu.

Ce qu'il y avait de mauvais : une confiance inébranlable en la bonté de Dieu.

Ducast, lui, n'était plus ni catholique, ni protestant. Il n'était pas davantage juif ou musulman. En fait, il n'était ni croyant, ni incroyant. Il avait atteint ce point de la réflexion où l'on perd de vue les questions de l'homme commun sur la probabilité de Dieu, questions énonçables avec des mots humains. Ducast s'était un peu plus longtemps interrogé sur la volonté de Dieu. Que signifie « vouloir », pour Dieu ? À présent, même cette question-là avait cessé de se poser. Au fond, l'intentionnalité de l'Etre relève de la tautologie. Il est, puisqu'Il est discours et puisque Son discours est. Voilà, c'est tout. Il est la volonté elle-même, donc Il n'a pas besoin de vouloir. Ne reste qu'une seule question, qui est celle de la *confiance.*

En vieillissant, Ducast avait développé une grande humilité sur les questions théologiques. Il avait désormais la conviction, pour ne pas dire la certitude, que ces questions n'avaient de sens que dans le paradigme de la Création, et que donc elles étaient absurdes au regard de Dieu. Pour tout dire, la théologie faisait à ce prof de théologie l'effet d'une vaste blague.

Il enviait les mystiques. Eux savaient comment aller vers Dieu. S'il pouvait refaire sa vie, au lieu de la passer dans les livres, Jean-Baptiste Ducast serait entré dans un monastère – catholique, orthodoxe, bouddhiste, peu importe. Ou bien il aurait vécu en ermite, au fond d'une grotte, au flanc d'une montagne. Et là, dans la solitude, il aurait contemplé, jour après jour, jusqu'à comprendre enfin la vérité – admettre qu'il n'existait pas, renoncer à lui-même, enfin. Regarder en face le soleil et la mort.

Rossi s'assit devant lui et lui demanda, sur un ton enjoué : « Toujours dans votre jeu ? »

Ducast n'avait pas tout dit au curé. Mais il lui en avait dit assez pour que Rossi comprît l'enjeu.

Il se versa un petit verre de Génépi et se tut. Entre Rossi et lui, une complicité s'était nouée. Ils étaient comme deux vieux gamins qui passent leur temps à se taquiner. Rossi l'appelait « prof », et en retour, il lui donnait du « padre ».

Rossi insista.

« Alors, qu'avez-vous trouvé aujourd'hui ? »

Ducast soupira. Il se leva, alla à la bibliothèque et en revint avec une Bible. Il l'ouvrit à l'Apocalypse. Le chapitre 17.

« *Puis un des sept anges qui tenaient les sept coupes vint, et il m'adressa la parole, en disant : viens, je te montrerai le jugement de la grande prostituée qui est assise sur les grandes eaux. C'est avec elle que les rois de la terre se sont livrés à l'impudicité, et c'est du vin de son impudicité que les habitants de la terre se sont enivrés.* »

Le père Rossi récita, les yeux mi-clos.

« *Il me transporta en esprit dans un désert. Et je vis une femme assise sur une bête écarlate, pleine de noms de blasphème, ayant sept têtes et dix cornes. Cette femme était vêtue de pourpre et d'écarlate, et parée d'or, de pierres précieuses et de perles. Elle tenait dans sa main une coupe d'or, remplie d'abominations et des impuretés de sa prostitution. Sur son front était écrit un nom, un mystère : Babylone la grande, la mère des impudiques et des abominations de la terre. Et je vis cette femme ivre du sang des saints et du sang des témoins de Jésus. Et, en la voyant, je fus saisi d'un grand étonnement. »*

Ducast poursuivit, sautant quelques versets : « *Les dix cornes que tu as vues sont dix rois, qui n'ont pas encore reçu de royaume, mais qui reçoivent autorité comme rois pendant une heure avec la bête. Ils ont un même dessein, et ils donnent leur puissance et leur autorité à la bête. Ils combattront contre l'agneau, et l'agneau les vaincra, parce qu'il est le Seigneur des seigneurs et le Roi des rois, et les appelés, les élus et les fidèles qui sont avec lui les vaincront aussi. Et il me dit : les eaux que tu as vues, sur lesquelles la prostituée est assise, ce sont des peuples, des foules, des nations, et des langues. Les dix cornes que tu as vues et la bête haïront la prostituée, la dépouilleront et la mettront à nu, mangeront ses chairs, et la consumeront par le feu. Car Dieu a mis dans leurs cœurs d'exécuter son dessein et d'exécuter un même dessein, et de donner leur royauté à la bête, jusqu'à ce que les paroles de Dieu soient accomplies. Et la femme que tu as vue, c'est la grande ville qui a la royauté sur les rois de la terre.* »

Rossi se versa un verre de liqueur. Il but une gorgée, fit tourner le verre entre ses doigts.

« À ce point-là ? »

Ducast hocha la tête. Oui, à ce point-là.

« Comment faites-vous ? »

« Je joue et je m'observe. Je suis mon propre cobaye. »

« Vous y passez des heures, à ce qu'on me dit. »

« Oh, je ne dors presque plus. Il faut bien que je m'occupe. »

Rossi sourit.

« J'ai si souvent entendu dire que Babylone allait tomber, prof. Et elle est toujours debout. »

Ducast lui rendit son sourire.

« Babylone tombera, mon père. Il est dans sa nature de tomber. »

« Et vous voyez cela dans ce jeu ? »

« Oui. »

Rossi fit la moue.

« Qu'est-ce que vous voyez, dans ce jeu, qui annonce la chute de Babylone, prof ? »

« Quand vous posez certains actes, » répondit Ducast après quelques secondes de réflexion, « vous obtenez certaines conséquences. Les gens qui dirigent notre monde, mon père, ont posé récemment certains actes, qui ne peuvent pas ne pas avoir certaines conséquences. »

« Qu'ont-ils fait, que leurs devanciers n'avaient déjà fait, de longtemps ? »

Ducast fit un geste de la main, comme pour dire : c'est une longue histoire.

Il reprit : « Vous savez, padre, jusqu'ici, les hommes n'avaient pas fait grand-chose de mal, en réalité. Même dans les pires moments, ils n'avaient fait que badiner. Même dans les faubourgs de la Rome décadente. Même dans le Colisée. Même à l'époque de la traite négrière. Même pendant l'écrasement des révoltes paysannes, aux temps féodaux. Même à l'époque du capitalisme sauvage, quand on faisait descendre les enfants de huit ans au fond de la mine – pousser les chariots, cracher le sang à douze ans, les poumons pleins de charbon... Même le Goulag. Même la Shoah. Tout cela, au fond, par rapport à ce qui se passe en ce moment dans nos extrazones, c'était de l'enfantillage. »

Le père Rossi se récria.

« J'ai beaucoup traîné mes guêtres dans les extrazones, et je n'y ai vu que des hommes et des femmes cherchant à survivre. En quoi ce monde serait-il pire que la Rome décadente ? Pire que le Goulag. ? Pire qu'Auschwitz ? Mais enfin, c'est absurde ! »

Ducast leva le doigt et l'agita, faisant signe que non.

« Vous n'avez pas bien regardé, padre. »

« Qu'est-ce que je n'ai pas vu que j'aurais dû voir ? »

« L'intérieur des êtres. C'est là que ça se passe. C'est là que se trouve le véritable enjeu. Et là, là où se décide réellement le destin des hommes, là, croyez-moi, le système sous lequel nous vivons est en train de faire des dégâts bien pires que tout ce que nous avions vu, jusque là. »

Rossi eut une mimique dubitative. Il tapota la console de jeu posée devant Ducast.

« Et cela, ce que le système fait à l'intérieur des gens, vous le voyez là-dedans ? »

« Oui. En toutes lettres, si j'ose dire. Gros comme le nez au milieu de la figure. »

Rossi était dubitatif et le laissa voir. Il attendait une explication, mais Ducast n'avait pas envie d'en dire trop. Il ne se sentait pas *prêt* à en dire trop.

« Et que pouvons-nous faire pour aider nos frères humains ? », demanda Rossi.

« Rien. »

Rossi leva les yeux vers Ducast. Il y avait quelque chose de dur dans son regard.

« Le Bon Dieu fait toujours en sorte que nous puissions faire quelque chose, mon fils. »

Ducast saisit l'occasion de détourner la conversation.

« Le Bon Dieu n'existe pas dans la Bible, padre. C'est une invention de votre Eglise. L'affaire remonte au XII° siècle, ou à peu près. »

Rossi joua la colère.

« Dieu est bon, prof. Et il a bien du mérite à le rester face à des orgueilleux de votre trempe ! »

Ducast décida de relancer le vieux bonhomme. Il adorait le voir démarrer au quart de tour.

« Votre Dieu bon, padre, a inscrit les noms de la majorité des hommes sur le Livre de Mort. »

Rossi se radoucit. Il savait que Ducast s'amusait. Et lui aussi, il s'amusait.

« En attendant, prof, l'Eglise catholique dit que nous devons faire quelque chose. Et l'Eglise catholique est l'Eglise de France. »

Ducast laissa échapper un petit rire.

« Mon père, la France est morte. Et d'ailleurs quand elle est morte, elle n'était plus catholique depuis belle lurette. En fait, elle n'était plus chrétienne du tout. Elle était fondamentalement irréligieuse. Soyons clair, tiens : elle était satanique. »

Rossi pâlit. Ducast avait raison, bien sûr, mais il n'aimait pas entendre cette vérité-là. Il lui semblait qu'elle le mettait en cause, lui, personnellement.

Ducast reprit : « Padre, regardons les choses en face, si vous le voulez bien. Plus personne ne lit la Bible. En fait, plus personne ne lit, au fond. C'est pourquoi c'est foutu. Ce que ces salauds ont fait, à l'intérieur des êtres, nous ne pourrons pas le défaire – il faudrait que les gens lisent, pour que nous puissions les guérir. Or, ils ne lisent pas. Donc il n'y aura pas de réconciliation, il n'y aura pas de renaissance. La messe est dite. Le monde doit être détruit entièrement, pour que nous puissions commencer à reconstruire. La catastrophe ne peut plus être évitée. »

Il se leva et parcourut du regard les rayons de sa bibliothèque.

« Regardez mes trésors. Platon et Aristote. Augustin et Thomas d'Aquin. Luther et Loyola. Leibniz et Descartes. Hegel et Tocqueville. Nietzsche et Schopenhauer. Enfin réconciliés. »

Il promena un moment son doigt sur la tranche des livres.

« Vous savez pourquoi ils sont réconciliés ? »

Le père Rossi sourit.

« Dites-le-moi. »

« Ils sont réconciliés, » répondit Ducast, « parce qu'ils sont les parties du Tout, le Tout qui est la Parole. Il n'y a pas d'images subliminales, dans ces livres. Il n'y pas d'images du tout, en fait. Le texte, rien que le texte. Vous savez que ça signifie ? »

Rossi soupira. Bien sûr, il le savait.

Cependant, Ducast poursuivait son idée.

« Tous ces gens-là ont partagé la même certitude : derrière les mots qui pouvaient les séparer, ils avaient une vérité à partager. C'est pourquoi ils sont réconciliés, là, dans ma bibliothèque. Des milliers de livres, des millions de mots, mais un seul monde, padre. Un seul Verbe. Une seule vérité. »

Ducast revint s'asseoir. À présent, on entendait la pluie tambouriner sur le toit de la mansarde.

« Ce qui disparaît sous nos yeux, mon père, c'est le ciel lui-même. Ce ciel où brillaient nos étoiles. »

Rossi regardait Ducast. Le prof se parlait à lui-même, maintenant. Un vieillard, ça radote toujours un peu, forcément.

« Nous attendions notre consolation du ciel. Nous fixions les étoiles, et elles éclairaient notre âme. À présent, nos frères humains ne fixent plus que des images – que des idoles. Les étoiles sont tombées sur le sol, elles y répandent leur feu. Quand elles auront fini de se consumer, quelles ténèbres ! »

Rossi murmura : « L'heure approche-t-elle où elles lanceront leur dernier feu ? »

Ducast hocha la tête, avec sur le visage une expression étrange, comme un mélange de joie et de peine, joie et peine confondues dans un paroxysme d'émotion.

« Oui, padre, » dit-il. « Cette heure approche. Un cycle va s'achever, bientôt. Un vieux monde va mourir, un monde nouveau va naître. »

« Et donc, les innocents doivent mourir avec le vieux monde ? C'est cela, que vous dites ? »

« Personne n'est innocent, padre. »

La pluie redoublait sur le toit. Ducast frissonna.

« Tout de même, » reprit Rossi, « certains sont plus coupables que d'autres. »

Ducast hocha la tête.

« Les maîtres de notre monde, mon père, sont les serviteurs de la bête, ceux-là mêmes que la prophétie avait annoncés. »

« À ce point-là ? »

« Voyez le monde qu'ils sont en train de nous fabriquer : qu'est-ce que ce monde-là, sinon le règne de la Bête ? »

« On reconnaît l'arbre à ses fruits, c'est vrai. »

Le père Rossi n'était qu'un humble curé de campagne, il avait parfois la tête un peu confuse, surtout à la fin de son petit verre de Génépi. Mais il n'était pas idiot, loin de là. Il aimait raisonner.

« Dites-moi, » demanda-t-il, soudain plus vif, « si ces gens sont ce que vous dites, ne devons-nous pas soustraire nos frères à leurs griffes ? N'est-ce pas ce que commande la charité ? En quoi est-il chrétien de baisser les bras ? »

Ducast répondit, d'une voix sourde : « Nous ne baissons pas les bras, padre. Au contraire. Nous tenons notre rôle, nous faisons ce que nous avons à faire. »

« Alors notre rôle consiste à abandonner nos frères à leur sort ? »

Ducast rit.

« Nous ne les abandonnons pas à leur sort, padre. Nous les confions à votre Bon Dieu. »

Rossi réprima un sourire. L'esprit du prof lui plaisait. Il avait une manière bien à lui de prendre les gens. Il plaisantait et cependant, il ne plaisantait pas.

« Soit, prof. Mais alors, notre rôle ? Faut-il croire que nous ne servons à rien ? Peut-être le Bon Dieu attend-il de nous que nous l'aidions un peu, non ? »

Ducast leva les yeux aux plafonds.

« Ah, mais nous l'aidons, padre ! Nous l'aidons, votre Bon Dieu. Nous l'aidons en nous sauvant nous-mêmes. Nous l'aidons en fuyant aussi loin que possible. Nous l'aidons en nous fortifiant. »

Rossi prit une dernière gorgée de liqueur et reposa son verre vide sur la petite table.

« Pourquoi ne pas attaquer, si nous avons la certitude que nous combattons la Bête ? Pourquoi fuir ? Pourquoi nous cacher ? Serions-nous indignes du martyre ? »

Ducast abaissa le regard vers Rossi. Il y avait une grande tendresse dans ses yeux, et aussi un enthousiasme réprimé. Comme s'il se disait : « Voilà, nous y sommes. »

Il saisit son verre posé sur la table, prit une gorgée de génépi. La liqueur puissamment parfumée heurta brutalement son palais, une chaleur envahit sa bouche et son cou.

« Ce n'est pas à nous de décider, mon père. Nous savons que nous combattons les serviteurs de la bête, certes, mais nous ne savons pas si nous sommes dignes de combattre pour l'Agneau. »

Rossi plissa les yeux.

« Je croyais que la Fraction était une réunion sous la colline de Sion – c'est vous qui l'avez dit. Sommes-nous dignes de cela, et pas de combattre ? »

Ducast hocha la tête.

« *Sous* la colline, mon père, pas *sur* la colline. »

Il reprit une gorgée de génépi.

CHAPITRE XI - L'HOMME SOUS L'ARBRE

Depuis longtemps, Hélène Pelletier avait oublié Walo. Quand elle tentait de reconstituer son image, son visage, elle retrouvait des souvenirs épars, la forme de son menton, un regard, une manière particulière de se gratter la tête quand il réfléchissait. Mais tout cela ne faisait pas une personne. Ces fragments épars ne constituaient plus un homme complet.

Hélène avait eu du mal à s'y faire, mais c'était comme ça : Walo s'en était allé, l'homme qu'elle avait aimé n'existait plus pour elle. Il avait rejoint l'immense armée de ceux dont nous ignorons le nom.

Pourtant, quand la Fraction lui avait demandé, un an plus tôt, de faire entrer une taupe au sein des équipes chargées de la sécurité informatique du réseau interne de Synactis, Hélène avait pensé à Walo. Walo était qualifié pour ce type de boulot. Walo avait été, jadis, un militant révolutionnaire. Walo, pensait-elle, adhèrerait certainement aux idées fractionnaires. Elle proposa son nom à la Fraction.

Quinze jours passèrent.

Un soir, dans un parking, Yann Rosso était garé à trente mètre d'Hélène et il lui parlait par téléphone.

C'est ainsi qu'elle apprit que Walo était un indicateur de police. Qu'il avait toujours été un indicateur de police. Qu'il travaillait depuis plus de quinze ans pour la Police Continentale.

Quelqu'un d'autre serait chargé d'infiltrer Synactis. Quelqu'un qu'Hélène Pelletier n'avait pas besoin de connaître.

Elle avait encaissé la nouvelle comme on encaisse un crochet au foie. Souffle coupé, douleur, un genou en terre.

Elle n'avait pas douté un seul instant de la fiabilité du renseignement. Depuis deux ans, elle travaillait régulièrement avec Yann Rosso et « monsieur Blanc » - qu'elle avait surnommé « sixième sens » pour son étrange aptitude à deviner à l'avance ce qu'elle allait découvrir en cassant, brique par brique, le code de Synacgame. De ces deux années de travail, elle avait retiré une certitude : Rosso était un professionnel. Et il connaissait son métier. Avec « monsieur Blanc », il formait un tandem des plus étranges, mais aussi des plus efficaces.

Si Rosso disait que Walo était un salaud d'indic, c'est que Walo était un salaud d'indic.

Walo, qui l'avait baisée.

Elle s'était sentie souillée. Humiliée. Elle se souvenait de ses nuits avec ce type. Ce type qui l'utilisait, qui la trahissait.

Elle décida d'oublier.

Et elle oublia.

*

Kurt Weinberger était le responsable Europe du groupe Synactis. Dans l'organigramme, il apparaissait en numéro trois – devant lui, il n'y avait que le « chairperson » mondial, une certaine Barbara Paterson, et le directeur financier central, un monsieur Simon Epstein.

Pour l'instant, à l'heure même où Jean-Baptiste Ducast discutait avec le père Rossi, Hélène Pelletier observait la photo de Kurt Weinberger, en couverture de « Managers », le luxueux magazine interne des cadres du groupe Synactis. « Project for a global success », un article sur le nouveau plan d'économie lancé par Synactis, qui allait aboutir au licenciement sec d'au moins trois cent mille personnes, un peu partout sur le globe. « The new frontier of infotainment », ou comment Synactis vendait à présent des espaces publicitaires insérés directement dans les reportages télévisés – « votre logo incrusté au montage sur le teeshirt du sous-commandant Waco, leader indépendantiste du Nowheristan ».

Il y avait aussi un article sur une nouvelle technique opératoire rendue possible par les nanosondes intelligentes, capables de se comporter à l'intérieur du cerveau comme autant de microchirurgiens. Dans la page des brèves, Pelletier releva, d'un œil blasé, que le prototype de cybertravailleurs prochaine génération était dirigé par un ordinateur nanométrique presque aussi complexe que le cerveau d'un mammifère supérieur non humain – « à peu près le niveau de conscience d'un chien », précisait le responsable du programme.

Une autre brève indiquait que Synactis venait de remporter un appel d'offre du gouvernement indien pour le système informatique d'optimisation des ressources en eau potable de New Dehli. Version officielle : le groupe l'avait emporté grâce à la modularité de sa solution – « nous saurons traiter au mieux n'importe quel scénario, y compris une pénurie quasi-totale entraînant la restriction de la ration quotidienne au niveau du minimum vital », précisait la responsable de projet. « Dans certains cas, cela peut faire la différence entre la vie et la mort pour des millions de gens, » ajoutait-elle.

Comique involontaire, juste après cette brève, il y avait un article sur « l'intelligence du bain ». Il y était question d'un nouveau système de régulation des douches et jeux d'eaux, commercialisé jusqu'ici principalement à destination des centres de thalassothérapie, mais « ayant vocation à intéresser rapidement une clientèle fortunée ». Pelletier se demanda ce qu'était, au juste, une « douche biorégulée », puis elle cessa d'y penser. L'article suivant était bien plus intéressant.

Il y était question du programme d'aide aux « enfants du Sud ». C'était une des « grandes causes » du « chairperson » Barbara Paterson. Synactis allait fournir aux gouvernements d'une vingtaine de pays africains et sud-américains des centaines de milliers de smartcoms. En l'occurrence, il s'agirait d'une version simplifiée, dépourvue des fonctionnalités jugées superflues. Cela permettrait cependant à des « enfants du Sud », par milliers puis par millions, d'accéder à la « culture », au sens large.

« Les enfants de Tanzanie et de Bogota pourront demain télécharger les mêmes manuels scolaires que nos enfants à nous, dans les intrazones de LA ou de Londres », expliquait la « chairperson », dans une interview exclusive à « Managers ».

Hélène Pelletier parcourut l'interview avec attention. Pour un cadre de Synactis, il était important de se documenter sur ces choses. À la pause, lors de la prochaine conférence mensuelle, elle orienterait la discussion vers cette histoire. Elle en parlerait avec chaleur, comme si elle y croyait, comme si elle était enthousiasmée à l'idée de travailler dans un groupe porté par des valeurs aussi altruistes.

Règle numéro un du fractionnaire en milieu non fractionnaire : faire preuve d'enthousiasme à l'égard du système.

Règle numéro deux : repérer autour de soi ceux qui ne sont pas enthousiastes, et en déduire qui l'on peut recruter – ou pas.

L'article suivant était consacré aux nouveaux élastomères intelligents, capables d'afficher n'importe quel motif. Synactis travaillait désormais avec un géant chinois de la confection pour produire une gamme de vêtements utilisant ces matériaux. « Il suffit de télécharger le 'patware', » expliquait le chef de projet, « et le tissu affiche le motif en question. On peut même le customiser, presque à volonté. En fait, avec une seule veste, vous en possédez des milliers. Des millions. Une infinité, pour tout dire. La matière de votre veste n'existe plus : *elle n'est que son concept !* »

Passionnant, tout cela…

« Managers » définissait une certaine image de Synactis. C'était un décor, un décor bien étudié. Les teintes dominantes de la revue étaient le rose et le bleu pastel – des teintes féminines. Il faut dire que la proportion de femmes parmi les personnes interviewées avoisinait les 60 %, et c'était d'ailleurs à peu près la proportion de femmes parmi les cadres supérieurs de Synactis.

Il était logique que les teintes dominantes de la revue soient féminines. D'autant plus logique, au demeurant, que les 40 % de cadres supérieurs masculins s'étaient désormais dans l'ensemble coulés dans un « modèle maison » qui exaltait, en apparences, les valeurs associées le plus souvent à une *certaine* féminité – écoute, dialogue, bienveillance, compassion.

Le pouvoir était désormais très largement une affaire de femmes.

Cela ne l'avait pas rendu moins redoutable.

Au contraire.

Barbara Paterson était l'archétype presque chimiquement pur du cadre supérieur féminin dessiné par « Managers ». Elle s'était fait connaître, quelques années plus tôt, comme la première grande patronne à s'être publiquement exhibée en compagnie de plusieurs de ses amants. Quelques décennies plus tôt, un tel comportement eut été inconcevable. À présent, c'était la norme.

Tout féminin qu'il fût en apparences, ce pouvoir nouveau style n'en était pas moins profondément phallique – de par sa nature même, dans le rapport symbolique qu'il établissait avec les dominés. En lisant « Managers », un lecteur attentif pouvait deviner de quoi il s'agissait – pas à travers les propos de Barbara Paterson, bien sûr, mais à travers sa personne même, à travers son regard, à travers son attitude. Quinquagénaire gonflée au botox faisant l'effet d'une jeune quadragénaire, Paterson n'avait pas d'enfant. Elle trônait, sur la page de garde de « Managers », et elle parlait du bien qu'elle faisait dans les pays pauvres en procurant des smartcoms allégés aux enfants miséreux. Toute l'image renvoyée par Synactis s'organisait autour de ce binôme fondateur : la femme, éternellement jeune, et le bien qu'elle faisait en distribuant les surplus de l'appareil de production.

Et tout cela était vrai. Barbara Paterson resterait jeune toute sa vie, grâce à la magie biotechnologique, grâce à la chirurgie esthétique – grâce aussi, sans doute, à un appétit de jouissance indéfiniment stimulé. Et les smartcoms seraient vraiment distribués dans les pays pauvres – ce n'était pas une fable, pas un argument de propagande infondé. C'était la vérité, tout cela.

Seulement, cette vérité était vraie *comme un décor peut l'être*.

Et derrière tout décor, bien sûr, il y a un envers.

Dans l'envers de la vérité, Pelletier en était sûre, les smartcoms distribués dans les pays pauvres seraient bourrés jusqu'au dernier octet d'images et de sons subliminaux, programmés selon le mode TM.

Dans l'envers du décor, Barbara Paterson était folle. C'était une créature programmée pour se rendre désirable par les bienfaits qu'elles dispensaient – des cadeaux empoisonnés.

Pendant la conquête de l'Ouest, les officiers de l'US Army avaient distribué des couvertures aux Indiens. Ces couvertures étaient imprégnées de sueur – la sueur des malades des hôpitaux, la sueur des mourants infestés par la petite vérole. Et désormais, pendant la conquête du monde, Barbara Paterson distribuait des smartcoms aux pauvres – des smartcoms infestés de virus, sélectionnés méthodiquement pour servir les intérêts de Simon Epstein, le *financier*.

*

L'envers du décor, Hélène Pelletier l'avait méticuleusement classé, nomenclaturé, décrit dans une chemise bleue. Une chemise bleue qui se trouvait juste en-dessous de « Managers ».

Dès qu'elle eut fini de parcourir la prose entrepreneuriale, elle laissa tomber la luxueuse revue en quadrichromie dans la corbeille à papiers, à ses pieds, et elle ouvrit la chemise bleue – vieillie, froissée, pleine de feuillets gribouillés.

Douze feuillets, couverts d'une écriture serrée et parfaitement illisible.

Une écriture illisible à dessein, au demeurant. Pelletier utilisait un code – un alphabet modifié, une lettre pour une autre, selon un système de permutation complexe mais qu'elle parvenait à déchiffrer facilement, l'habitude aidant. Comme en outre son écriture était naturellement brouillonne, l'ensemble formait une masse de gribouillis cabalistiques qu'un lecteur non averti n'avait aucune chance de déchiffrer.

Dans cette chemise bleue, depuis trois ans, Pelletier gardait trace de tous les documents, de toutes les informations transmises à la Fraction. Sur le premier feuillet, on pouvait lire la description sommaire des premiers blocs de scripts qu'elle avait cassés, et dont elle avait transmis le contenu à Rosso, par un simple envoi de message électronique via le réseau local sécurisé.

Lentement, Pelletier parcourut le dossier, pour la centième fois au moins, se remémorant page après page tous les éléments qu'elle avait réussi à décoder, toutes les informations confidentielles qu'elle avait communiquées.

Cette liste montrait l'envers du décor. Elle montrait ce qu'il y avait derrière la façade, avenante de Synactis.

Et ce qu'elle montrait n'avait que très peu de rapport avec l'image débonnaire de Barbara Paterson.

Scrutant son dossier bleu, page par page, Pelletier pouvait remonter la filiation de Paterson. Le dossier bleu montrait l'âme secrète de Synactis. Il dénonçait aussi les objectifs sous-jacents au conditionnement implantés, par le biais du mode TM, dans des millions de cerveau, par des milliers de jeux vidéo, de films et de publicités, et même d'animations satellitaires – autant de vecteurs qui se relayaient à présent partout, dans les rues, dans les maisons, devant les yeux et sous les oreilles des hommes, pour asséner les mêmes messages, inlassablement.

*

Les premiers feuillets, dans le dossier bleu, ne comportaient aucune information décisive. Décodage de blocs de scripts, éléments épars relatifs au mode TM, rien de bien intéressant.

Le premier feuillet important était le numéro quatre. Ce feuillet avait trait au décodage d'une série de blocs de scripts omniprésents dans les jeux vidéo sous mode TM. Il s'agissait des effets de distorsion subliminaux appliqués aux voix des personnages dont l'ombre hébergeait une forme floue.

La voix humaine est un mystère. Elle est une chose, et cependant, elle agit comme si elle était autre chose. La voix humaine est faite d'un enchaînement de sons – des voyelles modulées par les cordes vocales, et des consonnes, pour l'essentiel produites par les heurts de la langue sur le palais et par l'explosion des lèvres que l'on ferme ou que l'on rouvre.

Des voyelles, pour tracer une mélodie. Des consonnes, pour définir une rythmique.

La voix humaine est une musique.

Toute musique est un code. Parfois inconscient, même pour le compositeur.

Notre cœur est un coffre fort. Et la musique ? C'est la combinaison qui l'ouvre…

La voix humaine est cette musique qui est un code qui ouvre notre cœur.

Et cependant, elle est autre chose, parce qu'elle agit comme si elle *était* autre chose.

La voix humaine peut dire la *vérité*.

Aucun autre son sur terre ne peut en faire autant. Le chien quand il aboie ne dit pas la vérité. Il parle de l'effet que le réel fait sur lui. Il parle de l'effet du réel, pas de la vérité. Et semblablement, le singe, quand il ricane, le chat quand il miaule, le lion quand il rugit : aucune de ces voix ne peut dire le vrai. Le singe dit l'effet que le réel fait, le lion dit l'effet que le réel fait. Le chat qui miaule dit l'effet de la caresse. Toutes ces voix parlent de l'effet du réel. Elles ne parlent pas du vrai.

Seule la voix humaine dit le vrai.

Le vrai se distingue de l'effet du réel en ceci qu'il est, indépendamment de l'effet, et qu'il est un objet du discours, même s'il n'a pas d'effet. L'aboiement du chien, le ricanement du singe, le rugissement du lion, sont comme un miroir tendu par l'être à la création.

Mais la voix humaine est comme un palais des glaces, où les images du réel deviennent elles-mêmes l'objet de la réflexion. Dans la voix humaine, le réel se répercute en lui-même, jusqu'à s'abstraire.

Et ceux qui ont appris à reconnaître la voix humaine ne peuvent la confondre avec l'aboiement du chien.

Et ceux qui n'ont pas appris à reconnaître cette voix ne sont pas différents du chien.

Dans le mode TM, les voix des personnages résonnaient apparemment de manière normale. C'étaient des voix humaines – semblait-il.

Cependant, en arrière-plan, dans la zone des infrasons, à la limite du seuil de conscience, un écho parasitait ces voix apparemment humaines. Cet écho reproduisait la voix. Il en reproduisait chaque syllabe, mais les sons n'étaient pas accentués de la même manière. La voix était déformée en sorte que les consonnes construisaient une rythmique répétitive, obsédante et mécanique. Au point que dans les réverbérations étranges de ces voix déformées, on ne discernait plus le sens, on ne prêtait attention qu'à *l'effet* des sons produits.

Ainsi, le discours fait pour dire le vrai, à partir de la musique des mots, se trouvait réduit au niveau de la musique en elle-même – comme l'aboiement d'un chien, comme le ricanement d'un singe, comme le rugissement d'un lion. Dans le mode TM, au seuil de la conscience, la voix humaine ne parlait plus que de l'effet du réel. Elle ne parlait plus de la vérité.

Quand Pelletier avait transmis cette information à « monsieur Blanc », il avait dit : « Quand on veut vendre de la camelote, on soûle le client. »

Explication tout à fait crédible.

*

Le feuillet numéro cinq ne disait rien de bien intéressant. Le six, en revanche, avait marqué un tournant dans les relations entre Hélène Pelletier et la Fraction. Hélène avait beaucoup progressé, à ce moment-là, grâce aux informations transmises par Blanco. Elle en était arrivée au décodage des blocs de scripts correspondant à l'apparition de l'homme sous l'arbre.

Elle avait abordé ce décodage avec un mélange d'excitation et de crainte. L'homme sous l'arbre l'avait jadis terrifiée, quand elle avait cru qu'elle allait basculer dans la folie – comme Blanco. Elle avait compris ensuite, très vite, que les concepteurs du jeu piégé avaient activé des antidotes, mais cela ne l'avait que partiellement rassurée. Si Synactis pouvait annihiler les effets de la manipulation, alors Synactis pouvait sans doute les réactiver.

Elle tremblait de peur, mais aussi d'excitation. Peur de découvrir la force de l'homme sous l'arbre, bien sûr. Mais excitation aussi, car elle espérait trouver un antidote.

L'homme sous l'arbre apparaissait près de la fin du jeu. Le joueur devait d'abord faire parler des gardes, affronter diverses aventures, franchir divers obstacles, puis il passait obligatoirement par un des porches de la citadelle. Suivant l'emplacement de la princesse, c'était tantôt le porche nord, tantôt le porche sud, tantôt le porche est, tantôt le porche ouest. Tout dépendait du scénario retenu pour la partie en cours.

Là, près du parvis, sous le porche, il y avait un arbre – toujours.

Et sous cet arbre, il y avait l'homme.

Hélène Pelletier entreprit de décrypter le bloc de script en deux soirs, et pendant les deux nuits qui suivirent ces deux soirs, elle ne dormit quasiment pas.

Le premier soir, elle décrypta la forme floue que Synactis avait insérée sous l'arbre.

C'était la forme de la princesse.

Sous l'arbre, près du parvis, Synactis avait glissé la forme floue de la princesse, et cette forme floue, à la limite de la zone de conscience, en infrasons et en ultrasons, répétait sans cesse le même message : « Tu ne mérites pas de me délivrer. »

Il n'y avait pas d'autre forme floue cachée, par le code, derrière la forme floue de la princesse. C'était la forme floue de la princesse, point final.

L'homme sous l'arbre n'avait aucune forme floue suggérée dans le jeu.

S'il venait de quelque part, ce n'était donc pas du jeu lui-même.

Cette information ne faisait que confirmer ce que la taupe, implantée l'année précédente dans le service sécurité de Synactis, avait déjà fait savoir à Rosso. Quelque chose, dans la manipulation programmée à travers le mode TM, ne s'était pas passé comme prévu. Une forme inconnue était venue parasiter les processus de manipulation. Et cette forme n'avait pas été programmée par Synactis.

Lorsqu'elle décrypta le bloc de code correspondant à l'homme sous l'arbre, Hélène Pelletier ressentit un choc. La nuit suivante, tandis qu'elle n'arrivait pas à dormir complètement, elle entr'aperçut la vérité.

« Ce n'est pas Synactis qui a fait survenir l'homme sous l'arbre, » se dit-elle. « Donc ma petite Hélène, c'est toi qui l'as fabriqué, à partir de ce que Synactis a mis dans le jeu. Tu as construit une forme floue derrière la forme floue cachée dans le jeu. »

Le deuxième jour, Pelletier approfondit les blocs de scripts. Elle essaya de comprendre exactement comment et pourquoi Synactis avait dessiné la forme floue de la princesse. Il s'agissait probablement d'un « accélérateur de frustration ». Après avoir suscité dans l'esprit du joueur le plus vif désir de s'approprier la princesse, après avoir joué sur ses besoins les plus profonds – souvenirs de la petite enfance, peur de perdre la mère, peur de mettre le père en colère ; après avoir soigneusement construit dans l'esprit du joueur un besoin irrépressible de conquérir la princesse, donc, Synactis plongeait ce même joueur dans le désespoir en le convainquant qu'il *ne pouvait pas* atteindre l'objectif auquel il tenait tant.

C'était de ce mécanisme que Synactis attendait de toute évidence l'explosion de violence, l'appétit de destruction et d'autodestruction – bref, ce que l'arme d'action psychologique visait par le mode TM.

L'homme sous l'arbre formulait une requête, toujours. Ce n'était pas la même selon les personnes. « Donne-moi de l'eau, répandue sur le sol, et je te guiderai jusqu'à la princesse. » Ou bien : « Chante pour moi, et je te guiderai jusqu'à la princesse. » Ou bien : « Dis-moi un secret, et je te guiderai jusqu'à la princesse. » Mais toujours il formulait une requête.

Hélène Pelletier, le deuxième soir, acheva le décryptage de la forme floue Elle inséra ensuite le bloc décrypté dans sa version modifiée du jeu. Puis elle joua, tout simplement.

Et elle fut donc la première à voir, à voir réellement, *consciemment*, l'homme sous l'arbre.

*

Hélène Pelletier continua à tourner les pages de son dossier. Elle s'arrêta à la page dix. C'est à ce moment-là qu'en décryptant les diverses variantes du mode TM, la Fraction avait commencé à subodorer la véritable nature du problème. Après qu'Hélène Pelletier eut confirmé par son décryptage l'absence de l'homme sous l'arbre en lecture directe dans le jeu vidéo diffusé par Synacgame, « monsieur Blanc » lui avait passé une nouvelle commande.

L'homme sous l'arbre, estimait « monsieur Blanc », ne pouvait pas surgir du néant. Si une partie des gens le voyait, c'est parce que ces gens-là avaient été exposés à son image. Pelletier objecta qu'après tout, les gens pouvaient avoir eu la même idée en même temps. « Monsieur Blanc » jugeait cela impossible sous la forme précise de l'homme sous l'arbre. Les gens, d'après lui, ne pouvaient pas *tous* plaquer la même image sur la même idée.

Si dix pourcents des gens s'étaient représenté de manière diverse des personnages divers agissant plus ou moins de la même manière, on aurait pu y croire. Pourquoi pas ? Les gens peuvent effectivement avoir les mêmes idées au même moment. Mais là, il s'agissait d'autre chose. Que tant de gens se représentent le même personnage au même endroit, voilà qui était impossible sans qu'au préalable, ces gens n'aient été tous conditionnés de la même manière. Les gens peuvent avoir la même idée. Mais pas la même image de la même idée. Pas de manière systématique.

Donc, l'homme sous l'arbre ne pouvait venir que d'une autre manipulation – une manipulation extérieure au jeu vidéo proprement dit. Quelqu'un, quelque part, *avait parasité le parasitage.*

Il s'agissait de savoir qui était ce quelqu'un, et en quoi consistait ce parasitage additionnel.

Dès lors, le programme de travail de Pelletier avait changé. Elle avait consacré moins de temps au décodage des blocs TM dans les jeux vidéo – c'était une des raisons pour lesquelles, trois ans après les faits, la Fraction ne disposait toujours pas de versions entièrement décryptées du jeu « Ultimate fight ». Par contre, Hélène Pelletier avait de plus en plus travaillé, sous la direction de « monsieur Blanc », sur la localisation de l'homme sous l'arbre dans les diverses utilisations du mode TM.

Quête longtemps restée vaine.

Elle avait passé des mois à scruter l'utilisation du mode TM dans les films. Rien qui concerne l'homme sous l'arbre. Des formes floues du père et de la mère, manipulées, et des images produits plaquées dessus, rien que des images produits. Du commercial pur.

Elle avait aussi étudié les émissions de télévision. Elle s'était plongée avec curiosité dans les incroyables manipulations auxquelles le mode TM pouvait servir – des formes floues programmées dans l'ombre des vedettes du football européen ou américain, même pendant les matchs – au moment des ralentis, surtout, quand les commentateurs disséquaient les buts et les « touch down ». L'affaire allait si loin qu'on pouvait vous vendre de la nourriture pour bébé avec la trombine d'un première ligne de rugby ou de l'Internet sans fil avec celle d'un footeux noir – et Pelletier avait passé de longues heures à étudier ces manipulations, et à se demander pourquoi diable on associait tel sportif à tel produit.

Il était fascinant d'observer comment le moindre élément du système médiatique pouvait servir à l'orientation systématique de l'esprit humain vers la consommation. Aussi invraisemblable que cela parût, même la retransmission de la messe de minuit depuis la cité papale de Mexico avait fait l'objet de placement produits ! – à l'insu de l'Eglise catholique, sans doute. Dans l'ombre du pape, pendant l'élévation, on pouvait reconnaître la forme floue d'une mère de famille épanouie exhibant d'un air satisfait le hamburger le plus plantureux d'une célèbre chaîne de fast-food.

Aucun des spectateurs de la télévision, du cinéma, aucun d'entre eux ne pouvait passer à travers les mailles du filet publicitaire. Même à la messe, vous étiez pris dans la nasse ! Partout à travers le monde, désormais, à chaque élévation, tous les catholiques du monde éprouveraient un soudain appétit de viande hachée et de ketchup !

Tout cela était fascinant, mais ne disait rien sur la localisation de l'homme sous l'arbre. Donc, après plusieurs mois de recherche vaine, « monsieur Blanc » proposa un changement de méthode. « Si l'homme n'est pas là où vous l'avez cherché, » dit-il à Pelletier, « c'est forcément qu'il est ailleurs. Et puisque vous avez tout étudié sauf les pubs satellitaires, c'est qu'il est là – dans les images satellitaires. »

Avec cela, on était bien avancé. Les logiciels servant à diffuser ces pubs n'étaient pas accessibles facilement. Pour se procurer les émissions de télévision, il suffisait de les enregistrer. Pour se procurer les films, il suffisait de les acheter. Mais pour se procurer les logiciels servant à l'animation des images satellitaires, il n'y avait qu'un seul moyen : le piratage, directement dans le cœur du système informatique de Synactis.

La taupe implantée dans les services sécurité estimait qu'elle ne pouvait pas entreprendre cette opération sans courir de très gros risques. Si au moins on pouvait lui fournir une liste précise des éléments à pirater, de manière à limiter les risques…

Dans l'immédiat, il fut donc décidé de vérifier la validité de l'hypothèse. Pour cela, la Fraction filma les animations satellitaires avec une caméra haute précision, puis les images furent transmises à Pelletier pour analyse.

Pelletier put confirmer très vite qu'il existait dans ces animations des récurrences qui pouvaient effectivement correspondre aux formes floues insérées dans le jeu « ultimate fight ». Mais il n'était pas possible a priori de dire si ces formes floues correspondaient à l'homme sous l'arbre. D'abord, les récurrences observées pouvaient très bien correspondre aux antidotes diffusés par l'équipe Synacgame, ou encore il pouvait s'agir de piqûres de rappel destinées à accentuer l'effet du jeu. Rien ne permettait d'être formel, concernant l'homme sur l'arbre.

Mais surtout le problème, pour Pelletier, c'est qu'elle ignorait ce qu'elle cherchait. Dans le jeu vidéo de Synacgame, l'homme sous l'arbre était absent. Ou plutôt : il apparaissait, certes, mais sans que sa silhouette eût été codée dans le jeu. Pendant plusieurs semaines, Pelletier buta sur ce paradoxe, sans parvenir à avancer du moindre pas. Comment retrouver la trace d'une forme floue dont elle n'avait jamais vu le code ?

Puis elle se souvint de ce qu'elle avait vu, lorsqu'elle s'était trouvée face à l'homme sous l'arbre dans la version décryptée, et elle eut une idée. Ce qu'elle avait vu ce jour-là, après tout, lui disait peut-être, malgré tout, à quoi devait ressembler le code recherché.

Pour voir l'homme sous l'arbre, elle avait marché jusque sous le porche, à l'ouest du donjon. Elle avait traversé le parvis. Le parvis était plus grand qu'il ne l'aurait dû, et l'arbre se dressait à sa limite, à l'entrée d'un jardin. Elle avait observé l'ombre sous l'arbre, et elle avait reconnu la princesse.

Son visage était d'un ovale parfait, ses yeux étaient semblables à des pierres précieuses, ses traits étaient fins et régulier, ses cheveux faisaient comme une auréole à la douce clarté. Pelletier s'approcha et la princesse dit : « Tu ne mérites pas de me délivrer. » Elle dit et elle répéta : « Tu ne mérites pas de me délivrer. »

Pelletier s'approcha encore. Elle était si près qu'en tendant le bras, elle aurait pu saisir la princesse. Et la princesse répétait : « Tu ne mérites pas de me délivrer. » Puis elle recula dans l'ombre de l'arbre.

Pelletier voulut la suivre. Elle s'approcha à la limite de l'ombre. Très lentement, elle entra dans l'ombre.

Alors, tandis qu'elle pénétrait dans l'ombre, le visage de la princesse se transforma. Ses yeux s'éteignirent. Ses traits se fanèrent. Ses cheveux devinrent sombres et drus. Tout ce qui était beauté se fit laideur. Tout ce qui était bonté se fit méchanceté. Tout ce qui était noblesse se fit bassesse.

Quand Hélène Pelletier eut posé le pied dans l'ombre sous l'arbre, elle vit l'homme et il la vit.

« Vois, » lui dit-il, « et apprend : crois-tu que je sois digne ? »

Il dit encore : « Je suis venu au monde et la mort m'a saisi dans ses bras. Pourquoi ai-je goûté au fruit de la vérité, si je dois vivre dans l'illusion et me nourrir du mensonge ? Ils m'ont dérobé ce qui m'appartenait. »

Il dit encore : « Renie-les, et je t'offrirai le trésor dont j'ai la clef, et que toi seule peut saisir. »

Il dit encore : « Renie tes frères, renie tes sœurs. Offre moi de l'eau de ta gourde, en signe d'allégeance. »

Pelletier recula. Elle sortit de l'ombre. Lorsqu'elle reposa le pied hors de l'ombre, l'homme sous l'arbre disparut, et la princesse réapparut.

Elle disait : « Tu n'es pas digne de me délivrer. »

Voilà ce qu'Hélène Pelletier avait vu, le jour où elle pénétra dans l'ombre de l'arbre.

C'est ainsi qu'en cherchant, plus tard, des traces de l'homme sous l'arbre dans les animations satellitaires, elle eut une idée. Si l'homme sous l'arbre apparaissait comme le négatif de la princesse, peut-être fallait-il chercher dans les animations satellitaires les blocs de scripts définissant la princesse, mais en en inversant les paramètres.

Pelletier fit l'expérience, et ce fut la révélation.

Point par point, paramètre par paramètre, le négatif de la princesse était dessiné, à travers toutes les animations satellitaires.

*

Il y a toujours un moment dans la vie où la vérité vous apparaît. Nue. Impitoyable. Incontournable.

Vous avez fait semblant de ne pas la voir. Vous avez rusé avec le réel, virevolté autour du vrai et menti aux menteurs quand ils vous ont demandé si vous les croyiez. Vous pensiez vous en tirer à bon compte. Vous pensiez pouvoir passer en contrebande votre petite pelote de saloperie.

Vous aviez tort.

Il y a toujours un moment dans la vie où vous apprenez la vérité.

Sur vous-même.

Pour Hélène Pelletier, ce moment arriva lorsqu'elle comprit la nature exacte du système qu'elle avait servi, bon gré mal gré, pendant plus d'une décennie.

Un système qui diffusait, vingt quatre heures sur vingt quatre, en tout point du globe, le même message obsédant.

« Offre-moi de l'eau en signe d'allégeance. »

Quand elle repensait maintenant à ces années d'ignorance, alors qu'elle affectait de lutter contre le système, et que cependant elle lui succombait, Hélène Pelletier était horrifiée. Combien de fois avait-elle versé de l'eau sur le sol ? Elle faisait semblant de garder son eau, mais elle la répandait. Elle la répandait jusqu'à ce que l'eau inonde le sol à ses pieds – voilà ce qu'avait été sa vie, avant de *savoir*.

A présent, elle pouvait se souvenir de Walo.

Walo qui la trahissait, alors qu'elle se trahissait elle-même.

Est-ce qu'il savait ?

Non, évidemment, il ne savait pas.

Dans les jours qui suivirent ce qu'il faut bien appeler une *conversion*, Hélène Pelletier changea radicalement de point de vue sur le monde, sur les hommes et sur la part de responsabilité qu'ils portent. À présent qu'elle savait, elle comprenait que les hommes *ne savent pas*. Et donc, à présent qu'elle savait, elle pardonnait. Plus aucune colère en elle. Plus aucune rage, plus aucune haine. Elle voyait les hommes et les femmes, autour d'elle, elle les voyait servir l'immense machine mortifère, et elle leur pardonnait.

« Ce sont des gens qui ne savent pas », voilà, à présent, ce qu'elle pensait d'eux.

Plus de rage, plus de haine, plus de colère contre les hommes.

Hélène Pelletier avait compris qui était le véritable adversaire.

La machine.

Synactis.

Un nom vide de sens.

Et pourtant une réalité, un principe sinistre dans un ciel peuplé de cauchemars.

La connaissance détermine à l'action. Désormais, Pelletier n'hésiterait plus. Pas de colère, pas de haine. De la détermination, c'est tout.

Il n'y avait pas de compromis possible. On peut passer des compromis momentanés avec des gens situés à l'intérieur du pouvoir, surtout s'ils sont en passe de le renier. Mais il n'y a pas de compromis possible avec le système en lui-même. Pour Pelletier, l'intériorisation de ce principe en pleine conscience fut une refondation. Jusque là, elle avait été en face du système dans la position d'une personne désireuse de s'évader d'une prison. Elle ne cherchait que la sortie. À présent, elle était dans la position d'un commando infiltré dans une forteresse ennemie.

Elle était bien décidée à trouver la réserve d'explosif et à tout faire sauter.

*

La douzième page du dossier bleu ne comprenait qu'une ligne.

C'était la référence d'un fichier.

Ce fichier-là, ce n'était pas le décodage d'un bloc de script.

C'en était au contraire le codage.

La traduction en mode TM d'une commande passée par Yann Rosso à Hélène Pelletier.

Une forme floue que la Fraction allait injecter, grâce à sa taupe chez Synactis, dans le système de gestion des images satellitaires.

Pelletier relut le nom du fichier.

« Armageddon.exe ».

Elle sourit.

Le nom lui plaisait.

CHAPITRE XII - OPÉRATION ARMAGUEDON

Yann Rosso entra dans la chambre de Jean-Baptiste Ducast.
« Excusez-moi professeur. J'ai frappé mais… »
Ducast retira son masque de virtualité.
« Oui, je sais, on entend mal avec ce truc sur la tête. »
Rosso se laissa tomber sur la chaise en face de Ducast, qui retirait son gameglove avec des gestes maladroits.
« C'est parti, » dit Rosso, visiblement soulagé.
Ducast se leva. Rosso entendit distinctement le craquement des genoux du vieil homme.
Le prof se dirigea vers la bibliothèque, sortit trois livres d'un rayonnage. Derrière, il piocha une bouteille de cognac et deux petits verres.
« Je pense qu'un toast s'impose, cher ami. »
Les deux hommes burent au succès de l'opération Armageddon.
Rosso suggéra à Ducast de basculer son smartcom en mode TV.
« Regardez CNN, prof. Il se passe des choses à LA, en ce moment. Si ça doit déraper, ça pourrait commencer par là. »
« Vous croyez que déjà… ? »
« Je ne sais pas. Peut-être. »
Ducast tapota le clavier de son smartcom. Sur l'écran hologrammique apparut la mire de CNN. Rosso désigna la touche virtuelle « LA riots ». Ducast donna un petit coup de doigt sur la touche en question. Après quelques secondes d'attente, l'écran afficha le visage d'une journaliste trentenaire, jolie et apparemment soucieuse.
« East LA est-il sur le point de basculer dans la violence, une fois de plus ? », demanda en Anglais la jeune femme. « Depuis l'assassinat de Javier Jimenez, le maire de LA, supposément lié à la Eme, la mafia mexicaine, le Los Angeles Continental Police Department est sur les dents. »
Un quadragénaire au type mexicain caractéristique remplaça la jeune femme sur l'écran. Le sous-titre disait : « Michael Calitlaz, community leader East LA Extrarea. »
« Maintenant, » disait l'homme, « vous avez ces journalistes qui parlent de J-Two comme d'un caïd de la Eme. C'est n'importe quoi, les adversaires de la communauté amex tentent de déconsidérer la lutte de notre race pour retrouver sa dignité. Je vous le dis : ceux qui parlent de J-Two comme d'un criminel, alors qu'il a tant fait pour les pauvres gens ici à East-LA, ceux-là sont objectivement complices de la BGF, ces

terroristes qui tentent d'enrayer la dynamique positive établie à East-LA par notre communauté. »

« Vous pensez que la Black Guerilla Family est derrière l'assassinat de Javier Jimenez, aka J-Two ? »

« Je ne le pense pas, lady, je le sais. Demandez à n'importe quel *vato* de East-LA, et vous verrez : tout le monde ici le sait. Les 'beep' des quartiers Sud sont derrière ce meurtre. »

Ducast mit le reportage en pause.

« Le bip, c'est pour le mot 'nègres', je suppose ? »

Rosso hocha la tête.

Ducast esquissa un sourire, puis il relança le reportage.

« À propos des quartiers Sud, mister Calitlaz, le courant radical de la Aryan Nation vient de revendiquer l'assassinat du leader noir Dog Mag, qu'on disait lié à la BGF. Certains prétendent que la Aryan Nation agit, à Inglewood, comme le bras armé de ses alliés amex, nommément le MS13, gang très puissant ici, à East-LA. Que pensez-vous de cette thèse ? Estimez-vous possible qu'il s'agisse d'une action de représailles, d'une réponse à l'assassinat de J-Two ? »

« Je vais vous dire en toute sincérité ce que je pense, lady, » répondit Calitlaz. « Je pense que dans cette ville de LA, il y a des gens qui tentent de rendre les extrareas un peu plus sûrs, et ces gens-là, vous les trouverez principalement chez nous, dans la communauté amex. Je pense aussi que vous avez des gens qui n'ont pas envie que les extrareas deviennent plus sûrs. Je pense qu'il y a des gens qui n'ont pas envie que le trafic de drogue soit combattu, ici. Et je pense que ces gens-là sont les alliés de la BGF. Voilà ce que je pense. »

« Je comprends votre idée, monsieur Calitlaz. Mais vous n'avez pas répondu à ma question : l'action de la Aryan Nation constitue-t-elle une réponse à l'assassinat de J-Two ? Y a-t-il des liens entre les leaders de la communauté amex et la mouvance radicale *aryan* ? »

Calitlaz fronça les sourcils.

« Ecoutez, lady, vous voulez mettre à jour des liens entre des leaders communautaires et des groupes radicaux ? Alors parlez de Jeffrey Goldstin, le type qui a racheté tous ces studios virtuels à Bollywood, en Inde. Il a assisté récemment au dîner de bienfaisance donné par Angelo Marini, un homme d'affaire eurocorpo très célèbre à LA, et un *homme d'honneur*, si vous voyez ce que je veux dire. Et demandez-vous pourquoi Angelo Marini a récemment assisté en invité d'honneur à la dernière parade de la BGF, à Inglewood. Posez donc ces questions-là aux Juifs de Hollywood, enfin ce qu'il en reste, ou aux Italiens de North Beach. Je répondrai à votre question quand ils auront répondu à ces questions-là. Vous pigez, lady ? »

Ducast remit le reportage en pause.

« Ça m'a l'air bien compliqué, cette histoire, » dit-il.

Rosso le détrompa.

« Pas tellement. Vous remplacez les amex par nos nordafs, la BGF par nos gangs afros, et vous avez la situation dans la conurbe Paris-Banlieue. La différence, c'est qu'ici, l'Etat est plus puissant et les réseaux communautaires moins structurés. Alors je dirais que la PC joue un peu chez nous le rôle de la Aryan Nation en Amérique. Ennemi des blacks, donc allié des ennemis des blacks, donc allié des Amex. Mais à ce détail près, c'est la même chose. »

Ducast hocha la tête.

« De toute manière, les stratégies de contrôle social sont là-bas les mêmes qu'ici. C'est la même soupe partout. »

« Exactement. »

« Combien de temps avant que ça dérape ? »

Rosso haussa les épaules en signe d'ignorance.

« Difficile à dire. D'après les informations que nous avons pu collecter, il s'agit d'une manipulation décidée par le gouvernement panaméricain. La ligue corporative panaméricaine veut rogner les ailes à la communauté amex de East LA, parce qu'apparemment, ces gars-là sont en train d'organiser les extrareas amex comme des centres autarciques. Situation explosive, donc. »

« En somme, cette communauté amex, c'est un peu l'équivalent local de la Fraction ? »

« Oui et non. Oui, parce qu'ils ont compris que le seul moyen de retrouver une marge de manœuvre, c'est de reprendre leur autonomie économique. Mais en même temps non, parce qu'ils font ça sur une base ethnique très limitative. Le projet des Amex pour les Amex, point final. »

Ducast semblait pensif.

« Nous avons des contacts avec eux ? », demanda-t-il.

« Via nos amis américains, oui. »

« Il faudrait peut-être les mettre au courant de ce qui va se passer. »

Rosso secoua la tête.

« D'abord, professeur, ça ne changerait rien. Ensuite, ça pourrait nuire au projet. Et puis de toute façon, ils s'en sortiront très bien. Aussi bien que nous, sinon mieux. Vous savez, une extrarea panam, c'est pratiquement le niveau de vie de nos intrazones les moins favorisées. Tout est relatif. »

Ducast grimaça.

« Je ne suis pas certain que le niveau de vie soit le paramètre décisif, dans ces cas-là. Si vous voulez mon avis, c'est plutôt le niveau de violence qui est crucial. »

« Ils y sont mieux préparés que nous, » fit Rosso.

Ducast fit la moue. Il n'avait pas l'air convaincu, mais il était à court d'arguments.

Rosso voulait rassurer le prof. Ducast avait du mal à comprendre que la situation ne permettait tout simplement pas d'avoir des scrupules. Le vieux bonhomme frisait la schizophrénie. Une partie de lui avait approuvé le plan Armageddon – en fait, il avait même été à l'origine de ce plan. Mais une autre partie continuait à se rebeller. La responsabilité était trop lourde, tout simplement.

Ducast montra le masque de virtualité à Rosso.

« J'avance bien, » dit-il, comme pour changer de sujet. « Je viens de passer une petite heure avec notre homme sous l'arbre modifié. À priori, ça devrait marcher. Pas de doute, ça devrait marcher du tonnerre ! »

Rosso soupira. Evidemment, que ça allait marcher. Il fallait que ça marche.

Ducast reprit, d'une voix plus ferme : « De toute manière, nous serons bientôt fixés. Logiquement, dans quelques heures, quelques jours au maximum, il devrait y avoir du mouvement. Bon, ça devrait commencer à East LA, et c'est déjà quelque chose que ça commence là-bas, loin d'ici. »

Rosso pensa, en se laissant basculer dans le profond fauteuil de bois : « Oh pour ça, oui, il va faire chaud à East LA. *Diablement* chaud, même. »

Puis, pendant que Ducast regardait le reportage sur les rues de East-La en pleine ébullition, Rosso essaya de se remémorer comment on en était arrivé là – comment on en était arrivé à cet instant précis, où la figure de la catastrophe s'imposait enfin, telle un kaléidoscope résolu.

*

Depuis trois ans, Yann Rosso vivait une aventure extraordinaire : il assistait, de l'intérieur, à la naissance d'un peuple.

Pas d'autres mots pour décrire le processus par lequel, progressivement, la Fraction s'était organisée : c'était bel et bien la naissance d'un nouveau peuple, un nouveau peuple qui se construisait progressivement, pas à pas, dans les interstices de la construction sociale préexistante, émergeant au rythme où le système eurocorpo se délitait, comme par un jeu de bascule. C'était un nouveau monde, en fait, qui naissait spontanément, dans les zones délaissées par l'ancien monde – et Dieu sait que cet ancien monde, le monde eurocorporatif, n'était pas avare de territoires délaissés. Une nouvelle terre sortait des eaux, pendant que l'ancienne sombrait.

Au départ, trois ans plus tôt, il n'y avait que le réflexe collectif de quelques groupes épars comme celui qu'ils avaient fondé dans un obscur restau coréen de Paris-Banlieue. Puis, ces petits groupes s'étaient fédérés. En s'organisant, ils avaient découvert qu'ils étaient beaucoup, beaucoup plus nombreux qu'ils ne le pensaient. Peu à peu, l'avenir avait pris des couleurs, acquis des contours, une surface, et même une solidité qu'on ne lui connaissait plus.

Pour transformer un suiveur en fractionnaire, il ne manque souvent qu'une étincelle : telle était la conclusion à laquelle Rosso était parvenu, très vite. Dans un système comme l'Union Eurocorpo, bien des gens paraissaient amorphes qui n'étaient qu'endormis. Les cœurs étaient secs, certes, mais à la façon de l'amadou : ils ne demandaient qu'à s'enflammer.

Le grand problème, c'était de faire admettre aux individus la *possibilité* d'une démarche fractionnaire. Une fois cette faisabilité admise, la question de l'opportunité ne se posait même pas.

Au tout début de l'aventure, les autorités ignorèrent la Fraction – d'abord parce qu'elle était trop petite pour qu'on la voie, ensuite parce que l'expérience ne fut pas prise au sérieux. Le pouvoir se garda d'interdire directement la démarche. C'était logique : comme l'Union Eurocorporative maintenait la fiction de son caractère démocratique, elle ne pouvait pas interdire officiellement une organisation pacifique et explicitement légaliste. La Fraction, après tout, ne poursuivait pas d'autre but que la sécurité de ses membres.

Pourtant, dès qu'il devint évident que le mouvement allait prendre de l'ampleur, Rosso sut que les autorités tenteraient de le contrôler. Il n'avait aucun doute là-dessus : « on » lui préparait un coup tordu, et « on » savait y faire, en matière de coups tordus. Ayant longtemps grenouillé dans les « affaires » assez peu nettes de « on », l'ex-inspecteur Yann Rosso était bien placé pour savoir que si l'Union Eurocorporative maintenait la fiction d'un Etat de droit, ce n'était là, précisément, qu'une fiction. L'appareil eurocorporatif n'avait pas beaucoup d'états d'âme, lorsqu'il s'agissait de mater les masses.

Jour après jour et avec cette application lourde qui faisait sa force, Yann Rosso écrivit méthodiquement son histoire fractionnaire, une histoire secrète, faite de coups tordus et de jeu par la bande – une histoire très différente, évidemment, de celle écrite par Jean-Baptiste Ducast.

Une histoire, à vrai dire, dont Ducast ne voulait surtout pas entendre parler...

Par expérience, Rosso connaissait les tactiques que l'appareil d'Etat eurocorporatif utiliserait pour neutraliser la Fraction. C'était son grand atout : il savait quel jeu jouerait l'ennemi.

Ces tactiques de l'appareil avaient pour nom : infiltration, retournement, provocation.

Des tentatives d'infiltration, Rosso en était certain, il y en avait eu dès le début, ou presque. Il n'avait pas cherché à les contrer. De toute manière, il le savait pas expérience, quand la police veut pénétrer une organisation, elle y parvient.

Le problème n'était pas d'empêcher les taupes d'entrer. Le problème était de les détecter et, si possible, de les retourner.

Pour détecter les taupes, Rosso avait mis en place une procédure – une procédure, soit dit en passant, qu'il avait apprises à l'époque où il bossait pour la PC.

Cette procédure, c'était « l'infomarqueur ».

Un « infomarqueur » est une information volontairement tronquée, ou biaisée, que l'on ne communique qu'à un seul membre dans l'organisation, et dont on sait que si elle remonte à une organisation adverse, elle provoquera de la part de cette organisation adverse une certaine réaction, bien précise et facilement observable. Des « infomarqueurs », Rosso en avait diffusé des centaines, depuis trois ans. Par exemple, il annonçait à un nouveau membre de la Fraction que le mouvement comptait sur lui pour prendre discrètement livraison d'un « colis » attendu sur tel dock, venant de tel cargo, tel jour. Il ne restait plus, ensuite, qu'à regarder si le cargo en question était fouillé, si le dock était surveillé, etc. Deux heures avant la « livraison », Rosso annonçait au membre concerné que l'opération était annulée – point final, on était fixé.

Cette méthode avait l'air toute bête, mais correctement appliquée, elle permit de détecter la plupart des taupes. En la matière, la répétition est la clef de l'efficacité. Une taupe rusée peut éventer un infomarqueur, par hasard ou par intuition, mais aucune taupe ne peut éventer systématiquement tous les informarqueurs qu'on lui transmet.

Grâce à la multiplication des « infomarqueurs », Rosso avait assez vite pu identifier plusieurs taupes au sein de la Fraction. C'était désormais le travail des veilleurs de garder ces vilains cocos à l'œil, et éventuellement de les intoxiquer.

La filière des veilleurs faisait elle-même l'objet d'une sécurisation toute particulière. Rosso avait établi une règle simple : en principe, la Fraction ne surveillait pas ses membres – sauf s'il était prouvé qu'il s'agissait de taupes. Mais à la différence des autres fractionnaires, les veilleurs devaient se soumettre à un contrôle de l'organisation sur leurs faits et gestes. C'est-à-dire que les veilleurs surveillaient prioritairement les veilleurs – les taupes elles-mêmes ne venaient qu'en second lieu.

Ainsi, peu à peu, Yann Rosso avait construit un service de renseignement rudimentaire mais performant, que dirigeait à présent le veilleur central de la Fraction, un monsieur Serge Haubert – un ancien flic, comme Rosso. Ce service de renseignement constituait un Etat dans l'Etat. C'était ainsi, et on n'y pouvait rien. On ne fait pas d'omelette sans casser des œufs, on ne pêche pas sans se mouiller les pieds, et on ne va nulle part en politique sans se salir les mains. Rien de grand n'existe qui n'ait ses petitesses.

Outre les infiltrations, le service de renseignement devait détecter les retournements – et si possible, contre-retourner les retournés. Ce travail-là pouvait, selon les cas, être très direct, ou très indirect.

Direct, le travail de contre-retournement l'était quand il s'agissait de contre-retourner sur des bases idéologiques. C'était une activité en soi, où la filière des veilleurs déléguait l'essentiel du travail aux référents. Il fallait d'abord repérer les fractionnaires idéologiquement peu sûrs, en étudiant leur comportement et leurs propos, et cela, c'était le travail des veilleurs. Puis il fallait leur parler – tout simplement, et cela, c'était le travail des référents.

Le but n'était pas de contraindre les réfractaires à changer d'avis. Le but n'était même pas de les amener obligatoirement à s'aligner sur l'idéologie fractionnaire et contre l'idéologie eurocorporative. Le but était de leur permettre de se mettre eux-mêmes au clair, afin qu'ils choisissent en toute connaissance de cause entre la Fraction et le système.

Indirect, le travail de retournement et de contre-retournement l'était quand il s'agissait de retourner, ou de contre-retourner, des agents motivés par des considérations personnelles. Et, malheureusement, ce cas de figure se produisait très fréquemment.

Il y avait d'une part le problème des demi-fracs. Il était fréquent qu'un demi-frac oscillât entre l'appartenance fractionnaire et l'adhésion au système – et très souvent, l'issue de cette oscillation dépendait beaucoup de la solidité de ses liens conjugaux. À cause de cette vulnérabilité particulière des demi-fracs, on évitait de leur confier des postes à responsabilité au sein de la Fraction.

Quand on avait quand même besoin de confier un poste important à un de ces fractionnaires, la conversion de son conjoint devenait un objectif important. En l'occurrence, il était très difficile de ne pas intervenir dans la sphère intime – une situation que Rosso détestait, et qu'il fallait pourtant bel et bien traiter…

Cependant, tous ces problèmes restaient relativement marginaux par rapport au vrai sujet : les pressions professionnelles. Rosso lui-même avait constaté, très vite, que certains métiers étaient incompatibles avec un engagement fractionnaire.

Inspecteur de police et responsable d'un groupe classé par la Police Continentale comme « potentiellement à risque » ? Impossible. Hors de question. Six mois après la fondation de la Fraction, l'inspecteur Rosso avait été placé par sa hiérarchie devant un choix très simple : quitter la Fraction, quitter la police... ou la mise à pied. Rosso avait choisi de quitter la police. D'autres n'avaient pas fait le même choix.

Pour limiter les pressions, les fractionnaires avaient la possibilité de demander le statut anonyme. C'est ainsi qu'une bonne partie des membres de la Fraction n'apparaissait jamais dans les publications internes, ne participait jamais aux manifestations publiques. Berg, par exemple, resta longtemps dans cette catégorie. Elle abattait un énorme boulot d'organisation, mais personne, officiellement, ne savait qu'elle appartenait à la Fraction. Cela lui avait permis de rester flic un peu plus longtemps que Rosso – un an et demi de plus, exactement. Au bout de ce laps de temps, son appartenance fractionnaire, même discrète, avait été jugée insupportable par le commissaire Briard – ou plutôt : par quelqu'un, tout en haut de l'organigramme, que Berg n'avait jamais rencontré et qui avait ordonné à Briard de se débarrasser d'elle.

Exit l'inspecteur Berg.

Ainsi va le monde.

*

Rosso ne s'inquiétait pas de l'infiltration par la PC, pas plus que des risques de retournement. De toute manière, à part l'existence de Pelletier et le travail qu'elle conduisait avec Ducast, la Fraction n'avait pas grand-chose à cacher. En cela résidait la beauté de l'opération : la Fraction était subversive sans jamais se mettre hors la loi ; elle était subversive uniquement en ceci qu'elle rendait pensable l'abolition de l'ordre en préparant un avenir au-delà de cette abolition.

La Fraction était subversive par *essence*, mais son *existence* restait parfaitement légale.

Il n'y avait rien à cacher. Pour établir leurs retraites, les fractionnaires achetaient des terrains – en toute légalité, avec un passeport intérieur à jour. Certes, ils se concertaient préalablement pour des achats groupés au meilleur prix, mais il n'y avait pas de loi contre ça.

Chaque fractionnaire, à chaque instant, n'accomplissait que des gestes parfaitement quelconques – ce n'était que par leur concomitance que ces gestes épars finissaient par constituer la trame d'une action politique.

Ainsi pour les armes : elles étaient détenues en toute légalité. L'affaire ne devenait significative que par l'effet de masse. Quand une personne se procure un flingue, cela ne change rien au rapport de forces entre le pouvoir et le peuple. Mais quand dix mille personnes se procurent des flingues, s'organisent et se coordonnent, la somme de ces dix mille démarches individuelles modifie significativement le rapport de forces.

En toute légalité.

La Fraction n'avait rien à cacher.

Le risque, le seul vrai risque, c'était la *provocation*.

Que le système, constatant que la Fraction n'avait rien à cacher, décide de dissimuler *lui-même* quelque chose à l'intérieur de la Fraction, puis fasse mine de le mettre au jour : voilà ce que redoutait Rosso. Après tout, il se souvenait avoir, jadis, recruter des « balances » en dupliquant leurs empreintes digitales sur l'arme d'un crime...

Cela, l'appareil policier pouvait le faire. Très facilement. Ce n'était qu'une décision à prendre.

Il existait aussi une autre option théorique, pour un pouvoir décidé à casser l'épine dorsale de la Fraction : instrumentaliser les tensions interethniques. Cela aussi, c'était facile pour l'appareil policier. Il suffisait par exemple de soudoyer quelques voyous nordafs pour qu'ils attaquent une retraite fractionnaire. L'inéluctable riposte des fractionnaires seraient présentée par la presse aux ordres comme une forme d'agression raciste, et la Fraction, présentée comme une organisation « suprématiste », serait aussitôt dissoute.

Rosso avait préparé le mouvement à ces éventualités. Pour limiter les risques d'instrumentalisation des heurts intercommunautaires, la Fraction avait soigneusement évité de se positionner comme une organisation ethnique. Et pour limiter les risques de provocation, la Fraction avait fait le choix d'une transparence totale – quand on n'a rien à cacher, il faut en profiter pour tout montrer.

En cas de malheur, des solutions de repli avaient été ménagées. Il était prévu qu'après une dissolution, la Fraction se transformerait en une nébuleuse de centaines de petites associations et groupements de faits – nébuleuse indestructible, sauf à dissoudre et redissoudre en permanence un à un toutes ces associations et groupements de fait.

D'autres scénarios avaient été étudiés. En cas de répression étatique, l'état-major de la Fraction serait remplaçable presque instantanément – chaque responsable nommait un vice-responsable qui, aussitôt nommé, nommait à son tour un vice-remplaçant. En outre, chaque chapitre était préparé à fonctionner en autonomie, chaque réseau pouvait se passer de son chapitre, chaque groupe pouvait se passer de son réseau.

Des dispositions avaient également été prises concernant les familles des membres de l'état-major fractionnaire – les enfants seraient pris en charge par la Fraction, si les parents étaient arrêtés ou assassinés. Tout membre de l'état-major fractionnaire savait, en prenant ses fonctions, qu'il fallait se préparer à ce genre d'éventualité. Personne n'avait discuté la nécessité de ces dispositions, quand elles avaient été adoptées.

Deux ans plus tôt, quand la Fraction avait commencé à se structurer pour de bon, Rosso pensait que la répression ne tarderait pas. Il ignorait quelle forme exacte elle prendrait, mais il était convaincu qu'elle ne tarderait pas...

Et il se trompait.

Près de deux ans s'écoulèrent, et les précautions prises s'avéraient toujours aussi inutiles. Il n'y avait eu aucune provocation. Le pouvoir semblait se désintéresser de la Fraction. C'est à peine si l'on pouvait constater une sorte de black-out médiatique – black-out dont l'état-major fractionnaire s'accommodait d'ailleurs très bien.

Pendant longtemps, cette absence de réaction officielle avait été un mystère pour Yann Rosso. Un mystère, d'ailleurs, qui l'inquiétait beaucoup. Le devenir des mouvements politiques subversifs avait été jadis résumé par Gandhi : « D'abord ils vous ignorent, ensuite ils rient de vous, ensuite ils vous combattent, et finalement vous gagnez. » Rosso constatait avec étonnement que la Fraction restait curieusement bloquée au premier stade.

Il maintint les précautions qu'il avait prises, bien entendu, mais il n'en était pas moins déboussolé. À la limite, il aurait préféré le déclenchement d'une persécution. Au moins, on aurait su à quoi s'en tenir.

Et puis, un jour, il eut le fin mot de l'histoire...

*

C'était un soir d'automne, vingt-et-un mois après la constitution de la Fraction. Rosso rentrait dans son nouveau chez lui – une retraite fractionnaire en intrazone rurale, du côté de Rennes. Il conduisait une voiture électrique monoplace sur l'eurovoie numéro treize, la fameuse « Grande Est-Ouest », Vladivostok-Brest.

Juste avant la sortie Le Mans-Intrazone, une puissante berline Opelyota stabilisa sa vitesse à sa hauteur, sur la file de gauche. Rosso tourna la tête et il avisa, à quelques mètres de lui, le canon d'un calibre 44 Magnum. Le canon n'était pas pointé vers lui. Il était dirigé vers un point du ciel, quelque part entre les deux véhicules, à la perpendiculaire de l'eurovoie.

Le regard de Rosso se déplaça de quelques centimètres. Un mec blond aux yeux bleus tenait le flingue. Le blondinet tapota la vitre de sa portière avec le canon du calibre 44, indiquant clairement la droite.

Rosso hocha la tête, mit son clignotant. Direction : Le Mans-Intrazone. L'Opelyota ralentit, puis elle enquilla sagement la file de droite, derrière Rosso.

Dans la bretelle de sortie, soudain, l'Opelyota déboita, accéléra et vint se placer devant le solocar de Rosso. Sur la banquette arrière de la caisse, un mec tenait une sulfateuse – ou peut-être un fusil d'assaut, Rosso avait du mal à voir de quoi il s'agissait. En tout cas, c'était du sérieux. L'homme n'avait pas l'air commode, et d'un mouvement de la tête, il indiqua à Rosso d'obtempérer.

Rosso ne voyait aucune raison de ne pas obéir. De toute façon, si ces mecs avaient voulu lui faire la peau, il serait déjà mort. Il fit signe qu'il allait suivre.

La sulfateuse disparut comme par enchantement. Le mec sur la banquette arrière continuait à observer Rosso. Celui-ci suivit l'Opelyota sur la rue principale de Le Mans-Intrazone, puis le convoi bifurqua. Le soleil couchant éblouit Yann Rosso pendant qu'il filait vers l'ouest.

Au bout de quelques minutes de route, l'Opelyota se gara sur le bas-côté d'une ancienne départementale mal entretenue. Rosso glissa sagement son solocar dans le sillage de la berline.

Les deux mecs, le blond et l'homme à la sulfateuse, sortirent de l'Opelyota et se dirigèrent vers le solocar.

« Appelez madame Berg et dites-lui que votre solocar est en panne, » exigea l'homme à la sulfateuse. « Dites que vous aurez une ou deux heures de retard, le temps de trouver une station d'entretien au Mans. »

Rosso sortit son smartcom et fit ce que l'homme demandait.

« Suivez-nous et pas de question, » lança le type blond.

Dans son dos, l'autre type brandissait toujours son fusil d'assaut – finalement, c'était bien un fusil d'assaut. Le dernier modèle chinois, avec lance-grenade de 40 mm incorporé.

Rosso suivit sans rien dire. Quand un type vous dit de le suivre sans poser des questions, normalement, vous posez des questions. Mais quand dans le dos de ce type-là, il y en a un autre avec un lance-grenade pointé sur vous, vous avez déjà les réponses. Ça peut paraître curieux, mais c'est comme ça.

Les deux mecs firent monter Rosso dans leur caisse, puis ils le fouillèrent et lui bandèrent les yeux. Pas un mot ne fut échangé pendant le trajet. Rosso mémorisa les virages à droite à gauche ainsi que les temps approximatifs qui les séparaient. Il arriva à la conclusion qu'on roulait toujours vers l'ouest, mais il paraissait peu probable qu'il parvint jamais à reconstituer le trajet exact.

Enfin la voiture s'arrêta. Rosso entendit le bruit caractéristique d'un portail coulissant, puis la voiture redémarra. Le moteur se tut quelques instants plus tard.

Rosso sentit l'air froid quand quelqu'un ouvrit sa portière. Une poigne solide l'agrippa, et il se laissa conduire docilement. Une trentaine de pas plus loin, le guide de Rosso murmura : « Attention à la marche ».

Rosso remarqua que l'homme avait parlé avec un très fort accent slave – russe, probablement, mais il n'en était pas complètement sûr. Puis il sentit l'air chaud, comme une bouffée de chaleur en pleine face.

Il devait être entré dans une maison, à présent. Le Slave lui lâcha le bras et lui posa la main sur l'épaule.

« Marchez, tout droit. »

Rosso avança, tourna vers la gauche quand on le lui dit.

Quelqu'un dit, avec une pointe d'accent germanique :

« Vous pouvez enlever son bandeau. »

Rosso cligna des yeux. Devant lui se tenaient deux hommes, assis dans des fauteuils de cuir. Le premier était le blond qui lui avait fait signe de sortir de l'eurovoie, une heure plus tôt. Le second était Kurt Weinberger, le président de Synactis Europe.

*

Depuis près de deux ans qu'il édifiait la Fraction, Rosso avait vu bien des choses surprenantes. Il avait rencontré des hommes et des femmes exceptionnels. Il avait entendu des histoires incroyables. Mais rien n'était plus surprenant que de se retrouver ainsi devant Kurt Weinberger, au débotté, par un soir d'automne pluvieux.

Un homme exceptionnel, Weinberger, il fallait bien le reconnaître. Quinze mois après les faits, Rosso pouvait encore ressentir la sensation d'ahurissement qui avait été la sienne, ce soir-là, au fur et à mesure que Weinberger parlait.

« Vous voudrez certainement excuser, monsieur Rosso, la brutalité de mon invitation, » commença Weinberger, « vous comprendrez certainement que nous devions veiller à ce que cette entrevue reste secrète. »

Rosso ferma rapidement les yeux en signe d'assentiment. Oui, bien sûr. Compris.

Weinberger proposa un verre de Porto. Rosso accepta. Le blond se leva. Weinberger invita Rosso à s'asseoir. Rosso s'assit, le blond lui apporta un verre de Porto. Weinberger fit un signe au blond, qui salua Rosso d'un rapide coup de menton et sortit, sans un mot.

« Ce monsieur n'est pas très loquace, » plaisanta Weinberger, « mais c'est un excellent garde du corps. »

« Un ancien militaire, » dit Rosso.

« À quoi voyez-vous ça ? »

« Le maintien. »

Weinberger sourit.

« Ancien officier de la FITEC, en effet. Les meilleurs éléments des forces armées passent généralement assez vite au privé. Question de rémunération. »

Rosso hocha la tête.

« Chacun ses valeurs, » dit-il.

Weinberger sourit à nouveau.

« Je peux vous poser une question personnelle, monsieur Rosso ? »

« Allez-y. »

« Quelles sont vos valeurs ? »

Rosso répondit sans réfléchir.

« La fidélité à la parole donnée, la volonté de survivre quoi qu'il advienne pour transmettre le flambeau, et par-dessus tout l'amitié. »

Weinberger fit la moue.

« Définissez l'amitié, s'il vous plaît. »

Rosso répondit sans réfléchir, à nouveau.

« Un groupe d'hommes et de femmes qui se jurent mutuellement de se défendre pour défendre l'humanité qu'ils partagent. »

Weinberger sourit derechef. Son regard se fit plus chaleureux, mais Rosso n'était pas dupe.

Mentalement, pour écarter tout risque de connivence coupable avec cette ordure patentée, l'ex-flic se remémora la fiche personnelle de Kurt Weinberger.

« Weinberger, Kurt. Né le 22 juin 1961 à Magdebourg, Allemagne de l'Est. Il est le troisième fils de Konrad Weinberger, qui occupa des fonctions importantes au sein du parti nazi à Berlin, mais intégra l'appareil d'Etat communiste après 1945, dans des conditions mystérieuses. Kurt est en fait son deuxième prénom, son premier prénom est Vladimir. Il se fait remarquer au sein des organisations de jeunesse dans les années 1970. Pendant son service militaire, il sert dans un ministère. En 1980, il entre à l'université, section scientifique. Ses facilités en mathématiques lui permettent de décrocher son diplôme avec deux ans d'avance, en 1985. Il entre au parti communiste et se fait une réputation de 'dur', partisan de la ligne Honecker. Il reste à l'université comme assistant d'enseignement et fait de la recherche en cryptographie. Ses camarades prétendront, par la suite, qu'il devait son surnom de 'Stasi Volodia' aux rapports qu'il transmettait régulièrement à la police

politique est-allemande. L'examen des archives de la Stasi semble confirmer cette accusation, mais il est difficile de se prononcer sur l'intensité exacte de cette collaboration.

« En 1989, au moment de la chute du Mur, Weinberger change officiellement de premier prénom. Désormais prénommé Kurt, il sollicite un emploi auprès de la société américaine IBM. Il l'obtient immédiatement grâce à la recommandation des dirigeants d'une filiale allemande d'IBM, et part travailler aux Etats-Unis. En 1991 ou 1992, il est semble-t-il initié à la franc-maçonnerie. En 1995, il est muté en France. En 1996, il participe à une tenue du Grand Orient, obédience maçonnique irrégulière, sous le nom d'emprunt de 'Volodia', les maçons réguliers n'ayant en principe pas le droit de participer aux tenues irrégulières. Fait intéressant, cette tenue regroupait l'essentiel des maçons impliqués dans le contre-espionnage français de l'époque. La planche de Weinberger portait sur les techniques de manipulation de l'opinion occidentale utilisées dans les années 70 par les soviétiques et leurs alliés. Cette planche était apparemment la répétition d'un exposé fait, deux ans plus tôt, devant un parterre d'anciens élèves de la prestigieuse université de Yale. Il est possible que Weinberger ait fait partie des anciens des services secrets est-allemands utilisés par les Américains, dans les années 1990, époque où la CIA reprit à son compte une grande partie des méthodes de déstabilisation lente utilisées précédemment par les soviétiques.

« En 2003, Weinberger quitte IBM pour travailler à la commission européenne, à Bruxelles. Officiellement, il est chargé de superviser les aspects techniques de la lutte antitrust. En réalité, il joue semble-t-il le rôle d'un agent de liaison entre un pool de multinationales américaines et les services techniques de la commission. Il semble qu'il effectue à cette époque un travail très apprécié. En 2011, il est récompensé de ses bons et loyaux services par son premier poste d'envergure : il est mandaté comme vice-gouverneur de l'Union Européenne dans la province libre de Wallonie, créée après l'explosion de la Belgique. À l'époque, la province libre de Wallonie sert de laboratoire au futur statut des europrovinces, tandis que Bruxelles District devient une capitale fédérale, sur le modèle de Washington DC. Weinberger se fait remarquer par son sens politique et sa capacité à faire avancer le projet de rattachement direct de la Wallonie à la capitale fédérale. Il est cependant mis sur la sellette après l'affaire Grimond, du nom d'un juge de Liège qui tenta, à la faveur de l'explosion de l'Etat belge, de faire rouvrir le dossier Dutroux – il s'agit d'une affaire de pédophilie qui avait défrayé la chronique dans les années 1990. Weinberger est accusé d'avoir

contribué à étouffer une deuxième fois le dossier, et après l'assassinat de Grimond, il doit démissionner de son poste de vice-gouverneur.

« Il entame alors une courte traversée du désert. Mais dès 2015, nous le retrouvons à la tête de la commission antitrust de l'Union Eurocorporative. Lorsque la constitution de l'UE évolue, avec la création du conseil corporatif qui regroupe des représentants désignés par les mégacorporations et chapeaute de facto le conseil des ministres des Etats-nations en faillite, la mission de la commission antitrust semble devenir sans objet. À quoi bon lutter contre la constitution de trusts et de cartels, quand l'Etat eurocorporatif s'organise lui-même comme un trust et un cartel ? Weinberger répond : en faisant de la commission antitrust le bras armé de l'Etat eurocorporatif contre tout trust ou cartel autre que l'Etat lui-même. Dès lors, fort du soutien discret mais décisif des milieux d'affaires américains, il devient le ministre de l'économie officieux de l'Union Eurocorporative, poste qu'il occupe avec succès pendant dix ans.

« En l'an IX de l'ère eurocorpo, il doit cependant quitter ces fonctions pour des raisons inconnues. La rumeur voudrait qu'il ait été mêlé indirectement à des transferts de technologies clandestins vers la Sinosphère, mais rien n'a pu être prouvé. Quoi qu'il en soit, immensément riche et toujours très influent, il intègre le board de Synactis International et semble même un instant en mesure d'en devenir le président. Cependant, il doit s'incliner devant la nomination surprise de Barbara Paterson, première femme présidente de Synactis, préférée par le board sans doute parce qu'elle appartient à une des plus grandes familles de Nouvelle Angleterre. Kurt Weinberger est devenu, par la suite, président de Synactis Europe, ce qui fait de lui le numéro trois de la mégacorpo.

« Ce qui frappe en premier lieu, quand on considère le trajet de Weinberger, c'est que les pires choses ont été dites sur son compte, mais que rien n'a pu être prouvé. Jamais. Il est presque certain qu'il a travaillé comme un agent d'influence successivement pour la Stasi et pour la CIA, très probable qu'il a été mêlé à la sinistre affaire Dutroux-Grimond, et il semble bien qu'il doive sa fortune à une véritable contrebande à grande échelle entre l'UE et la Sinosphère. Et cependant, rien n'a jamais pu être prouvé. Kurt Weinberger apparaît, au soir de sa vie, comme un apparatchik modèle, d'une habileté quasiment démoniaque.

« Communiste sous Honecker, il devient libéral en franchissant l'Atlantique, se mue en défenseur des intérêts européens dès qu'il pose le pied à Bruxelles, et redevient atlantiste à peine est-il assis au board de Synactis. Ce qui décrit le mieux cet homme, c'est peut-être cette confidence faite par son chef de cabinet à un indicateur fractionnaire :

'Kavé (surnom de Weinberger) n'a aucune opinion sur rien, aucune conviction d'aucune sorte. La seule chose qui le meut, c'est son ambition illimitée. Tel est le secret de son ascension : il n'a jamais reculé devant rien pour progresser dans la structure, et peu importe la structure. Cela fait de lui l'instrument parfait dans un système, n'importe quel système. Kavé incarnera toujours le système parce que le système est le système, et parce que le système donne le pouvoir. Voilà tout.' »

Telle était la fiche de Weinberger à la Fraction…

Alors « Kavé » pouvait sourire, avec cet air de parfaite urbanité, cette exquise bonne éducation qui lui avait jadis ouvert les portes des milieux les plus fermés du monde. Il pouvait sourire, mais Rosso n'était pas dupe.

L'ex-flic se cala dans son fauteuil en se disant que la partie allait être rude.

*

Weinberger laissa Rosso finir son porto. Comme c'était la première fois que Rosso goûtait un vrai porto, pas un vulgaire arôme de synthèse, et comme le stress donne soif, cela ne prit que quelques secondes.

Quand l'ex-flic eut reposé son petit verre sur le guéridon, le président de Synactis Europe s'empara de la serviette posée à ses pieds et en sortit un dossier, qu'il tendit à Rosso, sans un mot d'explication. Puis il se leva et quitta la pièce, toujours sans dire un mot.

Le dossier portait le titre : « Surveillance 42 ».

En haut à gauche de la couverture, en petits caractères et en Anglais, on pouvait lire : « Synactis Europe, service de veille informationnelle »

Rosso prit le dossier, l'ouvrit et le feuilleta.

Tout y était. Toute l'histoire de la Fraction, depuis le commencement.

Après avoir survolé le dossier, Rosso entreprit de le lire.

Tout y était, et tout était exact. Les noms, les dates, les heures, les lieux. Tout y était, à un détail près : les rendez-vous de Rosso avec Pelletier. Cela, et cela seul, avait échappé à la surveillance du SVI.

Certain d'être observé, Rosso s'efforça de prendre un air consterné alors qu'intérieurement, il était littéralement fou de joie : Synactis avait manqué l'essentiel.

Ils ignoraient le rôle d'Hélène Pelletier.

Cela seul importait.

Rosso n'était nullement surpris par la précision du dossier établi par le SVI de Synactis. Quand on vit dans un monde où tout est électronique, on sait dès le départ qu'on peut être espionné n'importe où et n'importe quand. Alors, rien n'est secret. Ou presque.

    Vos murs intelligents dosent la quantité de lumière diffusée dans votre appartement ? C'est bien, mais ils savent aussi enregistrer vos moindres murmures – et ça, c'est moins bien. Vous pouvez payer n'importe où en présentant votre empreinte digitale, et presque partout avec votre empreinte rétinienne – plus de besoin de cartes de crédit, et ça, évidemment, c'est pratique. Mais d'un autre côté, à chaque fois que vous effectuez un règlement, la grande machine sait où vous vous trouvez – ça aussi, c'est pratique, mais pas pour vous : pour la machine. Votre frigo intelligent mesure votre consommation alimentaire et peut se mettre directement en relation avec les fournisseurs pour leur signaler ce qui manque. Formidable ! Le seul problème, c'est que les banques de données sauront tout de vous, quand vous mangez chez vous, quand vous sortez, quand vous invitez des gens. C'est pratique aussi, le GPS. Seulement, vous êtes suivi en voiture par votre GPS. Et si vous avez été assez fou pour souscrire une police d'assurance auprès d'une compagnie exigeant la sécurité maximale, vous êtes même suivi à pied ! – par la puce GPS implantée sur le dos de votre main.

    Même à l'intérieur des retraites fractionnaires, vous n'êtes pas à l'abri, parce qu'il existe des micros directionnels capables de vous écouter à cinquante mètres de distance, et à travers les murs si nécessaires.

    Et malgré tout cela, ils avaient réussi à dissimuler l'existence de Pelletier...

    De cela, Rosso se sentait vraiment fier.

    Pour parler en face à face, dès qu'il était question de Pelletier, entre Ducast, Berg et Rosso, une règle avait été établie : ils utilisaient une petite boîte à cire – dessiner des lettres et les effacer, aussitôt lues : rien de plus simple. Une boîte à cire minuscule, qu'on peut cacher du revers de la main pendant que votre partenaire déchiffre ce que vous avez écrit : et voilà, ça suffit, tous les réseaux d'écoute du monde sont hors-jeu. Toute la puissance de Synactis ne peut rien contre ce truc, vieux comme le monde, et qui dispute aux allumettes bavardes le trophée du mode de communication le plus sécurisé du monde.

    Donc, Synactis savait tout, sauf l'essentiel.

    Et plus important encore, Synactis croyait tout savoir, alors qu'il ignorait l'essentiel.

    Rosso se dit, en refermant le dossier : « c'est jouable. »

*

Weinberger revint quelques minutes plus tard. Il s'installa dans le fauteuil placé en face de Rosso.

« Comme vous l'avez compris, monsieur Rosso, nous vous observons depuis plus d'un an avec beaucoup d'attention. »

« J'ai bien noté. »

Kurt Weinberger sourit, et à nouveau son regard se fit chaleureux.

« Vous devez vous demander pourquoi, ayant depuis belle lurette repéré votre mouvement, nous n'avons rien fait, jusqu'ici, pour vous mettre des bâtons dans les roues. »

« Effectivement. Je me suis posé la question. »

« Et à votre avis, quelle raison avions-nous de vous laisser vous organiser ? »

Rosso réfléchit quelques secondes. Il savait que Weinberger lui posait la question pour le tester. Or, il ne voulait pas que Weinberger comprenne son mode de raisonnement. Il décida de répondre une sottise, délibérément.

« Nous avons supposé que l'appareil d'Etat eurocorporatif ne nous prenait pas au sérieux. »

Weinberger sourit plus largement encore. Son regard pétillait.

« Non, monsieur Rosso, ce n'est pas la raison pour laquelle nous vous avons laissé en paix. Je vais vous dire la raison : nous vous avons laissé en paix, parce que nous allons peut-être vous utiliser. »

Rosso joua l'incompréhension.

« Nous utiliser ? Nous utiliser à quoi ? »

Weinberger hocha vigoureusement la tête.

« Vous devez vous douter, monsieur Rosso, que la politique poursuivie actuellement par l'Etat eurocorporatif suscite de très nombreuses réactions de rejet, dans les diverses couches de la population. Bien entendu, le système médiatique étouffe toute expression de cette contestation, et ponctuellement, l'appareil d'Etat procède à des répressions discrètes. Mais la contestation n'en existe pas moins. »

Le président de Synactis Europe fit un geste de la main, comme pour dire : c'est ainsi, on n'y peut rien.

« Vous avez compris, bien sûr, à la lecture du dossier que je vous ai remis, que nous pourrions vous écraser demain matin. Sans vouloir me montrer désobligeant, cela ne nous coûterait pas plus d'effort qu'il ne vous en faut pour écraser un cafard sur le sol. Sans même y penser – sans vraiment le faire exprès, au fond... La raison pour laquelle nous ne le faisons pas est que vous représentez pour nous une aubaine : tant qu'à avoir une contestation en face de nous, nous préférons que cette contestation soit structurée, organisée, encadrée. Et de préférence, par des gens raisonnables. »

« Vous avez un marché à nous proposer ? »

Weinberger eut un sourire en coin. Son regard se fit encore plus chaleureux.

« Non, monsieur Rosso, nous n'avons pas de marché à vous proposer, parce qu'il n'y a pas de marché possible entre les hommes et les cafards. Nous n'avons pas de marché à conclure avec vous, mais nous avons des instructions à vous donner. Suivez-les, et nous vous laisserons vivre. Voilà le message. Je n'appellerais pas ça un marché, ce serait hypocrite de ma part. »

Rosso avait fréquenté pas mal de types dangereux, dans sa vie. Mais c'était la première fois qu'il voyait un homme capable d'expliquer à son interlocuteur qu'il le tuerait « sans y penser », tout en lui souriant comme à un ami d'enfance.

Un authentique prédateur, Weinberger.

Le Grand Requin Blanc.

Pas de remous à la surface…

« Quelles sont vos instructions ? »

Weinberger sortit un second dossier de la serviette posée à ses pieds. Couverture grise. En haut à gauche : « Synactis Europe / S.V.I. »

« Tout est là, monsieur Rosso. »

Il tapota la chemise grise.

« Je sais que grâce à un indicateur inconnu, vous savez que Synactis a diffusé il y a deux ans un logiciel utilisant une technique de marketing expérientielle dénommée mode TM, pour Trojan Mimesis. Vous savez cela, n'est-ce pas ? »

Rosso fit signe que oui.

« Vous savez également que cette diffusion a eu des conséquences inattendues. Vous savez dans quelles conditions rocambolesques le jeu a été diffusé sans la recette définitive des services Synactis. Et vous savez aussi, bien sûr, parce que vous n'êtes pas idiot, et vous avez fait certains rapprochements, vous savez aussi que cette diffusion a entraîné des évènements graves dans l'Union Eurocorporative. »

Nouveau battement de cils de Rosso. Weinberger se fit soudain grave.

« En revanche, ce que vous ne savez pas, monsieur Rosso, c'est que ce désastre a probablement été causé par un sabotage. Quelqu'un a semble-t-il injecté dans l'espace médiatique, et donc dans l'espace mental collectif, des formes floues susceptibles d'entrer en résonance avec celles incluses dans le jeu Synacgame. »

Rosso fronça les sourcils. Tiens, tiens…

« Vous savez qui est derrière ce sabotage ? », demanda-t-il à Weinberger.

« Nous avons notre idée, Herr Rosso. Mais nous ne pouvons malheureusement pas le prouver, parce que tout ceci, voyez-vous, est organisé à un très haut niveau. »

Rosso écarquilla les yeux fugitivement, sous le coup d'une révélation.

Les maîtres du jeu n'étaient pas d'accord entre eux.

Weinberger plissa les yeux.

« Vous comprenez vite, » dit-il à Rosso. « Tant mieux. Cela va simplifier les choses. »

Rosso regarda la chemise grise que lui tendait maintenant Weinberger.

Il hésita un moment.

Puis il la prit.

« Je ne pense pas que nous nous reverrons, Herr Rosso. Ce ne sera pas nécessaire. À l'avenir, vous aurez affaire à ma garde personnelle, si nous avons d'autres instructions à vous faire parvenir. Je sais que vous savez que nous saurons si vous respectez ou pas les consignes que nous avons données. Et je sais que vous savez que si vous ne les respectez pas, nous vous écraserons comme des cafards. »

Il y eut un silence, puis Rosso se leva. Il tendit la main à Weinberger, qui resta immobile.

Rosso sortit sans insister. En ouvrant la porte, il jeta un coup d'œil au président de Synactis Europe. À présent, Weinberger ne souriait plus. Le dos légèrement voûté, les lèvres tordues par un rictus amer, il paraissait son âge, tout simplement – un vieillard usé par la vie, un octogénaire au regard las.

En l'observant, Rosso se dit que le pouvoir rendait triste.

*

Le blond et le type à l'accent russe raccompagnèrent Rosso après lui avoir remis un bandeau sur les yeux. Ils le laissèrent à côté de son solocar, le dossier gris à la main. Rosso les vit s'éloigner et, machinalement, il releva le numéro d'immatriculation de l'Opelyota. Il savait déjà que ça ne servirait à rien, mais il le releva quand même.

Il retourna s'asseoir dans le solocar et déposa le dossier gris dans le vide poche. Il lui fallut moins d'une heure pour gagner sa retraite.

Là, il commença par saluer les membres de son groupe, puis il gagna la chambre du haut, celle où il dormait habituellement avec Berg. Elle s'y trouvait déjà.

Il s'assit près d'elle, sur le lit, et lui posa un doigt sur les lèvres.

Puis il sortit sa boîte à cire de sa poche. Elle se serra contre lui, il retira le stylet glissé sous le couvercle de la boîte à cire et commença à écrire. Il raconta l'eurovoie, le blondinet et le type à la sulfateuse, le bandeau, la baraque quelque part près du Mans, Weinberger et le dossier gris.

Berg s'empara du dossier gris. Rosso écrivit : « Ouvre ».

Berg ouvrit le dossier. À l'intérieur, il y avait trois feuillets.

Le premier feuillet portait le verbatim d'une conversation téléphonique entre un monsieur Fayçal Al-Khedari et un certain Djamel. Une note en bas de page précisait que Fayçal Al-Khedari était le leader charismatique d'un mouvement néomusul, la Porte de la Sagesse, mouvement très actif sur la conurbation Lyon-Villeurbanne. La conversation, assez courte, concernait le réseau fractionnaire de Lyon-Villeurbanne. Le dénommé Djamel apprenait à Fayçal Al-Khedari qu'il avait des informations fiables selon lesquelles ce réseau préparait une attaque contre la Porte de la Sagesse. Al-Khedari répondait qu'il fallait prendre des mesures de sécurité et se préparer à lancer une attaque préemptive.

Le deuxième feuillet portait le verbatim d'une conversation téléphonique entre un monsieur Désiré Kabo et un certain Jean. Une note en bas de page précisait que Désiré Kabo était le leader d'un gang afro des extrazones Paris Nord. La conversation concernait le réseau fractionnaire de Paris Nord. Le dénommé Jean expliquait à Désiré Kabo qu'il avait des informations fiables selon lesquelles ce réseau préparait une attaque contre leur gang. Désiré Kabo réagissait exactement comme Al-Khedari : en prévoyant une attaque préemptive.

Le troisième feuillet portait le verbatim d'une conversation téléphonique entre un monsieur Huascar Lopez et un « chivato Juanito ». C'était exactement la même conversation, avec cette fois, dans le rôle de l'agresseur présumé, le chapitre fractionnaire de Madrid, et dans le rôle de l'agressé potentiel, le gang latino « MS13-España ». La conclusion de Huascar Lopez ne différait en rien de celle tirée, à d'autres moments et en d'autres lieux, par Al-Khedari et Désiré Kabo : attaque préemptive en vue, une fois de plus.

Berg prit la boîte à cire et écrivit : « Où sont les instructions ? »

Rosso réfléchit quelques instants. Il effaça d'un plat de la main la question de Berg et il écrivit : « Ils savent que nous ne serons pas aussi facilement dupes que les néomusuls, les blacks et les latinos, alors ils nous préviennent que même si nous ne sommes pas dupes, nous devrons jouer le jeu. Ils veulent que nous préparions, nous aussi, des attaques préemptives. Contre ces gangs. »

Berg regarda Rosso, et elle soupira. Il l'observa. Elle avait des yeux très doux, très calmes. Il se dit qu'elle était belle, vraiment belle.

Il effaça la boîte à cire et dit, à haute voix : « Il faut réunir un conseil. »

*

Le conseil se tint trois jours plus tard, dans une retraite située près d'Orléans, en lisière de l'intrazone rurale de Sologne. Il y avait là toutes les têtes de filières centrales du moment : Yann Rosso, le représentant, Jean-Baptiste Ducast, le référent, Catherine Walberg, l'intendant, Serge Haubert, le veilleur, et Hervé Christanval, le gardien. Rosso avait également invité un conférencier, un professeur de sociologie récemment exclu de l'université d'Etat à cause de ses thèses politiquement incorrect – un monsieur Poliakov.

L'ordre du jour officiel de la réunion était la présentation de ses thèses par Samuel Poliakov. L'ordre du jour officieux était le suivant : fallait-il, oui ou non, obéir aux instructions de Kurt Weinberger ? »

Poliakov avait été mis au courant. Il savait qu'il n'était là que pour meubler le silence. Son boulot, c'était de parler pour les micro-espions. Son auditoire, c'était les services de sécurité eurocorporatifs. Tout ce qu'on lui demandait, c'était de meubler. Qu'il fasse un numéro de claquettes si ça l'amusait, mais surtout qu'il fasse du bruit pendant une bonne heure.

Il commença son exposé sans tarder : « *Comme vous le savez, messieurs dames, j'ai été chassé de l'université eurocorporative pour avoir osé publier un article dans une revue dissidente. Article intitulé 'l'économie du signe dans la société eurocorporative', et qui traitait des mutations de la structure sociale en lien avec l'économie zonale. Cet article a été censuré par les autorités parce qu'il portait en germe une théorie générale de la société contemporaine, théorie générale elle-même porteuse d'une critique, critique elle-même susceptible de déboucher sur une remise en cause, voire sur un dépassement. Je vous propose, aujourd'hui, de jeter les bases de cette théorie générale, et de la critique qu'elle porte en elle.* »

Pendant que Poliakov parlait, Rosso écrivit sur la cire : « Voici le dossier transmis par KW. Je pense qu'il nous donne l'ordre de nous placer à notre tour en situation de lancer des attaques préemptives. Votre analyse ? »

La boîte à cire passa de main en main. Ducast écrivit : « Je suis d'accord, c'est ce qu'il veut dire. » Les autres se contentèrent d'un simple « ok ».

Poliakov disait : « *Nous savons que l'économie du signe, c'est-à-dire l'économie symbolique qui sous-tend la construction de la valeur d'échange, est toujours un surcodage de la structure sociale cible. À partir de là, nous savons que l'étude de l'économie du signe nous permet de reconstituer quelle structure sociale cible est visée par les acteurs qui sont en mesure d'imposer leurs conceptions aux autres acteurs, dans le cadre précisément de l'économie du signe. Or, ce qui caractérise l'économie du signe contemporaine, c'est l'élaboration d'un système de surcodage à deux vitesses : d'une part la construction d'une valeur d'échange relative aux biens de luxe, d'autre part la construction d'une valeur d'échange relative aux biens de grande consommation, ces deux constructions n'ayant pratiquement plus de liens l'une avec l'autre. Jusqu'ici, il existait des passerelles entre ces deux univers. Aujourd'hui, il n'y en a plus. Comment expliquer l'apparition de ce double surcodage ?* »

Rosso reprit la boîte à cire, l'effaça d'un geste rapide du dos de la main, puis il écrivit : « La question, c'est : que faire ? »

Ducast prit la boîte et, de son écriture sèche et nerveuse, il écrivit : « Si nous refusons, il n'y a aucun doute : ils nous écraseront. Ils en ont les moyens. »

La boîte circula. Walberg n'écrivit rien. Haubert griffonna : « Depuis que Yann m'a prévenu, j'ai vérifié auprès de nos informateurs : les verbatim sont très probablement exacts. Pour le MS13 à Madrid, je n'ai pas d'information fiable, juste une forte probabilité – nos amis espagnols vérifient. Mais pour la Porte de la Sagesse et le gang Kabo, c'est confirmé. Ils ont pris leurs dispositions en vue de nous attaquer. » Christanval écrivit : « J'ai besoin d'avoir une estimation précise des menaces. »

Pendant ce temps, Poliakov disait : « *En bonne logique, si vous construisez deux systèmes de surcodage parallèles, c'est forcément parce que vous avez deux messages distincts à passer, et probablement à des destinataires différents, qui ne doivent pas communiquer entre eux. Or, lorsqu'on analyse attentivement la situation actuelle de l'hyperclasse mondialisée secrétée par le turbocapitalisme des mégacorporations, on s'aperçoit que c'est exactement de cela qu'il s'agit : cette hyperclasse est confrontée à deux menaces, qu'il lui faut neutraliser séparément.* »

Rosso reprit la boîte à cire. Il écrivit : « Tout dépend de l'interprétation qu'on donne au comportement de Weinberger. Veut-il utiliser les forces en présence pour créer le chaos, ce qui lui donnera un prétexte pour faire reprendre en main la situation par les forces eurocorpos ? Veut-il simplement faire passer un message, et si oui, à qui ? Et pourquoi ? »

Haubert demanda la boîte. Il écrivit : « Nous manquons terriblement d'informations sur ce qui se passe à l'intérieur du board Synactis. Nous ne savons toujours pas qui sont les actionnaires majoritaires de Davidson Worldwide. Tout ce qui se passe au top niveau nous échappe complètement. »

Poliakov continuait sa conférence. Il disait : « *L'hyperclasse globalisée est formée par l'alliance objective des hyperclasses continentales – panam, eurocorpo, sino, indo, afro et arabo, pour reprendre les abréviations à la mode. Ces hyperclasses continentales sont désignées par les processus de sélection imposés par le capital – en gros : il s'agit des gens que les puissances du capital ont cooptés, et qui à leur tour, incarnent ces puissances. Ces hyperclasses diverses forment une alliance assez lâche, elles peuvent s'affronter ponctuellement, sur la question de savoir quelle fraction de l'hyperclasse globalisée doit dominer. Mais en fin de comptes, cette alliance se ressoude toujours devant les deux dangers sérieux qui menacent la prédominance des hyperclasses capitalistes : à savoir d'une part le risque d'une révolte des populations paupérisées, et d'autre part le risque d'une autonomisation de la classe technicienne, aujourd'hui la seule classe sociale à même de menacer la prédominance de l'hyperclasse par la dynamique systémique.* »

Ducast, pendant ce temps, s'était emparé de la boîte à cire. Il écrivit pendant plusieurs minutes, prenant le temps de bien peser ses mots.

« Je ne pense pas que les choses soient aussi simples que Yann le croit. À mon avis, il y a des affrontements très sérieux, en haut lieu. Souvenez-vous que Weinberger est soupçonné d'avoir fourni des technologies à la Sinosphère. Il joue peut-être un rôle d'agent double, triple, quadruple, que sais-je, entre les milieux panam et les milieux sino. De toute manière, ce qui est certain, c'est que son comportement est étrange. Il aurait très bien pu nous manipuler plus subtilement. S'il a agi à visage découvert, c'est délibérément, comme pour montrer qu'il faisait ce qu'il faisait. »

Poliakov disait : « *Nous avons assisté, depuis un demi-siècle, à une profonde mutation de la lutte des classes sous l'effet du progrès technologique. Le prolétariat n'existe plus, il n'est plus technologiquement nécessaire. L'instrument de production est désormais capable de fonctionner avec un très petit nombre de travailleurs. Simultanément, le levier technologique a pris une telle importance dans la détermination des facteurs de production que ceux qui détiennent ce levier menacent en permanence la suprématie des classes dirigeantes. Ainsi, le monde forgé par les nouvelles conditions technologiques est caractérisé par la surabondance d'une main d'œuvre inutile et par l'émergence d'une figure renouvelée de la lutte des classes, le Technicien comme rival potentiel du Marchand. Comme je vais maintenant vous le démontrer, la combinaison de ces deux facteurs suffit à expliquer les dynamiques de nos systèmes de gouvernement, pratiquement de manière mécanique, depuis plusieurs décennies.* »

Ducast continuait à écrire : « Je pense que Weinberger a volontairement procédé avec maladresse. À mon avis, il devait avoir une mission à accomplir, et il a décidé de l'accomplir d'une manière telle qu'il se rendait service à lui-même tout en rendant service, apparemment, à ses employeurs. Je crois qu'il y a un message sous le message. Le message officiel, c'est celui que Yann a perçu immédiatement : les milieux dirigeants sont engagés dans une stratégie de la tension. Mais le message officieux, c'est : regardez, je ne suis pas nécessairement votre ennemi, si vous faites ce que je vous dis, je m'arrangerai pour vous protéger. Il faut prendre note de ce deuxième message. C'est important. »

Poliakof, quant à lui, suivait le fil de son exposé, sans accorder un regard à la boîte à cire.

« *Bien sûr, d'autres facteurs constituent une toile de fond, qu'il ne faut pas négliger. La perspective d'un monde incontrôlable, avec une amplification et une accélération incroyable des effets papillon, joue un rôle important dans le processus général de centralisation et de mise sous contrôle générale. La dégradation latente de la situation sanitaire, avec la prolifération virale induite par le réchauffement planétaire explique aussi l'apartheid grandissant entre la population ayant les moyens de se soigner et celle qu'on abandonne à son sort. Mais les raisons structurantes de l'action des pouvoirs sont bien celles que j'ai dites : nos dirigeants sont confrontés d'une part à des masses de population économiquement inutiles et potentiellement dangereuses du fait de leur croissance démographique, et d'autre part à une classe technicienne productive qui menace implicitement la domination exercée par les réseaux dirigeants.* »

Ducast, cependant, finissait de rédiger sa planche.

« Souvenons-nous que rien, en réalité, ne fédère une classe dirigeante mue exclusivement par la soif de pouvoir et l'appât du gain. Ces gens n'ont aucune raison de s'entendre entre eux, au fond. À partir de là, tout est possible, y compris une stratégie d'alliance objective entre une fraction de la classe dirigeante et une fraction du peuple. »

La boîte à cire circula autour de la table. Haubert écrivit : « Weinberger est lié à la Sinosphère et à l'alliance Panam en même temps. Mais ses intérêts, en tant que personne, recoupent surtout ceux des milieux eurocorpos, puisqu'il est lui-même européen. Il y a peut-être quelque chose à chercher de ce côté-là. Peut-être que Weinberger joue double jeu : il agit en apparences sur mandat des milieux panam, mais en fait, il défend les intérêts des milieux eurocorpo. »

Pendant ce temps, Poliakov s'était lancé dans une digression sur la responsabilité des dirigeants.

« Il ne faut pas nous y tromper : nos dirigeants ne sont pas nécessairement conscients de la stratégie qu'ils sont en train de mettre en œuvre. Dans une très large mesure, les concepts fondateurs de cette stratégie recoupent les exigences de l'époque, voilà tout. Si les extrazones survivent, même dans les pays les plus développés, uniquement grâce aux cultures OGM planifiées, ce n'est pas seulement parce que les mégacorpos avaient intérêt à développer ces cultures, mais aussi parce que les ravages parasitaires causés par la hausse des températures ont littéralement laminé les espèces naturelles. La substitution progressive d'une recréation humaine à la nature n'a pas été voulue, elle le résultat mécanique des déséquilibres induits par le déploiement du projet industriel en lui-même. C'est maintenant la technique qui opère les choix, et la classe dirigeante ne fait que les avaliser, bon gré mal gré. En un certain sens, le véritable maître du monde est aujourd'hui le démiurge technicien, une abstraction qui tente de s'incarner, et semble sur le point d'y parvenir. Pour dire les choses simplement, l'hyperclasse mondialisée est dépassée par le système qu'elle a mis en place, elle est donc tout aussi désemparée que le reste de la population. »

Walberg avait pris la boîte à cire et, sous le texte de Ducast, elle écrivit : « De toute manière, si j'ai bien compris, nous n'avons pas le choix : ou bien nous obéissons à Weinberger pour ne pas nous faire laminer, ou bien nous lui obéissons parce que nous pensons qu'il y a une stratégie d'alliance à la clef. Mais dans tous les cas, nous lui obéissons. »

Ducast reprit la boîte à cire. Il en tapota le rebord de la pointe du stylet, comme s'il cherchait ses mots.

Pendant ce temps, Poliakov disait : *Tous les fondements symboliques de la construction sociale sont en train d'être progressivement transférés à la technique. Le sacré, désormais, est technicien. Même la lutte des classes a muté : la classe montante est désormais la classe technicienne. La figure montante au XXI° siècle est la figure du Technicien, exactement comme la figure montante, au XIII° siècle, était le Marchand. Nous assistons à une transmutation symbolique de l'ordre politique : la technique est en train de remplacer l'argent comme signe de la puissance, exactement comme au XIII° siècle, l'argent commença à remplacer la religion comme lien principal entre les hommes. »*

Ducast soupira, puis il écrivit sur la cire : « Il y a obéir et obéir. À priori, si j'avais la certitude que Weinberger ne fait que suivre ses ordres, je vous dirais : obéissons sans obéir, trompons-le. Mais le problème, c'est que je ne suis pas sûr qu'il ne fasse que suivre ses ordres. Il est possible que nous ayons une carte Weinberger à jouer, il faut y réfléchir. »

Poliakov disait : « *Exactement comme au XIII° siècle, la question pour la noblesse guerrière était de savoir comment elle allait s'associer à la bourgeoisie marchande pour conserver le pouvoir ou du moins une fraction du pouvoir, la question est aujourd'hui, pour la bourgeoisie marchande dépassée, de savoir comment elle va s'approprier le Technicien en tant que figure, pour conserver sa prédominance. À partir du XIII° siècle, la réponse fut l'élaboration progressive de l'Etat royal, structure relais entre la féodalité terrienne et l'Etat capitaliste bourgeois. Aujourd'hui, la réponse a été l'Etat eurocorporatif, structure relais entre l'Etat capitaliste bourgeois et le devenir naturel de nos sociétés, c'est-à-dire ce que nous pourrions appeler l'Etat technicien, ou si vous préférez, l'Etat autojustifié de la technique régnante.* »

Walberg avait repris la boîte à cire.

« Pourriez-vous être plus précis, ami Jean-Baptiste ? »

Pendant que Ducast réfléchissait à sa réponse, Poliakov analysait sa mésaventure universitaire.

« *C'est parce que j'ai mis en lumière ce rôle de l'Etat eurocorporatif que l'institution universitaire m'a banni. Souvenez-vous, en effet, des motivations officielles qui présidèrent à la constitution d'une société zonale. Officiellement, c'était une question de sécurité. Les passeports intérieurs payants allaient permettre de contrôler la circulation des individus potentiellement dangereux tout en assurant un revenu important à l'Etat eurocorporatif. Accessoirement, on nous expliqua aussi qu'il s'agissait de garantir la maîtrise du niveau de consommation en réservant les biens à forte empreinte écologique à ce que la classe dirigeante décida d'appeler 'l'élite' – d'où la dichotomie entre intrazones et extrazones. Eh bien voilà mon crime : en démontrant que le système zonal traduit, en réalité, une stratégie des classes dirigeantes en vue de garantir leur maîtrise sur un environnement technologique qui les dépasse et s'autonomise de plus en plus, j'ai mis le doigt là où ça fait mal. Voilà mon crime : j'ai dit la vérité.* »

Alors que Poliakov finissait de raconter sa mésaventure, Ducast écrivit sur la cire : « La question n'est pas de savoir si nous allons obéir à Weinberger, mais si nous allons obéir juste ce qu'il faut, ou *plus* qu'il ne le faut. Nous n'avons évidemment pas du tout les moyens de lui dire non. Ce serait une erreur fatale. Mais nous pouvons décider d'obéir comme lui, il a peut-être obéi à ses mandants : c'est-à-dire *trop bien*. »

Poliakov reprit le fil de son discours, sur un ton plus posé.

« Les maîtres du système se sont donné énormément de mal pour dissimuler aux masses la stratégie du pouvoir. Rarement dans l'Histoire, et peut-être jamais, on avait à ce point conduit un projet d'ingénierie sociale sur le long terme, très progressivement, de manière à ce que les peuples n'en perçoivent à aucun moment la dynamique globale. Les progrès des sciences dites humaines ont creusé un gouffre entre la capacité de manipulation des élites dirigeantes et la capacité des peuples à résister à ces manipulations. La neurologie appliquée, la théorie de l'action psychologique de masse, l'affinement permanent des techniques de marketing font que le pouvoir connaît désormais le peuple mieux que le peuple ne se connaît. Avec le développement des innombrables assistances électroniques, comme par exemple la pose d'une puce d'analyse médicale en temps réel sur le corps humain, on assiste même désormais à une interpénétration de l'humain et du cybernétique, du vivant et du programmé. Ce que recouvre cette formidable entreprise de mise sous contrôle du vivant, voilà ce que les maîtres du système veulent absolument dissimuler aux masses. Pourquoi ? Parce que derrière cette entreprise, il y a le constat de faillite du projet libéral, le constat que le projet libéral est en train de déboucher sur son propre retournement. »

Ducast écrivait : « Logiquement, ce que le pouvoir attend de la tension qu'il est en train d'installer en nous manipulant, c'est la multiplication des accélérateurs chaotiques, en vue d'opérer une reprise en main autoritaire. C'est une stratégie très classique : créer un problème, puis proposer de le résoudre, et ce faisant, appliquer son programme en donnant l'impression qu'on a été contraint de l'appliquer. Logiquement, c'est dans cette optique que doit s'inscrire la manipulation en cours : les dirigeants veulent utiliser les gangs, et à leurs yeux la Fraction n'est jamais qu'un gang comme les autres, pour élever le niveau d'insécurité dans la société, et ainsi passer, sans doute, à une étape ultérieure dans le développement de l'Etat corporatif. »

La boîte à cire passa de main en main. À tour de rôle, chacun des participants hocha la tête. Rosso écrivit : « Je crois que depuis le début, vous savez où vous allez, ami Ducast. Il serait peut-être temps d'éclairer notre lanterne, non ? »

Poliakov disait : « *Analysons maintenant de plus près les processus par lesquels, dans les extrazones et dans les intrazones, le pouvoir met sous contrôle les deux forces qui le menacent. Commençons par les intrazones, puisque c'est là que se trouve, en réalité, l'enjeu principal. Dans les intrazones, le pouvoir marchand conserve les techniciens dans le paradigme marchand, un paradigme qu'il maîtrise intégralement grâce à un ensemble de techniques de manipulation dites douces. La population des intrazones est constamment divertie, de sorte qu'elle ne raisonne jamais en profondeur. L'équation économique de cette nouvelle aliénation n'est plus celle décrite par les marxistes au XIX° siècle : il ne s'agit plus tant de confisquer la plus-value par la contrainte que de confisquer un savoir-faire par la séduction et la manipulation. C'est pourquoi la population des intrazones vit en permanence sous une cascade de stimuli qui mobilise sa pensée et l'empêche de constituer une sphère culturelle autonome. Ainsi, l'intrazonard accepte spontanément qu'on taylorise son travail intellectuel, il renonce à s'intéresser aux connaissances connexes à son domaine de compétence, connaissances sans lesquelles il restera toujours démuni face au système marchand, seul à même de reconstituer la cohérence globale du réseau de savoirs sous-jacent à la chaîne de production. »*

Pendant que Poliakov parlait, Rosso avait rendu la boîte à cire à Ducast. Celui-ci esquissa un sourire, puis il écrivit : « Vous me surestimez, Yann. Je découvre notre aventure au rythme où nous la vivons, comme tout le monde. Mais il est vrai que depuis longtemps, j'ai acquis une certitude : la colossale machine qui nous entraîne vers le désastre ne sera pas vaincue par ceux qui tentent d'empêcher le désastre ; elle sera vaincue par ceux qui se seront mis en situation de survivre à un désastre absolu. Ce n'est donc pas en luttant contre les tendances mortifères du système que nous triompherons de lui, mais au contraire en les poussant à leur paroxysme, jusqu'au point où le système s'autodétruira dans une catastrophe inouïe, dans un écroulement cataclysmique de l'ensemble de tous les réseaux culturels, politiques et économiques, à la fois localement et globalement. *Terre année zéro.* »

Rosso hocha la tête. « Et concrètement ? », écrivit-il.

Pendant ce temps, Poliakov continuait à décrire la situation des intrazones.

« *Cette stratégie de la diversion utilisée dans les intrazones se double d'une stratégie de l'individuation maximale. Les intrazonards sont constamment mis en concurrence les uns avec les autres et entretenus, par le climat idéologique dans lequel ils baignent, dans deux exigences contradictoires. D'une part on leur impose de concourir entre eux par leur capacité à faire fonctionner la machine productiviste, d'autre part on leur impose de concourir entre eux par leur capacité à utiliser cette machine, à en traduire les productions en termes de jouissance. Cette mise en concurrence permanente engendre une forte tension mentale, encore renforcée par l'obsession hygiéniste du zéro risque, zéro maladie, zéro souffrance. Une obsession où l'on entretient délibérément la population des intrazones, qui vit désormais dans un monde de fantasmes, un monde où tout est supposé être parfait en permanence. À telle enseigne, d'ailleurs, que l'individu n'entre plus seulement en compétition avec les autres, mais aussi avec lui-même – l'aboutissement de l'obsession hygiéniste, c'est l'autodévalorisation, l'individu se reprochant de manifester la médiocrité pourtant inhérente à l'humanité. L'individuation hygiéniste, poussée au dernier stade, débouche donc sur la déshumanisation, qui est elle-même le point de convergence final de toute l'entreprise de conditionnement subie par les intrazonards.*

« *Là encore, bannissons tout simplisme : cette stratégie d'individuation n'est pas réellement pensée par les sphères dirigeantes de l'Etat eurocorporatif. Elle est produite spontanément par le système que cet Etat a mis en place, par l'enchaînement des décisions égoïstes prises par les acteurs économiques conditionnés par ce système. Les mégacorps secrètent spontanément la double exigence de productivité et de maximisation de la jouissance, tout simplement parce que ces deux exigences renvoient, l'une et l'autre, à l'accélération du cycle économique qui seule peut maximiser le rendement du capital. La stratégie de saturation de l'espace culturel par des représentations toujours renouvelées est donc déployée spontanément par un système autogénéré, puisque l'incitation permanente à la consommation suppose précisément une telle saturation. Ainsi, la main invisible chère aux théoriciens libéraux existe, nous la voyons agir dans nos intrazones – mais le problème, c'est qu'elle est en train de tuer la liberté, de tuer toute idée de liberté. Aporie décisive de l'époque : plus la conception libérale s'impose, plus son sous-jacent théorique est nié. Plus les acteurs économiques se voient accorder de liberté, plus leur action aboutit à détruire les fondements de la liberté.* »

Ducast avait repris la boîte à cire et il avait écrit : « Volontairement ou non, Weinberger a laissé échapper une information. Quelqu'un a manipulé le monde TM. Quelqu'un a manipulé la manipulation. Cela veut dire que nous aussi, nous pouvons manipuler la manipulation. »

Pendant que Ducast écrivait, Poliakov s'était mis à parler des extrazones.

« *Cette aporie mortifère qui gangrène le système dans les intrazones, le système a trouvé un moyen de la neutraliser temporairement : ce moyen, c'est la politique qui est actuellement poursuivie dans les extrazones. Là se situe la clef de voûte du système eurocorporatif : il y a deux modèles proto-totalitaires, l'un déployé dans les intrazones, l'autre dans les extrazones, et ces deux modèles s'adossent l'un à l'autre. C'est ainsi qu'en utilisant la peur du déclassement en extrazone qui paralyse toute velléité de pensée critique chez les intrazonards, le système se maintient malgré son aporie fondamentale. Il reporte constamment sur les intrazones l'obligation de compenser les incohérences de la construction sociale par une souplesse indéfiniment accrue, tandis qu'un modèle symétrique est établi pour les extrazonards, qui sont mus, quant à eux, par le désir de singer les modes de consommation propres aux intrazones. »*

Haubert avait pris la boîte à cire et il écrivit : « Pour manipuler le mode TM, il faut avoir accès aux services de développement informatique de Synactis. Avons-nous ces accès ? »

Rosso écrivit : « Il s'agit d'une opération noire. Même toi, tu n'es pas au courant. »

Haubert écrivit : « Qui est au courant ? »

Rosso ne répondit rien. Il se contenta de regarder Haubert en souriant.

Haubert écrivit : « D'accord. »

Poliakov poursuivait son exposé.

« *Vis-à-vis des extrazonards, l'Etat eurocorporatif ne poursuit pas les mêmes objectifs que vis-à-vis des intrazonards. Dans les intrazones, l'Etat eurocorporatif doit conserver une main d'œuvre hautement qualifiée, c'est pourquoi il doit fabriquer des consommateurs qui sont aussi des producteurs. Dans les extrazones, étant donné le très faible nombre d'emplois non qualifiés demandés par un appareil de production pour l'essentiel automatisé, et cela, désormais, jusque dans les activités primaires, il ne s'agit plus que de fabriquer des consommateurs, afin d'assurer des débouchés à l'appareil de production. La politique poursuivie dans les extrazones par l'Etat eurocorporatif est donc entièrement dédiée à cet unique objectif : comment transformer des masses surnuméraires de millions d'hommes en un gigantesque marché, solvable en dépit de son exclusion massive du cycle de la production. La réponse a consisté en la fabrication d'une plèbe radicalement précarisée, maintenue en survie économique grâce à un vaste système de subvention et d'assistanat – système financé par la pression productiviste exercée sur les intrazones. Ainsi, la boucle est bouclée. »*

Walberg avait écrit, dans la boîte à cire : « Donc si j'ai bien compris, nous allons obéir à Weinberger, et simultanément, nous allons parasiter le mode TM ? »

Poliakov disait : « *Si l'économie des intrazones consiste principalement à confisquer un savoir-faire, l'économie des extrazones consiste à confisquer jusqu'au principe d'autonomie, même dans son expression la plus rudimentaire. De là le caractère débilitant, ou en tout cas infantilisant, du conditionnement médiatique et publicitaire infligé aux extrazones. De là également l'enfermement délibéré des extrazonards dans un territoire confiné : un extrazonard ne peut pas pénétrer en intrazone, puisqu'il n'a pas les moyens d'acheter le passeport intérieur correspondant, mais il ne peut généralement pas davantage pénétrer dans des extrazones autres que la sienne, parce que les extrazones sont structurées sur une base ethnique, et qu'un très fort racisme y règne. C'est là la conséquence d'une stratégie délibérée, poursuivie par le pouvoir sans discontinuer depuis six décennies, stratégie consistant à favoriser les phénomènes migratoires tout en cassant les instruments de l'assimilation. Nous vivons une avant-guerre civile indéfiniment prolongé, et cela n'a évidemment rien d'un hasard.* »

Pendant ce temps, Christanval écrivait, dans la boîte à cire : « C'est paradoxal. Nous voulons nous défendre contre le chaos qui menace, et nous allons délibérément favoriser un chaos encore plus terrible que celui que nous anticipions ? »

Poliakov approchait de la fin de son exposé. Joignant les mains comme dans un geste de prière, il lança : « *Ainsi, les intrazonards et les extrazonards, au-delà des apparences, participent du même système d'aliénation radicale. On fait croire aux premiers qu'ils sont des privilégiés : mais leur seul privilège, c'est le droit de faire tourner la machine qui les broie, aussi sûrement qu'elle broie les extrazonards. On fait croire aux seconds qu'ils sont encore, malgré tout, des citoyens – après tout, nous votons toujours tous les cinq ans, n'est-ce pas ? Mais en réalité, ces malheureux extrazonards ne sont même plus des esclaves : ils sont des surnuméraires, des inutiles, parqués dans des réserves, comme les Indiens d'Amérique le furent jadis par les colons américains.*

« *Voilà bien le fond de l'affaire. C'est parce que mon analyse des modes de consommation en intrazone et en extrazone montrait que la surconsommation ludique des intrazones sert à reproduire le modèle d'aliénation des extrazones en sous-consommation que j'ai été chassé de l'université. C'est que, comprenez-vous, je risquais de montrer l'unicité paradoxale du modèle d'aliénation, je risquais de montrer que la dichotomie radicale introduite dans la construction de la valeur sert à compenser une dichotomie tout aussi radicale en train de s'introduire dans l'humanité elle-même. Je risquai de dévoiler ainsi la véritable nature de l'Etat eurocorporatif : un programme biocidaire.* »

Ducast avait repris le stylet.

« Je crois que nous devons changer les règles du jeu, puisque nous savons qu'avec les règles actuelles, nous perdrons toujours. Pour changer les règles du jeu, il nous faut soit rendre le chaos impossible, soit changer sa nature. Puisque nous ne pouvons pas le rendre impossible, nous devons le faire changer de nature. Nous devons transformer une accumulation de petits conflits instrumentalisables par le pouvoir en une seule crise immense et parfaitement incontrôlable. À ce prix, nous nous placerons en situation de rafler la mise. »

A présent, Poliakov parlait d'une voix vibrante. C'était le point d'orgue final de son discours, et l'on sentait qu'il croyait profondément ce qu'il disait.

« *Oui, une machine de mort, vraiment ! L'Etat eurocorporatif, ou devrais-je dire plutôt : les corporations unifiées et se substituant à l'Etat ? – L'Etat eurocorporatif, voilà le monstre froid parvenu au terme de son évolution. Il s'est désormais radicalement émancipé de l'humanité, des exigences de l'humanité, de la prise en compte de l'humanité en tant qu'elle est le but du projet. Il est devenu sa propre finalité. Exactement comme un cancer, il est programmé pour se développer indéfiniment. Jour après jour, insensiblement, il est en train de substituer un ordre nouveau à l'ordre naturel. Presque personne ne s'en rend compte, parce que le mouvement est très lent, mais derrière les politiques apparemment diversifiées, en réalité parfaitement unifiées, poursuivies en intrazone et en extrazone, une même exigence triomphe, toujours : l'accroissement de la puissance de machine d'Etat au détriment de la capacité d'autonomie des hommes. Le temps approche où cette machine se substituera purement et simplement à l'humanité : voilà de quoi il s'agit.* »

Walberg avait repris la boîte à cire. Elle écrivit : « Rafler la mise ? Je croyais qu'il s'agissait de nous sauver nous-mêmes ? »

Poliakov, emporté par son élan, donnait à présent dans le lyrisme.

« *Jour après jour, les virus mutants engendrés par les cultures OGM attaquent les cultures naturelles. Bientôt, il sera devenu impossible de cultiver la terre sans disposer des outils technologiques monopolisés par les mégacorpos. Chaque année, dans les intrazones, une plus forte proportion de femmes accouche à trois mois, confie son enfant à une supercouveuse. Déjà, dans les conceptions médicalement assistées, on parle de n'implanter les fœtus qu'à deux mois, pour être certain, et je cite, 'de la conformité du produit'. Pendant ce temps, dans les extrazones, l'Etat eurocorporatif paye les femmes pour ne pas avoir d'enfants. Bientôt, on en viendra au point où nos enfants ne naîtront plus du ventre de nos femmes. Bientôt, ce sont les mégacorpos qui fabriqueront une humanité sur mesure, répondant à leurs besoins à elles : voilà ce qui se prépare, voilà où nous entraîne la dynamique du système eurocorporatif. Ne pouvez-vous voir ce qui se passe, alors que cela crève les yeux : un monde non vivant est en train de se substituer au monde vivant. Que reste-t-il de la liberté des hommes ? Que reste-t-il des hommes ? Le monde dans lequel nous entrons est inhumain par essence, parce qu'il est mort. C'est un monde où le vivant sera devenu l'auxiliaire de la machine.* »

Walberg passa la boîte à cire à Ducast. Celui-ci répondit : « Pour nous sauver nous-mêmes, il faut que nous changions la donne. Weinberger ne nous laisse pas le choix : nous ne sommes pas maîtres des actions que nous allons entreprendre, il a décidé de faire de nous ses auxiliaires ; donc si nous voulons nous donner les moyens de lui tenir tête, ou en tout cas de négocier en position de force, nous devons changer les règles du jeu, c'est-à-dire que nous devons changer le contexte de nos actions. C'est la seule stratégie possible : *changeons le contexte de nos actions, faute de pouvoir changer nos actions.* »

Poliakov, pendant ce temps, concluait son exposé, avec plus de flamme sans doute qu'il n'en aurait fallu.

« *Depuis que j'ai été chassé de l'université, j'ai eu le temps de réfléchir. Depuis deux ans, je ne fais que cela : réfléchir. Et je suis arrivé à une conclusion. Laissez-moi vous exposer cette conclusion de manière poétique.*

« *Une ancienne légende scandinave enseigne qu'à la fin de ce monde surviendra le Ragnarok, ce qui veut dire : le temps de la décadence. Tous les liens se rompront, les frères se déchireront, les enfants renieront leurs pères, les mères tueront leurs enfants. Le loup Fenrir, une Bête monstrueuse, retrouvera sa liberté. Loki, le dieu fauteur de troubles, le comploteur, marchera derrière lui. Du Muspellheim, le pays de l'au-delà, surgiront les légions de cavaliers au service de Loki. Ils combattront les Dieux d'Asgard sur un pré immense nommé Vigridvollen. Ce sera une lutte terrible, et Odin, le plus grand des dieux, tombera, entraînant le monde dans sa chute. La terre, après cette bataille, ne sera plus que cendres. Yggdrasil, le frêne géant, centre du monde, brûlera, lui aussi.*

« *Sera-ce la fin de tout ? Non, car un couple aura survécu : Liv et Livtrase, un couple qui pourra procréer. Ensemble, ils fonderont un nouveau monde, et une terre nouvelle, débarrassée du mal. Ils verront se lever une aube nouvelle.*

« *Depuis deux ans, j'ai beaucoup réfléchi à cette légende du Ragnarok. Et je suis arrivé à une conclusion. Je crois que j'ai compris ce qu'elle signifie. Elle signifie que notre rôle est de faire survivre un couple, quoi qu'il advienne.*

« *Nous n'empêcherons pas le Ragnarok. Le loup Fenrir sera libéré, Loki tombera sur la terre comme l'éclair, et quand Odin sera vaincu, sa chute entraînera Yggdrasil dans les flammes, et avec Yggdrasil brûlera le monde entier, ami ou ennemi d'Odin, indifféremment. Nous n'empêcherons rien de tout cela, mais il y a une chose que nous pouvons, que nous devons faire. Nous devons faire en sorte qu'un couple fertile, au moins un, survive à la mort d'Odin.*

« Telle est ma conclusion. »

Rosso, pendant ce temps, avait repris la boîte à cire. En tant que représentant du chapitre, c'était à lui de prendre la décision finale, après avoir écouté les membres du conseil.

Il écrivit : « Je crois que l'ami Jean-Baptiste est dans le vrai. »

*

Dans la chambre de Ducast, Rosso repensait à cette longue histoire, à ce trajet étonnant qui avait conduit la Fraction au point où elle en était, ce long chemin qui avait amené Jean-Baptiste Ducast là où il se trouvait en ce premier soir de l'hiver, plus longue nuit de l'année. Et en repensant à tout ceci, Yann Rosso finit par s'endormir. Assis, ou plutôt effondré dans le fauteuil campagnard rugueux, ivre de fatigue, il se laissa sombrer dans un sommeil agité.

Il fit, cette nuit-là, des rêves étranges. Dans un premier rêve, il jouait au poker avec le Diable. Le Diable montrait son jeu : un carré d'as. Rosso n'avait qu'une paire de sept. Le Diable dit : « Je demande à voir. » En réponse, Rosso se leva, saisit une hache posée derrière lui et donna un formidable coup sur la table de bridge. La table s'écroula et toutes les cartes volèrent à travers la pièce. Le Diable éclata de rire, et il dit : « Bien joué ! » Puis il s'assit par terre, et Rosso s'assit en face de lui, et la partie recommença à même le sol. « Il y a encore un étage en-dessous, » fit le Diable, énigmatique.

Dans un autre rêve, Rosso était couché dans une chambre d'hôtel au Japon. Le plafond de la chambre était couvert de fissures, mais Rosso se disait que cet hôtel avait tenu debout jusque-là, et qu'il tiendrait bien une nuit de plus. Soudain, la terre trembla et une des fissures s'ouvrit béante. En s'ouvrant, elle accentua dix autres fissures autour d'elle. La terre trembla de nouveau, presque imperceptiblement, et chacune des dix fissures accentuées s'ouvrit béante. Et Rosso n'eut que le temps de se lever et de courir à perdre haleine dans les couloirs de l'hôtel. Il croisa un chasseur en livrée rouge et lui dit : « Eh, ça s'écroule ! » Le chasseur répondit : « C'est fait pour. »

Dans un troisième rêve, Yann Rosso se réveillait, assis dans un fauteuil de bois, une couverture sur les genoux. Puis le rêve s'évanouit, et Rosso se réveilla pour de bon.

Quelqu'un, Ducast probablement, avait jeté une couverture sur lui.

Le prof était toujours assis à la même place. La lumière froide d'une aube d'hiver perçait à travers la lucarne. Le smartcom affichait CNN.

« On dirait bien que ça a déjà commencé, » dit Ducast.

« J'ai dormi longtemps ? »

« Six heures, je vous ai laissé roupiller, vous en aviez besoin. »

« Et vous ? »

« Oh, moi, je ne dors pratiquement plus. »

Rosso regarda l'écran. Un type maigre et bronzé parlait avez animation. Ducast débrancha ses écouteurs et le son parvint à Yann Rosso. Le type parlait Espagnol.

Un journaliste blond aux pommettes rouges, une vraie figure de poupée, traduisit en Anglais : « Nous faisons aux assassins de notre peuple ce qu'ils ont fait depuis des années, c'est tout ! »

L'instant d'après, un plan large montrait une foule de gens en train de courir dans les rues. Un homme courait devant la foule. Il brandissait une tête, fichée sur une pique, et le sous-titre de CNN annonçait : « Horreur à East – LA ».

Rosso allait demander ce qui s'était passé au juste quand Ducast dit quelque chose de bizarre. On aurait dit un mot étranger.

Ça sonnait comme « *mexayacatl* ».

TROISIEME PARTIE - RAGNAROK

Six mois plus tard

> « Dans sa « théorie des catastrophes », le mathématicien français René Thom explique qu'un « système » (qu'il soit physico-chimique, mécanique, climatique, organique, social, civilisationnel, etc.) est un ensemble toujours fragile, qui peut basculer d'un coup dans le chaos, sans que nul ne l'ait pressenti, du fait d'une accumulation de facteurs. »
>
> **Guillaume Faye** - La convergence des catastrophes
> (Guillaume Corvus)

CHAPITRE XIII - TROIS FEMMES

C'était l'heure des premières lueurs, quand le jour est commencé alors que l'astre solaire n'a pas encore passé les crêtes. Dans la demi-clarté de l'aube d'été, Isabelle Cardan s'apprêtait à saigner une volaille.

Elle trancha le cou de la bestiole d'un geste vif. Le sang jaillit, éclaboussant le sol d'une longue traînée rouge. Cardan fit descendre la volaille de quelques pouces, et le sang coula dans la jatte posée par terre, aux pieds de Janine Vaneck. La bestiole avait cessé de se débattre, et comme à chaque fois qu'elle tranchait le cou d'une volaille, Cardan ressentit un étrange sentiment de crainte à l'idée qu'elle venait d'ôter une vie – aussi modeste que fût cette vie.

Elle leva les yeux vers Janine Vaneck. La jeune femme observait le liquide vital qui coulait, goutte à goutte, à ses pieds. Elle semblait fascinée.

Cardan esquissa un sourire. Elle se souvenait de la première fois où Janine Vaneck avait assisté à l'égorgement d'une volaille, un trimestre plus tôt. La malheureuse avait failli tourner de l'œil. À croire que jusque-là, elle ne s'était jamais posé la question de savoir d'où venait sa viande.

Vaneck était très représentative des réfugiés lyonnais. Avant le Ragnarok, elle n'avait jamais vécu à la campagne. C'est à peine si elle avait été confrontée à la nature. Enfant de l'intrazone Lyon – Quai de Saône, l'intrazone la mieux protégée de Lyon-conurbation, la petite

Janine était arrivée à l'âge de vingt-sept ans sans jamais avoir rien vu, rien compris, rien senti de ce qu'était réellement le monde – un atroce empilement de souffrances, une effroyable pyramide de sacrifices au sommet de laquelle trônait l'espère humaine, maître grotesque et infatué. Il avait fallu le Ragnarok pour que Janine Vaneck mesure la hauteur de cette pyramide de sang, de douleur et de peine, et pour qu'elle comprenne enfin quelle sinistre inconscience présidait à la vie des intrazonards de jadis, tout là-haut, au sommet de l'hideux édifice.

Quand elle songeait à cela, quand elle songeait à ce que le Ragnarok avait enseigné à Janine Vaneck, Isabelle Cardan se disait qu'au fond, la catastrophe devait advenir. Qu'elle était bénéfique, même.

Quand la bestiole eut fini de rendre son sang, Cardan la secoua un peu, puis elle fit signe à Vaneck de récupérer la jatte. Ensuite, les deux femmes se dirigèrent vers les cuisines. À la porte attendait Catherine Benaïm, une réfugiée de Grenoble extrazone.

Benaïm, c'était autre chose. À la différence de Vaneck, qui faisait suer son monde avec ses airs de princesse en exil, la petite Catherine ne demandait qu'à se rendre utile.

Le problème, c'est qu'elle ne savait rien faire.

En arrivant au refuge, elle avait déclaré qu'elle était cuisinière. On l'avait affectée à la tambouille, avec Isabelle Cardan et Janine Vaneck. Mais dès les premières heures, il fallut se rendre à l'évidence : Catherine Benaïm n'était pas plus cuisinière qu'un maçon n'est architecte.

Elle avait travaillé dix ans dans un fast-food : voilà pourquoi elle se croyait cuisinière.

Erreur.

Elle avait passé dix ans à préparer des hamburgers, des frites et des gâteaux. Dans la cuisine du refuge, quand Cardan lui montra la farine, la volaille à plumer et les lentilles à trier, elle se rendit compte qu'elle ne savait pas cuisiner.

Pas du tout.

Depuis dix ans, pour préparer des hamburgers, elle n'avait eu qu'à poser des morceaux de viande surgelée sur un grill, comme c'était écrit dans le manuel. Pour faire des frites, elle n'avait eu qu'à plonger des frites surgelées dans un bac d'huile bouillante, comme c'était écrit dans le manuel. Et pour faire des gâteaux, elle n'avait eu qu'à mettre les gâteaux surgelés à dégeler. Et il n'y avait même pas besoin de manuel pour ça.

Dans la cuisine où elle avait travaillé, il y avait des témoins lumineux et des avertisseurs sonores, pour le cas où elle aurait oublié les frites dans l'huile ou la viande sur le grill. Elle recevait les commandes des caissières, elle mettait la viande sur le grill comme c'était écrit dans le manuel, et elle portait une toque comme une cuisinière.

Sauf qu'elle ne savait pas cuisiner.
Elle ne savait *rien* faire.
Le jour venu du Ragnarok, cette vérité lui apparut très clairement.
Elle avait perdu dix ans de sa vie.
Dix ans à travailler sans rien apprendre d'utile.

Cardan se souvenait avec amusement de sa rencontre avec Catherine Benaïm. Elle lui avait demandé de plumer une volaille. Benaïm n'avait aucune idée de la manière dont on devait procéder.

Elle attrapa la bestiole et, ravalant sa dignité, elle demanda d'une petite voix : « Tu veux bien me montrer comment on prépare cette poule ? »

« Je veux bien, » avait répondu Cardan, « mais ça s'appelle un coq. »

Autant elle n'hésitait pas à rudoyer Janine Vaneck, autant Cardan essayait d'être douce avec Catherine Benaïm. Après tout, cette fille en avait vu de drôles.

Pendant que Benaïm plumait la volaille, Cardan s'assit au fond de la cuisine et commença à éplucher des patates. Assise en face d'elle, Vaneck écossait des haricots, et tous les cinq haricots, elle soupirait. Cardan l'observa un moment du coin de l'œil, se demandant combien de temps il faudrait à Janine Vaneck pour comprendre quelle chance elle avait d'être encore en vie…

Benaïm et Vaneck étaient assez représentatives, à elles deux, des conditions rocambolesques dans lesquelles les réfugiés avaient atterri dans les retraites fractionnaires, un peu partout à travers le pays. Bien sûr, on aurait pu prendre cinquante réfugiés au hasard, sur le Vercors ou ailleurs, et aucun d'entre eux n'aurait raconté exactement la même histoire. Mais il existait un *schéma général*.

Quant aux circonstances exactes, tout dépendait de la zone d'origine du réfugié, de la date où il avait fui, et puis, surtout, de la chance qu'il avait eue. Certaines zones du territoire avaient basculé dans l'horreur absolue, pendant le Ragnarok. À d'autres endroits, c'est à peine si le niveau de violence avait dépassé la cote d'alerte. L'ampleur de la catastrophe avait dépendu localement d'une multitude de facteurs, au premier rang desquels, bien sûr, un impondérable : la personnalité des dirigeants du Extra Power.

Vaneck, sans le faire exprès, avait à ce petit jeu tiré les bonnes cartes.
Ce qui n'avait pas été le cas de Benaïm.
Cardan, tout en épluchant ses patates, pensait aux circonstances dans lesquelles Vaneck était arrivée au refuge du Vercors. C'était quatre mois plus tôt, au plus fort du Ragnarok.

*

Lyon – Intrazone avait été relativement épargnée, au début des évènements. Quand les magasins eurocorporatifs avaient cessé d'être approvisionnés, dans les extrazones d'abord, dans les intrazones ensuite, chacun avait dû se débrouiller. Dans la conurbation Paris – Banlieue, ça avait été terrible. À Londres, on parlait de cannibalisme dès la troisième semaine de blocage. Mais à Lyon, les choses ne s'étaient pas trop mal passées. Rien d'étonnant, au demeurant : plus les conurbations étaient grandes, moins les campagnes alentours étaient productives au niveau agricole, pire la situation avait été. À tous points de vue, Lyon, petite conurbation et campagne prospère, était donc bien équipée pour s'en sortir.

Un autre facteur avait favorisé Lyon : l'existence d'un conseil conurbatif compétent, qui avait pris les choses en main très vite. Ailleurs, à Toulouse par exemple, à Grenoble aussi, l'incurie des autorités avait provoqué des catastrophes qui, avec un peu de bon sens et d'esprit d'initiative, auraient très bien pu être évitées. Dès le début du blocage, les autorités lyonnaises comprirent que la rupture d'approvisionnement serait durable – permanente, peut-être. Le président du conseil de conurbation, un euroconservateur pragmatique, associa les membres de la coalition ethnoprogressiste à la gestion de la crise. Et chose exceptionnelle, à Lyon, les extrazonards et les intrazonards, au début du moins, coopérèrent sans arrière-pensée. L'ensemble suffisait à expliquer les faibles pertes humaines dans cette conurbation. La vie et la mort d'un groupe humain, même important, cela tient souvent à peu de choses.

Dans les europrovinces anciennement françaises, le blocage avait été tout de suite complet. Paradoxalement, cela s'était avéré un *avantage*, dans la mesure où les gens furent placés devant leur responsabilité d'entrée de jeu. À l'inverse, dans des régions comme la Lombardie, où le blocage s'était manifesté progressivement, au rythme où l'économie mondiale implosait, les gouvernements locaux purent croire longtemps que la situation allait se rétablir spontanément. Cette illusion avait coûté cher aux Milanais : alors que leur conurbation se trouvait au cœur d'une des régions agricoles les plus productives d'Europe, ils avaient littéralement crevé de faim.

La soudaineté du blocage, dans les europrovinces ex-françaises, venait du fait que l'ensemble des importations agricoles vers ces régions passait, dans le cadre du schéma eurocorporatif intégré, par seulement trois ports : Marseille, Bordeaux et Nantes. Le schéma avait en effet opté, dans ces europrovinces, pour la spécialisation maximale des zones d'activité. Marseille-Industrie, Bordeaux-Industrie et Nantes-Industrie avaient été choisies pour devenir les pôles de l'agroalimentaire ex-français, et les ports correspondants devaient donc recevoir *l'ensemble* des importations de matières agricoles.

Dans ces conditions, la mécanique qui devait, en six mois, faire imploser complètement l'ensemble du système économique mondial, avait laminé en six semaines seulement son modèle réduit français. Le principe de spécialisation, formidable levier de productivité tant que la machine fonctionne, s'avère en effet mortel quand certaines composantes du système tombent en panne. Les francophones l'avaient vérifié à leur dépend : *qui dit spécialisation dit vulnérabilité*.

Le plus drôle, quand on y songeait a posteriori, c'était que ces europrovinces étaient fortement exportatrices nettes de denrées agricoles. Le problème était venu du fait que les ports avaient été bloqués, mais pas les réseaux d'acheminement des denrées destinées à l'exportation – les intrazones rurales ayant été au début à peu près complètement épargnées par les troubles. Résultat : des milliers de tonnes de viande normande bloquées à Nantes, sans pouvoir prendre le bateau, perdues puisque les entrepôts réfrigérés, faute d'alimentation en électricité, étaient devenus inutiles. Et simultanément, des milliers de tonnes de blé australien, bloquées sur les bateaux, au large de Nantes, pendant que le port était mis à feu et à sang par les gangs de Bellevue – Extrazone. Un beau gâchis.

Le conseil conurbatif de Lyon avait très vite pris la mesure des évènements. Dès que les magasins ne furent plus approvisionnés, la conurbation mit en place des filières d'approvisionnement depuis les intrazones rurales proches. De la Bresse et de la vallée du Rhône, le grain et la viande furent acheminées vers Lyon. Un système économique de proximité fut reconstitué dès l'implosion du système global intégré. La disette se fit donc relativement peu sentir à Lyon – et bien sûr, plus tard, quand le Extra Power commença à faire parler de lui, cela contribua fortement à limiter les tensions. À Lyon, comme partout ailleurs, tant qu'il y eut de la bouffe dans les magasins, les gens ne s'entretuèrent pas.

Au début du mois de février de l'année terrible, alors qu'à Paris, les gens en étaient déjà à piéger les pigeons, Janine Vaneck, à Lyon, pouvait encore compter sur ses 2000 calories quotidiennes, avec une proportion raisonnable de protéines. L'intrazone des quais de Saône, ce mois-là, était encore tout à fait paisible.

Cependant, les parents de Janine Vaneck, sentant venir le désastre, organisèrent le départ de leur fille pour le Vercors. Départ très facile au demeurant, puisque le Extra Power était alors dans les limbes. Les barrages routiers sauvages n'avaient pas encore été mis en place.

Vaneck était arrivée sur le plateau vers la mi-février. Officiellement, elle était en vacances d'hiver – ski de fond, randonnées en raquettes. Du moins, c'est ce qui était écrit sur son passeport intérieur. Mais ses parents avaient bien l'intention de la faire rester à la campagne jusqu'à ce que la situation, en ville, soit redevenue parfaitement normale...

Quand le climat s'était brutalement dégradé avec les premières vraies attaques du Extra Power, au début du mois de mars, Vaneck se trouvait donc à Saint-Nizier Intrazone, juste au-dessus de Grenoble Seyssins Extrazone. Un matin, elle avait vu la fumée des incendies qui montait de Grenoble-Ouest. Elle avait pris son matériel de camping et s'était rendue sur la crête, au sud de Saint-Nizier. De là, d'où elle avait une bonne vue sur la conurbe en proie aux troubles, mille mètres plus bas, dans la vallée.

C'était une belle journée d'hiver, dégagée et à peine frisquette. Il n'y avait pas un nuage à l'horizon. Janine Vaneck était restée toute la journée sur la crête, fascinée par le spectacle de cette ville livrée au pillage. À la nuit tombante, elle avait allumé un petit feu de camp. Grenoble Est lui apparaissait dans les ténèbres comme une ville morte – pas une lueur, l'éclairage public n'avait pas été allumé. Mais dans Grenoble Ouest, ici ou là, ça brûlait toujours.

Pendant une bonne partie de la nuit, pelotonnée dans un duvet doublé d'un sursac, elle avait observé la progression des flammes. De son poste d'observation, elle pouvait suivre l'avance de l'émeute minute par minute. Pour comprendre ce qui se passait, il suffisait de regarder les incendies grignoter l'ouest de l'agglomération, pâté de maison par pâté de maison.

Nom de Dieu, c'était la guerre, là-dessous !

Vers minuit, elle avait allumé son smartcom et recherché FGI, Fréquence Genève Intrazone, une station toujours intéressante, qu'on captait très bien de Grenoble.

Curieusement, alors que le chaos s'étendait sur le monde, il restait des poches de quiétude, ici ou là – et parfois des poches assez étendues, et parfois des poches de quiétude à peu près complète.

La Suisse était l'une de ces poches. Alors que le reste de l'Europe sombrait dans l'anarchie, sur les rives du lac Léman, les bourgeois continuaient à vivre leur petit train-train gentiment ennuyeux.

Cette nuit-là, tandis qu'aux pieds de la jeune Janine Grenoble s'embrasait, FGI recevait un mathématicien. L'homme, un professeur de l'eurofaculté de Zürich, parlait avec un accent traînant qui fleurait bon l'Helvétie. Il venait de publier, dans un quotidien suisse alémanique, un article sur les évènements en cours : « Théorie du chaos et pratique du désastre ». Le journaliste qui l'interrogeait semblait fasciné par les propos du personnage.

« *Professeur Weissmüller, pouvez-vous nous parler un peu de la théorie du chaos ?* »

« Certainement, Henri. La théorie du chaos recouvre les systèmes de modélisation mathématique des environnements dits chaotiques, c'est-à-dire les environnements qui sont déterministes alors qu'ils sont radicalement désordonnés. Ce sont des environnements qui sont fortement déterminés par leurs conditions initiales et qui présentent un cycle de récurrence. Si vous voulez, c'est quand le désordre secrète un ordre. La théorie du chaos peut être complétée par une autre théorie, quand l'ordre secrète au contraire un désordre. C'est la théorie de la catastrophe. »

« *Professeur, je vais vous demander d'être à la fois plus simple, et plus concret. Qu'est-ce que la théorie de la catastrophe ?* »

« La théorie de la catastrophe a été développée au siècle dernier par un mathématicien qui s'appelait René Thom. C'est une théorie qui cherche à modéliser mathématiquement le phénomène de la catastrophe, définie comme une rupture d'équilibre dans un environnement. C'est une théorie qui dit, si vous voulez, qu'il existe un certain nombre de types de ruptures, qui obéissent à certaines lois. »

« *Et en quoi ces théories, de la catastrophe et du chaos, peuvent-elle éclairer les évènements en cours ?* »

« Je vais essayer d'être très synthétique. Tant pis si mes collègues me rient dessus à cause de mes simplifications, mais je vais essayer de dire les choses pour que les non spécialistes comprennent bien.

« Il y a des intuitions que tout le monde peut avoir, pour commencer, n'est-ce pas ? Par exemple : si vous dérangez deux fois exactement de la même manière une petite mécanique, il est probable que vous obtiendrez deux fois exactement les mêmes résultats. Donc si vous mettez dans un système un désordre qui crée un désordre qui revient à la situation initiale, qui engendrait le premier désordre, le système se rééquilibre spontanément. C'est cyclique, voyez-vous ? »

« *Je comprends, professeur. C'est très clair.* »

« Bien. Autre chose, maintenant : si chaque nouveau cycle crée le même désordre, mais un tout petit, un tout petit peu plus fort. Alors pendant un certain temps, le système cyclique va se maintenir. Mais au bout d'un certain temps, il est possible que vous franchissiez un cap, et que le désordre que vous avez mis devienne si fort, qu'il n'ait plus les mêmes conséquences. Et alors, le cycle s'arrête. À ce moment-là, on n'a plus d'expérience, autre chose va arriver, et c'est plus compliqué de prévoir. Vous comprenez ? »

« *Oui professeur ! Nous suivons.* »

« Bon, passons à autre chose. Comment prévoir ce qui va se passer, si le cycle est brisé ? Le désordre cesse de créer l'ordre, donc on ne sait plus ce qui va arriver. Est-ce qu'on peut quand même prévoir ? Alors pour répondre à cette question, il faut un peu parler, maintenant, de la théorie de la catastrophe. Si je dis les choses de façon très synthétique, la théorie de la catastrophe dit que dans ce cas-là, plus il y a de paramètres de types différents qui jouent sur l'évolution de ce qu'on appelle l'espace substrat, c'est-à-dire le système, si vous voulez, alors plus il y a de catastrophes secondaires qui vont être déclenchées et qui vont interagir. Et on peut montrer mathématiquement que dans certains cas, la complexité des enchaînements de catastrophes qui se déclenche devient telle, qu'il y a une infinité de catastrophe qui vont se déclencher, et fabriquer la catastrophe globale, absolue, infinie donc complètement incontrôlable. »

« Et vous pensez que c'est ce qui est en train d'arriver en ce moment dans le monde ? »

« Alors je vais vous dire, c'est passionnant, parce qu'avec ce qui se passe, nous pouvons un peu trancher dans un très vieux débat entre mathématiciens, entre un monsieur qui s'appelait Zeeman et le monsieur dont je parlais tout à l'heure, René Thom. Zeeman disait que la modélisation quantitative permettait toujours de s'en sortir à peu près, hein ? Eh bien, je voudrais bien le voir modéliser ce qui se passe en ce moment. C'est ironique, mais c'est le pragmatisme qui donne raison à Thom. »

« Euh, oui. Excusez-moi professeur, là, je n'ai pas suivi. »

« Oui, pardon, je m'égare. Ce qui se passe en ce moment dans le monde, c'est peut-être qu'il y a tellement de petites catastrophes partout, qu'elles ont créé tellement de paramètres qui interagissent pour définir l'espace substrat, que nous n'avons plus de moyens d'intelligibilité pour décrire cet espace. Donc nous ne pouvons plus le prédire, puisque nous ne pouvons même plus le dire. Les objets qui le composent ont cessé d'être pensables. »

« Pouvez-vous prendre un exemple, s'il vous plaît ? »

« Oui, bien sûr. Prenez le Extra Power. C'est l'objet dont tout le monde parle depuis un mois. Mais qu'est-ce que c'est, le Extra Power ? C'est un parti politique, vous allez me dire. Ah bon ? Alors dites-moi pourquoi c'est le même parti politique qui signe un accord avec l'Organisation des Nations Unies sur la stabilisation de la situation au Sin-Kiang, et puis qui va relancer la guérilla Ouighour le même jour à Urumqi. Pourquoi c'est le même parti politique qui déclare que les provinces panaméricaines de Californie, d'Arizona et du Nouveau Mexique doivent s'unir pour former un Etat qui s'appelle Aztlan, et le même jour, c'est le même parti politique qui signe à Los Angeles l'accord sur le partage des extrazones avec le pouvoir panaméricain ? Et d'abord pourquoi les travailleurs sans passeport intérieur ouighour fonderaient un parti politique avec les extrazonards de Paris-Conurbation ? Vous pouvez me dire pourquoi ? Cela n'a évidemment aucun sens. Le Extra Power n'a ni doctrine, ni organisation, ni unité de la volonté. Vous voyez bien que ce n'est pas un parti politique. Ce n'est pas une organisation, ce n'est même pas un protoplasme. Alors qu'est-ce que c'est ? »

« *Dites-le-nous, professeur.* »

« Eh bien, c'est une *analogie*. Ce qui s'est passé, c'est qu'il n'y avait plus aucune figure de régulation pour dire le chaos. Alors par analogie, l'esprit collectif a secrété un objet, qui n'a pas d'existence réelle antérieure à sa définition par l'esprit collectif, et qui rend à nouveau pensable le chaos. Cet objet, c'est le Extra Power, un parti politique qui n'existe pas vraiment, mais auquel se rattachent par convention tous les mouvements qui ont émergé spontanément dans les extrazones, là où les extrazonards ont commencé à s'organiser pour survivre. D'ailleurs la meilleure preuve que cet objet est une analogie, c'est que là où il n'y a pas d'extrazones, comme dans l'europrovince Helvétie, eh bien pour donner un sens au chaos, il y a des intrazonards suisses qui se sont autoproclamés représentants du Extra Power chez nous ! »

« *Je comprends mieux, professeur. Ce que vous êtes en train de nous expliquer, c'est que comme il n'y a plus d'ordre, et que le désordre lui-même ne secrète plus d'ordre, nous cherchons, à travers les convulsions qui agitent le monde, à inventer un ordre complètement nouveau.* »

« Oui, vous pouvez dire les choses comme cela. Ce n'est pas une mauvaise formulation, même si en fait, c'est un peu plus compliqué, et malheureusement, je serais un peu moins optimiste que vous. »

« *Comment cela ?* »

« Eh bien, voyez-vous Henri, je crois que nous allons vers une configuration du type catastrophe de Toba. »

« *Qu'est-ce la catastrophe de Toba ?* »

« C'est une théorie relative à l'émerge de l'homme moderne sur la planète. Selon cette théorie, formulée au siècle dernier par un monsieur qui s'appelait Stanley Ambrose, un Américain, une gigantesque éruption volcanique a modifié l'histoire de l'Homme il y a environ 73 000 ans. Il y aurait eu une chute des températures, et la quasi-totalité de l'humanité aurait été détruite, sauf un ou deux petits groupes. Et c'est de là que serait né l'homme moderne, homo sapiens, puis homo sapiens sapiens. »

« *Intéressant. Vous pensez que nous allons vivre une nouvelle catastrophe de Toba ?* »

« C'est une théorie très contestée, la théorie de Toba. Mais ce qui est certain, c'est que sur le plan mathématique, elle fournit un modèle explicatif satisfaisant en terme évolutionniste. »

« *C'est assez terrifiant. Cela veut dire que l'humanité risque de disparaître en partie ?* »

« Quand il n'y a plus d'ordre, quand l'espace substrat est indescriptible, la vie elle-même devient impossible. C'est la guerre de tous contre tous. Maintenant, quand vous analysez ce qui se passe en ce moment dans le monde, vous voyez que le système dans lequel nous vivions était fait pour fabriquer des petites catastrophes de Toba, un peu partout, qui permettaient de garantir que c'était les intrazonards qui s'en sortaient, et surtout les intrazonards des intrazones riches, n'est-ce pas ? Mais, à en juger par les horreurs qu'on nous raconte sur ce qui se passe à Londres et ailleurs, je crois qu'il y a eu une petite erreur de calcul, et que les gens qui ont cru, avec Zeeman, qu'on pourrait toujours tout modéliser, ont un peu préjugé de leurs capacités à piloter le chaos. Alors peut-être, on va vers une grande catastrophe de Toba, une catastrophe mondiale, parce que toutes les petites catastrophes sont en train de fusionner pour faire une très grande catastrophe. Et là, on ne sait pas qui va survivre. »

« *En tout cas dans la région Helvétie, nous semblons bien équipés pour faire face, non, professeur ?* »

« Oui, peut-être. Mais nous aurions bien tort de croire que cela suffira, Henri. Si vraiment c'est la théorie de Toba qui décrit la façon dont notre pauvre monde va redevenir intelligible, alors nous sommes tous la main de Dieu. »

*

Isabelle Cardan n'entendit pas cette émission en direct – à cette heure-là, elle était assise devant une CiBi, et elle coordonnait l'évacuation en catastrophe des derniers fractionnaires de Grenoble-Ouest. C'est Janine Vaneck qui lui fit écouter le professeur Weissmüller quelques jours plus tard. Elle l'avait enregistré sur son smartcom, cette nuit fatale où, seule devant un petit feu de camp, à mille mètres d'altitude, pelotonnée dans un duvet, elle observait l'embrasement de Grenoble, quartier par quartier...

Vers deux heures du matin, alors que son feu s'éteignait, Vaneck s'endormit, épuisée. Elle fut réveillée à l'aube en sursaut, quand des coups de feu retentirent, tout près d'elle lui sembla-t-il.

Encore à moitié endormie, elle se leva à l'intérieur du duvet et chercha à s'orienter. En bas dans la vallée, les incendies continuaient. De lourdes colonnes de fumée noire montaient vers le ciel, depuis Seyssins. À gauche aussi, ça brûlait.

A nouveau, Vaneck entendit des coups de feu. Ça ne pouvait pas venir de très loin. En montagne, l'écho est parfois trompeur, mais elle eut la certitude que ça venait de Saint-Nizier. Elle sortit de son duvet, rangea son matériel dans son sac à dos et prit le sentier qui descendait vers le pas de Saint-Nizier, sous le rocher des trois pucelles.

Elle marcha quelques minutes, puis s'arrêta pour écouter. On aurait dit des cris, des hurlements même. Elle leva les yeux et entraperçut une colonne de fumée, entre les branchages qui lui masquaient en partie le fond de vallée.

Prudente, elle descendit à pas lents vers un passage d'où l'on avait une bonne vue sur Saint-Nizier.

Elle se figea.

Il fallut quelques instants pour que son cerveau accepte la vision qui lui était offerte.

La veille au matin, Saint-Nizier était encore Saint-Nizier, c'est-à-dire une jolie petite intrazone touristique. Une centaine de bâtisses, réparties sur un petit kilomètre carré, à 1100 mètres d'altitude. Les gens venaient là pour faire du ski de fond. Il suffisait de monter à 1500 ou 1600 mètres, et en général, on trouvait la neige. C'était une mini-station sympathique et familiale, avec de petits hôtels sans prétention et deux restaurants où l'on pouvait déguster du vrai bœuf, pas de la cloneviande.

A présent, Saint-Nizier brûlait.

Fébrilement, Janine Vaneck sortit ses jumelles de la poche latérale gauche de son sac à dos. Elle eut du mal à effectuer la mise au point, tant ses mains tremblaient.

Il y avait des corps dans les rues.

Et du sang.

Enormément de sang.

Deux enfants entrèrent dans son champ de vision. Ils couraient.

Vaneck promena ses jumelles derrière eux. Deux hommes couraient aussi, derrière les enfants.

Les enfants étaient blancs, les hommes étaient visiblement de type nord-africain. Un type très prononcé. Le genre sud-marocain.

Les hommes avaient des massues à la main. Ils rattrapèrent les enfants et, sous les yeux incrédules de Janine Vaneck, ils les frappèrent à coups de massue.

Vaneck vit distinctement le plus grand des deux enfants se protéger le visage du bras, tandis qu'un homme abattait sa massue sur son épaule. L'enfant s'écroula au pied de l'homme. Un nouveau coup de massue lui fut porté, sur le dos cette fois. Puis encore un autre, sur la tête.

Vaneck vit le crâne de l'enfant exploser. Le sang et la matière cervicale éclaboussèrent la chaussée bitumée.

Elle lâcha ses jumelles et poussa un gémissement involontaire.

Elle partit à reculons, instinctivement. Elle buta contre une racine et tomba.

Elle s'assit sur le sol, en état de choc. Elle s'allongea, posa son visage sur une pierre très dure et rouge. Le froid de la pierre la réveilla. Elle comprit qu'elle ne devait pas rester là où elle se trouvait. Il fallait qu'elle bouge, qu'elle s'éloigne du lieu de mort. Elle se leva, reprit sur le sentier qui cheminait à travers le sous-bois vert émeraude.

Quelques instants plus tard, elle courait, tournant le dos à Saint-Nizier en flammes.

Elle courut un bon quart d'heure, puis elle se raisonna. « Ne va pas trop vite, » se dit-elle, « ou tu vas t'épuiser. »

Elle fit une pause, s'octroya une gorgée d'eau. Elle réfléchit quelques instants. Redescendre vers Saint-Nizier : il n'en était pas question. Descendre vers Grenoble ? Encore une mauvaise idée. La seule chose à faire, c'était de suivre le sentier pendant une demi-heure. Ensuite, bifurquer, prendre la direction du sommet du Moucherotte. Là, sur la crête, elle aurait une bonne vue sur le fond de vallée du Vercors, Lans et Villars. Elle aviserait.

Elle se remit en marche, à une allure raisonnable à présent. Elle marcha jusqu'au sentier du Moucherotte. Elle le prit. Cela montait vite et fort. Elle haletait. Elle progressait ainsi, couverte de sueur, essayant de ne pas repenser à ce qu'elle avait vu à Saint-Nizier, quand soudain, un homme se dressa devant elle.

Elle crut mourir de peur.

L'homme était brun et blanc de peau. Il avait un fusil d'assaut FITEC dans les mains.

« Qui êtes-vous ? Où allez-vous ? », lui demanda-t-il.

« Je m'appelle Janine Vaneck. Je viens de Saint-Nizier. Ils brûlent les maisons, là-bas. Je vais sur la crête et après, peut-être, je vais descendre sur Lans ou Villars. Et vous, vous êtes qui ? »

L'homme se présenta : « Je m'appelle Hervé Blondin. Je suis le représentant du groupe fractionnaire Vercors Nord. »

Il fit un signe du bras. Une quinzaine de personnes émergèrent de derrière une barre de rocs.

« Nous convoyons des fractionnaires exfiltrés de Grenoble-Ouest vers une retraite sûre. »

Janine Vaneck promena son regard sur le petit groupe. Dix adultes, cinq enfants. Deux enfants noirs, ou métis plutôt. Une jeune femme noire, aussi. Les autres étaient blancs de peau. Quatre des adultes étaient armés.

Vaneck identifia une carabine munie d'une lunette d'approche et trois fusils FITEC.

Vaneck hésita.

L'homme lui dit : « Je vous conseille de marcher avec nous. Seule, vos chances de survie sont faibles. Les bandes du Extra Power ont franchi le pas de Saint-Nizier à l'aube. Ils sont en train de piller Lans en ce moment, ils seront à Villars avant la nuit. »

Janine Vaneck avait l'impression de faire un cauchemar.

« Et pourquoi devrais-je vous faire confiance ? », demanda-t-elle.

L'homme sourit.

« D'abord, parce que si nous avions voulu vous tuer, vous seriez déjà morte. Ensuite parce que vous êtes blanche. Etant donné que les miliciens du Extra Power s'en prennent aux personnes à la peau blanche, il est de l'intérêt des Blancs de ne pas marcher seuls, non ? »

Vaneck comprit que l'homme avait raison. En un éclair, elle venait de réaliser que tout ce qu'elle avait jusque-là tenu pour garanti s'était effondré, et que tout ce qu'elle avait tenu pour absurde relevait de la vérité d'évidence. La brutalité du discours racial qui venait de lui être tenu l'aurait profondément choquée, seulement quelques heures plus tôt. À présent, après avoir vu les miliciens du Extra Power s'acharner sur ces malheureux enfants blancs, à Saint-Nizier, elle était prête à entendre ces paroles-là.

Elle fit signe qu'elle se joignait au groupe. L'homme lui désigna du menton une jeune femme qui tenait par la main un petit garçon.

« Vous marcherez avec Catherine Benaïm. Le petit marchera avec moi. »

*

Catherine Benaïm, ce matin-là, avait une large entaille sur le front, et un regard fou – les yeux d'une femme qui revenait de l'enfer.

Elle vint se ranger à hauteur de Janine Vaneck, et la petite troupe se remit en marche, assez lentement pour que les enfants puissent suivre. Devant le groupe, à une cinquantaine de mètre, il y avait deux éclaireurs armés.

En marchant, Catherine Benaïm se remémorait les jours qu'elle venait de vivre. Elle n'arrivait pas à ne pas repenser à ces journées de sang et de larmes. Elle savait déjà qu'elle y repenserait toute sa vie.

Catherine vivait à l'époque encore chez ses parents – étant donné la pénurie de logements dans les extrazones urbaines, il n'était pas rare que les enfants restassent vivre avec leurs parents jusqu'à la trentaine, voire au-delà.

Six semaines plus tôt, un matin, Marie, la mère de Catherine, était rentrée de faire les courses avec un caddy vide.

« Le magasin eurocorpo est vide de chez vide, » expliqua-t-elle. « Plus une miche de pain, plus un paquet de pâtes. Plus rien. Il paraît que la rumeur disait hier soir qu'il n'y aurait plus de livraison, alors le quartier a fait ses courses. »

David, le père de Catherine, avait un emploi à temps partiel à la gare de Grenoble intrazone. Ce soir-là, il rentra plus tôt que d'ordinaire.

« Je suis en chômage technique, » annonça-t-il. « Ils viennent de suspendre la moitié des liaisons. Une histoire d'économie d'énergie, le réseau ferré consomme trop d'électricité, enfin j'ai pas tout compris. »

La famille Benaïm avait jusque-là soutenu un train de vie assez élevé pour l'extrazone de Seyssins. Marie Benaïm avait accepté la stérilisation, après la naissance de sa fille, et elle touchait une indemnité du planning familial. Et puis il y avait tout de même deux salaires qui rentraient à la maison, parfois trois quand Marie trouvait un petit boulot. Chez les Benaïm, on mangeait de la cloneviande trois fois par semaine et, une fois par an, pour Noël, on s'offrait même de la vraie viande naturelle.

Ce soir-là, la famille se contenta d'une assiettée de riz par personne, avec un peu d'ersatz de sauce tomate. C'était que Marie Benaïm avait fait ses comptes : elle avait de quoi nourrir la famille une semaine, pas plus. Il fallait se rationner. On ne savait pas quand les magasins seraient à nouveau approvisionnés.

Le lendemain matin, Catherine Benaïm partit travailler très tôt, comme d'habitude. Au restaurant SuperQuick, le « manager » organisa une réunion des équipiers – c'était comme ça qu'on appelait le personnel. Il expliqua que l'approvisionnement en produits surgelés était interrompu, le camion frigorifique ayant été piraté sur l'eurovoie Lyon-Grenoble. Le restaurant ne pourrait pas ouvrir ses portes le lendemain. On servirait ce jour-là, jusqu'à ce qu'on n'ait plus rien à servir.

Toute la matinée, le public se pressa aux caisses du fast-food. Catherine n'avait jamais vu autant de clients. Les gens venaient avec des sacs isothermes et demandaient qu'on leur donne les produits encore surgelés – de toute évidence, ils voulaient faire des réserves. Le manager du SuperQuick dut à plusieurs reprises venir lui-même en caisse pour expliquer aux clients que ce n'était pas possible.

« Je dois vous servir les produits conformément à la charte de qualité SuperQuick, » disait-il, « sinon je risque mon job. »

Catherine vit des clients commander quinze hamburgers de cloneviande. Les gens bâfraient à s'en faire exploser la panse, parce qu'ils ne savaient pas combien de temps s'écoulerait avant leur prochain repas. C'était surréaliste.

Vers midi, le restaurant n'avait déjà pratiquement plus rien à servir. Le manager fit fermer. Il y eut un début d'émeute à l'entrée, et les vigiles durent intervenir. L'un d'entre eux, un grand Noir baraqué, attrapa un jeune garçon blanc qui tentait de se faufiler jusqu'aux caisses et le propulsa contre la vitrine en grinçant : « Reste à ta place, blanchette ». Pendant ce temps, une jeune femme noire parvenait à se faire servir un dernier hamburger, au vu et au su du même vigile noir. Ce fut le premier signe ostentatoire de racisme que Catherine Benaïm observa, au début du Ragnarok. Sur le moment, elle n'y prêta pas particulièrement attention.

Elle rentra chez elle et trouva Jacques Maire, un ami de son père, dans la cuisine, attablé devant un ersatz de café. Ce type était contremaître à la gare, ou quelque chose comme ça. Il parlait à la mère de Catherine. Il disait : « Je n'ai jamais vu ça. En pleine gare. Une bande d'au moins deux cents personnes. Ils ont pillé complètement le convoi. Ils n'ont pas laissé une miette. »

Catherine demanda à sa mère ce qui s'était passé. Ce fut l'ami de son père qui répondit.

« On a été attaqués en gare. Une bande de gamins venus de Sassenage Extrazone. »

Catherine hocha la tête. C'était bien dans la manière des bandes de Sassenage d'envoyer les gamins piller un train.

A Grenoble, pendant la grande crise des années 2010, les communautés avaient été réorganisées. C'était l'époque où les Noirs venus du Zaïre déferlaient par millions, après la grande guerre d'Afrique centrale. Du coup, Sassenage Extrazone avait recueilli les nordafs chassés de Seyssins Extrazone par les Noirs. Dans le cadre d'un programme de « mixité sociale » voulu par la coalition ethnoprogressiste, une petite partie de Seyssins Extrazone, celle qui touchait à Grenoble Ouest Extrazone, avait été peuplée d'euros. C'était là que vivait la famille Benaïm.

« Ils ont pillé la gare ? », demanda Catherine.

« Je ne sais pas comment, apparemment ils avaient appris qu'un train de denrées alimentaires arrivait en gare. Depuis le blocage des ports, y a plus grand-chose qui arrive. C'était le premier train depuis une semaine. Ils ont attaqué la gare, pris le train d'assaut. Vous ne le croirez pas, mais j'ai deux collègues qui ont voulu résister : ils ont été littéralement mis en charpie. Ce n'est pas une image : la horde les a déchiquetés. Ecartelés. Littéralement. »

Marie Benaïm intervint : « Jacques vient nous proposer d'entrer dans un groupe d'entraide. »

Catherine Benaïm fronça les sourcils. Jacques Maire était membre de la Fraction. Il était quelque chose comme le sergent recruteur du groupe fractionnaire Seyssins Extrazone. L'année précédente, déjà, il avait proposé à David Benaïm d'entrer dans la Fraction. Le père de Catherine avait refusé. « Pas envie d'entrer dans un club de dingues de la gâchette, » avait-il expliqué.

A présent, la donne avait changé. Jacques Maire revenait à la charge, et cette fois, il avait des chances d'être écouté.

Et il fut écouté, effectivement.

Quand David Benaïm rentra chez lui, ce soir-là, après avoir passé sa journée à la bourse du travail, à la recherche d'un job qu'évidemment il ne trouva pas, il discuta de la proposition de Maire avec sa femme et sa fille. Discussion animée. Catherine Benaïm se méfiait de la Fraction – une organisation paramilitaire, donc potentiellement une milice. Marie Benaïm, en revanche, voyait la Fraction comme un canot de sauvetage flottant sur une mer pleine de requins, et elle avait bien l'intention de monter dedans. Finalement, Catherine se laissa fléchir, bien qu'elle ne comprît pas vraiment la démarche, et trois jours plus tard, la famille entra dans le mouvement fractionnaire, en bloc.

Ce fut une prestation de serment collective, car plus de cent personnes rejoignaient le groupe fractionnaire de Seyssins Extrazone, ce soir-là. Cela représentait un triplement des effectifs, du jour au lendemain. Fait significatif, presque tous les nouveaux entrants étaient blancs – alors que les anciens se répartissaient entre blancs, métis et noirs. Il n'était pas très difficile de comprendre pourquoi tous ces Blancs, d'un seul coup, se décidaient à entrer dans la Fraction : parce qu'à la différence des Afros, qui pouvaient compter sur certaines solidarités tribales en cette période de troubles, les Euros étaient totalement désarmés, une fois le système eurocorpo mis à bas.

La Fraction jouait désormais le rôle d'un système tribal blanc. C'était parfaitement logique : quand l'Etat s'écroule, pour survivre, les individus doivent revenir au tribalisme. Et quand ils n'ont pas de tribu à rallier, ils en inventent une…

Dans les semaines qui suivirent, le caractère racial du groupe fractionnaire Seyssins Extrazone ne cessa de s'accentuer, au fur et à mesure que les tensions, dans l'Extrazone, se renforçaient et se racialisaient. La coalition ethnoprogressiste n'avait jamais été bien implantée sur Grenoble Conurbation, les extrazones y vivaient leur vie sous la loi des ethnomilices, et dès l'apparition du Extra Power à New York, avec le célèbre appel de Snoop Hero, le rappeur emblématique venu de Bronx Extrarea, les gangs afros de Seyssins Extrazone se revendiquèrent de ce mouvement à l'idéologie imprécise, mais à l'esthétique fédératrice. Le fait que le Extra Power reprenne à son compte une partie des thématiques portées par le mouvement néomusul des extrazones eurocorpos plaidait également en sa faveur : en assurant un système de référence commun aux gangs afros de Seyssins Extrazone et aux gangs musuls de Sassenage Extrazone, système de référence minimaliste mais facile d'accès, le Extra Power permettait à ces gangs d'éviter ce qui leur faisait le plus peur, à savoir une guerre interethnique entre le Seyssins subsaharien et le Sassenage arabo-musulman.

Des deux côtés, on connaissait la force du camp d'en face. Et des deux côtés, on redoutait cette force.

Vers le début du mois de février, Radio Trois Massifs commença ses émissions sur Grenoble Conurbation. Radio locale du Extra Power, cette station reprenait pour l'essentiel les programmes de Radio Extra Lyon et de radio Extra Paris, mais il y avait aussi des émissions locales, animées par un certain Doc Royal, l'animateur raciste antiblanc le plus fanatique qu'on puisse imaginer. Ce type avait un style bien à lui, fait d'une suite de calembours, d'astuces, de clins d'œil faussement roublards, le tout sur une rythmique martelée, avec une manière bien particulière d'accentuer les fins de phrase.

Un hystérique.

Catherine avait écouté l'émission du 7 février, pour voir jusqu'où allait la bêtise humaine : « Oui, oui, mes amis, le temps approche de régler les comptes avec les intras. Ce sont les intras qui nous ont parqués dans nos zones. Ce sont les intras qui ont combiné l'arrêt des approvisionnements. Ils veulent faire mourir de faim les extras, mes amis, et vous savez pourquoi ? Parce que le Noir est fort, parce qu'ils ont peur de la force noire. Parce qu'ils sont faibles, mes amis. Les Blancs des intrazones sont faibles. Ils sont mous mous mous, comme du fromage blanc ! »

Il y eut aussi l'émission du 11 février, après que des groupes de pillards eurent été dispersés par des tirs à balles réelles, dans Grenoble Centre Intrazone.

« Les petites faces de craie des intrazones se cachent derrière la police continentale. Je dis aux frères du Extra Power de Sassenage et de Seyssins : unissez-vous contre la police et les faces de craie. Je dis aux frères du Extra Power partout dans la conurbe : power, power, power pour le Extra Power ! Regardez les petits fromages blancs comme ils coulent au soleil, ah oui, ah oui, ils coulent au soleil les petits fromages blancs ! Pour empêcher les frères du Power de reprendre ce qu'on leur a volé, là il y a une police. Mais pour que les convois de nourriture arrivent dans les extrazones, alors là, non, il n'y a pas de police. Dans les intrazones, frères du Power sachez-le, ils mangent de la vraie viande, tous les jours. Mais nous aussi, bientôt, nous mangerons de la viande. Je vous le dis, frère du Extra Power, nous aurons au menu de la viande... et du fromage blanc ! »

Le 13 février, les autorités se décidèrent à établir le rationnement. Désormais, il fallait donner des tickets, en plus de l'argent, pour s'acheter de la nourriture, des vêtements ou de l'essence. Dans un premier temps, cette mesure permit d'améliorer un peu la situation des plus pauvres, parce que les riches ne pouvaient plus accaparer la totalité des approvisionnements. Mais dès la fin de la première semaine, le marché noir explosa.

Le 22 février, Catherine écouta Radio Trois Massifs, à l'heure de Doc Royal. L'animateur était déchaîné. Il s'était trouvé un nouveau rôle : Doc Royal, croisé de la justice.

« Frères, nos petites sœurs et nos petits frères crèvent de faim dans les extrazones. Et pendant ce temps-là, les Euros se tapent la cloche. Vous savez pourquoi ? »

L'animateur laissa passer un silence. Catherine proposa à mi-voix, pour elle-même : « Parce que dans les zones rurales, ils savent encore cultiver la terre, et parce que dans les zones urbaines, ils ont des eurodols pour le marché noir ? »

Mais Doc Royal avait une autre explication...

« Les faces de craie se tapent la cloche, frères, parce qu'ils ont organisé le marché noir. Le marché noir, ce n'est pas pour les Noirs ! Le marché noir, c'est pour les fromages blancs. Encore une fois, c'est le Noir qui paye les pots cassés. Encore une fois, c'est le Blanc qui se lèche les doigts. Plein de graisse au bout de ses doigts crochus, le Blanc. C'est pour ça qu'ils ont mis en place le rationnement, les européens de souche, les souchiens sous-chiens ouah ouah ! Voilà ce qu'ils appellent la justice ! Voilà ce qu'ils appellent l'ordre qui profite à tout le monde : le Noir qui a des tickets blancs pour manger des betteraves et des patates, et le Blanc qui a le marché noir pour manger de la viande... et du fromage blanc ! Ouah Ouah le sous-chien ! »

Et ainsi de suite, pendant deux heures.

Vers la fin de l'émission, le doc devint complètement fou.

« Mais je m'adresse à nos frères extras de Sassenage, et je leur dis : Allah entend la prière des opprimés. Tant que les fromages blancs étaient plus nombreux que nous dans la conurbe, ils étaient pour la démocratie. Maintenant, c'est bizarre, la démocratie les intéresse moins. Allah entend l'appel des opprimés. La démocratie, c'est le pouvoir du Extra Power. Nous sommes les plus nombreux, donc la démocratie, c'est notre pouvoir. Et là, je m'adresse aux frères du gang des Black Bloqueurs de Seyssins, et à d'autres qui se reconnaîtront, et je leur demande : combien de temps allez-vous accepter que les faces de craie vous crachent dessus ?

Il est temps de montrer aux fromages blancs qu'ils sont mous mous mous. Il y en a plein autour de vous, à Seyssins, c'est le moment de déguster un bon plateau de fromages... blancs ! »

Le soir même, les appels incendiaires de Doc Royal trouvèrent leur premier écho. Caroline Traille, une ancienne camarade de classe de Catherine Benaïm, fut agressée en pleine rue par une bande d'une dizaine de jeunes Noirs. Ils lui arrachèrent ses vêtements, lui rasèrent le crâne à l'aide d'un tesson de bouteille, puis ils la peinturlurèrent avec du goudron, en chantant en cadence : « Le fromage blanc devient tout noir, le fromage blanc devient tout noir. »

La scène s'était déroulée rue Harlem Désir, c'est-à-dire à peu près à la frontière entre le Seyssins blanc et le Seyssins noir. Or, du côté blanc de la rue, personne n'avait bougé. Les gens avaient trop peur – et puis, dans le Seyssins blanc, il était d'usage, dans ces cas-là, d'appeler la police. Du côté noir, cependant, les badauds observèrent le calvaire de la jeune Caroline d'un air goguenard. Cela faisait longtemps que les Noirs, à Seyssins, disaient entre eux que tôt ou tard, on tirerait vengeance des sales Blancs. Apparemment, le jour était venu.

Quand ils s'aperçurent que les Blancs n'avaient pas bougé et que la police n'était pas venue, les petits voyous à l'origine de l'affaire s'enhardirent. Ils franchirent les frontières du Seyssins blanc et déferlèrent par les rues, entraînant dans leur sillage une tourbe ignoble, tout ce que Seyssins Intrazone pouvait contenir de voyous – y compris d'ailleurs quelques voyous blancs, des types coiffés « à la Rasta » pour montrer leur affiliation aux gangs noirs.

L'émeute se répandit à travers Seyssins-Est. Plusieurs personnes se firent tabasser. Les voyous les rouaient de coups d'entrée de jeu, sans raison – ou plutôt : sans autre raison que leur couleur de peau. Les pauvres types tombaient dans le caniveau, parfois ils en mouraient. Rue de l'Europe Nouvelle, un vieil homme eut le crâne fracassé contre le rebord du trottoir. Son assassin, un gamin de quinze ans tout au plus, hurla en montrant la cervelle répandue sur le pavé : « Fromage blanc ! Fromage blanc ! » Puis, retirant son teeshirt malgré le froid, il dansa en criant à pleins poumons : « Muscles noirs ! Muscles noirs ! »

Un seul Blanc eut le courage de réagir. Lorsque les pillards s'en prirent à lui, il sortit de sa poche un couteau de combat à lame rétractable, et planta son eustache dans le bide de son agresseur le plus proche, un grand Noir aux yeux ivres de haine. Le Noir tenta d'arracher le poignard de ses tripes, mais il ne réussit qu'à se trancher les doigts, parce que c'était une lame à deux tranchants, aiguisée comme un rasoir. Après ça, l'homme blanc retira l'arme du ventre crevé et, la brandissant sous le nez de ses agresseurs, il partit à reculons. Les autres ne le poursuivirent pas.

Il fut la seule personne que les miliciens du Extra Power épargnèrent, parmi toutes celles qu'ils trouvèrent dans les rues, ce jour-là.

L'émeute se poursuivit quelques minutes, jusqu'à venir buter sur un immeuble de la rue Laurent Gbagbo – un immeuble qui abritait le principal point de ralliement fractionnaire de Seyssins-Est. Là, les émeutiers tombèrent sur une famille de trois personnes, qui se hâtaient vers le point de ralliement – David, Marie et Catherine Benaïm.

Soudain, un groupe jaillit de l'immeuble. Plusieurs types armés de fusils de chasse. Par les fenêtres, on vit poindre les canons de trois carabines.

La foule des émeutiers s'arrêta, interdite.

Il y eut un moment de silence.

Immobilité de part et d'autre.

La famille Benaïm passa derrière les types armés.

Les types armés commencèrent à reculer vers la porte de l'immeuble.

Un à un, ils y pénétrèrent, sur les traces de la famille Benaïm.

Les émeutiers partirent eux aussi à reculons. Puis ils allèrent piller des Blancs moins nombreux, moins décidés, et surtout moins bien armés.

Ce soir-là, en regardant s'éloigner les émeutiers, Catherine Benaïm comprit soudain pourquoi son père, quelques semaines plus tôt, avait choisi de rejoindre la Fraction.

C'était parce qu'il n'avait plus le choix.

*

Le 23 et le 24 février, les Benaïm restèrent dans l'immeuble de ralliement du groupe Seyssins Extrazone. La plupart des fractionnaires du groupe firent le même choix. La Police Continentale semblait s'être complètement désintéressée des extrazones. Elle verrouillait l'intrazone urbaine de Grenoble Centre, implacablement. Mais quant au reste de la conurbe, il était entièrement livré aux ethnomilices afros.

Les extrazonards euros se sentaient complètement abandonnés, et pour certains d'entre eux, la sensation d'abandon se doublait d'une horrible certitude : celle d'avoir été trahis. Pour les fractionnaires, cependant, ni la sensation d'abandon, ni la certitude d'avoir été trahis n'étaient insurmontables. D'abord parce que la solidarité préférentielle jouait, qui garantissait au moins à ces extrazonards-là les bases de la survie – de quoi manger, un toit, et une relative sécurité. Mais aussi parce que le 24 février, le référent du réseau Isère vint faire un exposé au groupe fractionnaire Seyssins – un exposé bienvenu, qui permit aux gens de comprendre ce qui se passait, et, partant, de retrouver la voie de la raison dans un environnement devenu fou.

« Ce qui se produit en ce moment est parfaitement logique », expliqua le référent. « La guerre est la continuation de la politique par d'autres moyens. Etant donné que la politique suivie par l'Etat eurocorporatif et ses devanciers, depuis des décennies, consiste à utiliser les Afros des extrazones pour intimider les Euros et les obliger à en rabattre, il était inévitable que l'aboutissement de cette stratégie soit le pogrom pur et simple. C'est tout à fait logique, et vous ne devez pas être surpris. Il faut bien comprendre ceci : dans l'ordre voulu par l'hyperclasse, par cette petite couche de la population qui vit dans les hyperzones, les intrazones richissimes, vous autres, les Euros des extrazones, vous êtes des gêneurs. Vous n'avez pas votre place. Vous êtes trop évolués culturellement, trop conscients politiquement pour fonctionner comme les Afros. Donc, puisque l'hyperclasse veut creuser le fossé qui la sépare du reste de la population, et pour cela aligner toute la population sur le niveau des Afros, vous êtes condamnés. Ce pogrom est logique. Ça s'est toujours passé comme ça, dans l'Histoire : ceux qui sont en haut de la structure sociale utilisent ceux qui sont tout en bas pour casser ceux qui sont au milieu. »

Le référent grinça, sarcastique.

« Pourquoi croyez-vous que la Police Continentale laisse Radio Trois Massifs diffuser les émissions de Doc Royal ? Tout cela n'arrive pas par hasard, mes chers amis. C'est très simple : les autorités ont décidé que vous, les petits Blancs des extrazones, vous seriez les boucs émissaires de la catastrophe qui s'en vient. »

Puis, sans transition, il éclata de rire. Voyant que l'assistance le contemplait avec des yeux ronds, il reprit : « Mais tout cela, oui, tout cela me fait rire. Vous savez pourquoi ? Parce que nos malheurs n'auront qu'un temps. Le Extra Power est un moment dans un processus complexe. Ce moment est douloureux, mais il passera. Déjà, les signes sont là, que nous guettions depuis le début des évènements. Les signes sont là, qui indiquent que le pouvoir est sur le point de perdre le contrôle du chaos qu'il a laissé s'installer. Nous avons gagné notre pari, amis : nos maîtres ont *trop bien* réussi dans leur entreprise. »

L'homme se fit sérieux, soudain.

« Ce que je vais vous dire maintenant, mes chers amis, je vous demande de ne pas trop l'ébruiter. Inutile d'en rajouter, laissons le temps faire son œuvre. Voici quelques nouvelles que Radio Trois Massifs ne risque pas de vous communiquer. Premièrement : on s'est battu hier à Lyon, à l'intérieur d'une caserne de la FITEC. On s'est battu entre une compagnie majoritairement composée de soldats afros et une autre compagnie, composée presque exclusivement de soldats euros. On s'est même battu à l'arme lourde, au mortier de 120 mm, pour être précis. Aux dernières nouvelles, la 28° brigade de la FITEC, basée à Lyon-conurbation, a une disponibilité opérationnelle nulle, alors qu'elle n'a même pas été engagée sur le terrain. Elle s'est autodétruite, de l'intérieur. Pour l'instant, son état-major a d'autres chats à fouetter : les officiers sont en train de chercher les 130 fusils d'assaut qui ont disparu des stocks, dans la confusion, hier soir, voyez-vous. »

Le référent eut un petit sourire.

« Et à ce propos, je vais vous dire un petit secret : peut-être que la Fraction n'y est pas pour rien, dans cette histoire. Peut-être que nous avons des amis, à l'intérieur de la FITEC. Allez savoir. »

Un murmure appréciateur parcourut l'assistance. Le père de Catherine Benaïm renifla.

« Deuxièmement, » reprit le référent, « quelques nouvelles de Sassenage-Extrazone. Vous savez peut-être que l'imam de la mosquée de Sassenage a été abattu hier. Ce que vous ne savez sûrement pas, en revanche, c'est que ses assassins sont venus de Seyssins. L'imam s'apprêtait à dénoncer, lors du prêche du vendredi, les opérations du Extra Power, qu'il jugeait impies, contraires à la religion musulmane. Nous le savons, parce que nous avions des contacts avec cet imam. À notre avis, cet assassinat va laisser des traces chez nos voisins. Pour l'instant, officiellement, les musuls de Sassenage et les Afros néomusuls de Seyssins marchent la main dans la main, mais croyez-moi, cela n'aura qu'un temps. Ces gars-là n'ont pas grand-chose en commun. En fait, à part de ne plus savoir comment ils vont s'en sortir, ils n'ont *rien* en commun. »

Quelqu'un dit, dans la salle : « C'est sûr, ils sont paumés. C'est par peur qu'ils nous attaquent. »

Le référent hocha la tête.

« Tout à fait. Mettez-vous à leur place : ils n'ont presque aucun contact avec les populations productives des intrazones rurales, parce que ces populations sont euros aux neufs dixièmes, au moins. Donc si le système d'approvisionnement eurocorpo tombe en rade, les Afros n'ont plus qu'à cultiver le béton pour y faire pousser leur croustance. Pas terrible, hein ? Ils ont raison de paniquer... Objectivement, je vais vous dire, le Extra Power en a pour six mois, maximum. Dans six mois, ces imbéciles auront fini d'épurer ethniquement les extrazones, ils se seront probablement rentrés dedans entre gangs, entre ethnies, et tout ça n'aura évidemment pas rétabli les approvisionnements. Quand la population afro le constatera, l'idéologie de pacotille qui sert de ciment au Extra

Power implosera instantanément, et croyez-moi, il ne fera pas bon s'appeler Doc Royal, ce jour-là ! »

Le conférencier donna un petit coup de poing sur la table, comme pour souligner ce qu'il allait dire.

« Alors, mes chers amis, c'est maintenant qu'il faut jouer tactique. Surtout, n'allez pas répondre aux provocations du Extra Power. Surtout, ne racialisez pas le conflit. La Fraction n'est pas une organisation raciste. Elle ne l'a jamais été, elle n'a aucune raison de le devenir. Gardons-nous de nous antagoniser inutilement des gens qui demain, seront nos partenaires dans la reconstruction. Laissons les fanatiques s'enferrer dans leur rhétorique mortifère, et contentons-nous de survivre. Nous devons nous organiser pour tenir dans la durée, et puis laissons faire le temps. Quand le chaos retombera dans quelques mois, il n'y aura plus de FITEC, elle aura explosé. Il n'y aura plus d'Extra Power, il aura implosé. Il n'y aura plus que des masses de population désorientées, et la Fraction sera l'une des très rares forces structurées capables de recoaguler ce que le Ragnarok aura totalement désintégré. Laisser le déluge balayer notre monde après nous être réfugiés dans l'arche fractionnaire : voilà la stratégie qui nous rendra notre terre. »

Des applaudissements éclatèrent dans la petite salle, couvrant presque la voix du référent qui ajoutait, un ton en-dessous du reste de son discours : « À ce moment-là, on règlera les comptes. »

*

Dans les jours qui suivirent, le réseau Isère organisa l'exfiltration des fractionnaires de Grenoble-Conurbation. Passeport intérieur en règle ou pas, les fractionnaires quittaient les zones urbaines, partout en Europe. La règle était : premier entré dans la Fraction, premier parti, et surtout premier à choisir sa destination. C'est ainsi qu'arrivés parmi les derniers dans le mouvement, les Benaïm furent aussi parmi les derniers exfiltrés de Seyssins Extrazone.

Ce qui faillit les perdre.

A la fin du mois de février, la tension était devenue insupportable dans les extrazones grenobloises. On disait que sur Paris-Conurbation, les confrontations entre les brigades loyales de la FITEC et la coalition hétéroclite des ethnomilices et des brigades FITEC rebelles étaient quotidiennes, et qu'elles se déroulaient souvent à l'arme lourde. On prétendait que les brigades loyales de la FITEC avaient reçu l'ordre d'éliminer entièrement la population des extrazones reconquises. La rumeur parlait également d'une terrifiante flambée de violence à Roubaix, et on se racontait sans trop y croire l'histoire tragique des intrazonards de Marcq-en- baroeul, crucifiés la tête en bas par les ethnomilices à raison d'une croix tous les dix pas, le long du périphérique Lille-Conurbation. Il y avait aussi eu l'histoire des jeunes filles anglos de Londres, retrouvées mortes par centaines dans le quartier paki, empalées sur des piquets plantés dans le sol, avec parfois des clous enfoncés dans la tête.

Personne ne savait s'il fallait ajouter foi à ces rumeurs. La télévision eurocorporative ne diffusait aucune information sur les évènements, si bien que les gens ne savaient que penser. Certains prétendaient que ces rumeurs étaient répandues par le Extra Power pour « inspirer » les ethnomilices locales. D'autres croyaient savoir qu'il s'agissait d'une simple amplification de faits réels.

Pour dire les choses simplement, la conurbation entière était en train de basculer dans la folie, au rythme où les paranoïas construites en miroir se cautionnaient l'une l'autre, toujours plus hautes, toujours plus sombres, toujours plus violentes. Pour ajouter au désastre, dans le chaos grandissant, les approvisionnements n'arrivaient pratiquement plus. Les tickets de rationnement ne servaient plus à grand-chose, parce que de toute façon, il n'y avait plus rien à acheter. Plus rien du tout. On ne voyait plus un chien, plus un chat dans les rues. Même les rats d'égout étaient en voie d'extinction.

Enfin, au début du mois de mars, Grenoble explosa.

Depuis le temps que cela couvait, tout le monde au fond fut soulagé – même les plus exposés, les malheureux extrazonards euros non fractionnaires, bétail promis à l'abattoir.

Que se passa-t-il au juste ? On ne sait pas. À posteriori, on ne parvint jamais à reconstituer le déroulement exact des évènements. Peut-être tout simplement la température avait-elle atteint un seuil à partir duquel les esprits prennent feu, spontanément. Fahrenheit 666.

Un tsunami de violence déferla sur la conurbe d'ouest en est, comme une épidémie de folie pyromane et sanguinaire. Et si, du haut des crêtes du Vercors, Janine Vaneck avait pu être sensible à la dimension esthétique de l'évènement, pour ceux qui se trouvèrent piégés dans Grenoble, ce jour-là, il ne pouvait être question que d'une chose : survivre.

Catherine Benaïm fut témoin, en ce jour de colère, de faits que plus tard, elle ne parvint jamais à accepter complètement. Comme si les évènements en question étaient si choquants, si contraires à l'humanité, que même un témoin oculaire ne pouvait croire à leur réalité. Quand les ethnomilices venues de Seyssins Ouest et de Sassenage déferlèrent sur Seyssins Est, la population des quartiers touchés commença à refluer vers les zones encore épargnées. Les gens racontaient des histoires à vous faire dresser les cheveux sur la tête. Les miliciens noirs tuaient les Blancs à coups de massues, cela prenait parfois plusieurs minutes pour qu'un Blanc crève enfin, tous les os du corps brisés un à un. Certains miliciens, plus humains que d'autres, « offraient » une balle à leurs victimes, quand ils les connaissaient personnellement. Au moins, ces Blancs-là mouraient à peu près proprement. D'autres miliciens, moins scrupuleux, vendaient les balles à leurs victimes. Souvent, ils exigeaient des femmes des faveurs sexuelles, en échange d'une balle dans la nuque. C'était une horreur sans nom, une combinaison totalement anarchique de pillage, de pogrom et de vengeance personnelle, sur fond de fanatisme et de terreur.

La population blanche de Seyssins et de Grenoble Ouest commença rapidement à se presser aux limites de Grenoble Centre, contre les barrages de la Police Continentale. Les gradés ordonnèrent à leurs hommes de refouler ceux que, par antiphrase peut-être, les autorités appelaient « les émeutiers venus du Seyssins euro ». Dans certains cas, les flics obéirent. Dans d'autres cas, comprenant ce qui se passait dans le dos des malheureux qui les suppliaient d'ouvrir les barrages, les hommes de la PC désobéirent, et les barrages tombèrent. Très vite, il devint évident que la population blanche des extrazones allait envahir Grenoble-Intrazone, que cela plaise ou non aux autorités.

Quand ils comprirent que l'émeute allait leur échapper et déborder sur les intrazones qu'ils avaient ordre de protéger, les responsables locaux de la PC changèrent de tactique. Ils envoyèrent des groupes de combat dans Seyssins Est, avec pour mission officielle de « rétablir l'ordre par tous les moyens » – et pour mission officieuse d'armer la population blanche. L'armurerie de la caserne locale de la FITEC regorgeait de vieux matériels déclassés – essentiellement des FAMAS français de la fin du XX° siècle. Plusieurs dizaines de ces armes furent distribuées à des indicateurs de police, promus responsables des ethnomilices blanches, pratiquement d'une heure sur l'autre.

Dès qu'ils se heurtèrent à ces ethnomilices blanches surgies on ne savait d'où, les ethnomilicens afros et néomusuls changèrent de tactique. Alors que jusque-là ils avançaient à travers la ville en masse, incendiant les maisons pour en faire sortir les Euros pris au piège, ils se répartirent entre de petits groupes lourdement armés, chargés d'ouvrir la voie, pendant que la masse des pillards, équipés souvent uniquement d'armes blanches, suivaient cent mètres en arrière, pour brûler, violer, torturer et assassiner. Il y eut d'innombrables cas de cannibalisme. On vit même des pillards vendre de la viande humaine à des familles, le soir venu. Les gens manquaient tout simplement de protéines animales. Ils crevaient de faim, voilà le fond de l'affaire.

Il ne restait presque plus de fractionnaires dans les extrazones grenobloise, à ce moment-là. Les quelques retardataires, dont la famille Benaïm, se regroupèrent sur les points de ralliement convenus et organisèrent leur défense du mieux qu'ils purent.

Et leur mieux, c'était déjà pas mal du tout. Depuis quelques jours, l'arsenal de la Fraction avait considérablement évolué. Une trentaine de fusils de guerre FITEC avaient été distribués, venus d'on ne savait où, sans doute pillés dans les casernes de Lyon. Placé entre les mains de gardiens entraînés l'année précédente sur le plateau du Vercors, ce modeste arsenal sauva très probablement la vie des fractionnaires de Grenoble.

La famille Benaïm eut du mal à gagner le point de ralliement. En cheminant le long des rues encombrées de toute sorte d'objets incongrus, jetés des fenêtres par des pillards euros devenus presque aussi fous que les ethnomiliciens afros, Catherine Benaïm avait été agressée par un groupe de six personnes – deux noirs et quatre blancs, dont trois portaient une coupe « rasta ». Qui étaient ces gens ? Pourquoi se trouvaient-ils là, dans une zone encore non touchée par l'avance des ethnomilices ? Catherine ne devait jamais rien en savoir. Mais ce qu'elle sut, en revanche, c'est qu'avant de parvenir à se dégager de l'emprise menaçante de ce petit groupe de furieux, elle et son père reçurent plusieurs coups de machette.

En sang mais capables de marcher, les Benaïm parvinrent à leur point de ralliement et, par la suite, trop traumatisés pour combattre, ils furent laissés au repos. On attendit le soir pour procéder à l'exfiltration. En fin d'après-midi, avec l'aide discrète d'agents PC en civil, les ethnomilices blanches improvisées reprirent en partie le contrôle de Seyssins-Est – une reconquête facile, au demeurant, car si l'émeute avait été d'une violence extrême, elle n'était le fait que d'une petite minorité.

Catherine Benaïm vit un groupe d'ethnomiliciens noirs tirer ses dernières cartouches, puis se faire massacrer par des soldats blancs de peau, porteurs d'un brassard de couleur rouge. Un des soldats s'arrêta, après le massacre, pour couper les oreilles des noirs et les enfiler sur une cordelette qu'il portait autour du cou. Il n'y avait plus aucune limite à la sauvagerie. Tout était devenu possible. À Grenoble, ce soir-là, l'humanité avait cessé d'être. Il avait suffi de faire descendre la ration calorique quotidienne jusqu'à la norme auschwitzienne de 1300 calories pour qu'une moitié de la population se transforme en SS, et l'autre moitié, par contrecoup, en victimes expiatoires.

A la nuit tombée, l'exfiltration eut lieu. Ce fut très facile. La PC n'avait fait aucun problème. En fait, au point où on en était, les autorités étaient plutôt contentes, à Grenoble comme un peu partout en Europe, de se débarrasser d'une partie de la population urbaine. C'est qu'il y avait le problème du ravitaillement, et ce problème-là, les autorités en avaient bien conscience, détermineraient la gravité de tous les autres, dans les semaines à venir. Alors, si quelques lascars pouvaient prendre la poudre d'escampette et aller se nourrir là-bas, à la campagne, on n'allait pas leur chercher noise.

Comme la route du Vercors était tenue par les ethnomilices noires qui s'apprêtaient à déferler sur Saint-Nizier, les colonnes de réfugiés fractionnaires prirent les sentiers qui couraient sur près de deux mille mètres de dénivelés - huit heures de marche pour les adultes, douze avec les enfants, le long de la paroi montagneuse, jusqu'aux crêtes du Moucherotte.

Et c'était là, sur la crête du Moucherotte, que Catherine Benaïm, épuisée mais malgré tout vivante, avait rencontré Janine Vaneck.

*

Près de quatre mois plus tard, ces évènements terribles paraissaient déjà fort lointains à ceux qui les avaient vécus. On n'arrivait pas à croire qu'on avait vu cela et qu'on n'était pas pour autant devenu fou. Assises dans la cuisine d'une retraite fractionnaire, une ancienne bergerie d'altitude désormais réaménagée en fortin, qui plumant sa volaille, qui épluchant ses patates, qui pleurnichant sur ses haricots verts, les trois femmes pouvaient presque croire que le fil des jours avait repris son cours, tout simplement.

Cardan, qui avait terminé d'éplucher les patates, se leva et se dirigea vers la porte.

« Je vais fleurir les tombes, » dit-elle à Catherine Benaïm.

« J'ai presque fini, » répondit la jeune femme.

Cardan aimait bien l'attitude de Benaïm. Il y avait quelque chose de très doux chez cette fille.

Une fois la volaille plumée et mise à cuire, les deux femmes mirent leurs vareuses et sortirent dans la cour de la retraite, abandonnant Vaneck à ses haricots verts.

A présent, le soleil avait passé les crêtes. Le matin commençait pour de bon. Les deux femmes se dirigèrent vers le coin des tombes, sous le mur d'enceinte nord. C'était là qu'on avait enterré les quinze tués du commando d'avril.

Surplombant chaque tombe, une lourde pierre noire portait un nom et deux dates, la naissance et la mort. Certaines tombes portaient aussi, gravé au-dessus du nom, la lettre grecque « Thau ». Dans un coin du cimetière, il y avait un empilement d'une trentaine de ces pierres noires, à l'horizontale. Pour l'instant, elles étaient parfaitement lisses. Cardan y jeta un coup d'œil en avançant. Une de ces pierres, elle le savait, porterait un jour son nom.

Cardan et Benaïm allaient fleurir les tombes presque tous les jours, c'était de leur responsabilité. Le petit cimetière ressemblait à un jardin.

Cardan avait décidé d'associer Benaïm à ce rituel quotidien parce qu'elle savait que la fréquentation des tombes est nécessaire aux êtres qui ont vu la mort de près – de trop près. Apaiser la crainte est nécessaire à la paix de l'esprit.

Ce jour-là, Cardan fleurit plusieurs tombes, mais comme à chaque fois, elle s'arrêta plus particulièrement sur deux d'entre elles – deux tombes dans le carré des tués au combat, deux pierres noires surmontées du « Thau ».

Et Catherine Benaïm, comme à chaque fois, eut envie de demander pourquoi ces deux tombes-là méritaient plus particulièrement l'attention de Cardan.

Une fois de plus, elle n'osa pas poser la question qui lui brûlait les lèvres. Elle se contenta d'attendre que Cardan ait fini, et pendant ce temps, elle relut mécaniquement les noms sur les tombes en question.

Karim Saïdi
Stéphanie Berg.

CHAPITRE XIV - LA CHUTE DE BABYLONE

Six mois plus tôt, alors que le Ragnarok commençait, en janvier de l'année terrible, Karim Saïdi avait reçu un ordre de mission. Il devait se rendre dans une retraite située près de Rennes, en pleine intrazone rurale. Une réunion était organisée là, à l'initiative de Yann Rosso. Il s'agissait de lancer l'opération « Babel », application d'un plan mis au point l'année précédente lors d'une coordination des chapitres fractionnaires ouest-européens. But de l'opération : organiser les relations entre la Fraction et les principales parties au conflit qui s'annonçait.

Karim Saïdi disposait d'un passeport intérieur illimité, payé par la Fraction sur les revenus des retraites fractionnaires productives. Comme ce n'était pas le cas de tous les fractionnaires convoqués à la réunion, on lui demanda d'accompagner deux autres invités – les titulaires d'un passeport intérieur « toute destination » pouvaient en effet prendre sous leur aile deux personnes de leur choix pour traverser n'importe quelle intrazone, à la seule condition que ces accompagnateurs ne restassent pas plus de deux nuits d'affilée en zone réservée. En l'occurrence, Saïdi emmena avec lui un certain Manuel Esposito, citoyen eurocorpo madrilène d'origine argentine, et une dame Françoise Mutabe, citoyenne eurocorpo d'origine congolaise.

Le trio arriva à la retraite la veille du début de la conférence. Le soir, il y eut un dîner avec Yann Rosso – qu'Esposito et Mutabe n'avaient jamais rencontré. Ils parlèrent de la crise qui secouait l'Union Panaméricaine – de véritables batailles rangées à Los Angeles entre Noirs et Latinos, et à présent l'épuration ethnique qui semblait se dessiner au Texas, que les Blancs fuyaient en masse. Rosso était curieux de connaître l'opinion d'Esposito sur les troubles qui semblaient bel et bien se communiquer à l'Amérique Latine, avec en particulier des incidents violents entre intrazonards et extrazonards, à Buenos Aires.

Esposito affirma que l'ethnicisation des conflits intra/extrazone ne pourrait pas se produire en Argentine. « C'est une terre bien plus homogène que la vieille Europe, » expliqua-t-il. « C'est paradoxal, mais c'est ainsi : l'Argentine d'aujourd'hui est bien plus européenne que l'Union Eurocorpo. Donc je ne pense pas que ça puisse dégénérer comme au Texas. » Rosso lui donna raison : « Oui, bien sûr, » dit-il, « plus les zones sont ethniquement homogènes, moins les conflits intra/extra seront violents. » Cependant, il ajouta : « Mais vous verrez : même en Argentine, ça va chauffer. Une fois que le système aura commencé à se dérégler vraiment en plusieurs points névralgiques de l'économie mondiale, comme toutes les zones économiques ont été spécialisées à outrance, les pénuries vont se faire sentir partout. Plus personne n'est autonome. Donc même en Argentine, ça chauffera. » Esposito répondit : « Je l'espère, car nous avons besoin de donner un sacré coup de balai ! » Rosso se contenta de sourire.

Pendant ce temps, Saïdi discutait avec Mutabe. Les grands-parents de la jeune femme avaient fui le Rwanda, quarante-cinq ans plus tôt. Près d'un demi-siècle après les terribles évènements des années 90, les haines interethniques ne s'étaient toujours pas apaisées en Afrique centrale. Mutabe estimait d'ailleurs qu'elles ne s'apaiseraient jamais. « Tu sais, » dit-elle à Saïdi, « de toute façon, pour les peuples d'Afrique, si vraiment tout doit s'écrouler comme le dit l'ami Yann, ça ne changera *rien*. Pour nous, tout s'écroule toujours depuis des générations, et si on est toujours là, c'est parce qu'on fait des enfants et encore des enfants. Pour nous, d'une certaine façon, la catastrophe est devenue l'ordre des choses. Les Africains, tu leur dis que ce sera la famine, ils te disent que c'est la famine tout le temps. Tu leur dis que ce sera la guerre, ils te disent qu'ils ne connaissent pas la paix. Tu leur dis qu'ils vont vivre dans la misère, ils te répondent qu'ils y vivent déjà. Alors… »

Comme la plupart des Nordafs, Karim Saïdi n'avait jamais réussi à prendre les Afros au sérieux. Il avait d'eux une image trompeuse, qu'il s'était forgée au contact de débris pathétiques dans le genre des Haïtiens défoncés chez qui il avait, jadis, retrouvé Blanco. D'une manière générale, n'ayant fréquenté en faits de Noirs que les gangs afros des extrazones eurocorpos, il ignorait tout des réalités africaines.

« Sur ce que je sais des Africains, » dit-il à Mutabe, « une fois l'aide internationale disparue, ils vont tomber comme des mouches, non ? » La jeune femme le détrompa : « Pas forcément. Ils vont mourir plus du sida et des autres pandémies, parce qu'ils n'auront pas les médicaments, mais c'est tout. À long terme, une crise risque plutôt d'améliorer l'état de santé général, parce que l'ajustement va se faire tout seul entre la population et les ressources vivrières. Là-bas, ce n'est pas comme ici : les gens sont solidaires. Et puis la guerre civile en Afrique, c'est comme la pluie en Bretagne : on ne remarque même plus. »

Saïdi esquissa un sourire. Il avait toujours pensé que l'Afrique noire, c'était l'Algérie en pire. Il venait de comprendre que c'était juste différent. Mutabe se méprit sur le sens de son sourire, qu'elle crut moqueur. « Tu sais, » reprit-elle, « là-bas, les gens sont pauvres mais ils s'entraident. C'est dans notre culture : pas besoin de Fraction là-bas pour que les gens aient un groupe sur qui compter. Les Africains, ils ne sont pas très à l'aise avec la technologie, mais à l'intérieur des tribus, ils sont solidaires entre eux. » Saïdi objecta que les extrazones afros, dans l'Union Eurocorpo, remportaient haut la main la palme de l'anarchie et de la délinquance. Mutabe répliqua, d'une voix un peu trop vive : « C'est vrai, mais ne les juge pas sur ce que tu vois ici, en Europe. Ce que tu vois ici, c'est ce que les Noirs deviennent dans un monde de Blancs, c'est-à-dire des sous-Blancs. En Afrique, où ils peuvent s'organiser à leur manière, c'est différent. »

Saïdi demanda à Mutabe : « Et toi ? Tu es une sous-Blanche ? »

Pour toute réponse, elle esquissa un sourire.

*

Le lendemain, une cinquantaine de personnes participaient à la réunion « Babel ». Il y avait là au moins un représentant de chaque ethnie présente sur le territoire couvert par la Fraction, c'est-à-dire à peu près toute l'Union Eurocorporative. Karim Saïdi était assis entre un Juif et un moine bouddhiste originaire du Cambodge. En face de lui, Esposito avait pris place entre un minuscule Laotien et un Chinois rondelet. Au bout de la grande table, Mutabe parlait avec un Hindou maigre et souriant.

Un certain Fred Rosen se leva et se présenta comme le responsable du réseau thématique « Babel ». Il expliqua qu'autour de la table se trouvaient réunis les fractionnaires issus de nombreuses cultures – choisis pour certains parce qu'ils étaient particulièrement écoutés dans leur communauté d'origine, pour d'autres parce qu'ils étaient tout simplement les seuls représentants de telle ou telle communauté au sein des chapitres concernés par l'opération. Leur rôle ? Très simple : « Le projet Babel, » expliqua Rosen, « vise à faire en sorte que le chaos interethnique qui va s'installer à travers l'Union Eurocorpo ne rejaillisse pas sur la Fraction. »

Après cette introduction sibylline, et avant que les débats ne s'engagent vraiment, il y eut deux discours. Tout d'abord Valérie Stain, nouveau référent du chapitre Neustrie, fit un rappel doctrinal. Ensuite Yann Rosso prit la parole et expliqua, en détail, en quoi allait consister le projet « Babel ».

Le discours de Stain fut très bref.

« Vous savez tous pourquoi nous sommes réunis ici, pourquoi nous faisons partie d'un tout qui s'oppose au reste de la société eurocorporative : parce que nous avons décidé, à un certain moment, de dire non quand les autres disaient oui. Vous savez tous pourquoi nous avons dit non : parce que nous avons compris, à un certain moment, que si nous continuions à accepter les règles du jeu, nous finirions esclaves. Vous savez tous pourquoi ceux qui disent oui finiront esclaves : parce qu'ils ont perdu toute autonomie. Et parce que sans autonomie, il n'y a plus de vraie sécurité. Et parce que sans sécurité, la liberté n'est plus qu'un mot.

« Vous savez aussi tous pourquoi, lorsqu'une personne issue d'une tradition extérieure à la tradition européenne s'adresse à la Fraction européenne, nous lui suggérons de se joindre à des organisations comparables regroupant des gens issus de sa culture, ou même de fonder, avec notre aide, une organisation de cet ordre si elle n'existe pas. C'est parce qu'on ne peut pas construire l'autonomie d'un groupe autrement que par la délégation mutuelle des fonctions d'autonomie au sein du groupe, et parce que cette délégation mutuelle ne peut être consentie que si les individus ont entre eux des liens forts et discriminants. Pour constituer une communauté solidaire, il faut une capacité minimale d'interaction sociale ouverte appuyée sur des valeurs partagées.

« Vous savez pourquoi, cependant, les exceptions ont toujours été tolérées : d'abord parce que c'est à chaque individu de décider à quel groupe il veut se rattacher sous réserve que sa décision soit justifiée par la réalité de son appartenance culturelle ; ensuite parce que, de toute manière, avoir parmi nous des individus relevant de traditions extérieures est un atout – aussi longtemps que ces individus font en toute conscience le choix de se joindre à nous, bien entendu.

« Il est temps maintenant de se souvenir des raisons pour lesquelles c'est un atout.

« Quand nous avons créé les premières retraites fractionnaires, un des problèmes qui pouvaient se poser à nous, dans certains cas, était la présence à proximité de communautés relevant d'une tradition extérieure à la nôtre. Pourquoi nos implantations n'ont-elles pas été menacées par ces communautés ? Parce qu'elles n'étaient pas perçues comme un danger. Pourquoi n'étaient-elles pas perçues comme un danger ? Parce que nous avions accepté, parmi nous, des individus qui relevaient initialement des traditions étrangères qui auraient pu se sentir menacées. Quand nous avons monté les premiers groupes d'autodéfense et qu'il est apparu clairement qu'au-delà de la question de l'autonomie, nous revendiquions la possibilité d'assurer notre propre sécurité, nous n'avons pas seulement eu à nous justifier devant l'Etat. Il a aussi fallu faire comprendre aux autres groupes que nous ne les menacerions pas aussi longtemps qu'ils ne nous menaceraient pas. Pourquoi le message est-il passé ? Grâce aux ponts que constituaient, entre ces groupes et nous, les personnes comme vous : les gens issus d'une tradition extérieure à la nôtre, et qui avaient cependant choisi, à titre individuel et pour de bonnes raisons, de se joindre à nous.

« Ce rôle qui est le vôtre, depuis des années, le moment approche où il va falloir l'assumer dans des conditions bien plus tendues. Je passe maintenant la parole à Yann Rosso, qui va vous expliquer pourquoi. »

Rosso se leva alors et, en quelques mots, il annonça à peu de choses près le programme des six mois suivants :

« Mes chers amis, dans les semaines qui viennent, nous allons traverser la fin du monde. »

*

Après son discours, Rosso fit passer de petites boîtes à cire autour de la table. Sur chaque boîte était écrit un nom. Saïdi récupéra la boîte à son nom et, comme cela avait été demandé par Rosen, il mémorisa les consignes portées sur la tablette de cire, avant de l'effacer minutieusement du plat de la main.

Sous les consignes rédigées par Rosen, Rosso avait ajouté un petit mot. Ça disait : « C'est une mission difficile, Ka, mais c'est pour ça que c'est la tienne. »

Dès le lendemain, Saïdi prit l'Eurozug pour Bruxelles.

Il fut logé par le réseau local chez une famille fractionnaire d'Anderlecht Extrazone, près de la gare Bruxelles Midi. C'était une enclave euro peuplée par de nombreux couples mixtes euromusuls et eurafros, un de ces territoires où les métis se regroupaient bon gré mal gré, rejetés qu'ils étaient de tous côtés. Et comme la plupart des extrazones eurométisses, c'était aussi un territoire relativement calme et prospère – l'Etat eurocorporatif semblait vouloir maintenir un certain niveau de revenus et de sécurité, dans ce type de zone. En outre, Anderlecht Extrazone Est se trouvait à deux pas du quartier d'affaires de Bruxelles Midi Intrazone, et dans la capitale eurocorpo comme partout ailleurs, les extrazones mitoyennes d'intrazones riches bénéficiaient d'avantages certains. Il ne fallait pas que la pauvreté se voie trop, quand cela risquait de déranger les rupins...

Comme le voulait le code fractionnaire, la famille d'accueil avait été prévenue deux jours avant l'arrivée de Saïdi, et il avait trouvé sa chambre prête en arrivant. Le soir, il avait regardé avec ses hôtes les informations télévisées sur la principale chaîne d'Etat.

Cela faisait longtemps qu'on savait qu'il ne fallait pas s'attendre à trouver beaucoup de vérité dans la propagande eurocorpo, mais ce soir-là, K2 fut sidéré par le décalage qui était en train de s'instaurer entre le réel et la fiction médiatique. Quelques heures plus tôt, dans le train, il avait lu le bulletin d'information quotidien envoyé à tous les fractionnaires de son chapitre par la cellule de veille : ce bulletin annonçait une impressionnante série d'évènements graves, qui résonnaient comme autant de craquements annonciateurs d'une formidable catastrophe. À Los Angeles, une véritable bataille rangée avait opposé la coalition formée par la Black Guerilla Family et les gangs asios à l'alliance paradoxale de la Aryan Nation, du MS13 et des milices chargées de tenir Santa Barbara Hyperzone.

Pour l'occasion, on avait eu un aperçu des capacités logistiques des gangs californiens, et cet aperçu n'avait rien de rassurant. Il s'était avéré que les Amex possédaient des blindés ! – plus précisément des chars légers Cascavel, dernière génération, achetés par les gangs de Sao Paulo aux troupes panaméricaines de la province du Brésil, puis revendus par les truands brésiliens à leurs homologues colombiens, lesquels les avaient finalement acheminés en pièces détachées jusqu'au cœur de l'Union Panam, à Los Angeles, moyennant une part du marché nord-américain de la drogue.

Cela dit, les chars en question n'avaient pas fait long feu : la Black Guerilla possédait en effet des missiles antichars dernière génération, de fabrication chinoise. Comment ces missiles chinois s'étaient-ils retrouvés entre les mains des gangstas de la BGF, voilà ce que le Department of Defense de l'Alliance Panaméricaine aurait sans doute bien aimé savoir...

La dégradation de la situation à Los Angeles avait rapidement eu des répercussions partout à travers le territoire de l'Union Panaméricaine. À Memphis, les gangs latinos et noirs s'étaient offert un remake des évènements de LA – mais sans les chars d'assaut, juste avec des camionnettes bourrées d'explosifs surpuissants. Au cœur même de l'Etat corporatif panaméricain, à Washington, des dizaines de gangs noirs avaient organisé une gigantesque razzia sur les quartiers latinos – avec, comme objectif avoué, de chasser les « wetbacks » de Washington DC. En réponse, les milices privées du Washington huppé avaient renforcé l'étanchéité du bouclage autour des hyperzones, de sorte que les travailleurs latinos ne pouvaient plus s'y rendre.

Furieux, les Amex avaient riposté en organisant le blocus du siège social de « White Sand », la principale société Panam de sécurité privée. Du coup, le cours de l'action « White Sand » s'était effondré à la bourse de New York, provoquant un mini-séisme sur le marché de la sécurité privée. La crédibilité des sociétés de protection, comme « White Sand » et d'autres, semblait sérieusement menacée, et en réponse, plusieurs de ces sociétés, pour rassurer leurs clients et donc leurs actionnaires, venaient d'annoncer qu'avec l'accord des autorités corporatives, elles avaient donné instruction à leurs agents de rétablir l'ordre coûte que coûte aux abords des hyperzones.

En somme, l'Etat corporatif panaméricain semblait osciller entre l'anarchie et une dictature militariste qui n'aurait pas dit son nom – et tout cela, alors que la crise ne durait que depuis deux semaines. Qu'est-ce que ça serait dans un mois ? Qu'est-ce que ça serait dans un an ?

Comme on pouvait s'y attendre, les évènements nord-américains avaient rapidement déteint sur le reste de la planète – et, en premier lieu, dans l'Union Eurocorpo. Depuis des décennies, le flux culturel et informationnel avait été configuré principalement pour aller de l'Alliance Panaméricaine vers le reste du monde, Union Eurocorpo incluse. Il en était résulté de curieux phénomènes de mimétisme – non seulement dans l'hyperclasse mondialisée, qui calquait son mode de vie sur celui des classes supérieures panaméricaines, mais aussi dans les classes populaires, et même dans le sous-prolétariat. Au cœur des extrazones de Londres, de Paris ou de Berlin, les gangs asios, pakis, musuls, afros ou turkos prenaient modèle sur les gangs latino-américains et afro-américains. À Moscou, les petits malfrats caucasiens singeaient le « look » des *wise guys* new-yorkais. Même la Sinosphère, longtemps protégée par la politique de contrôle de l'information du Parti Communiste Chinois, avait finalement été atteinte par ce syndrome d'américanisation. À Urumqi, les gangs ouighours radicaux, anciens indépendantistes devenus brigands, copiaient le style caractéristique des neoaztecs d'East LA, anciens brigands devenus indépendantistes. Dans l'Union Indienne, un des rares pays de la planète à avoir échappé à l'influence directe des trois grands ensembles, les gangs néomusuls avaient depuis longtemps des connexions avec les gangs pakis d'Angleterre, et en imitant le style de leurs « cousins » émigrés dans l'Union Eurocorpo, les gangsters musulmans des rives du Gange s'inspiraient, sans le savoir, des gangs latinos nord-américains.

Depuis des décennies, l'Amérique modelait le monde à son image. Donc, à présent que l'Amérique semblait sur le point d'imploser, les mécanismes qui sous-tendaient la crise américaine empruntaient les canaux conçus au départ pour véhiculer l'image triomphante d'un modèle en pleine expansion. Le monde avait tellement pris l'habitude d'imiter l'Amérique qu'il allait l'imiter jusque dans l'autodestruction.

En Europe, lorsque la situation se tendit soudainement à Los Angeles, il y avait déjà de nombreux foyers de tension qui ne demandaient qu'à s'enflammer. Les plus importants se trouvaient dans les Balkans, en particulier au Kossovo, où la guérilla appuyée sur les extrazones rurales serbes harcelaient le pouvoir installé par les bandes ethnomaffieuses albanaises – elles-mêmes appuyées sur cette immense extrazone rurale incontrôlable qui s'était, jadis, appelée l'Etat albanais.

Ce conflit, que l'Union Eurocorpo tentait en vain de résorber depuis maintenant quatre décennies, avait des répercussions à travers le continent. C'était une inextricable pelote d'alliances et de contre-alliances. L'affaire finissait par créer une situation illisible, même pour les acteurs les plus impliqués dans les conflits en question. Les bandes néomusuls de Paris-conurbation étaient généralement alliées à des groupes maffieux bosniaques, qui eux-mêmes avaient des antennes au Kossovo. Les milices privées de « White Sand » dans l'Union Eurocorpo grouillaient littéralement d'anciens guérilleros croates – lesquels, souvent, avaient combattu aux côtés des milices serbes, dans la deuxième guerre de Yougoslavie. Encore plus surréaliste : une alliance avait été conclue, quelques années plus tôt, sous l'égide semble-t-il d'éléments incontrôlées de la Police Continentale, alliance qui reliait contre toute logique les gangs asios sibériens aux gangs serbes. Comme dans le même temps, ces gangs asios étaient, sur Paris-conurbation, les ennemis irréductibles des gangs afros, on en était arrivé à une situation ubuesque où le moindre regain de tension au Kossovo entre Albanais et Serbes avait des conséquences sur les relations entre Chinois et Africains à Paris !

A cause du fouillis monstrueux constitué par ces intérêts particuliers croisés jusqu'à construire un système émergeant échappant à toute classification, les heurts survenus au Kossovo, à la fin de l'année précédente, avaient provoqué un vif regain de tension entre gangs à Düsseldorf intrazone. Le plus extraordinaire était que personne, absolument personne, ne comprenait plus pourquoi,

Quoi qu'il en fût, Düsseldorf avait été le théâtre d'incidents graves, après qu'un gang de Turcos eut été braqué par un gang d'Asios lors d'une livraison de drogues libanaise via l'Albanie.

On chuchotait que l'attaque avait été commanditée par les milices serbes, pour empêcher les Albanais de recueillir un financement appréciable. C'était peut-être vrai, peut-être pas. Où s'arrêtait la politique ? Où commençait le business ? Qu'est-ce qui relevait de l'action des réseaux d'influence ethniques et qu'est-ce qui ne renvoyait qu'aux ambitions des caïds de la drogue ? Plus personne n'en savait rien, et d'ailleurs pour être honnête, tout le monde s'en fichait.

Certains allaient jusqu'à prétendre que les mégacorpos finançaient secrètement certains groupes terroristes uniquement pour manipuler les indices boursiers en organisant des attentats. Si c'était vrai, cela voulait dire que trois catégories d'acteurs, politiques, criminels et économiques, interagissaient dans la plus parfaite anarchie. C'était bien pire que si quelques salauds avaient tiré les ficelles. En fait, personne ne contrôlait plus rien, et cela, c'était vraiment *terrifiant*.

Quand Los Angeles explosa, la tension n'était pas vraiment retombée à Düsseldorf. La FITEC avait encerclé plus ou moins les extrazones en pleine anarchie, mais elle n'y était pas entrée. L'expérience acquise dans la 934, trois ans plus tôt, avait été féconde. Les manuels tactiques de la FITEC précisaient maintenant qu'il fallait privilégier l'approche indirecte, laisser le temps à la PC d'infiltrer les gangs et, si possible, de les monter les uns contre les autres pour régler le problème de l'intérieur.

Trois jours après le début des évènements, à Los Angeles, les images de guerre civile venues de Californie commencèrent à inspirer la jeunesse désœuvrée des extrazones afros et musules, un peu partout à travers l'Union Eurocorpo. En général, cela ne déboucha pas sur grand-chose – les caïds locaux firent en sorte que les jeunes restent à peu près dans les limites du raisonnable, parce qu'il ne fallait pas nuire au business. Pour avoir longtemps bossé en sous-marin avec les types de la PC, Saïdi pouvait facilement imaginer comment l'affaire avait été gérée.

Mais il y avait un endroit, en Europe, où cette gestion à la petite semaine ne pouvait plus faire tenir les extrazonards tranquilles : cet endroit, c'était Düsseldorf. Là, les caïds n'avaient visiblement pas envie de calmer le jeu. Saïdi, sans connaître les détails, supposait que des engrenages s'étaient enclenchés, là-bas, qui devaient rappeler ceux qui avaient jadis conduit la 934 au chaos. Il subodorait une situation complexe, une guerre entre réseaux criminels, qui alimentait une autre guerre, entre réseaux politico-religieux celle-là, laquelle alimentait pour sa part une guerre entre des services de police concurrents soudoyés par des mégacorpos rivales, le tout dessinant une spirale de chaos irrésistible, jusqu'à la guerre de tous contre tous et à tous les niveaux.

Très vite, Düsseldorf avait reproduit les évènements de Los Angeles, avec les Turcos et les Asios dans le rôle de la Black Guerilla et des gangs Amex. La ressemblance était frappante. Les Asios avaient même repris à leur compte la boucherie répugnante des gangs Amex – lesquels, pour une raison inconnue, avaient éprouvé le besoin de ressusciter les rituels sacrificiels aztèques. Du coup, les Turcos s'étaient empressés de mimer la stratégie de purification ethnique développée par la Black Guerilla au sud de Los Angeles – c'est-à-dire le viol à grande échelle.

Pour l'instant, la FITEC n'était pas intervenue, se contentant de boucler Düsseldorf Extrazone encore plus hermétiquement. Toutefois, les derniers développements en Chine risquaient de changer la donne. À Urumqi, les gangs ouighours venaient en effet de lancer une vaste campagne de terreur contre les intrazones peuplées majoritairement de Chinois. En réponse, le gouvernement de Pékin avait lancé une campagne militaire – jusque-là, rien de surprenant : l'équivalent local de la FITEC, en Chine, était connu pour ses méthodes expéditives. Pas de doute, ça allait saigner à Urumqi.

Plus surprenant cependant, ce même gouvernement chinois avait lancé une mise en garde aux « forces étrangères hostiles à la sphère de prospérité asiatique » qui auraient voulu « nuire à l'harmonie de l'espace chinois ». Etant donné les relations conflictuelles que les mégacorpos de la Sinosphère entretenaient avec celles de l'Alliance Panaméricaine, surtout depuis le refus de cette dernière de revoir les quotas de répartition des ressources en hydrocarbures établis après la troisième guerre du Golfe, il n'était pas très difficile de lire le jeu des uns et des autres. Déstabilisée par les évènements de Los Angeles, craignant sans doute que la Sinosphère n'en profite pour remettre en cause les partages énergétiques, l'Alliance Panaméricaine avait fait en sorte que les Chinois aient eux aussi des problèmes internes. Et les Chinois, bien entendu, n'avaient pas apprécié.

Saïdi trouvait cette histoire très inquiétante. La manière dont le chaos né localement, à East LA, s'était répandu de proche en proche, était absolument terrifiante, car aucune volonté consciente n'avait à proprement parler présidé à cette spirale auto-amplificatrice. Quelque chose d'incompréhensible venait d'avoir lieu – quelque chose d'incompréhensible, et pourtant de parfaitement logique. Un craquement s'était produit à East LA, il avait entraîné des craquements secondaires à Düsseldorf, puis à Urumqi. En ricochant d'un point à l'autre de la géographie mondiale, l'énergie libérée par ce craquement s'était trouvée mystérieusement décuplée, jusqu'à concerner les relations entre les superpuissances. Par un simple jeu de forces, on était passé d'une querelle de rues entre gangs ethnomaffieux à la possibilité d'un clash direct entre puissances thermonucléaires.

Saïdi n'était pas un homme très instruit. Il n'avait fait qu'une école : celle de la rue. Mais c'était un homme très intelligent – on ne survit pas des années au sein des gangs les plus durs de Paris-conurbe si on n'a pas un cerveau bien fait. Et il sentait, il flairait pour ainsi dire la nature de la force qui avait provoqué cette mutation spiraloïde, la nature de cette force qui s'était nourrie de l'énergie initiale d'un incident mineur pour alimenter en retour un incendie mondial. Cette force, c'était l'inversion, le dérèglement, la fausse analogie qui parasite la vraie communication, l'emballement incontrôlable des conséquences des conséquences, le retournement des causes une fois, puis une deuxième fois, et encore, et encore, jusqu'à ce que les causes deviennent leurs propres causes. Cette force, c'était aussi l'appétit de destruction, la soif de néant qui naît dans la faillite du langage, dans la dissolution du Logos, dans son impossibilité même.

Saïdi connaissait cette force, il l'avait devinée jadis, dans la 934, juste avant le grand embrasement.

A présent, il la devinait partout, partout dans le monde, de Los Angeles à Urumqi en passant par Düsseldorf.

Et cela le terrifiait.

Ce soir-là, en regardant la télé avec ses hôtes, un charmant jeune couple eurasio, il resta stupéfait devant le caractère presque surréaliste de l'information d'Etat qu'ils avalaient sans sourciller. Pour la télé eurocorporative, tout continuait comme avant. C'était le même flot d'information désordonné, déstructuré, radicalement non hiérarchisé parce que parfaitement unidimensionnel.

Un scientifique australien avait mis en lumière l'existence d'une forme d'intelligence supérieure chez les chiens de compagnie ayant passé toute leur vie au contact des humains. Une association caritative non gouvernementale mettait en garde les personnes sensibles contre le virus de la grippe. Le fonds monétaire international venait de se doter d'un nouveau président. Une tenniswoman argentine avait été contrôlée positive à un test antidopage. Un chanteur populaire allait se produire pour la première fois à la festicité de Bruxelles. Le ministre de l'Education eurocorporative annonçait un grand plan pour alléger encore le cartable des écoliers grâce à la dématérialisation intégrale des manuels scolaires. Poursuite des incidents à Düsseldorf, Los Angeles et Urumqi. La fédération internationale de rugby et la ligue panaméricaine de football américain avaient annoncé que la convergence des règles devait être achevée avant la fin de la décennie. Trois personnes avaient été abattues dans un règlement de compte à Londres.

Tout cela débité d'une traite, sujet après sujet, avec force blabla sans intérêt.

Karim Saïdi n'en revenait pas. Mettre sur le même plan cette histoire de règlement de comptes à Londres et les incidents de Los Angeles, Düsseldorf et Urumqi ! C'était absurde, évidemment.

Un spectateur non averti, en regardant ce journal télévisé, pouvait croire qu'il ne se passait au fond rien d'important dans le monde. À la limite, ce spectateur aurait même pu croire, en se fiant à la vision des choses répercutées par les informations officielles, qu'il vivait dans un monde où le mal, tout simplement, n'existait pas. Ou plutôt : un monde où le mal n'existait que très occasionnellement, *sans jamais se nourrir de sa propre dynamique*. Un monde régi par le bien, par les forces du bien, et où le mal ne pouvait survenir que par un extraordinaire concours de circonstance. Un monde où le bien préexisterait au mal, un monde où le principe d'équilibre serait antérieur au principe de déséquilibre – un monde, donc, où sauf exception, l'équilibre serait spontanément généré, à chaque instant, sans que jamais le chaos s'installe.

Saïdi, à la fin des informations, demanda à ses hôtes ce qu'ils pensaient du journal télévisé. Ils lui dirent qu'ils le regardaient surtout pour se rassurer.

Il préféra ne pas leur dire ce qu'il en pensait.

Après tout, ces gens-là avaient droit à un peu de bonheur. Ils venaient de se marier, et la femme était enceinte.

*

Cette nuit-là, Saïdi étudia le dossier que Rosen lui avait remis quand il avait quitté la retraite fractionnaire où avait eu lieu la conférence, près de Rennes.

Ce dossier n'avait rien à voir avec la situation générale à Bruxelles-Conurbation. Il ne concernait qu'un seul bâtiment, dans tout Bruxelles – mais pas n'importe lequel : il s'agissait de l'implantation de l'Eurobank à Bruxelles Midi, une implantation ouverte après la grande refonte urbanistique bruxelloise, au début de l'ère eurocorpo.

Cette annexe de l'Eurobank hébergeait officiellement des services techniques, dans un grand immeuble ultrasécurisé. Mais officieusement, dans les sous-sols de cet immeuble, il y avait une chambre forte. Et dans cette chambre forte, il y avait une partie du stock d'or de l'Eurobank.

Saïdi passa la nuit à étudier le plan du sous-sol en question. Il fallait qu'il le mémorise dans les moindres détails, car par précaution, il devrait détruire le document original, dès que possible. Personne ne devait savoir que la Fraction, d'une manière ou d'une autre, avait pu se procurer ces plans.

Ou plutôt : personne ne devait savoir que quelqu'un, à l'intérieur de l'Eurobank, avait procuré ces plans à la Fraction…

Les consignes de Rosen avaient le mérite de la simplicité.

« Précision pour commencer : tu as été rattaché à l'opération Babel comme couverture. À tous points de vue, ton autorité sur cette opération sera Yann Rosso. Je ne ferai qu'assurer la liaison.

« Point un : ta mission officielle dans le cadre de l'opération Babel est d'assister l'équipe de direction du réseau Bruxelles-Conurbation pendant la phase de ralliement et pendant la phase d'évacuation des fractionnaires de la zone en cause. Tu dois te mettre à disposition des amis de Bruxelles. Selon toute probabilité, ils penseront que tu es un emmerdeur envoyé par le Chapitre Neustrie pour casser les pieds au chapitre Austrasie, ou quelque chose de cet ordre. Aucune importance. Mets-toi à leur disposition et dans un premier temps, fais-toi oublier : de toute manière, ils savent mieux que nous comment organiser le ralliement et l'évacuation sur leur territoire. S'ils ont besoin de toi, rends-leur service, mais sinon, fais-toi oublier.

« Point deux : ta mission officieuse, dont à ce stade personne n'est au courant à part toi, Yann Rosso et moi, est de mettre la main sur le stock d'or de l'Eurobank à Bruxelles-Midi. Cette mission est très importante : dans quelques mois, si les choses se passent comme nous pensons qu'elles vont se passer, la monnaie fiduciaire et scripturale n'aura plus aucune valeur, parce que les banques auront brûlé. Les actions cotées en bourse ne seront plus cotées, parce que les bourses auront brûlé, et puis de toute façon les usines représentées par ces actions auront brûlé aussi. Quant aux obligations, elles ne vaudront plus rien parce que plus personne ne se souciera de payer ses dettes. À ce moment-là, la seule monnaie qui aura conservé sa valeur, c'est la monnaie métallique, donc principalement l'or, et secondairement l'argent. Or, à Bruxelles-Midi, les ploutocrates eurocorporatifs ont entassé, d'après nos renseignements, plus de dix tonnes d'or. Mettre la main sur cet or donnerait à la Fraction des marges de manœuvre très appréciables lors de la phase de stabilisation, après le Ragnarok.

« Point trois : la stratégie fractionnaire reste légaliste jusqu'à l'instant où l'Etat eurocorporatif implosera. C'est-à-dire que tant que cet Etat est capable de faire respecter sa loi, nous la respectons scrupuleusement. Mais dès qu'il ne sera plus en mesure de la faire respecter, nous veillerons à préserver nos intérêts. L'opération Bruxelles-Midi entre dans le cadre de cette stratégie. Après tout, l'or entreposé à l'Eurobank est un dépôt effectué par les peuples d'Europe dans une institution ploutocratique. Lorsque la ploutocratie aura cessé de fonctionner, en t'emparant de cet or, tu ne feras que reprendre leur dépôt au nom des peuples d'Europe. En attendant et jusqu'à ce qu'on te confirme le déclenchement de l'opération proprement dite, ne fais rien d'illégal. Ce serait inutile et dangereux.

« Point quatre : le moment venu, tu seras contacté par le chef d'un commando d'une vingtaine de combattants d'élite. Ce chef de commando aura en sa possession la moitié de billet de banque permettant de compléter la moitié que tu as trouvée posée sur cette tablette de cire.

« Ton travail est de préparer l'opération. Ne te préoccupe pas de l'entrée dans l'immeuble, ni de l'ouverture du coffre : cela, le commando s'en occupera. Ton affaire, c'est l'évacuation de dix tonnes d'or, en quelques heures et ni vu ni connu, vers une destination que nous te communiquerons en temps utile, mais qui se trouvera, sache-le, dans la région d'Anvers. Tu dois préparer le mode de transport approprié et étudier les voies d'accès. Utilise ton expérience de la guérilla urbaine pour essayer d'imaginer la situation qui sera créée, dans un ou deux mois, aux alentours de Bruxelles-Midi, et regarde par où tu peux faire passer le convoi transportant l'or avec le maximum de sécurité. Si tu estimes avoir besoin de passer des accords avec des chefs de bande locaux, fais le moi savoir. Tout peut se négocier. Inutile de te dire qu'ils n'ont pas besoin de savoir ce qu'il y aura dans le camion. »

En Bretagne, deux jours plus tôt, Saïdi avait appris par cœur ces consignes, avant d'effacer la boîte à cire. Et à présent, de la même manière, il apprenait par cœur les plans de l'Eurobank Bruxelles-Midi.

Toute la nuit, il bossa dur, concentré. Au matin, il brûla les plans dans le lavabo de sa chambre. Le fait qu'on lui ait confié cette mission était une très, très grande marque de confiance. Il entendait s'en montrer digne.

*

Comme tout le monde ou presque, K2 n'avait jamais vu dix tonnes d'or en barres. Il commença par essayer de se représenter la marchandise. Une recherche sur Internet lui apprit que la densité de l'or avoisinait 19. En d'autres termes, un mètre cube d'or pesait 19 tonnes. Les réserves de l'Eurobank Bruxelles-midi devaient donc tenir dans un demi-mètre cube, ou à peu près.

Conclusion : le volume ne serait pas un problème. Dissimuler une marchandise d'un demi-mètre cube dans un camion, par exemple, n'est pas très difficile. Surtout quand on sait qu'on n'aura probablement pas à redouter de fouille approfondie.

Le problème, en fait, ce ne serait pas de faire transiter l'or. Le problème, ce serait de faire transiter le camion lui-même. Si les choses se passaient comme elles s'étaient passées dans la 934, trois ans plus tôt, une fois Bruxelles-conurbation livrée aux gangs, plus aucun véhicule ne pourrait rouler en sécurité. Le risque était grand d'être victime de pirates de la route, quelque part entre Bruxelles et Anvers.

Pour convoyer l'or de Bruxelles à Anvers, il faudrait tout d'abord traverser la conurbation bruxelloise vers le nord – ce qui impliquait de passer par Molenbeek et Koekelberg. Rien que cela, ce serait déjà un exploit. Molenbeek était tenu par les musuls. Koekelberg était l'extrazone où les autorités avaient parqué des dizaines de milliers de réfugiés du désastre écologique du Bengladesh, quelques années plus tôt, quand l'Union Eurocorpo avait dû accepter l'immigration forcée de dix millions de personnes issues des zones inondées, dans le cadre du protocole de Dehli.

Ensuite, il faudrait passer par Jette, une étrange mosaïque associant une intrazone francophone, une intrazone flamande et une extrazone minuscule, mais très remuantes : Jette Est, créée deux ans plus tôt pour soulager Saint-Josse Extrazone, surpeuplée. Jette Est était turcophone.

Ensuite, il s'agirait d'enquiller l'eurovoie, si elle était ouverte à la circulation, pour remonter vers Anvers à travers le tissu très dense des intrazones flamandes et des extrazones afros, turcos et musuls. En cinquante kilomètres, une bonne dizaine de frontières interethniques à franchir.

C'était un cauchemar logistique. Si vraiment la situation devait dégénérer au point où Rosso avait l'air de le croire, il faudrait faire cinquante bornes en pleine zone de guerre, et en traversant une bonne dizaine de fronts. Impossible, a priori.

Saïdi essaya d'abord d'imaginer le passage en force. Un camion blindé ? Non, absurde. Absurde et contre-productif : les pirates de la route attaqueraient précisément ce convoi-là, justement parce qu'étant protégé, il contiendrait probablement un chargement précieux.

K2 commençait à croire qu'on lui avait demandé de résoudre la quadrature du cercle quand, presque par hasard, la solution lui apparut soudain comme une évidence. Il s'était présenté au comité de direction du réseau Bruxelles-conurbation et avait été accueilli mieux qu'il ne s'y attendait. « Nous avons besoin de gens venant de Neustrie, » lui expliqua-t-on, « parce que vous apparaîtrez comme un acteur neutre à certains des groupes auxquels nous sommes confrontés. »

Sur le moment, il avait cru qu'il ne s'agissait que de négocier avec des musuls. Mais très vite, on le détrompa. Son statut de « neustrien » allait faciliter le dialogue avec les divers mouvements autonomistes flamands, qui détestaient les fractionnaires wallons, ainsi qu'avec les Turcos – qui ne pouvaient pas sentir la Fraction bruxelloise, depuis qu'ils savaient qu'elle hébergeait de nombreux Euros d'origine arménienne.

Vers la mi-janvier, le représentant du réseau Bruxelles-Conurbation l'emmena à une réunion avec les dirigeants d'un mouvement néomusul de Molenbeek. Ces types avaient récemment changé de leader, et les fractionnaires de Bruxelles voulaient savoir si cela modifiait quelque chose aux accords conclus précédemment.

C'est ainsi que K2 apprit que le réseau de Bruxelles-Conurbation n'envisageait pas du tout de « tenir le terrain », comme cela était prévu sur Paris-Conurbation – où il était prévu d'organiser un grand pôle de ralliement en banlieue Ouest, puis de faire évoluer ce pôle en centre autarcique d'autodéfense.

« À Bruxelles, » lui expliqua le représentant du réseau fractionnaire local, « il est tout à fait exclu d'adopter la même attitude, parce que la situation ici va être absolument incontrôlable. Ce n'est pas comme sur Paris, où vous pouvez prévoir plus ou moins ce qui va se passer – les intrazones sécurisées d'un côté, les extrazones de l'autre côté. Ici, il n'y a pas de centre-ville important sécurisable. En plus, personne ne sait comment ça va se passer *à l'intérieur* des intrazones, entre Flamands et Wallons. Je te le dis, Bruxelles, si ça pète, ça va être l'enfer. Alors le plan, c'est tout le monde à la campagne ! Les fractionnaires flamands filent vers le nord, direction la Hollande. Les fractionnaires wallons filent vers le sud-est, direction les Ardennes. »

K2 haussa les sourcils.

« Et vous êtes sûrs de faire passer votre monde à travers les flammes ? »

Le Bruxellois secoua la tête négativement.

« Justement, non. Nous avons passé des accords avec les gangs, sais-tu ? Mais est-ce qu'ils vont les respecter, maintenant ? C'est ça, la question. »

Saïdi eut une illumination.

« Vous voulez dire que vous avez négocié des droits de passage ? »

« Oui, » répondit le Belge. « Ils sont tous plutôt contents de nous voir partir, ils sont bien trop pressés de se disputer les territoires qu'on va laisser derrière nous. Si nous nous en allons, pour eux, c'est du bénéfice. Normalement, à condition que nous leur promettions de ne pas prendre les armes contre eux, ils doivent nous laisser passer. Mais on voudrait être sûrs. »

K2 laissa un large sourire s'épanouir sur son visage.

« En tout cas, » répondit-il à son interlocuteur soucieux, « je vais tout faire pour vous aider. »

*

La négociation avec les musuls fut assez simple – coup de chance, la famille de K2 était originaire de la même région d'Afrique du Nord que le nouveau leader du groupe néomusul local, et cela facilita tout de suite le dialogue. En outre, les musuls étaient des interlocuteurs rugueux, mais relativement carrés. Fondamentalement, ces types voulaient des frontières stables et la garantie que les fractionnaires ne s'allieraient pas aux Bengalis, avec lesquels les Nordafs de Bruxelles entretenaient semble-t-il des relations cataclysmiques.

C'était ce dernier point qui titillait les musuls. Ils semblaient par contre tenir les intrazonards euros de Jette ou de Bruxelles-centre pour quantité négligeable. On n'en parla même pas.

La négociation fut beaucoup plus difficile avec les Bengalis. Ils avaient appris que les fractionnaires venaient de conforter leur pacte de non-agression avec les musuls, et, selon la logique binaire propre aux extrazones, ils en avaient déduit que les fractionnaires étaient désormais leurs ennemis potentiels. On eut beau leur expliquer que la Fraction entendait rester neutre dans un conflit qui ne la concernait pas, ils ne voulurent rien entendre. Pour traverser leur territoire, il fallait que la Fraction reconnût d'abord les musuls de Molenbeek pour ennemis.

Quand il vit que la négociation était réellement tendue, K2 appela Rosso et lui demanda le déblocage d'un crédit de quelques dizaines de milliers d'eurodols. La Fraction avait des finances assez limitées, mais Saïdi savait que Rosso ne dirait pas non. L'enjeu était trop important.

Il revint ensuite vers les Bruxellois et leur expliqua qu'étant donné la situation gravissime qu'on anticipait sur Bruxelles, le chapitre de Neustrie allait appliquer les règles de solidarité prévues au code du fractionnaire : qui dit danger immédiat dit soutien inconditionnel. En clair : la Neustrie offrait une somme coquette pour aider à soudoyer les Bengalis.

Les Bruxellois furent visiblement sensibles au geste. Profitant de sa soudaine popularité, K2 glissa à leur représentant, en aparté : « En échange, ami, vous pourriez nous rendre un petit service ? Quand vous organiserez vos convois de réfugiés, il est possible qu'à un moment ou un autre, je vous demande d'insérer une ou plusieurs camionnettes dans le lot. Avec dedans des gens que vous ne connaissez pas, mais que nous voulons évacuer. »

Le représentant de Bruxelles-Conurbation tiqua.

« Vous pouvez m'en dire plus ? »

« Opération noire, » répondit K2. Puis, montrant sa chevalière frappée du sigle caractéristique des gardiens, un « gamma » pour le « G » de « gardien », à l'intérieur d'un « Phi » majuscule pour le « F » de Fraction, il précisa : « Noire noire. »

Le Bruxellois comprit qu'il n'avait plus qu'à prendre l'argent, négocier avec ses Bengalis mal embouchés, et surtout ne pas poser de questions. Il se le tint pour dit, ayant depuis le début compris que ce mystérieux « conseiller » envoyé par le chapitre de Neustrie n'avait évidemment pas fait le déplacement de Bruxelles pour prendre l'air.

Avec l'argent que lui envoya Rosso le lendemain, K2 couvrit les droits de passage par le territoire des Bengalis. Il lui restait même un surplus appréciable, qu'il consacra à la location de deux petits camions de déménagement sans permis poids lourd, ainsi qu'à l'achat, dans un surplus militaire, d'une vingtaine de cantines d'officier genre blackbox – qu'il décida de stocker tout simplement dans les camions.

Puis il se replia sur le petit appartement des eurasios, et il attendit.

Il était prêt. Ne manquait plus que le signal de Rosso.

Pendant cinq semaines, alors que l'Union Eurocorpo implosait par étapes successives, Karim Saïdi resta planqué à Anderlecht. Il passait l'essentiel de ses journées à lire quelques bouquins qu'il avait toujours voulu lire de manière approfondie, surtout des commentaires du Coran et d'autres textes religieux, ainsi qu'à étudier attentivement l'évolution de la situation sur Bruxelles Conurbation, par la presse et aussi, bien sûr, par les bulletins d'information internes de la Fraction. Le reste du temps, il jouait aux dominos contre son smartcom. Le soir, à plusieurs reprises, il initia ses hôtes aux finesses de son passetemps favori. En retour, le maître de maison lui enseignait les échecs.

Curieusement, pendant les premières semaines du Ragnarok, Bruxelles District ne connut pas de grande explosion de violence. Cela venait du fait qu'il y avait trop de populations diverses emmêlées, trop de motifs de conflit possibles. La situation était bien plus complexe que sur Londres, où deux groupes dominants, Pakis et Hindous, structuraient toute l'architecture des conflits interethnique – tous les groupes moins importants, Jamaïcains, Arabes, Africains, durent prendre position sur ce conflit central, d'où la cristallisation rapide des évènements sur les rives de la Tamise.

A Bruxelles, la configuration était bien plus embrouillée – raison pour laquelle, d'ailleurs, le Extra Power ne parvint jamais à s'implanter complètement dans cette conurbation atypique. Il existait une trentaine de communautés, pour la plupart parfaitement étrangères les unes aux autres. Il y avait peu de conflits obligés, et encore moins d'alliances sûres. Deux groupes adversaires sur un terrain donné pouvaient très bien être alliés sur un autre terrain.

Cette complexité des relations intergroupes retint longtemps les velléités des fanatiques. Pendant un certain temps, même les Turcs et les Kurdes s'abstinrent de se pogromer mutuellement. Chacun avait besoin d'assurer ses arrières avant d'aller de l'avant.

Un autre facteur de stabilité fut bien sûr la quasi-continuité de l'approvisionnement des magasins eurocorporatifs. Alors que partout ailleurs en Europe, les troubles provoquaient des ruptures dans les transports, Bruxelles continua à être correctement approvisionnée jusqu'en février. De toute évidence, sachant qu'une grande partie du gouvernement eurocorpo était implantée à deux pas de Saint-Josse Extrazone, dans la cité gouvernementale du Berlaimont, les autorités avaient fait en sorte que les extrazones bruxelloises bénéficient d'un traitement de faveur. On ne comptait pas moins de cinq brigades complètes de la FITEC pour garder l'eurovoie Bruxelles-Anvers, par laquelle les approvisionnements parvenaient à la capitale fédérale.

Ce n'est que vers la fin du mois de février que la situation commença à se dégrader vraiment. En revanche, comme on pouvait s'y attendre, une fois les équilibres rompus, la situation devint rapidement encore plus chaotique que partout ailleurs en Europe.

Après avoir été, pendant un court instant, un relatif îlot de paix dans une mer de conflits, la capitale eurocorpo devint, presque du jour au lendemain, un insurpassable Everest d'anarchie, de misère et de violence. Rien de plus logique : le système corporatif avait consisté à briser toutes formes de solidarité naturelle entre les individus et les groupes pour que seul l'Etat continental restât garant de la paix – ce qui, en théorie, le rendait incontournable. À l'heure où cet Etat implosait, il révélait en s'écroulant le vide sidéral qu'il avait creusé pour s'imposer comme unique recours – et en aucun lieu le vide n'avait été plus parfaitement établi qu'au centre du système, dans l'œil du cyclone, à Bruxelles District, *au milieu de nulle part*.

*

A partir de la mi-février, garder l'eurovoie Anvers-Bruxelles ne servait plus à rien parce qu'il n'y avait plus rien à faire rouler dessus. Le port d'Anvers était bloqué par les émeutes épouvantables qui avaient suivi le sac des intrazones. Les néomusuls locaux étaient en guerre ouverte avec les milices flamandes. Leurs relations n'avaient jamais été bonnes, mais l'affaire s'était soudain envenimée quand, en échange d'une fortune en diamants, les Flamands avaient assuré l'évacuation des juifs d'Anvers vers le port, d'où ils embarquèrent pour les lointaines intrazones israéliennes. À présent, les néomusuls reportaient leur haine des Juifs sur les Flamands, et ça sentait la poudre à Anvers. Pour tout arranger, des centaines de milliers de réfugiés affluaient de la Hollande en flammes.

Débloquer le port d'Anvers n'aurait pas servi à grand-chose, étant donné que de toute manière, le trafic maritime était en chute libre. Des centaines de porte-conteneurs, de pétroliers et de minéraliers dormaient maintenant au large d'Anvers et de Rotterdam, leurs capitaines ne sachant plus où aller.

Episode fameux du Ragnarok, pour échapper aux pirates qui venaient de lancer plusieurs raids depuis la côte belge, cette armada hétéroclite autant que cosmopolite élut un « coordinateur » chargé d'organiser la défense commune. Curieusement, il n'y eut en effet aucun affrontement entre marins. Sans doute se définissaient-ils collectivement entre gens de mer, par opposition aux terriens, et l'abandon complet où ils étaient laissés ne pouvait que renforcer leur solidarité spontanée.

    L'un des faits les plus mystérieux de cette époque fut par ailleurs l'inactivité presque complète de la marine de guerre eurocorporative, pourtant riche de plusieurs porte-avions et d'une bonne cinquantaine de bâtiments de surface ultramodernes. Les pirates de la mer, que cette marine aurait pu balayer en quelques minutes si elle en avait reçu l'ordre, furent laissés libres d'agir. Le bruit a couru par la suite que des affrontements avaient eu lieu à bord d'un sous-marin nucléaire, entre deux gangs ethniques rivaux ayant des antennes jusqu'au carré des officiers, et que telle fut la raison du maintien à quai des bâtiments de la flotte eurocorpo : l'amirauté avait peur de perdre le contrôle des armes de destruction massive. Cette rumeur n'a hélas jamais pu être vérifiée, mais il faut reconnaître que si elle est vraie, elle expliquerait bien des choses…

    Fin février, à Bruxelles comme partout ailleurs dans l'Union Eurocorpo, les stocks des magasins tombèrent à zéro. Et à Bruxelles comme partout ailleurs, ce fut le signal des troubles. Dès le 10 mars, à part Anderlecht Est sécurisé par la Fraction et quelques intrazones protégées par la FITEC, Bruxelles était à feu et à sang. La PC était totalement dépassée. La plupart de ses membres se mirent au service des diverses milices qui s'organisaient à travers la ville. Quelques-uns furent incorporés dans la FITEC.

    Les Turcos de Saint-Josse tombèrent à bras raccourcis sur leurs voisins Kurdes, qui demandèrent et obtinrent l'appui de leurs alliés néomusuls de Molenbeek. Les Bengalis en profitèrent pour attaquer les néomusuls, qui ripostèrent par une véritable épuration ethnique à Koekelberg. Des milliers de Bengalis s'enfuirent vers Saint-Josse, pour s'abriter derrière les armes lourdes des Turcos.

    Chose curieuse, le gouvernement eurocorporatif resta là où il était : à quelques centaines de mètres de ce qu'il fallait bien appeler une zone de guerre. Il y eut une période résolument surréaliste, pendant laquelle la télévision d'Etat continuait à décrire le monde paisible et unidimensionnel qui lui était cher, comme si la survenue de la catastrophe était contre toute logique incapable de rompre la continuité du système. L'euroministre de l'information, une certaine Caroline Tessier, commentait tous les jours les évènements depuis le Berlaimont, annonçant que les autorités se félicitaient du rétablissement des approvisionnements déjà perceptible ici ou là à travers le territoire de l'Union – et pendant ce temps-là, à moins d'un kilomètre du studio calfeutré d'où parlait cette greluche BCBG tirée à quatre épingles, les Turcos et les musuls réglaient le compte qui des Kurdes, qui des Bengalis, répandant un flot de sang comme l'Europe n'en avait plus vu depuis les guerres de Yougoslavie.

De toute évidence, cette dame Tessier était payée pour endormir le public en racontant n'importe quoi. Saïdi croyait se souvenir qu'elle devait sa place au gouvernement à une carrière de directrice de la communication pour il ne savait plus quelle mégacorpo. Devenue euroministre, elle continuait tout simplement à faire le même boulot : *enfumer le bon peuple.*

Cette situation absurde aurait peut-être pu durer longtemps sans la tragicomique rébellion des unités de la FITEC préposées à la garde du Berlaimont. Ces unités n'avaient pas touché leur solde en février – comme toutes les autres unités de la FITEC au demeurant. Un groupe de sous-officiers organisa donc une délégation pour aller demander des comptes directement au conseil eurocorporatif. Le conseil fit savoir qu'il allait étudier la question – ce qui était une façon polie de dire qu'il ne pouvait pas résoudre le problème. Les militaires s'énervèrent et organisèrent une manifestation devant la cité gouvernementale qu'ils étaient théoriquement chargés de garder.

Cette manifestation invraisemblable fut retransmise par la télévision d'Etat, on ne sait pourquoi. Il faut croire que dans le chaos inouï qui était en train de s'installer, plus personne ne s'occupait de définir la ligne éditoriale du journal télévisé. C'est ainsi que le 17 mars au soir, la population entière de l'Union – du moins celle qui avait encore l'électricité – put découvrir ce spectacle hallucinant : la capitale fédérale en flammes, et, pendant que les milices ethniques « nettoyaient » la ville quartier par quartier, pillant, violant, massacrant, deux brigades de la FITEC au grand complet, manifestant les armes à la main devant la cité gouvernementale pour exiger le paiement de leur solde. Un porte-parole désigné on ne savait ni par qui ni comment vint expliquer à la télévision que les militaires n'assureraient désormais plus les missions d'escorte des ministres, jusqu'à ce que le problème des soldes ait été réglé « avec les arriérés ».

En d'autres termes, le gouvernement eurocorporatif était pris en otage par les troupes chargées de le protéger.

Le 18 mars au matin, le chapitre fractionnaire de Neustrie émit un communiqué. Ce communiqué était ainsi conçu : « La Fraction s'est, depuis sa création, rigoureusement conformée aux lois de l'Etat eurocorporatif. Ce légalisme n'est pas remis en cause dans son principe, mais il doit l'être désormais dans son application. Il apparaît en effet que l'Etat eurocorporatif n'est plus en situation de faire appliquer ses propres lois sur une majeure partie de son territoire. Dans ces conditions, obéir à ces lois n'aurait plus de sens. La loi ne peut être la loi que si elle est la loi pour tous. C'est pourquoi le chapitre fractionnaire de Neustrie fait savoir que, dans le respect du droit des gens et conformément à l'esprit d'apaisement et d'équité propre à l'éthique fractionnaire, il s'affranchit des lois de l'Union Eurocorporative à compter d'aujourd'hui, midi, heure de Paris. Le chapitre fractionnaire de Neustrie reste à la disposition des autorités eurocorporative pour assurer la transition la plus douce possible vers l'ordre nouveau qui doit nécessairement émerger du chaos. »

A la même heure exactement, le chapitre fractionnaire de Brandebourg avait émis un texte similaire. Dans les cinq heures qui suivirent, tous les chapitres d'Europe sauf un emboîtèrent le pas des Neustriens et des Brandebourgeois. Le seul chapitre à ne pas se joindre au concert fut le chapitre d'Helvétie, qui émit un communiqué sensiblement différent. Laconique – deux phrases en tout et pour tout – le texte en question n'en était pas moins révélateur : « Le chapitre fractionnaire d'Helvétie confirme son accord avec les autorités corporatives helvétiques pour déclarer l'europrovince d'Helvétie territoire suisse indépendant de l'Union Eurocorporative. Le chapitre fractionnaire de Suisse se tient à la disposition des chapitres fractionnaires voisins pour toute action coordonnée que ces chapitres estimeraient nécessaires. »

Il était six heures du soir à Bruxelles quand ce dernier communiqué tomba. Au quartier général du réseau Bruxelles-conurbation, Saïdi entendit le gardien local, un Flamand rougeaud presque aussi large que haut, lui dire en Français et avec une jubilation non déguisée : « Viens accrocher la peau de l'Europe au mur ! On la mettra à côté de celle de la Belgique ! »

Le lendemain, 19 mars du Ragnarok, Karim Saïdi reçut, comme il s'y attendait, la visite du « chef de commando » annoncé par Rosen. Il s'agissait d'un homme d'une quarantaine d'années, très grand, vêtu d'un treillis de la FITEC dont les emblèmes eurocorporatifs avaient été arrachés. À la place, l'homme avait cousu un patch représentant un gamma minuscule dans un phi majuscule.

« Ex-lieutenant-colonel Pavlak, » se présenta le bonhomme, dans un Français coloré par une pointe d'accent slave. « Anciennement cent-quatorzième brigade de la FITEC. »

Saïdi lui serra la main et sortit de son portefeuille une moitié de billet de banque. Pavlak fit de même. Les deux moitiés coïncidaient.

On entendait, au loin, une rumeur de bombardement et, de temps à autres, le cliquetis caractéristique des mitrailleuses, tout proche. Pavlak ne semblait rien remarquer.

« J'ai ordre de me mettre à ta disposition avec mes gars. »
« Combien ? »

« Dix-neuf. Les fractionnaires de ma brigade. »
Saïdi réfléchit.
« Comme prévu, » dit-il. « Vous avez conservé vos armes ? »
« Naturellement. Les brigades sont en train de se débander tout doucement. À mon avis, la FITEC aura cessé d'exister avant la fin de la semaine. En tout cas ici, à Bruxelles… Nous sommes partis avec tout un groupe qui en avait marre. Notre point de ralliement se trouve à deux pas d'ici, à Anderlecht, donc me voilà. »

« Par où êtes-vous passés ? Vous n'avez quand même pas remonté la rue de la loi ? C'est un champ de bataille ! »

Pavlak sourit.

« Nous l'avons remontée sans problème. Pour l'instant, les milices musules n'ont que des lance-roquettes antédiluviens. Rien qui puisse percer nos blindages. Ça ne va pas durer, mais pour l'instant, on est passés. »

« Vous êtes partis avec vos blindés ? »

« Evidemment. »

Saïdi s'assit et, pendant quelques instants, resta silencieux. Il réfléchissait.

« Ami Pavlak, je vais te poser une colle. Supposons que tu doives faire sortir un chargement très précieux de Bruxelles, pour le convoyer à Anvers. Supposons que tu aies deux possibilités. Passer en force dans des blindés de la FITEC, ou planquer le matos dans un camion de réfugié, un camion anonyme, lui-même planqué dans un convoi qui doit partir dans quelques heures, et qui va traverser Molenbeek avec l'accord des musuls. Quelle solution choisirais-tu ? »

Pavlak répondit sans hésiter : « Le convoi de réfugiés. Nous avons pu faire sortir nos deux blindés et remonter la rue de la loi, mais je ne peux pas te garantir que nous saurions traverser Molenbeek en force. Tu sais pourquoi ? »

Saïdi haussa les épaules en signe d'ignorance.

« Parce que des FITEC musuls ont déserté tout à l'heure avec nous. Seulement eux, ils rejoignaient leurs petits copains de Molenbeek. Si on passe en force, on risque de tomber sur eux. »

« Bon, » dit Saïdi, « alors on va suivre le plan. »

Puis il expliqua à Pavlak les détails de l'opération. Il se chargerait de trouver la salle des coffres et de convoyer la marchandise. Mais il fallait le faire entrer d'abord dans l'Eurobank – qui était tout de même, aux dernières nouvelles, gardées par un groupe de vigiles.

Pavlak haussa les épaules. Il ne voyait pas où était le problème.

« On va frapper à la porte au canon de 105 millimètres, » suggéra-t-il. « Je te parie qu'on nous ouvrira tout de suite. »

*

L'opération fut effectivement un jeu d'enfant. Les vigiles qui gardaient l'Eurobank n'avaient aucune idée de ce qu'ils protégeaient. Ils croyaient, comme tout le monde, que le bâtiment n'abritait que des services techniques, des ordinateurs et des archives. Jusque-là, ils étaient restés sur place tout bonnement parce qu'ils ne savaient pas où aller – c'était une équipe de Danois, qui travaillaient sur Bruxelles un mois sur deux. Quand ils virent deux blindés lourds prendre position devant la porte de leur building, ils décampèrent sans demander leur reste. On n'eut même pas besoin de tirer au canon.

Avec les anciens de la FITEC, Saïdi descendit directement au sous-sol. Il fallut utiliser des explosifs puissants pour ouvrir la chambre forte. À l'intérieur, l'or était stocké dans des conteneurs, empilés sur des charriots. Il y en avait un peu moins de onze tonnes. Il fallut deux heures pour le transvaser dans les cantines achetées par Saïdi quelques semaines plus tôt.

Alors que le commando quittait les lieux, se produisit un incident tragicomique, un de ces moments emblématiques où l'Histoire, parce qu'elle accélère, ne prend plus que le temps d'ironiser.

Saïdi remontait depuis le sous-sol, quand soudain, une voix sortit de derrière l'escalier monumental de l'Eurobank.

« Et où est-ce que tu crois aller comme ça, Mustapha ? »

En une fraction de seconde, Karim avait décelé dans la voix cette langueur spécifique à l'abus l'alcool. C'est donc sans faire feu qu'il se retourna. Il dévisagea l'homme qui l'avait interpellé. Cette tête-là lui rappelait quelqu'un, mais qui ?

Le type portait un uniforme d'officier de la PC, avec sur la manche l'emblème de l'Union Eurocorpo. Visiblement, il était ivre. Son uniforme déchiré témoignait de la rudesse des combats menés ces derniers jours. C'était un officier sans troupe, un des derniers survivants de l'ordre corporatif mourant.

Saïdi ôta le cran de sûreté de son fusil d'assaut. Un soldat armé, désespéré et complètement soûl est un homme dangereux, même quand son armée est en déroute.

Surtout quand son armée est en déroute.

Soudain, K2 reconnut le bonhomme. Il s'agissait d'un ancien porte-parole de la PC sur Paris-Banlieue, un gars qui avait été nommé récemment sur Bruxelles-conurbe. Rosso lui avait fait transmettre un dossier sur ce type, quelques semaines plus tôt. Le gusse s'appelait Vidal, Eric Vidal.

Lorsque le flic vit les anciens de la FITEC apparaître à la suite de Karim, ses yeux embrumés reprirent un peu d'éclat et il hurla un ordre rageur : « Abattez-moi cette racaille ! »

Les ex-FITEC se tournèrent vers Karim d'un air interrogatif.

« C'est un ordre ! », insista Vidal, se tournant vers un officier FITEC qui se tenait là, droit devant lui.

Devant l'absence de réaction de Pavlak, Vidal entreprit de dégainer son revolver d'ordonnance. Immédiatement, tous les membres du commando braquèrent leurs fusils d'assaut sur lui.

Vidal fronça les sourcils. De toute évidence, il ne comprenait pas ce qui était en train de se passer. Venu à l'Eurobank dès qu'il avait appris qu'elle était attaquée, il se retrouvait en face d'un groupe de FITEC qui ne lui obéissaient pas, avec au beau milieu de la scène un Nordaf, probablement membre du Extra Power, et qui pourtant, inexplicablement, semblait de mèche avec les FITEC. L'esprit embrumé par l'alcool, Eric Vidal essayait de faire cadrer cette scène avec son logiciel idéologique – et bien sûr, il n'y parvenait pas.

K2 et Vidal se firent face quelques instants, puis K2 fit signe à un sergent FITEC, qui s'approcha de Vidal à pas lents, et lui prit son revolver, d'un geste décidé. La scène avait stupéfié Vidal au point qu'il n'opposa pas de résistance. Il se laissa désarmer, tout simplement. Il y avait dans tout cela quelque chose de si surprenant, qu'il ne parvenait pas à croire ce qu'il voyait : un groupe de FITEC répondant aux ordres d'un Nordaf tout juste échappé d'une extrazone, et tout ce monde-là arborant sur le treillis un insigne bizarre, qui n'avait pas l'air de ressembler aux écussons du Extra Power.

Sous le choc, Vidal recula. Il disparut en enjambant d'un pas incertain les gravats de l'entrée principale. On l'entendit tomber sur le sol, après avoir buté sur une marche.

Pavlak haussa les épaules et fit signe à K2 qu'on n'avait pas le temps de s'occuper de cet imbécile. Quelques secondes plus tard, le commando filait à vive allure vers son point de repli, à trois cents mètres de l'Eurobank.

Les FITEC se divisèrent ensuite en deux groupes. Douze hommes, dont Pavlak, décidèrent de rester sur place, à Bruxelles, pour participer à la défense des derniers points de ralliement fractionnaires et aider à l'évacuation des réfugiés vers le sud, où les blindés risquaient de s'avérer utiles. Les huit autres, ralliant K2, revêtirent des vêtements civils, puis ils planquèrent leurs armes personnelles et leurs treillis dans des cantines, avec l'or. Déguisés en réfugiés, ils prirent place dans les deux camions de location, assis sur les cantines ou vautrés sur le sol. Saïdi proposa à deux familles fractionnaires de se joindre au petit groupe, et bientôt les camions résonnèrent de rires d'enfants. Les ex-FITEC polonais et slovaques décidèrent que, si on leur posait des questions, ils se présenteraient comme des travailleurs sous contrat, bloqués à Bruxelles pendant les évènements, et qui se joignaient aux fractionnaires flamands pour fuir la conurbation. C'était le mensonge le plus plausible.

Vers quatre heures de l'après-midi, ce 19 mars de Ragnarok, un camion anonyme vint donc se joindre au convoi de réfugiés qui allaient quitter Bruxelles pour remonter vers Anvers, et de là vers les zones rurales de Flandres et de Hollande. En tête de ce convoi d'une vingtaine de véhicules, il y avait un blindé léger de la PC, décoré du gamma dans le phi. Même chose en queue de convoi, même chose au milieu du convoi. Trois blindés légers, une vingtaine de miliciens armés jusqu'aux dents : ce devait être suffisant pour rallier Anvers.

Avant que le convoi ne s'ébranle, un référent de groupe prononça un petit discours pour essayer de remonter le moral des réfugiés – lesquels, visiblement, en avaient bien besoin. Un des réfugiés traduisit pour Saïdi, au fur et à mesure que le référent parlait.

« Vous savez tous, mes amis, que nous laissons derrière nous notre vie passée, notre ville aussi, que nous aimions malgré tout. Ne pleurez pas sur cette ville : elle était morte depuis longtemps. Ce que nous laissons derrière nous, mes chers amis, ce n'est pas une Bruxelles vivante. Ce que nous laissons derrière nous, c'est un cadavre de ville sur lequel grouillent les mouches. Ne pleurez pas sur Bruxelles : laissez les morts enterrer les morts. Voyez ce que nous laissons derrière nous : des néomusuls qui ne comprennent rien à leur propre religion, et qui font la guerre sans savoir pourquoi à des Turcs perdus en plein milieu du Brabant. Qu'est-ce qu'ils défendent, ces gens-là ? Ils défendent la nostalgie d'un passé à jamais perdu. Nous, nous allons vers l'avenir. Nous, nous ne pleurerons pas sur le peuple bruxellois, qui n'existe plus. Nous allons vers la naissance et c'est pourquoi nous tournons le dos à la mort. Laissons les morts enterrer les morts, et marchons vers demain. Nous, nous savons que les peuples qui s'affrontent ici sont déjà morts. Flamands, Wallons, musuls, Turcs, Kurdes… De quoi parlent-ils ? Ne voient-ils pas que leur monde est mort ? Ne voient-ils pas que nous vivons l'enterrement de ce monde ? Le paquebot coule et ils se livrent à une querelle pour savoir qui aura la casquette du capitaine ! Allons, le seul peuple vivant que je vois dans cette ville, c'est le peuple fractionnaire. Le peuple qui tourne le dos au passé, le peuple qui se tourne vers l'avenir. Alors tournons le dos, mes amis, et ne regardons jamais derrière nous. Jamais. L'avenir commence maintenant. »

Sur le moment, Saïdi ne comprit pas pourquoi le référent avait éprouvé le besoin de prononcer un discours aussi empli de pathos. Mais quand le convoi s'engagea dans Koekelberg, après avoir traversé Molenbeek, il comprit.

Depuis l'embrasement de Bruxelles, replié sur Anderlecht Est, Saïdi n'avait pas vu grand-chose des évènements. À part les bruits de combat que le vent apportait parfois, rien ne laissait présager l'horreur inimaginable que le convoi traversa, pour se rendre de Molenbeek à Jette.

Les musuls de Molenbeek étaient constitués par une alliance instable entre ethnomusuls et néomusuls. C'était les néomusuls qui avaient « nettoyé » les Bengalis, et ils avaient tenu à faire un exemple à Koekelberg. Pour une raison inconnue, ils vouaient aux Bengali une haine terrible. Et ils avaient montré, là, à Koekelberg, qu'il ne faisait pas bon être haï d'eux.

Depuis quatre jours, ils avaient laissé les lieux en l'état, sans enterrer les cadavres. Une maison sur cinq avait brûlé. Les autres n'avaient plus de fenêtres. À un croisement, Saïdi, assis dans la cabine du camion, repéra un enfant, ou un très jeune homme, empalé sur une grille. C'était un corps torturé, couvert de coups et de brûlures, avec là-dessus un visage d'ange aux yeux crevés. Dans sa bouche, il y avait un sexe tranché – le sien, probablement.

Plus loin, une fillette de peut-être dix ou douze ans. Elle était allongée à même le trottoir. Entre ses jambes souillées de sang, on devinait une plaie béante. En face d'elle, un vieil homme gisait, les jambes coupées au niveau des genoux, d'un coup net. Contre un mur, tout près de là, une femme était agenouillée, décapitée. Sa tête avait roulé dans le caniveau. Saïdi remarqua qu'elle avait la bouche grande ouverte, comme si elle hurlait encore.

« Heureusement que les enfants sont dans le camion, » dit le chauffeur polonais dans un Anglais approximatif. « Au moins, ils ne voient pas ça. »

A la sortie de Koekelberg, il y eut un moment de grande tension. La situation à Jette était extrêmement confuse. Les milices wallonnes et les milices flamandes étaient en train de régler leurs comptes, mais tout en se faisant la guerre entre elles, elles restaient alliées à la frontière, pour bloquer la progression des musuls. Il en résultait une situation ubuesque, avec trois camps se partageant le même carrefour, chacun des trois camps redoutant à tout moment d'être attaqué par un des deux autres. On perdit à peu près une heure à s'assurer que Flamands et Wallons daigneraient s'abstenir de s'entretuer le temps qu'on traversât. Ils s'y engagèrent à condition que les néomusuls, de leur côté, promettent de ne pas en profiter pour « jouer un sale tour ». Ainsi, au cœur même de la tragédie, la comédie, la farce même, pouvaient s'inviter, sans crier gare...

La traversée de Jette ressembla à la projection d'un film surréaliste. Il y avait des barricades partout, mais elles n'étaient pas toutes posées dans le même sens. Certaines, de part et d'autre de la route, servaient à séparer Wallons et Flamands, l'ouest et l'est de Jette. D'autres, qui coupaient la route en autant de chicanes, servaient au contraire à les réunir potentiellement dans l'hypothèse où les musuls auraient attaqué du sud au nord. Ici ou là, il y avait quelques traces de combat – des impacts de balles sur les murs, des douilles sur le trottoir. Mais rien qui ressemblât, même de loin, aux scènes atroces entraperçues lors de la traversée de Koekelberg.

Après Jette, le convoi enquilla l'eurovoie qui, contre toute attente, était ouverte à la circulation. Pendant que le camion prenait de la vitesse, Saïdi, qui n'avait aucune raison de respecter la consigne donnée par le référent bruxellois, se retourna et regarda Bruxelles, au loin, qui brûlait ici ou là, mollement, comme une ville à moitié détruite qui s'habitue déjà à la guerre civile. Il essaya de se souvenir de ce qu'il avait entendu, jadis, au sujet de ce genre de situation politique. « Guerre des cultures », « choc des civilisations », etc.

Il soupira.

Ce n'était pas une guerre des cultures. C'était la fin de toute culture.

Ce n'était pas un choc des civilisations, c'était leur constat de décès.

Bruxelles, à présent que la Fraction l'avait désertée, était livrée à des armées de cadavres se bousculant mutuellement vers une gigantesque fosse commune.

Soudain, sans savoir pourquoi, il repensa à la ministre eurocorporative de l'information – cette dame Tessier qui, vêtue d'un impeccable tailleur rose, avait passé la soirée du 15 mars à répéter que tout allait pour le mieux à Bruxelles. C'était ce jour-là que les Bengali avaient été massacrés, à Koekelberg.

Saïdi sentit monter en lui une colère immense. Infinie. Une rage inimaginable.

Depuis toujours, Saïdi s'était obligé à marquer du respect aux hommes qu'il combattait. Cette forme de courtoisie était chez lui naturelle, elle provenait de sa parfaite connaissance de la misère. Il fallait qu'il respecte ceux qu'il pouvait être amené à tuer, cela lui paraissait évident. Il savait que leur condition reflétait la sienne. Il fallait qu'il respecte ses ennemis, c'était pour lui le seul moyen de se respecter lui-même.

C'est pourquoi il ne haïssait jamais vraiment. Il pouvait détester les actions d'un homme, mais il ne pouvait pas détester l'homme en lui-même.

Et pourtant, là, voyant Bruxelles brûler et repensant à cette bonne femme idiote à la télévision, pour la première et la dernière fois de sa vie, il éprouva de la haine.

Soudain, il s'aperçut qu'il pleurait.

CHAPITRE XV - TOTAL CHAOS

À dix kilomètres d'Anvers, le convoi marqua un arrêt. Un des Slovaques vint parler à Saïdi. On l'avait chargé, quelques jours plus tôt, de remettre à K2 un plan d'Anvers, quand le convoi s'approcherait de cette ville. Il n'en savait pas plus.

Saïdi prit le plan. Quelqu'un avait entouré une place en centre-ville, au feutre rouge. Saïdi alla voir le chef de convoi et le prévint que ses deux camions allaient bifurquer, en traversant Anvers, pour se rendre sur cette place. Le chef de convoi hocha la tête, sans rien dire. Il se doutait depuis le début que cette histoire de travailleurs saisonniers slovaques et polonais, c'était du flanc. Ancien militaire, comme beaucoup de gardiens, il savait reconnaître la démarche caractéristique des hommes de la FITEC.

La livraison de l'or ne posa aucun problème. Quand Saïdi se pointa au rendez-vous, il eut à peine le temps de garer ses camions qu'un groupe d'hommes surgit d'une des maisons à moitié détruites. K2 reconnut l'homme qui marchait devant le groupe : c'était Esposito, l'Argentin de service.

Ils se serrèrent la main. Esposito apprit à Saïdi qu'il était chargé de prendre l'or en charge, puis il demanda à jeter un coup d'œil à la marchandise. Il contempla un moment la cantine ouverte, à l'arrière d'un camion.

« Bon boulot, » dit-il. « Nous avons les flingues, » – et ce disant, il tapota le fusil d'assaut d'un Slovaque, « nous avons l'or, » – il désigna d'un coup de menton la cantine ouverte, « et nous avons une loi à appliquer, » ajouta-t-il en sortant de sa poche un exemple du code fractionnaire.

« L'Etat, c'est nous, » répondit Saïdi, qui voyait très bien ce qu'Esposito avait voulu dire.

La suite de l'opération ne concernait plus Karim Saïdi. Esposito lui transmit les consignes du Centre. Il devait maintenant rejoindre la conurbation Lille-Roubaix-Tourcoing, où il était attendu sans délais. Il allait faire le voyage sous la protection d'un groupe de combat. Sa destination précise était la garnison fractionnaire de Lille-Lambersart – un refuge fortifié qui avait, quelques jours plus tôt, subi un assaut en règle de la part des bandes venues de Roubaix.

Saïdi salua les ex-FITEC qui l'avaient accompagné jusque-là, serra la main d'Esposito et monta dans le transport de troupe blindé, sur lequel quelqu'un avait peint au pochoir le Phi fractionnaire. On lui remit un équipement de combat complet, ainsi qu'un treillis sur lequel était cousu l'emblème des gardiens. Il constata avec amusement que les épaulettes portaient un phi blanc sur fond bleu barré d'un trait d'or, et en demanda la signification. Un dizenier des troupes de choc, une barrette rouge, lui expliqua dans un anglais chantant qu'il était désormais conseiller d'état-major de première classe. La conversation se déroulait sous l'œil amusé du chef de convoi, un trentenier aux deux barrettes chatoyantes, et Saïdi ne put s'empêcher de rire. Il avait suffi de quelques jours pour que les ex-FITEC ralliés transposent le système militaire dans leur nouvel environnement.

K2, l'ancien caïd de la 934, trouvait cette comédie ridicule. Mais en même temps, il en saisissait très bien la signification.

« Nous sommes l'Etat, » répéta-t-il, impressionné malgré lui.

Pour se rendre à Lille, il était hors de question de traverser la Belgique, véritable chaudron de sorcières où Flamands, Wallons, néomusuls et Afros se livraient à un déchaînement de tueries et de pillages comme on n'en avait jamais vu, *même* pendant les guerres de Yougoslavie. Le convoi embarqua à bord d'un petit cargo porte-conteneurs, sur le port d'Anvers contrôlé désormais par les troupes fractionnaires – les milices flamandes, débordées par les néomusuls, s'étant repliées sur les quartiers d'habitation. Le rafiot longea la côte belge jusqu'à Calais. De là, on pouvait assez facilement atteindre Lille, à travers des zones à peu près contrôlées par la Fraction.

Le voyage fut pour Saïdi l'occasion de discuter avec les ex-FITEC qui constituaient l'ossature de son groupe de combat. Expérience stupéfiante pour l'ancien chef de gang de l'extrazone 934, surtout quand il apprit que plusieurs, parmi ces ex-FITEC, avaient servi quelques années plus tôt dans la 41ème brigade – stationnée sur Paris-conurbation. K2 découvrit, en parlant avec ces hommes, tout un univers dont il n'avait jamais soupçonné l'existence. Un univers tissé peu à peu par la Fraction, certes, mais sur une trame préexistante : la révolte latente des hommes en uniforme.

« Le gros du troupeau a toujours obéi aux ordres du pouvoir par confort et pour s'éviter de penser, » lui expliqua un ex-FITEC, « mais en réalité, ça fait longtemps que ceux qui pensent par eux-mêmes ont compris de quoi il retournait. »

« Et le travail de la Fraction, dans tout ça ? », demanda Saïdi, fasciné.

« La démotivation peut infléchir la capacité d'obéissance, » répondit l'ex-FITEC, « mais il faut un leader pour que cet infléchissement débouche sur une rébellion pure et simple, quand le moment est venu de se rebeller. Un seul individu qui s'oppose à un ordre illégal ou immoral peut modifier la dynamique de groupe assez facilement une fois que la démotivation a sapé la capacité d'obéissance, mais il faut toujours un leader pour enclencher le processus. Sinon, ça reste virtuel. Sans leader, ça tourne à la grogne, mais pas à la mutinerie. Pour que ça tourne à la mutinerie, il faut des leaders. C'est là que la Fraction a joué un rôle : elle a formé des leaders, des gars capables de sentir le moment précis où un groupe est mûr pour basculer, des gars capables de donner le top départ de la mutinerie, ni trop tôt, ni trop tard, juste au bon moment. »

D'une manière générale, à entendre les ex-FITEC, une bonne partie des serviteurs de l'ordre eurocorporatif haïssaient cet ordre depuis des années.

« Nous sommes nombreux à avoir servi en Afrique, » expliqua le trentenier, un Breton aux gestes vifs. « Nous n'avons pas aimé le travail qu'on nous a fait faire là-bas. Tu sais, les militaires, ça ne parle pas beaucoup, mais ça gamberge. Et puis, il y a eu le reste. Les unités utilisées pour briser les grèves, il y a trois ans, à Varsovie. Il y a eu des accrochages, ça a dérapé : les soldats mêlés à la répression ont été blâmés. Blâmés pour avoir obéi aux ordres ! »

Le trentenier avait l'air content de parler. Saïdi l'écoutait, bouche bée. Ainsi, voilà les hommes que, quatre ans plus tôt, il prenait pour des machines sans affects. Voilà les hommes qui, quatre ans plus tôt, lui apparaissaient comme des automates impeccablement réglés, semant la mort et la destruction dans le sillage de leurs blindés. Voilà les hommes qui, quatre ans plus tôt, l'auraient abattu comme un chien, s'il s'était trouvé au mauvais endroit, au mauvais moment.

« J'ai quinze ans de service dans la machine verte, » reprit le trentenier, « et je peux te garantir une chose : je ne sais pas au juste ce qui reste aujourd'hui du gouvernement eurocorpo, mais s'ils cherchent des troupes fidèles, ils n'en trouveront pas beaucoup. Ni dans l'armée de terre, ni dans la marine, ni dans l'aviation. Ça fait longtemps que l'armée pourrit de l'intérieur. Dans l'ouest de l'Union, en tout cas. »

« Et pourquoi avoir rejoint la Fraction ? Pourquoi pas un autre mouvement ? Pourquoi pas une ethnomilice ? », demanda Saïdi, de plus en plus fasciné.

Le Trentenier prit le temps de réfléchir avant de répondre.

« D'abord, » dit-il, « parce que la Fraction propose un ordre. Les militaires, ça aime l'ordre. Les milices ne proposent rien, à part la défense de leur petit territoire. Le trip milicien, ça n'a pas de sens, ça ne va nulle part. La Fraction est crédible pour faire le boulot de l'Etat, parce qu'elle propose quelque chose qui peut créer de l'ordre. Maintenir la paix. Je n'aurais pas rejoint sans ça. »

Il s'alluma une cigarette et aspira la fumée voluptueusement. On sentait qu'il appréciait le tabac. Dans la FITEC, fumer était interdit, et le respect de cette interdiction était médicalement vérifié, chaque année, lors du bilan de santé obligatoire de tout combattant. Ce trentenier avait dû en rêver pendant des années, de cette cigarette.

« Ensuite, » reprit-il, « parce que je pouvais rejoindre la Fraction en compagnie de mes potes anglais, allemands. La Fraction propose un ordre ouvert. Aucune milice ne peut proposer cela. Les milices, c'est chacun dans son coin. Avec la Fraction, on soldera les comptes, mais à moindre frais. On est des gens raisonnables, et on se parle entre nous. »

Son visage s'anima. Saïdi sentait que le type cherchait à dire quelque chose d'important.

« Tu comprends, » reprit-il, sérieux soudain, « pour remplacer un ordre injuste qui a tout mélangé dans le bordel, il ne nous faut pas une injustice qui va tout séparer dans un bordel encore plus fort. Ce qu'il nous faut, c'est une justice qui séparera dans l'ordre. »

Saïdi laissa échapper une moue dubitative.

« Tu rêves d'ordre, de justice et de paix. Tu as dû souffrir dans la FITEC. »

Pour toute réponse, le trentenier tapota l'emblème fractionnaire qui décorait sa manche.

*

La campagne entre Calais et Lille était parsemée de petites villes, selon un tissu de plus en plus dense à mesure qu'on approchait de la conurbation lilloise. On ne s'était presque pas battu dans cette zone, parce qu'il n'y avait là que deux camps en présence, et parce qu'il avait été assez facile de délimiter des territoires clairs, séparés par des frontières stables : les fractionnaires d'un côté, les néomusuls de l'autre.

Dans l'ensemble, les zones fractionnaires étaient peuplées d'Euros, mais on voyait aussi des Nordafs et pas mal d'Asios. Les zones néomusuls étaient principalement nordafs et afros, mais il y avait aussi des Euros en nombre assez important.

Une bonne partie des gens qui se trouvaient dans les zones fractionnaires n'étaient pas eux-mêmes fractionnaires. Ils étaient tolérés en échange de leur promesse de respecter les lois fractionnaires. Dans les zones néomusuls, un système comparable avait été mis en place.

Les deux camps s'étaient mis d'accord pour faire de l'eurovoie Calais-Lille un axe routier ouvert. Quand on passait d'une zone à l'autre, il y avait un poste de douane. Les gardiens fractionnaires et leurs équivalents néomusuls vérifiaient que les convois donnés pour civils ne transportaient pas d'armes. Quant aux convois militaires comme celui de K2, ils devaient être porteurs d'une autorisation de circuler contresignées par les responsables des deux camps. D'après le trentenier qui commandait le convoi, c'était à peu près le système mis en place entre Bosniaques et Croates, pendant la deuxième guerre de Yougoslavie, quand ces gens-là s'étaient alliés très temporairement contre les ethnomilices serbes, avant que les Croates et les Serbes ne fassent cause commune contre les néomusuls en expansion.

D'une manière générale, les différents groupes qui se partageaient désormais le territoire de l'Union Eurocorpo tendaient à ce stade à s'organiser en deux grandes coalitions très instables. D'un côté, on trouvait les principales forces autochtones : le reste de l'Etat eurocorporatif, la Fraction et diverses ethnomilices locales principalement euros. En face, il y avait les principales forces allogènes : les ethnomilices afros et néomusuls, regroupées artificiellement autour de la bannière du Extra Power, mais parfois sans y adhérer. Le conflit s'était racialisé très vite, tout simplement parce qu'il est dans la nature des hommes de se chercher des alliés pour assurer leur protection dans un environnement chaotique, et parce qu'une fois l'Etat eurocorpo dissout, il n'existait plus aucune grille de lecture idéologique, politique ou économique capable de fédérer les gens. Ne restait donc que la couleur de la peau, l'appartenance tribale, à l'état pur. Comme le disait le proverbe de l'époque : « Si ne choisis pas ton camp toi-même, c'est ta gueule qui choisit pour toi. »

Cependant, cette configuration générale souffrait d'innombrables exceptions locales. Les ethnomilices asios étaient généralement alliées aux ethnomilices euros contre les Afros et les néomusuls, mais elles cherchaient aussi parfois à garder une sorte de position de bascule. La Fraction, parce qu'elle surplombait les questions interethniques, pouvait, elle aussi, se poser en force stabilisatrice – et a posteriori, il est évident que c'est pour cette raison qu'elle put contrôler très vite des portions de territoire importantes, plus importantes que des ethnomilices numériquement plus fortes.

Dans ce maelström de groupes ethniques, de mouvances pseudo religieuses, de gangs violents parfois sans appartenance précise au-delà du quartier, la situation n'était brillante nulle part. Mais d'une manière générale, plus les forces en présence étaient structurées, moins les civils souffrirent. La région calaisienne fut relativement épargnée par les troubles parce qu'elle était sous le contrôle de deux forces, Fraction et milice néomusule locale, qui fonctionnaient sur la base d'un code, avec des règles à suivre, une hiérarchie et, dans une certaine mesure, une véritable capacité de contrôle opérationnel du commandement sur ses troupes. Par opposition, des zones comme la Belgique souffrirent énormément, parce que les camps en présence étaient nombreux, parce que les alliances entre eux ne cessaient de se faire et de se défaire, et parce que les capacités de contrôle des chefs miliciens sur leurs troupes étaient extrêmement faibles, pour ne pas dire nulles.

D'une manière générale, les zones qui souffrirent le plus furent celles confrontées aux ethnomilices afros. Les néomusuls, les ethnomusuls et les ethnomilices euros pillaient, brûlaient les maisons des gens qu'ils voulaient chasser, mais au moins on pouvait prévoir leur comportement, il y avait une rationalité dans la guerre qu'ils faisaient. Ce n'était pas le cas des Afros. Bien souvent, le niveau maximum de commandement au sein des milices afros était la bande de quartier, chaque bande suivant sa propre stratégie de pillage et de prédation, avec comme seule règle de ne pas empiéter sur la stratégie des autres bandes de la même milice. Parfois, à l'intérieur même des bandes de quartier, il y avait des groupes rivaux pillant pour leur propre compte.

Dans le nord de la conurbation Paris-Banlieue, qui fut dès le départ entièrement contrôlé par les ethnomilices afros, et où un centre de rétention pour criminels sexuels lâcha ses pensionnaires dans la nature faute de pouvoir les nourrir, la population fut divisée par dix en moins d'un mois, à cause de la fuite éperdue des civils. De très nombreux Afros se réfugièrent dans Paris-Nord, toujours sous le contrôle des troupes loyales au gouvernement eurocorpo, ou dans les intrazones rurales de Picardie, plus ou moins contrôlées par les ethnomilices euros – lesquelles laissèrent entrer ces réfugiés parce qu'elles voyaient en eux des otages, qu'elles pourraient plus tard échanger contre les populations euros de Paris-Banlieue.

Ce qui frappa le plus K2, tandis que son convoi roulait lentement vers Lille, ce fut le très faible nombre de miliciens qui gardaient l'eurovoie. Le trentenier lui donna quelques chiffres sur les effectifs en présence : ils étaient dérisoires. Sur l'ensemble des intrazones rurales contrôlées par la Fraction dans la région de Calais, on ne comptait que trois centuries de gardiens fractionnaires. Cela voulait dire à peu près un gardien pour deux cents habitants. Même en ajoutant les fractionnaires non gardiens, mais mobilisables vu leur âge et leur état général, les troupes dont la Fraction disposait, pour contrôler ces zones, ne dépassaient pas deux mille hommes et femmes. La seule raison pour laquelle ces effectifs médiocres suffisaient à contrôler le terrain, c'était que les effectifs du seul rival sérieux, la milice néomusule, étaient encore plus faibles.

L'écrasante majorité de la population restait totalement passive. La guerre ne concernait qu'une toute petite minorité, de l'ordre de trois à cinq pour cent des gens – un homme sur dix, dans la population masculine en âge de se battre.

Le dizenier préposé à la mitrailleuse de tourelle avait une théorie à ce sujet.

« Les gens ont été dressés par l'Etat eurocorpo à la passivité, » disait-il. « Dans les extrazones comme dans les intrazones, ils ont tous été habitués à subir. T'as des jeunes qui jouent à des jeux vidéo de guerre, tu vois ? Mais combien d'entre eux avaient vraiment touché une arme, avant Ragnarok ? Les gens, ils ont été habitués à suivre les ordres, à se couler dans le système. Bon toutou qui attend sa gamelle, sans jamais mordre. Maintenant qu'il n'y a plus de système, maintenant que l'Etat eurocorpo se défait, ces gens sont perdus. Le toutou attend sa gamelle, et il suivra le premier qui lui donnera de quoi bouffer. »

Un gardien de première classe intervint.

« Tu as raison. À Anvers, j'étais là dès le début. J'ai vu des civils qui venaient se réfugier dans le carré de retraites fractionnaires, au sud de la ville. Ils étaient terrifiés. Beaucoup d'Asios, des francophones, des étrangers euros d'un peu partout. Ils n'avaient confiance ni dans les néomusuls, ni dans les ethnomilices flamandes, et entre nous, ça se comprend. Ils sont arrivés, ils ont vu nos uniformes, déjà ça allait mieux. Un centenier est monté sur le capot d'une bagnole et leur a dit : 'vous allez faire ceci, vous allez faire cela'. Tout de suite, ils se sont calmés. Les femmes qui pleuraient ont arrêté de chialer, les mecs qui marchaient le dos voûté se sont redressés. Ils étaient contents, ils s'étaient trouvé quelqu'un pour leur donner des ordres. »

Un deuxième classe ex-belge, très jeune, dix-huit ans au maximum, et qui jusque-là s'était tenu coi au fond du transport de troupes, déclara, d'une voix hésitante : « À Anvers, il y a trois semaines, tu prenais un quartier de mille habitants : si tu n'avais pas cinq fractionnaires pour prendre en main la défense, les néomusuls ou les ethnomilices flamandes se pointaient, et ils faisaient ce qu'il voulait. J'ai vu des gens se laisser tuer *par peur de se défendre*.

« Mais si tu avais les cinq fractionnaires, en deux heures ils avaient regroupé autour d'eux les trente ou quarante mecs qui avaient encore une paire de couilles, et ça sauvait le quartier. C'est comme ça que ça s'est passé. Selon que tu avais les cinq fractionnaires ou pas, le quartier était sauvé ou pas. Dans mon quartier, il y avait des fractionnaires organisés, c'est pour ça que je suis vivant aujourd'hui. »

*

A Lille, Saïdi fut réintégré dans l'équipe Babel, cette fois pour de bon. Il était chargé de coordonner, pour toute la Neustrie Nord, les relations avec les milices ethnomusules et néomusules – les premières désignant les groupes principalement nord-africains dont l'islam n'était pas le ciment fondamental, bien qu'ils fussent musulmans en quasi-totalité, et les secondes désignant les groupes parfois majoritairement nordafs, parfois afros, parfois aussi très largement euros sur le plan ethnique, et dont l'idéologie vaguement néo-musulmane du Extra Power était le socle constitutif.

Ce fut une période à la fois passionnante et terrifiante. Passionnante était la lente maturation des prises de contact, puis des accords de tolérance mutuelle, plus ou moins armée, conclus entre la Fraction et ces groupes. Terrifiante était la violence qui pouvait se déployer ponctuellement, lorsque les choses se passaient mal – et, d'une manière générale, elles se passèrent beaucoup plus mal avec les néomusuls, pourtant en partie euros, qu'avec les ethnomusuls, purement nordafs.

Les ethnomusuls, dans l'ensemble, n'avaient pas de volonté hégémonique. Se sachant minoritaires au milieu d'une mosaïque de minorités dont certaines étaient plus puissantes qu'eux, les miliciens qui contrôlaient les quartiers ethnomusuls de Lille Sud ou de Wazemmes ne cherchaient guère qu'à garantir leur propre sécurité. Ils détestaient sans doute les Euros, mais ils savaient aussi que se faire des ennemis est dangereux. Leur principal souci était de négocier des approvisionnements réguliers venant des intrazones rurales. Au final, c'étaient des voisins hargneux, mais à peu près raisonnables.

Avec les néomusuls de Roubaix, les choses se passèrent moins bien. Ces gens-là étaient animés par une idéologie floue mais agressive, et pendant les premières semaines, il fallut leur montrer les dents pour leur faire comprendre que la Fraction n'avait absolument pas l'intention de rejoindre le Extra Power dans le très nébuleux « Grand Djihad anticorporatif » lancé par les allumés new-yorkais fondateurs de ce mouvement aussi dangereux qu'étrange. Une véritable bataille rangée eut lieu dans le Vieux Lille et autour du beffroi. En l'occurrence, la neutralité des ethnomusuls, vécue comme une trahison par les néomusuls, fit pencher la balance en faveur des troupes fractionnaires – moins nombreuses mais mieux organisées.

Pendant ce temps, les anciennes autorités corporatives jouaient un jeu complexe, cherchant à la fois à maintenir leur influence dans les zones qu'elles contrôlaient encore et à se rallier les diverses milices en présence. On sentait très nettement qu'il existait une hésitation, au niveau de l'appareil d'Etat, entre deux lignes stratégiques concurrentes : soit reconnaître le fait ethnocommunautaire, et se poser en instance de coordination entre les diverses ethnomilices, soit refuser de reconnaître ce fait, et préparer la reconquête méthodique du territoire – une opération coûteuse mais sans doute pas impossible, puisque l'ancien appareil d'Etat avait conservé quelques atouts importants, dont le verrou nucléaire stratégique, une grande partie des infrastructures médiatiques et informationnelles, ainsi que les stocks d'armes chimiques et bactériologiques.

Saïdi vécut ces évènements de l'intérieur, et il fut témoin du glissement étonnamment rapide des acteurs en présence vers une configuration binaire artificielle, mais très nette. Le Extra Power se radicalisait constamment, comme emporté par sa propre rhétorique – radicalisation qui, en retour, lui aliéna progressivement tous les autres acteurs, y compris certaines milices allogènes. Ainsi, le conflit se « déracialisa » localement, selon le positionnement qu'adoptaient les ethnomusuls, où même certains néomusuls entrés en dissidence par rapport au reste du Extra Power.

Dès le début du mois d'avril, une alliance avait été conclue au niveau de l'ancienne europrovince de Neustrie entre ce qui restait des autorités corporatives et la Fraction, sur la base d'une stabilisation de leurs zones d'influence respectives. Vers la mi-avril, plusieurs ethnomilices euros se joignirent à cette alliance, et à la fin du mois, la plupart des ethnomilices musuls, afros et asios extérieures au Extra Power, avaient, elles aussi, établi des liens réguliers avec ce que l'on commençait à appeler « la Coalition du Sens Commun » – c'est-à-dire tout le monde sauf le Extra Power.

Le catalyseur de ce mouvement, en Neustrie Nord comme ailleurs, fut évidemment la catastrophe de Washington – l'évènement dont on peut dire, sans grand risque de se tromper, qu'il a été le tournant décisif du Ragnarok, l'instant précis où le chaos se retourna pour susciter un ordre nouveau.

A la différence de l'écrasante majorité des citoyens eurocorpos, ou même panaméricains, Saïdi put suivre l'affaire en détails, parce qu'en tant que conseiller d'état-major dans la Fraction, il avait accès aux informations internes classifiées. Il fut donc parmi les quelques milliers de gens, en Europe, qui surent, ou crurent savoir, dès le début, dès l'annonce de la frappe nucléaire, pourquoi la conurbation Washington-Baltimore avait été bouclée, et pourquoi une mininuke avait été lancée par les forces stratégiques panaméricaines sur la périphérie de leur propre capitale.

Il y avait bien sûr des choses que le grand public savait. Dès le début du mois d'avril, après l'écrasement sanglant de la révolte ouighour par les troupes spéciales chinoises, le gouvernement de Pékin avait dû faire face à l'émergence du Extra Power au cœur de la Sinosphère, dans les provinces côtières chinoises. Le Extra Power, mouvement ethnico-religieux à géométrie variable dans l'Alliance Panaméricaine ou l'Union

Eurocorporative, se donnait là pour un mouvement social, opposant les travailleurs sans passeport intérieur des extrazones périurbaines chinoises aux autorités régnant sur les intrazones riches, et parfois très riches, à Shanghai en particulier. Très vite, les autorités de Pékin lancèrent une contre-propagande violente, appuyée sur le puissant nationalisme chinois, pour dénoncer l'influence des agents étrangers. Un procès à grand spectacle fut monté en toute hâte où des dirigeants du Extra Power ouighour et chinois vinrent témoigner qu'ils avaient reçu des fonds panaméricains, et que c'était avec cet argent qu'ils avaient lancé le Extra Power qui à Urumqi, qui à Shanghai.

Il devint évident pour tout le monde que le Extra Power était une manipulation conçue par les Américains, après les émeutes de Los Angeles et l'extension de l'intifada latino jusqu'aux Texas, pour paralyser la Sinosphère et l'Union Eurocorpo. Les Panaméricains, de toute évidence, avaient voulu empêcher leurs rivaux de mettre à profit la fragilisation soudaine de l'Alliance Panam.

Dans ces conditions, lorsque le Extra Power déclara une guerre sans merci à l'administration panaméricaine, après l'écrasement des émeutiers latinos à Houston par la garde nationale du Texas, il devint tout aussi évident que le golem conçu par les autorités panaméricaines était en train de leur échapper. Et quand le Extra Power déclara l'indépendance formelle d'Aztlan, vaste territoire recouvrant le nord de l'ancien Mexique et le sud des anciens Etats-Unis, et quand le gouvernement de Pékin accepta en outre de reconnaître Aztlan, toute la planète put constater avec un mélange d'amusement et de consternation que le boomerang lancé par Washington contre Pékin et Bruxelles venait de revenir à l'envoyeur.

En port dû.

Ce que le public ne sut pas, en revanche, c'est ce qui se passa exactement dans la soirée du 16 avril, entre dix-sept heures et vingt heures, heure de Washington.

Ce jour-là, vers dix-neuf heures, heure de Washington, un courriel stéganographié parvint au centre de veille fractionnaire du chapitre de Suède septentrionale. Ce courriel venait d'un correspondant du Dakota du Nord. Aussi curieux que cela paraisse, le destinataire de ce courriel ne fut pas surpris de recevoir un courrier électronique : alors que système corporatif mondial s'écroulait de San Francisco à Vladivostok et du Cap à Mourmansk, il existait encore des pans entiers de l'infrastructure technologique en parfait état de marche. L'écroulement du système rappela en effet celui d'un château de cartes : il commença par les étages inférieurs de la construction économique, et ne gagna les étages supérieurs que dans un second temps. Au milieu du Ragnarok, on n'avait plus rien à manger, mais on pouvait tout à fait parler des avantages spirituels du jeûne sur les forums du cyberespace.

L'Internet, dans le nord de l'union panaméricaine et en Scandinavie, zones encore pourvues en électricité, continuait à fonctionner à peu près normalement – sauf quand on essayait de se connecter à un site jadis hébergé physiquement dans un immeuble à présent réduit en cendres, évidemment. En fait, seules les portions de la machine dépendant fortement de l'intervention humaine avaient été détruites, à ce stade du Ragnarok. Dans le ciel, les satellites de télécommunication continuaient à émettre, et sous les océans, personne n'avait coupé les câbles intercontinentaux. Les serveurs racines Internet n'ayant nulle part été détruits, et le Web continuait à fonctionner presque normalement. En effet, malgré les risques d'utilisation par le Extra Power, les autorités s'abstinrent de fermer le cyberespace, d'une part parce que cela leur aurait posé des problèmes pour communiquer avec leurs propres troupes, mais surtout parce qu'elles estimaient qu'à tout prendre, l'Internet jouerait comme un défouloir, et que si on le coupait, étant donné la proportion de cyberaddicts dans la population masculine en âge de descendre dans la rue, cela ne ferait que rendre la situation *encore pire*. Les autorités se contentèrent de renforcer les sécurités posées dans l'Union Eurocorpo et l'Alliance Panam au début de l'ère nouvelle, achevant ainsi d'aligner l'Internet occidental sur les normes de la Sinosphère.

A une heure quinze du matin, heure de Stockholm, le centre de veille Suède Nord ouvrit donc un courriel venu d'Amérique. Ce courriel contenait une image pornographique représentant une jeune femme en fâcheuse posture. Dans les cheveux blonds de cette jeune femme étaient dissimulés plusieurs centaines de pixels bruns qui n'auraient pas dû se trouver là. Le fractionnaire de garde exporta l'image arrivée du Dakota dans un logiciel de décryptage. Ce logiciel compara l'image américaine à l'image originale, qu'il possédait en mémoire. Par différence, les points bruns apparurent. Ils étaient organisés de manière à former une suite de chiffres. Cette suite de chiffres, retraitée par un algorithme que les survivalistes du Dakota partageaient avec les fractionnaires de Suède, formait un message.

Ce message pouvait être traduit approximativement comme suit : « Nouvelles. Important 666. L'intrazone de Frederik a été attaquée. FD : gros, gros problème. Nous vous en disons plus dès que possible. »

Le code 666 était censé signaler les dépêches vitales, susceptibles d'intéresser l'ensemble des services de veille fractionnaire, partout à travers l'Union Eurocorpo. Le responsable de la veille Suède Nord fit une recherche sur « Frederik intrarea » : c'était une intrazone périurbaine à une heure de solocar de Washington conurbe. Il ne voyait pas en quoi l'attaque de cette intrazone-là pouvait bien représenter une information stratégique, ni ce que signifiaient les initiales FD. Mais comme il était discipliné, il appliqua le manuel. Les Américains avaient codé ce message 666, cela voulait dire qu'il fallait le répercuter immédiatement urbi et orbi, pour être certain que l'information ne serait pas perdue. Le fractionnaire suédois recoda donc le message sur une autre image, et envoya l'image en question aux dizaines de chapitres fractionnaires qui se partageaient désormais l'Europe.

Après avoir fait son boulot, le Suédois passa à autre chose. Puis, vers deux heures du matin, un nouveau courriel arriva du Dakota. Cette fois, il était dissimulé dans la photographie d'un très beau chien de chasse tenant un oiseau dans sa gueule. Les plumes de l'oiseau dissimulaient un message. À nouveau, le fractionnaire suédois décoda l'image. Le second message du Dakota disait : « Extra Power à Fort Derrick. Gros problème confirmé. Info venant de camarades sur place : services gouvernementaux évacuent Washington. »

Le fractionnaire suédois comprit que les initiales FD voulaient dire « Fort Derrick ». Il fit une recherche sur cette localité et tomba sur le site du Centre Militaire Panaméricain d'Etude sur les Maladies Infectieuses.

Il lui fallut un moment pour réaliser la signification de ce qu'il lisait.

« *Recherche approfondie sur armes bactériologiques et virologiques, défense, mesures et contremesures.* »

*

Le premier courriel répercuté par les Suédois passa presque inaperçu. La plupart des services de veille, ignorant ce que signifiaient les lettres FD, supposèrent que le code 666 était une erreur de transmission.

Le second courriel, en revanche, provoqua immédiatement le branlebas de combat. Si vraiment le Extra Power venait d'attaquer un centre d'étude militaire où il avait de bonne chance de trouver des armes bactériologiques et virologiques, alors effectivement, on arrivait à un tournant dans le Ragnarok. Jusque-là, par une convention tacite mais universellement respectée, personne ne s'était approché des armes de destruction massive. La Fraction parce qu'elle savait exactement où se trouvait la ligne à ne pas franchir, le Extra Power parce qu'il avait pour objectif prioritaire les épurations ethniques conduites localement, et les ethnomilices parce qu'elles n'avaient pas les moyens de s'attaquer à ce type de cible.

Visiblement, quelqu'un, du côté de Washington-conurbation, avait légèrement disjoncté.

Vers trois heures du matin, heure européenne, une nouvelle stupéfiante tomba sur pratiquement tout ce que le monde comptait de médias encore en état de fonctionner : l'armée panaméricaine venait de procéder à une frappe nucléaire ciblée sur la périphérie de sa propre capitale fédérale. Le président de l'Alliance, dans un ultime geste symbolique, s'était rendu avec son état-major sur le lieu de la frappe en question, afin de partager le sort des milliers d'Américains qu'il avait condamnés à mort en autorisant le tir d'une mininuke sur le comté de Frederik, Maryland.

Le communiqué de l'Alliance Panaméricaine précisait que la frappe avait été motivée par « l'impérieuse nécessité » de prévenir toute contamination, après l'attaque d'un centre gouvernemental de recherches sur les maladies infectieuses par des pillards « à la solde du parti de l'Etranger », c'est-à-dire se réclamant du Extra Power. Le communiqué précisait que l'Alliance Panaméricaine ne tenait pas les « puissances étrangères » pour responsables de cette « catastrophe », mais qu'elle appelait ces « puissances « étrangères » à « plus de mesure » dans les « relations interzones ». En langage clair : la tension entre la Sinosphère et l'Alliance Panaméricaine avait atteint le point de rupture, et si les Chinois ne lâchaient pas illico le Extra Power néo-aztèque, les choses risquaient de dégénérer très vite.

L'affaire de Washington eut évidemment des répercussions dans le monde entier. Dans l'Union Eurocorporative, la réaction de la Fraction fut de faire savoir qu'elle n'envisageait pas de porter la moindre attaque aux sites nucléaires sensibles, ou « à toute autre cible présentant les mêmes caractères de dangerosité ». Pratiquement tous les autres belligérants, à l'exception du Extra Power, émirent des communiqués allant dans le même sens.

Dans l'ensemble, les évènements du Maryland, en Europe comme d'ailleurs en Amérique, eurent pour effet de calmer très nettement les esprits. Comme le Extra Power, entre temps, donnait des signaux contradictoires, certaines « conférences » annonçant des actes de « représailles » au nom des « frères martyrisés de Washington », ce fut le point de départ du mouvement de regroupement général autour de l'alliance plus ou moins officielle qui associait la Fraction et quelques mouvements comparables autour du gouvernement eurocorpo en voie de recomposition.

Ailleurs dans le monde, les conséquences furent très différentes. Au Moyen Orient, la tension n'avait cessé de monter depuis plusieurs semaines. Les extrazones palestiniennes de Jordanie et de Syrie étaient, depuis l'épuration ethnique des Palestiniens par les Juifs pendant la Guerre d'Iran, de véritables bombes à retardement. Comme on pouvait s'y attendre, quand l'ordre corporatif avait chaviré dans l'Alliance Panam, les extrazonards palestiniens eurent tôt fait d'en déduire que les intrazonards israéliens ne pouvaient plus compter sur l'appui des grandes puissances. Ce fut le signal d'une vague de terrorisme déchaîné, vague appuyée en sous-main par les gouvernements corporatifs arabes, lesquels voyaient dans la guerre contre Israël un dérivatif à la colère qui grondait dans leurs extrazones particulièrement misérables.

Malgré la formidable supériorité technologique de l'Etat Juif, la situation devint très vite désespérée dans les intrazones israéliennes. En face du poids démographique des Arabes israéliens, en face du fanatisme sans borne des masses palestiniennes, même la technologie militaire la plus pointue semblait impuissante. À la mi-avril, après des mois d'attentats de plus en plus grave, Israël était sur le point de lancer une attaque directe contre les Etats corporatifs arabes – une attaque qui pouvait déclencher la catastrophe absolue.

L'affaire de Washington apparut aux Israéliens comme un signal : on pouvait utiliser l'arme nucléaire. Même dans un conflit asymétrique, même contre des populations civiles. Si les Américains avaient pu le faire, alors Israël aussi pouvait le faire. Et le 20 avril, le gouvernement israélien autorisa l'état-major à diffuser à ses unités le code annonçant le déverrouillage des armes nucléaires tactiques : « *Troisième Chute* ». Désormais, les camps palestiniens pouvaient être, à tout moment, frappés par des mininukes ou des bombes à décompression surpuissantes.

C'est à ce moment-là que Saïdi reçut, par l'intermédiaire du gardien du réseau Lille Nord, une convocation de Yann Rosso, pour une réunion qui devait se tenir dans une retraite fractionnaire du Vercors, le 22 avril au soir.

*

Saïdi se rendit à la convocation de Rosso dans un hélico de l'ex-FITEC piloté par un équipage rallié à la Fraction. Le vol avait été autorisé par l'armée de l'air, mais quand K2 monta à bord, avec trois types qu'il ne connaissait pas et qui poursuivraient ensuite sur la Lombardie, le pilote prévint affectueusement son petit monde que la probabilité d'être abattu sur le trajet avoisinait les cinq pour cent. « Merci d'avoir choisi notre compagnie », ricana le mitrailleur de bord. « Le film commence dans un quart d'heure, au-dessus des zones de guerre. Attachez vos ceintures, ça va tanguer. »

En fait de film, Saïdi n'eut droit qu'à un frigorifique vol à haute altitude tous feux éteints. Son vol appartenait à la catégorie des quatre-vingt-quinze pour cent de petits veinards qui arriveraient à destination. Pur hasard au demeurant : le tir aux pigeons ludique, à grands coups de stingers dernier modèle, tel était le nouveau sport à la mode. Dans l'incroyable chaos qui s'étendait sur l'Europe, les Rambos crétins des ethnomilices en folie abattaient les aéronefs au hasard, comme ça, pour vérifier la qualité de leurs missiles sol-air, à titre d'exercice. Jusqu'à ce que ces abrutis aient épuisé les stocks pillés dans les arsenaux de la FITEC, prendre l'avion équivaudrait à jouer à la roulette russe.

L'hélico se posa à l'aube sur un champ, quelque part au centre du plateau du Vercors Sud, à près de 2000 mètres d'altitude. Saïdi fut accueilli par Stéphanie Berg, qui lui décrivit rapidement la situation : le Vercors était en train de se muer en une gigantesque retraite fractionnaire, au fur et à mesure que les réfugiés affluaient de Grenoble en ruines. Les autorités eurocorporatives avaient de facto reconnu que la Fraction y exerçait les fonctions régaliennes, au moins à titre provisoire. Yann Rosso allait bientôt annoncer qu'il abandonnait son poste de représentant du chapitre Neustrie. Il allait prendre personnellement la tête d'une mission spéciale de la plus haute importance, et c'était pour cette raison que K2 avait été appelé dans le sud.

Berg et Saïdi passèrent la journée dans une retraite provisoire, un camp de tentes et de camions aménagés. Il n'y avait pas de réfugiés, c'était une installation dédiée à la garde fractionnaire. Tout le monde était en uniforme. À midi, Saïdi déjeuna au mess. Au menu : des rations FITEC. La plupart des gars se baladaient avec leurs armes. Quatre blindés défendaient le camp, et il y avait deux mitrailleuses de part et d'autre de l'entrée. N'eut été les « Phi » fractionnaires omniprésents sur les uniformes, on se serait cru dans la FITEC. Les types parlaient Anglais, Allemand, Russes et Français. Saïdi eut l'impression qu'il y avait beaucoup de Russes, de Polonais, pas mal d'Allemands aussi. Comme normalement, la FITEC ne mélangeait pas les brigades russes et européennes, il fallait croire que ces types étaient venus *après* le début du Ragnarok.

L'après-midi, Berg et K2 se racontèrent les quatre mois fous qu'ils venaient de vivre, chacun de leur côté. Toutefois, respectant les consignes de Rosso, Saïdi ne parla pas à Berg du travail qu'il avait effectué à Bruxelles. Il fit comme si le véritable objet de sa mission avait été la négociation avec les néomusuls, dans le cadre de l'opération Babel.

Berg aussi avait des choses à raconter. Quand le Ragnarok avait commencé, elle attendait une paire de jumeaux, implantés trois mois plus tôt après sélection des embryons candidats. Cela s'était passé au centre biotechnologique installé par le chapitre Bourgogne, dans le Jura. Elle aurait pu être dispensée de toute participation à l'opération Fertilité, ayant bénéficié d'une dérogation pour entrer dans la Garde – corps en théorie réservé aux fractionnaires masculins. Mais elle estimait qu'en tant que compagne du représentant d'un des principaux chapitres, elle devait montrer l'exemple.

L'opération Fertilité avait été déclenchée l'année précédente par crainte d'une persécution à venir, pour que les effectifs de la Fraction soient renforcés. L'utilisation de l'assistance biotechnologique à la procréation avait suscité un vaste débat éthique. Au départ, Ducast était contre. Mais finalement, le fait que les techniques en question soient déjà employées massivement dans la Sinosphère avait emporté la décision. Si les races occidentales ne voulaient pas se laisser déborder par la race jaune, il fallait accepter les techniques par lesquelles les Jaunes entendaient améliorer leur base biologique. C'était comme ça, *on n'avait pas le choix.*

L'opération Fertilité avait le mérite de la simplicité. Chaque femme en état de porter des enfants allait, dans l'année précédant le Ragnarok, mettre au monde deux jumeaux, sélectionnés génétiquement à partir des œufs conçus in vitro, le plus souvent à partir de ses ovules et de la semence de son compagnon. Les enfants seraient élevés dans les retraites fractionnaires, les filles restant avec leurs mères jusqu'à l'âge de douze ans, les garçons vivant en groupe, sous le contrôle de leurs pères, dès l'âge de cinq ans. L'idée était de fabriquer une nouvelle génération, nombreuse et forte, pour que le corps collectif fractionnaire survive au Ragnarok, quoi qu'il advienne.

Berg avait été parmi les dernières à se faire féconder, absorbée qu'elle était par sa tâche, et cette erreur lui avait valu d'être interdite de combat pendant les trois premiers mois de l'année terrible – elle avait en effet le droit de risquer sa vie, mais pas celle des enfants qu'elle portait. On ne l'avait déchargée de sa progéniture que début mars, en vue d'une sortie de supercouveuse prévue pour fin juin.

Ensuite, après quelques jours de repos, elle avait été chargée de diriger une des trois centuries d'une triade neustrienne de choc, formée pour l'essentiel d'anciens PC et FITEC ralliés dès le début du Ragnarok. Cette triade de choc, dite aussi triade héliportée, avait été formée par le chapitre Neustrie pour porter secours aux centuries dites statiques, engagées sur le terrain dans la protection des retraites.

Le quatre barrettes, un triadier nommé Norman Baxter, était l'ancien officier commandant la 41° brigade de la FITEC. C'était le plus haut gradé FITEC à avoir rallié la Fraction au début du Ragnarok. Dans une lettre ouverte à l'état-major FITEC de Bruxelles, il avait justifié son ralliement par les conditions épouvantables dans lesquelles les autorités lui avaient fait « nettoyer » l'extrazone 934, trois ans plus tôt.

Entre le 15 mars et le 15 avril, Berg participa à une dizaine de missions sur le territoire de la Neustrie, mais aussi de la Provence et de l'Aquitaine – des chapitres fractionnaires dotés de troupes trop faibles pour faire face au chaos, et qui ne cessèrent de lancer des appels au secours, pendant tout le Ragnarok.

Début avril, elle se trouvait avec sa centurie engagée dans la sécurisation agressive de l'enclave fractionnaire de Sologne. Des bandes venues d'Orléans-Nord Extrazone avaient attaqué plusieurs retraites. On rapportait des cas de cannibalisme. La question du ravitaillement en denrées de première nécessité se faisait maintenant sentir partout à travers le territoire de l'Europe, mais d'une manière générale, les zones rurales s'en tiraient à peu près – et les retraites fractionnaires, conçues dès l'origine pour pouvoir au besoin fonctionner en autarcie, étaient de véritables havres de prospérité, comparées au reste du pays.

Dans les extrazones périurbaines peuplées de populations ghettoïsées depuis des décennies, pratiquement sans lien avec l'arrière-pays rural, la situation était par contre cataclysmique. Se nourrir devenait une gageure pour des millions d'hommes et de femmes, et très souvent, les bandes qui déferlèrent, à partir de ce moment-là, n'étaient plus composées d'ethnomiliciens assoiffés de pillage, comme au début du Ragnarok. À présent, c'était tout simplement de braves gens ordinaires, rendus fous par les privations, et qui voulaient se procurer de quoi manger, se vêtir – ou parfois, surtout dans le sud, de l'eau potable.

Berg n'aima pas faire la guerre qu'elle dut faire, en ce début d'avril. C'était une sale guerre, une guerre pour la survie qui impliquait qu'on fît temporairement l'impasse sur certains principes moraux.

La stratégie adoptée par la Fraction, face au déferlement des bandes de loqueteux extrazonards affamés, était organisée en trois phases : tout d'abord, les retraites isolées, dites retraites de proximité, furent progressivement abandonnées par les groupes qui s'y étaient réfugiés. Ces groupes, sous la protection de la Garde, migraient à nouveau, cette fois vers des regroupements de retraites en refuges de plus grande taille.

Une fois la population fractionnaire concentrée dans ces refuges, la population non fractionnaire, devenue largement minoritaire, se voyait proposer un choix simple : adhérer à la Fraction ou prêter un serment dit des « protégés ». Ce serment était simple : le « protégé » devait reconnaître l'autorité des tribunaux fractionnaires et, à tous points de vue, il devait respecter les lois fractionnaires. Par ailleurs, il était dispensé des obligations militaires mais ne pouvait pas voter aux assemblées de groupe.

C'était à très peu de choses près le statut de « dhimmi » que les ethnomiliciens musuls proposaient, à la même époque, aux populations non musulmanes résidant dans les enclaves musuls. Ainsi, comme souvent dans l'histoire des conflits, les belligérants étaient en train de déteindre les uns sur les autres. Et dans l'histoire particulière des nord-africains et des Français, le moins qu'on puisse dire, c'est que ce n'était pas une première...

Rien de nouveau sous le soleil pendant le Ragnarok, *rien de rien*.

La troisième étape était la sécurisation des refuges, qui se transformèrent peu à peu en enclaves fortifiées. Cette sécurisation comprenait trois types d'action bien distincts : la garde frontalière, confiée à des centuries statiques de gardiens professionnels, la garde intérieure, confiée à des centuries statiques de fractionnaires non gardiens encadrés par quelques gardiens, et la sécurisation agressive, qui relevait de la compétence des centuries de choc.

La sécurisation agressive consistait à attaquer, à l'intérieur des zones non fractionnaires, les bandes qui s'étaient montrées elles-mêmes agressives envers les enclaves fractionnaires. Le but était double : d'abord intimider les bandes, leur faire sentir que toute attaque contre une enclave fractionnaire leur vaudrait des mesures de rétorsion féroces ; ensuite, et lorsque cela était possible, désorganiser les ethnomilices ennemies en ciblant leur commandement.

Dans ce type d'opération, Berg commandait nominalement sa centurie, mais en pratique, elle ne faisait que suivre les conseils de son dizenier principal, un ancien FITEC qui avait combattu plusieurs années, avec les unités spéciales positionnées sur Jérusalem Intrazone. Ce type était un spécialiste des d'opérations coup de poing – « hit, hot and run », comme il disait. Les tactiques qu'il préconisait avaient fait leur preuve contre les extrazones palestiniennes, et elles fonctionnaient tout aussi bien aux portes de la Sologne, dans les extrazones néomusuls d'Orléans. Là encore, l'Histoire n'innova pas : les conflits d'une époque donnée ont toujours eu tendance à déteindre sur les autres conflits de la même époque. Rien de nouveau sous le soleil pendant le Ragnarok, *rien de rien*.

Malheureusement, cette règle historique ne fut pas vérifiée seulement par rapport au conflit israélo-arabe. D'autres conflits, encore plus violents, interagirent avec la situation européenne. L'Afrique aussi exporta sa folie spécifique sous les latitudes septentrionales. Les ethnomilices afros, en particulier, combattirent durant cette période à la manière dont on fait la guerre en Afrique : c'est-à-dire par le massacre systématique, aux antipodes des stratégies de ciblage utilisées au Proche Orient. Face à ces milices parfaitement déstructurées, fonctionnant sur le principe du mimétisme organisateur propre aux sociétés tribales africaines, les tactiques d'inspiration israélienne étaient sans effet. À quoi bon procéder à des éliminations ciblées, quand il n'y a de toute façon pas de cible à privilégier ? Comment désorganiser une entité qui n'a pas d'organisation stable ? En face des ethnomilices afros, la seule stratégie possible était celle déployée par les forces corporatives depuis deux décennies, dans le prolongement des méthodes de combat mises en place par les armées occidentales en Afrique, conformément aux enseignements de l'école de guerre révolutionnaire françafricaine. En d'autres termes : massacre tous azimuts.

Rien de nouveau sous le soleil pendant le Ragnarok, *rien de rien*.

*

Le 8 avril de Ragnarok fut la pire journée dans la vie de Stéphanie Berg. Elle reçut de Baxter, à l'aube, consigne de déployer sa centurie dans l'intrazone d'Orléans. Baxter expliqua à Berg qu'un accord venait d'être conclu avec les néomusuls : de leur côté, ils garantissaient la sécurité de l'enclave fractionnaire de Sologne, contre toute agression venant d'une bande néomusule ou ethnomusule – à Orléans, néomusuls et ethnomusuls avaient conclu une alliance. En échange, la Fraction allait les aider à se débarrasser de leurs rivaux afros, et elle fermerait les yeux sur l'attaque d'Orléans intrazone par les néomusuls – lesquels, cependant, s'engageaient à laisser passer les intrazonards d'Orléans qui décideraient de se réfugier dans l'enclave fractionnaire de Sologne.

Pour dire les choses en gros, néomusuls et fractionnaires venaient donc de conclure un accord secret en vue d'organiser conjointement l'épuration ethnique, contre les afros et ce qui restait des citoyens eurocorpos intrazonards. Ce type d'accord secret était très fréquent au niveau local, à l'époque. L'alliance officielle entre la Fraction et les restes de l'Etat eurocorpo souffrait ainsi de nombreuses entorses. Les eurocorpos, de leur côté, ne se privaient d'ailleurs pas non plus pour négocier avec les diverses composantes du Extra Power.

Avant de partir en opération, Berg demanda au gardien référent de sa centurie de prononcer un petit discours de mise en perspective : il s'en déclara incapable. Elle ne fut pas vraiment surprise : son référent intégré était un « gris ».

Il faut se souvenir que la Fraction, à cette époque, était divisée entre « gris », partisans de l'alliance avec les eurocorpos, et « bleus », partisans de l'alliance avec le Extra Power. Les premiers tiraient leur surnom de la couleur des brassards spécifiques des veilleurs – Phi argent sur fond gris. Quant aux seconds, très majoritaires chez les producteurs, ils devaient leur couleur symbolique au treillis bleu que les intendants utilisaient comme tenue de travail, dans les retraites fractionnaires. Sans aller jusqu'à l'affrontement direct, les relations entre les deux mouvances étaient parfois assez tendues. Disons que l'animosité était réelle, et que seule l'urgence de la situation générale permettait de la masquer.

Le référent intégré de la centurie de Berg étant « gris », il n'avait pas forcément envie de défendre une opération inscrite dans un accord Fraction – Extra Power. Comme Berg ne se sentait pas capable de construire un discours de motivation solide, elle fit appel à un « commissaire politique » de rechange : le référent du réseau Sologne, un « bleu » déterminé.

Son discours révéla un mélange étrange entre l'esprit traditionnel des classes populaires françaises, l'influence islamique et le style caractéristique, le mode de pensée même, importé par les nombreuses sectes protestantes que l'Alliance Panam, depuis quatre décennies, n'avait cessé de promouvoir dans l'Union Eurocorpo. Ce qui était intéressant, et très caractéristique d'ailleurs du style de l'époque, c'était la manière dont ces divers éléments, en se combinant, avaient fini par dégager une synthèse disjonctive paradoxale, synthèse, par certains côtés, fort éloignée de ses composants de base.

De la culture populaire française, le référent « bleu » tira ses nombreux appels à la fraternité, ses références à la nécessité de défendre les opprimés – en l'occurrence, les intrazonards pauvres d'Orléans, que l'accord conclu avec les néomusuls allait permettre de « rapatrier » sur la Sologne. De l'islam, le « bleu » reprit le style général inspiré et le recours aux incantations enflammées, et l'affirmation répétée, martelée même, que les combattants, en livrant le « bon combat », pouvaient être assurés qu'ils tomberaient justifiés – dans l'hypothèse où ils tomberaient. Au discours des Eglises néochrétiennes d'inspiration évangélique, le « bleu » emprunta la théorie, qu'un catholique eût sans doute jugée *hérétique*, selon laquelle il était naturel et même moral que le conflit politique servît à trier entre les élus, prédestinés à s'inscrire dans l'ordre nouveau construit par la Fraction, et le reste des hommes, incapables d'échapper à l'emprise des ténèbres – ordre corporatif ou Extra Power, confondus dans la même malédiction.

La synthèse énergique de ces éléments épars formait un tout cohérent, ce matin-là, alors que le référent prononçait son discours de mise en perspective devant une centurie de gardiens en treillis, armes à la bretelle, visage passé au stick de camouflage. Ce tout cohérent avait bien des précédents historiques. À peu de choses près, c'était ce genre de discours que les prêtres chrétiens et les imams musulmans avaient dû tenir, chacun de leur côté, au matin de la bataille de Poitiers, en 732. À peu de choses près, c'était ce genre de discours que les commissaires politiques bolcheviks et les officiers de propagande de la Wehrmacht avaient dû tenir, en 1942, chacun de leur côté, dans les ruines de Stalingrad. Fondamentalement, ce n'était que de l'hégélianisme appliqué : l'Histoire pour révéler le Vrai, la guerre pour accomplir l'Histoire. Peut-être qu'à la même heure, ce jour-là, un imam néomusul tint le même type de discours aux miliciens du Extra Power – avec plus d'islam, moins de christianisme et la même dose d'égoïsme sacré.

Décidément, rien de nouveau sous le soleil pendant le Ragnarok, *rien de rien.*

*

L'action du 8 avril devait se dérouler en deux temps. Depuis deux jours, les néomusuls réglaient leur compte avec les bandes afros, le motif du conflit étant officiellement le pillage, par une bande afro incontrôlée – pléonasme – d'un dépôt de vivres néomusul. Guerre civile à l'intérieur du Extra Power, donc, ce qui n'étonnait à vrai dire personne.

Le premier temps de l'action allait consister, pour la centurie de choc commandée par Berg, à se déployer sur Orléans intrazone au nez et à la barbe des unités de la PC qui, jusque-là, avaient défendu la zone. Le prétexte officiel du déploiement serait de garantir la sécurité de la centaine de fractionnaires coincés depuis plusieurs semaines dans Orléans. Histoire de dorer la pilule aux types de la PC, il était convenu que les néomusuls déclencheraient quelques tirs d'intimidation sans effet, au passage des hélicos frappés du Phi fractionnaire.

Cette phase de l'opération se déroula parfaitement. Les paramilitaires de la PC accueillirent les troupes fractionnaires fraternellement, convaincus que ces troupes venaient leur donner un coup de main pour défendre Orléans. Pendant plusieurs heures, conformément aux ordres reçus, Berg entretint l'équivoque sur l'objet de sa mission. Puis, quand, vers midi, les néomusuls passèrent à l'attaque, la centurie de Berg occupa trois carrefours stratégiques à travers les faubourgs de la ville, ouvrant la route vers l'enclave fractionnaire de Sologne.

Deux décuries de gardiens furent envoyées à travers Orléans intrazone, équipés de sonos puissantes amenées en hélico, pour lire aux intrazonards paniqués une proclamation leur annonçant qu'ils pouvaient, s'ils le désiraient, se réfugier dans l'enclave fractionnaire de Sologne, où ils seraient convoyés sous la protection d'une centurie de troupes de choc. Très vite, des centaines de volontaires se présentèrent aux fractionnaires, poussant pour la plupart une bicyclette chargée de bagages, ou quelque chose de cet ordre.

Quand ils reçurent le choc des Afros qui fuyaient en masse l'avancée irrésistible des néomusuls, les hommes de la PC constatèrent qu'aucun gardien fractionnaire ne se tenait à leur côté pour défendre la ville. N'étant pas tombés de la dernière pluie, ils comprirent ce qui se passait et alertèrent leur autorité – à savoir le gouvernement corporatif de Neustrie, désormais basé à Versailles. Ils reçurent l'ordre de continuer à défendre la ville. Quant à l'action des troupes fractionnaires, Versailles « avisait ».

Vers trois heures de l'après-midi, les camions partis de Sologne en fin de matinée atteignirent les faubourgs d'Orléans – les néomusuls avaient tenu parole, ils ne firent pas obstruction au convoi. À quatre heures, plus d'un millier d'Orléanais embarquaient pour l'enclave fractionnaire de Sologne. Nombreux étaient ceux qui venaient de prononcer le serment fractionnaire, collectivement, sur un parking de supermarché encombré de voitures calcinées.

Vers cinq heures commença la deuxième phase de l'opération, c'est-à-dire l'exfiltration du convoi vers la Sologne. Cent trente camions et camionnettes de types divers, dont une forte proportion d'anciens matériels militaires, sept blindés ex-FITEC portant deux trentaines de troupes statiques, et dix hélicoptères de transport de troupe, survolant le convoi à faible altitude. Une véritable armada.

Dans un premier temps, tout se passa bien. Mais à dix kilomètres d'Orléans, le convoi fut soudain arrêté par un barrage. Il y avait là une dizaine d'hélicoptères d'attaque blindés en vol stationnaire, à trente mètres au-dessus de la route, et deux autres posés en plein milieu de la chaussé, prêts à faire feu. Ces hélicos portaient les couleurs de la FITEC, la tête de mort sous le béret. De toute évidence, le gouvernement de Versailles avait décidé de rendre à la Fraction la monnaie de sa pièce : « vous nous avez lâchés à Orléans, nous vous empêcherons de rapatrier vos troupes en Sologne. »

Un partout, et quelques milliers de morts à la clef.

Il y eut un moment de très grande tension. Les deux forces se faisaient face. Berg n'avait pas d'ordres. Elle décida de pratiquer le « wait and see ». Elle posa ses hélicos dans les champs, de part et d'autre de la chaussée, puis elle demanda par radio des consignes au centre. Pendant près d'une heure, les FITEC et les troupes fractionnaires se firent face, tandis qu'au loin, on entendait la sourde rumeur des combats d'Orléans.

Un peu avant sept heures, enfin, Baxter transmit des consignes à Berg. Elle devait proposer au commandant FITEC en face d'elle un accord amiable : il laisserait passer le convoi, et en échange, la Fraction participerait à l'écrasement des zones afros devant Orléans. Baxter insista sur deux points : d'une part, Berg devait laisser croire au commandant

FITEC que le convoi qu'elle protégeait avait été décidé le matin même, et que la trêve conclue avec les néomusuls était à durée limitée, négociée localement par un réseau fractionnaire agissant de sa propre autorité ; d'autre part, pour ne pas enfreindre cette trêve, les troupes fractionnaires ne combattraient que les Afros. La défense d'Orléans contre les néomusuls reviendrait uniquement aux FITEC.

Le commandant de la demi-brigade FITEC était un Ukrainien, et comme la plupart des est-européens, il était favorable à l'entente entre le système corporatif et les groupes à dominante ethnique ouest-européenne. Il promit de plaider cet accord devant ses supérieurs. Il lui suffit d'une heure pour obtenir le feu vert de Versailles. À huit heure quinze, le convoi de fractionnaires réfugiés redémarra vers la Sologne, pendant que les hélicoptères retournaient sur Orléans – les FITEC vers les quartiers néomusuls, les fractionnaires vers les quartiers afros. Berg informa par radio les troupes néomusuls que la Fraction avait décidé de se joindre à elles dans le combat contre les Afros, mais qu'elle restait neutre à l'égard des corporatifs. Les néomusuls ne semblèrent pas étonnés du tout. Ils avaient sans doute capté une bonne partie des échanges radios de l'après-midi, de toute manière.

Suivirent trois heures de cauchemar. Sachant parfaitement qu'elle devait son grade à la confiance politique que lui accordait l'état-major, et pas du tout à des compétences militaires qu'elle n'avait pas, Berg laissa le commandement opérationnel à son dizenier principal, promu pour l'occasion chef des trenteniers de combat. Celui-ci pouvait compter sur l'enthousiasme de ses camarades. Les gardiens, pour la plupart des ex-FITEC, avaient été témoins, en venant sur Orléans, des atrocités commises par le Extra Power depuis deux mois. Des centaines de maisons avaient brûlé. On voyait des cadavres à la peau blanche un peu partout, dans la périphérie de la ville, et plus particulièrement là où les milices afros avaient sévi. Dans un quartier d'Orléans-sud, un mois plus tôt, un groupe de fractionnaires avait été supplicié par une bande d'Afros, de manière indescriptible. Sur les murs, on pouvait lire les slogans racistes du Extra Power afro : « Muscle noir plus fort que cervelle blanche », « fromages blancs cuits cuits », etc. Après avoir vu cela, les gardiens n'étaient pas franchement enclins à la compassion pour les civils afros, en grande majorité totalement innocents des atrocités qui venaient d'être commises par une minorité d'excités, mais coupables désormais de leur couleur de peau.

L'assaut sur les extrazones afros fut impitoyable.

A Orléans, les milices afros étaient particulièrement féroces, mais aussi particulièrement mal équipées. La plupart des FITEC d'origine noire africaine et servant en Neustrie avaient rallié les ethnomilices de

Paris-Nord. Peu d'entre eux avaient rejoint les rangs des ethnomilices orléanaises. Comble de malchance pour les Afros, aucun dépôt de munition, aucune caserne à piller à proximité de leurs extrazones. Tout l'armement sérieux était tombé entre les mains des néomusuls et de la Fraction – pour les premiers, grâce au pillage d'un arsenal à Angers, et pour la seconde grâce aux livraisons de matériel russe fourni, via la Suisse, par des éléments de l'appareil d'Etat eurocorpo oriental décidés à utiliser les troupes fractionnaires comme auxiliaires.

La soirée du 8 avril de Ragnarok fut, pour Stéphanie Berg, un instant de révélation – la révélation de l'impossibilité d'agir dans l'Histoire sans commettre de crimes. Objectivement, ce qu'elle fit faire à sa centurie, ce soir-là, était un crime de guerre. On ne pouvait pas appeler cela autrement. Peu importait le fait qu'elle eût des ordres, et qu'en outre elle pût compter sur l'approbation enthousiaste de la quasi-totalité de ses subordonnés : elle commettait un crime, et elle le savait.

Et elle savait aussi qu'elle ne pouvait pas faire autrement…

Deux de ses hélicos furent abattus par les ethnomiliciens afros – vingt morts. Pour le reste, ce ne fut qu'une longue suite de cris de victoire, rauques et enragés. Les pilotes d'hélico hurlaient dans la radio des slogans du Extra Power *retournés* : « Chocolat noir, cuit, cuit, cuit », « Cervelle blanc casse muscle noir », etc.

Quelques gardiens refusèrent de prêter la main à cette boucherie. Le mitrailleur de bord de l'hélico de Berg était un Asio, paupières bridées mais peau très sombre. Ses yeux étaient emplis de larmes, il tremblait comme une feuille. Berg prit la mitrailleuse et lui ordonna de s'asseoir au fond de l'hélico. Il obéit avec reconnaissance. On aurait dit un enfant perdu, terrorisé.

L'amplificateur de lumière sur le visage, les mains crispées sur l'énorme mitrailleuse calibre 50, Stéphanie Berg fit son travail de tueuse, sans penser à rien. De temps en temps, l'image des deux jumeaux venus de son ventre, qui finissaient de mûrir dans une supercouveuse, bien à l'abri dans le Jura, se superposait dans sa vision de nuit à celle des femmes et des enfants afros qu'elle abattait méthodiquement, pendant que l'hélico survolait lentement une colonne de réfugiés. À d'autres moments, il lui semblait percevoir le sourire de Yann Rosso, en surimpression sur le réticule de visée de la mitrailleuse lourde. Cela ne la troublait pas, elle y voyait même une forme de cohérence. Il fallait faire de la place à l'avenir, un point c'est tout. Yann comptait sur elle pour ça. En face, les Afros n'auraient pas hésité à faire de même. Ils l'avaient amplement démontré depuis trois mois.

Elle n'éprouvait rien en tuant ces gens – ni peur, ni haine, ni dégoût. Juste la certitude d'accomplir quelque chose d'absolument nécessaire.

Tout ce qui s'était produit depuis le début du Ragnarok démontrait que cela avait été une erreur historique tragique de mélanger les populations noires et les populations blanches. Cette nuit-là, près d'Orléans, on commença à corriger l'erreur – voilà comment Berg se représentait l'affaire. C'était horrible à dire, mais c'était ainsi. Une nécessité *biologique*.

Devenue un simple rouage de la machine de mort parfaitement huilée que constituait sa centurie, Berg obéit docilement aux ordres de son dizenier principal, qui désignait les cibles aux hélicos, d'une voix impersonnelle. La machine tournait rond. Le prédateur le plus parfait de la Création s'était mis en branle – l'homme blanc européen était de retour, produit de dizaines de milliers d'années d'évolution, issu de la compétition qui avait régné, depuis toujours, entre les divers sommets de la chaîne alimentaire. Le prédateur absolu était de retour, et il atteignait à présent à la perfection de sa nature. Il avait détruit tout ce qui en lui n'était pas le réflexe de prédation, il était devenu la prédation incarnée.

Il avait même opéré une prédation spirituelle parfaite *sur sa propre compagne*, il avait chassé de l'âme de Stéphanie Berg toute part femelle. Il était totalement, pour la première fois de l'Histoire, ce qu'il portait en lui-même, en devenir, depuis le début. L'instant exact où le vieil homme s'abolit était atteint, tout était prêt pour qu'un être nouveau surgisse du néant.

Vers minuit, les hélicos furent de retour à la base. Berg fit son compte-rendu à Baxter, qui la félicita pour le plein succès de la mission. Puis elle regagna ses quartiers et prit une douche chaude. En sortant de la douche, elle croisa son propre regard dans la glace de la salle de bain. Elle n'éprouva rien de particulier, même pas l'impression habituelle qu'on a, en apercevant son reflet dans la glace. Elle comprit qu'elle était si profondément en état de choc qu'elle n'avait plus d'affects. Elle fonctionnait en pilotage automatique, machinalement.

Elle s'arrêta devant la glace et dit à son reflet, d'une voix calme :
« *Et si je dois me damner pour que mes enfants vivent, ainsi soit-il.* »

*

Quand Saïdi et Berg eurent fini de deviser, l'après-midi du 22 avril, ils se séparèrent pour aller chercher, l'un et l'autre, quelques-unes des innombrables heures de sommeil qui leur faisaient défaut. Puis, vers vingt heures, ils se retrouvèrent devant la tente où devait se tenir la conférence organisée par Rosso.

Celui-ci arriva peu après, flanqué de Pierre Burger, le veilleur du chapitre Provence. Il y avait une quarantaine de personnes sous la tente, majoritairement inconnus de Saïdi. À part Berg, il n'y avait que deux femmes. La plupart des participants arboraient au bras soit le gamma des gardiens, soit le brassard gris des veilleurs. Les treillis étaient camouflés, dans les teintes vertes propres à l'ex-FITEC, à part trois uniformes bleus d'intendant, au fond de la tente.

En quatre mois, Yann Rosso avait vieilli de dix ans. Son visage était ridé, ses yeux étaient las, et ils surplombaient des valises bleuâtres format grand voyageur. Mais quand il parla, ce fut d'une voix ferme et claire, et son discours ne fut marqué par aucune hésitation. Ce type tenait par la volonté, mais il avait de la volonté à revendre.

« Amis, » dit-il, « voici venue l'heure de la décision. Dans deux jours, vous allez participer à l'opération la plus importante de l'histoire de la garde fractionnaire.

« Vous n'êtes pas ici pour vos compétences militaires à proprement parler. Certains sont ici pour cela, mais pas tous ceux qui sont ici. Vous êtes ici avant toutes choses parce que vous êtes les quarante personnes dans lesquelles j'ai le plus confiance. En fait, vous êtes à peu près les seules personnes en qui j'ai confiance, *absolument* confiance, et qui soient capables physiquement de prendre part à l'aventure qui vous attend. Voilà pourquoi vous êtes ici.

« Comme cette opération est d'une importance tout à fait exceptionnelle, et comme j'ai entièrement confiance en vous, je vais vous confier pour commencer un petit secret, à titre de note de contexte. Vous croyez savoir ce qui s'est passé à Washington il y a six jours, n'est-ce pas ? Vous croyez savoir que des troupes du Extra Power ont attaqué un centre de recherche de l'armée panaméricaine, que le président américain a décidé de neutraliser la menace bactériologique en faisant tirer une mininuke, et qu'il s'est lui-même offert en holocauste, symboliquement. Quelle belle histoire, n'est-ce pas ? »

Un murmure d'étonnement parcourut la salle. Qu'est-ce que Rosso voulait dire ?

« Cette histoire est belle, » reprit celui-ci, « mais elle est fausse. Entièrement fausse. C'est un bobard, inventé par la propagande panaméricaine pour cacher la merde au chat – si vous voulez bien me passer l'expression.

« Je vais vous dire maintenant ce qui s'est vraiment passé.

« Ce qui s'est passé, c'est que le président de l'Alliance Panam, et la petite coterie d'imbéciles imbus d'eux-mêmes qui l'entouraient... eh bien tous ces braves gens ont un peu, comment dire... pété un câble – si vous voulez bien me passer l'expression, là encore.

« Ces types-là étaient de purs produits du système corporatif. Des pros de la communication, des financiers, ce genre de types. Quand ils se sont retrouvés devant la catastrophe que vous savez, ils ont disjoncté. Ils ont demandé à un crétin de général cinq étoiles, ou quelque chose comme ça : 'bon alors, qu'est-ce qu'on fait ?' Et ce crétin galonné leur a répondu : 'y a pas de lézard, on va régler les problèmes en deux coups les gros, on a tout ce qu'il faut en boutique pour ça'.

« Vous allez me dire : qu'est-ce qu'ils avaient en boutique ? Eh bien c'est là que nous en arrivons à Fort Derrick, Frederik intrarea, Maryland. Ce brave général ricain, mes chers amis, a tout bonnement proposé au président de l'Alliance Panam d'utiliser les armes bactériologiques ciblantes pour éliminer du territoire de l'Alliance toute personne à laquelle les autorités refuseraient l'antisérum nécessaire pour survivre. Ni plus ni moins. »

Rosso fit une pause, le temps de boire une gorgée d'eau. Dans le public, on n'entendait pas un bruit. L'assistance semblait tétanisée.

« Le problème, » continua Yann Rosso, « c'est que l'utilisation de ce type d'armes est en principe interdite. Il y a des accords entre l'Alliance Panam, l'Union Eurocorpo et la Sinosphère. Selon ces accords, aucune des trois grandes puissances ne doit utiliser ces armes-là sans l'accord explicite des deux autres. Sinon, c'est la guerre.

« Comme l'Alliance Panam est déjà en état de guerre latente avec la Sinosphère, les Ricains ont décidé de ne pas demander son approbation à Pékin. En revanche, comme ce qu'il reste de l'Union Eurocorpo est a priori pour eux plutôt un allié contre Pékin, ils ont demandé son aval à l'administration eurocorpo.

« Comme vous le savez, depuis le début du mois d'avril, l'Union s'est donné un nouveau président du conseil corporatif. Il s'agit de Kurt Weinberger. Ce monsieur n'est pas tout à fait, pour nous autres fractionnaires, un inconnu. D'ailleurs, si l'on va au fond des choses, c'est en grande partie aux contacts qu'il a noués avec la Fraction et divers autres groupes, et cela depuis plusieurs années, qu'il doit son statut d'homme providentiel du système corporatif aux abois.

« Pour autant, monsieur Weinberger n'est pas ce que nous pourrions appeler un homme sympathique. En fait, il est même particulièrement antipathique. Il m'a expliqué un jour, très sérieusement, que si nous nous mettions sur son chemin, il nous écraserait comme des cafards, sans même y prêter attention – et je crois qu'il pensait ce qu'il disait…

« Pas très sympathique, Weinberger, vraiment. Mais, et en cela il faut lui reconnaître quelque mérite, ce type a la stature d'un homme d'Etat. Quand il a vu que ses petits copains d'Outre-Atlantique avaient complètement perdu les pédales, il a décidé qu'il fallait d'urgence arrêter les frais. Il a pris contact avec le vice-président de l'Alliance Panam et s'est entendu avec lui sur un scénario qui permettrait à la fois de se débarrasser du président en poste et d'adresser au passage un signal clair et fort à la Sinosphère – sur le thème, en gros : arrêtez de jouer à qui est le plus con, ou on va tous gagner.

« Ce scénario, c'est l'affaire de Washington. D'abord, on organise une fausse attaque par les milices du Extapower. Ensuite, on liquide froidement le président et la plupart de ses proches conseillers. Puis, prenant prétexte de l'attaque bidon lancée sur un lieu hautement symbolique, on tire une mininuke sur sa propre capitale – comme signe de détermination, on fait difficilement mieux. Et dans la foulée, on annonce que le président, héroïque jusqu'au bout, a voulu partager le sort des civils innocents, etc. Bien joué. Cent mille morts pour la figuration, un détail.

« Comment savons-nous tout cela, me direz-vous. Eh bien nous le savons, parce que monsieur Kurt Weinberger nous l'a lui-même expliqué. Pourquoi nous l'a-t-il expliqué ? Parce qu'il veut que nous comprenions bien que la récréation est terminée. Pourquoi siffle-t-il la fin de la récré ? Parce qu'il a besoin de nous pour écraser le Extra Power, et qu'en conséquence, il accepte temporairement de nous traiter en partenaires. »

A nouveau, Rosso marqua une pause pour prendre une gorgée d'eau. Dans l'état de fatigue où il se trouvait, la déshydratation menaçait. Sous la tente, pas un bruit. Les participants à la conférence étaient absolument immobiles.

Burger observait, l'air impassible. Il faisait son travail de veilleur.

« Je vais vous faire un aveu, » reprit Yann Rosso, « je n'ai pas complètement confiance en Kurt Weinberger. »

Il laissa passer un silence, souriant à sa propre saillie. Pas un rire dans la salle. Comprenant que son trait d'humour avait fait flop, il poursuivit.

« Je pense que Weinberger est aux petits soins pour nous provisoirement, parce qu'il a besoin de notre aide pour écraser le Extra Power. Mais dès qu'il se sera débarrassé de ces imbéciles, il se retournera contre la Fraction pour rétablir l'ordre corporatif dans son intégrité initiale. Pour des raisons que je ne développerai pas ici, nous savons qu'il a été débordé par une manipulation, ou plutôt par une série de manipulations, dont il escomptait certains résultats, et qui ont en quelque sorte *trop bien* réussi. Disons que nous avons fait en sorte, à un certain moment, que le chaos dépasse le niveau à partir duquel les manipulateurs sont eux-mêmes dépassés…

« Mais cela ne va pas durer. Pour l'instant, l'ordre corporatif est KO debout. Mais dans quelques semaines, une fois le choc initial surmonté, cet ordre va s'apercevoir qu'il conserve encore les cartes nécessaires pour faire la différence, à condition de jouer ces cartes dans l'ordre et calmement. Et connaissant le sieur Weinberger, je crois pouvoir vous garantir que ces cartes seront jouées dans l'ordre, et très calmement.

« Nous avons donc quelques semaines devant nous pour prendre de notre côté les gages qui, une fois le Extra Power hors-jeu, nous permettront de faire face à l'Etat corporatif en cours de reconstitution. Et vous, mes chers amis, vous allez précisément vous emparer d'un de ces gages. Vous allez faire quelque chose qui changera le rapport de forces entre la Fraction et l'Etat eurocorporatif. Quelque chose qui changera ce rapport de forces de manière décisive.

« Vous allez faire, pour de bon, ce que le Extra Power n'a jamais fait à Fort Derrick. Vous allez voler des armes virologiques. »

*

A cet instant, il se produisit trois choses.

La première chose, c'est que quelqu'un, au deuxième rang, tomba de sa chaise, puis se releva, bredouillant des excuses.

La deuxième chose, c'est que par le côté de la tente, un vieux monsieur entra, appuyé sur une canne. C'était Jean-Baptiste Ducast.

La troisième chose, c'est que Rosso se tut, se renversa au fond de sa chaise, tandis que Burger se leva et, une feuille à la main, commença à parler, d'une voix posée.

« Il y a une grande différence entre le Extra Power et nous, » dit-il. « Cette différence, c'est celle qui sépare une bande de baltringues manipulés et une véritable force structurée et déterminée, appuyée sur une doctrine précise, à la fois sur le plan de l'action et sur le plan de la théorie. Cette différence explique pourquoi le Extra Power n'a jamais envisagé sérieusement de mettre la main sur des armes de destruction massive – ce ne fut là qu'un fantasme, entretenu par le pouvoir corporatif en vue de justifier les répressions. Et cette différence explique aussi pourquoi nous, par contre, nous nous sommes vraiment mis en mesure de voler ces armes.

« Depuis plus de trois ans, en fait presque depuis la fondation du chapitre fractionnaire de Provence, le réseau de veilleurs dont j'ai la charge a une priorité. Cette priorité, c'est la collecte de renseignements sur une installation militaire ultrasecrète, dissimulée au sommet du Mont Ventoux, à presque 2000 mètres d'altitude.

« Officiellement, il s'agit de stations radar, d'écoute et de détection. Elles ont été fermées pendant quelques années, à la fin du siècle dernier, puis on les a rouvertes. Nos amis à l'intérieur de la FITEC nous ont très vite alertés à ce sujet : ces installations radar ne sont qu'un leurre. Il y a tout à fait autre chose, au sommet du Ventoux.

« Là, à 2000 mètres d'altitude, la FITEC a stocké plusieurs tonnes de souches d'anthrax, de bacilles divers, de quoi filer le botulisme à la moitié de l'Europe – et autres joyeusetés du même ordre. Un des conteneurs qui se trouvent cachés sous la fausse base radar contient en particulier une cinquantaine de tubes d'un produit extrêmement dangereux – une arme virologique qui, si elle était répandue à la surface du globe, entraînerait des pertes terribles. C'est pour cette arme, spécifiquement, que le site de stockage du Ventoux a été développé – il se trouve en effet qu'au-dessus de 1400 mètres d'altitude à peu près, la période de survie dans l'atmosphère est considérablement réduite pour ce virus, donc le stocker en altitude permettait de minimiser les risques d'accident.

« Nous avons besoin de mettre la main sur au moins un de ces tubes de stockage. Il nous suffira d'en avoir un pour étudier la structure du virus et commencer sa production pour notre propre compte – ici, sur le plateau sud du Vercors, au-dessus de 1400 mètres d'altitude. Il nous suffira d'un seul de ces tubes, *mais il nous en faut un*.

« Il y a dans cette pièce quarante combattants, dont une trentaine d'anciens de la PC ou de la FITEC. J'aurais préféré des effectifs plus importants, mais comme il fallait uniquement des gens de confiance, nous avons dû nous arrêter à ce chiffre. Il est hors de doute que parmi les milliers de FITEC et de PC qui nous ont ralliés, un certain nombre l'a fait sur ordre. Nous devons nous méfier...

« Revenons à l'opération. Il ne sera pas facile pour vous d'entrer dans les installations du Ventoux. Vous bénéficierez de l'effet de surprise, mais même comme ça, sachez-le, vous aurez des pertes. Il y a une centaine d'hommes préposés à la garde du dépôt. Trois d'entre eux sont des nôtres, et vont neutraliser une grande partie de la garnison au moyen d'un gaz toxique, qu'ils diffuseront dans le dortoir. Il vous restera sans doute vingt ou trente adversaires à déborder avant qu'ils aient le temps de bouger. Je ne m'attends pas à ce que vous reveniez tous. Il y aura des pertes, c'est certain.

« Demain matin, nous étudierons ensemble les maquettes de l'objectif. Cela fait maintenant un an que nous travaillons sur cette opération, et tout a été prévu, seconde par seconde. Vous avez vos chances. »

Burger se tut et, se tournant vers Ducast, il lui fit signe d'avancer. Le silence sous la tente était impressionnant. Burger dit : « Notre ami Jean-Baptiste Ducast, que vous connaissez tous, voudrait vous dire deux mots. »

Le vieil homme se redressa et, d'une voix douce, il dit à la petite foule : « Je veux que vous sachiez ceci : cette opération est totalement justifiée. Elle représente un risque énorme, pour vous, pour la Fraction, mais aussi pour l'Europe entière. Mais elle est totalement justifiée. Il est nécessaire que ce risque soit pris. Sans cela, ce que nous combattons triomphera, et notre espoir aura été vain. Le jeu en vaut la chandelle.

« Voilà, c'est tout ce que je voulais vous dire. Vous avez ma parole : la fin justifie les moyens. »

Il y eut un moment de silence, puis un des veilleurs assis au premier rang demanda à Ducast : « Excuse-moi, ami Ducast, mais si j'ai bien compris, quand nous serons redescendus sous l'altitude de 1400 mètres, s'il y a un accident avec le tube que nous aurons volé, nous provoquerons littéralement l'Apocalypse. C'est bien cela qu'il faut comprendre ? »

Ce fut Rosso qui répondit.

« Je vais te raconter quelque chose, » dit-il en s'adressant au veilleur qui avait posé la question. « Vous savez tous ici que la Fraction a obtenu, il y a deux ans, le droit de réensemencer ses terres avec ses propres semences. Et vous savez que dans un premier temps, les mégacorpos de semenciers ont tout fait pour nous en empêcher – ils prétendaient qu'ayant breveté les souches immunisées contre les germes mutants sécrétés par leurs propres OGM, ils devaient conserver le monopole de ces souches immunisées. Vous savez cela, n'est-ce pas ? »

Un murmure d'assentiment parcourut l'assistance.

Rosso reprit : « Ce que vous ne savez pas, en revanche, c'est comment nous avons brisé leur opposition. Laissez-moi vous raconter ça, c'est instructif.

« Nous les avons invités dans notre centre de recherche en agrotechnologie, et nous leur avons démontré que nous avions les capacités requises pour développer nos propres OGM. Et nous avons aussi démontré que nous pouvions développer, nous aussi, des souches mutantes porteuses de virus capables d'anéantir leurs semences à eux. Quand ils ont compris que nous pouvions opposer à leur nihilisme marchand un nihilisme technicien opposé et tout aussi redoutable, alors là, et là seulement, ils se sont assis à la table de négociation.

« C'est très simple, en fait. Nous combattons des gens qui veulent s'approprier l'humanité au nom d'un projet inhumain. Eh bien, pour les remettre à leur place, il n'y a qu'un moyen : leur prouver qu'au besoin, nous détruirons l'Homme plutôt que de leur en abandonner la maîtrise. »

*

Le surlendemain à l'aube, le commando dit des « quarante voleurs » passa à l'attaque, au sommet du mont Ventoux, après une harassante marche de nuit sous les couverts, puis à travers la rocaille dénudée, par un cheminement que les fractionnaires infiltrés avaient garanti.

Pour une fois, les choses se passèrent comme prévu. Les fractionnaires infiltrés étaient de garde à l'heure dite, et ils purent faire entrer le commando dans la première enceinte. Pour entrer dans la deuxième enceinte, en revanche, il fallut donner l'assaut.

Berg vit Saïdi tomber, à dix mètres d'elle. Il avait crié : « À gauche ! », pour signaler un danger à un camarade. Mais il n'avait pas pensé à se couvrir lui-même. Il reçut une balle en pleine tête, il n'eut pas le temps de souffrir. D'une certaine manière, c'était la plus belle mort possible pour un homme comme lui. Berg savait que sa semence avait servi à fabriquer deux jumelles, l'année d'avant, dans le Jura. C'était le plus important, après tout.

Elle fut blessée grièvement tout à la fin de l'opération, alors que le commando s'était déjà emparé de plusieurs tubes du produit convoité. C'était stupide : un des FITEC qui gisait là, parmi les morts, s'était soudain relevé, et avait arrosé le groupe qui couvrait la retraite. Elle reçut quatre balles dans le ventre, et elle souffrit beaucoup.

Ses compagnons l'emportèrent, mais déjà elle sentait quelque chose de froid à ses pieds, comme une vague de glace qui montait vers son torse. Elle essaya de parler mais un flot de sang jaillit par sa bouche. Elle eut un hoquet. Elle essaya de penser à Yann Rosso, dont elle ne savait pas s'il était toujours en vie, et puis aux jumeaux qu'elle laissait, là-bas, au nord. Elle n'y parvint pas vraiment. Elle sombra dans une presque inconscience. Elle avait perdu tant de sang que déjà, son cerveau ne parvenait plus à fonctionner normalement.

Le plan prévoyait une évacuation leurre par hélico, tandis que les tubes dérobés allaient tout simplement descendre en ultraléger motorisé – deux minuscules avions de toile, montés à dos d'homme en pièces détachées, et pilotés par des as de la spécialité.

La FITEC suivrait les hélicoptères. Elle les aurait, ou elle ne les aurait pas, mais pendant ce temps, les tubes prendraient la direction du Vercors Sud, à vingt mètres au-dessus des arbres, ni vu ni connu. D'après Burger, c'était la voie la plus sûre. Si un ULM avait un accident, cela pouvait signifier la fin du monde. Mais c'était un risque à courir. Quand on combat le Mal incarné, *on a tous les droits*.

Berg eut vaguement conscience du décollage de l'hélico. Elle eut quelques secondes de lucidité avant de mourir, et la dernière image qu'elle emporta de ce monde fut une lande aride, un plateau de rocaille absolument désertique, par une aube de printemps. Puis elle sombra dans la nuit, tout au fond d'elle-même.

Là où, elle le savait, l'attendrait l'homme sous l'arbre.

CHAPITRE XVI - LA CONFRONTATION

Presque deux mois plus tard.
Le solstice d'été approchait. Les dernières lueurs du jour baignaient encore les crêtes d'une lumière douce. Assis dans le jardin d'Isabelle Cardan, Jean-Baptiste Ducast scrutait l'échiquier presque vide.

La bataille avait été rude. Il ne restait à Ducast que trois pions, sa dame et un fou. En face, Rosso pouvait compter sur une tour, deux cavaliers et quatre pions. La fin de partie promettait d'être serrée, d'autant que la position était plutôt favorable à Yann Rosso.

En considérant l'échiquier, Ducast maugréa contre lui-même. Pendant les premiers coups, il avait laissé passer plusieurs occasions de sortir des schémas classiques. Il avait préféré s'en tenir à la théorie, et il avait eu tort. Rosso, qui jouait les noirs, avait été plus inventif. C'est lui qui avait défini la configuration de la fin de partie. Et à présent, il risquait fort d'en recueillir les fruits. Ducast allait devoir jouer le pat. Il ne pouvait plus espérer mieux.

En fin de comptes, se dit le vieil homme, il y a toujours un moment où les noirs prennent le trait, quand les blancs se contentent de suivre la théorie. C'est inévitable. Quand on ne fait rien de l'initiative, on la perd...

Bref. Peu importait. De toute manière, Ducast n'avait jamais aimé jouer aux échecs. Il s'y était remis pour distraire Yann Rosso, qui en avait bien besoin.

Depuis la mort de Stéphanie Berg, deux mois plus tôt, Rosso n'était plus le même. Elle était morte dans ses bras, dans l'hélico du retour, après l'assaut sur le Ventoux. Il n'était pas certain qu'elle l'ait reconnu, quand il lui avait posé un pansement...

Ducast soupira. Il n'avait jamais approuvé l'idée que des femmes puissent se joindre à la garde. Il s'y était résigné, parce qu'on lui avait fait valoir que de nombreux membres féminins étaient volontaires pour cette filière. Mais ça ne lui avait jamais plu. Il lui semblait que c'était une anomalie, cela : une femme qui risque sa vie à la guerre. Quelque chose de tout à fait contraire à l'anthropologie, qui veut que le nombre d'enfants à naître dépende du nombre de femmes, donc que la survie du groupe suppose le sacrifice des hommes en premier lieu. Une femme, c'est fait pour devenir mère. À cela, elle doit tout subordonner. Ou alors elle nie sa nature, et nie en même temps l'anthropologie fondamentale qui façonne en miroir les deux sexes.

Une femme, ce n'est pas fait pour mourir à la guerre. On aura beau dire, on aura beau faire, c'est comme ça...

« Bref, » marmonna Ducast dans sa barbe, « ce qui est fait est fait, n'y revenons pas. »

Berg avait voulu vivre comme un homme, elle était morte comme un homme. Aux survivants de gérer la situation. Après tout, avec les nouveaux centres ouverts par le programme Fertilité, en Lozère et dans les Vosges, la Fraction avait de quoi assurer son avenir biologique, Berg ou pas Berg.

Et puis Stéphanie Berg appartenait au passé.

Seul l'avenir importait.

RIP, Stef, donc.

Le problème, maintenant, c'était Rosso.

Quelque chose était cassé à l'intérieur de l'ancien représentant de Neustrie. Rosso était désormais conseiller d'état-major de la Fraction française, fondée tout récemment. C'était un poste moins stressant que le travail de représentant, mais il était quand même fortement sollicité. La Fraction française était issue de la fusion des chapitres de Neustrie, d'Aquitaine, de Ligurie, de Provence et de Bourgogne avec les réseaux francophones de l'ancien chapitre d'Austrasie – les réseaux germanophones et néerlandophones ayant entretemps rejoint les Fractions allemandes et flamandes. Un peu partout à travers l'Europe, on assistait à la recomposition des anciennes nations, unies par leur langue et leurs coutumes, reconstruites désormais à partir des briques éparses de l'ancien ordre eurocorporatif. La Fraction ne faisait que suivre le mouvement.

En France comme partout ailleurs, la reconstruction promettait d'être longue et dangereuse. Les Neustriens, par exemple, avaient du mal à se coordonner avec les ex-austrasiens. Les Bretons voulaient rester indépendants, les Corses demandaient au contraire à redevenir français. Dans ces conflits, Rosso servait en quelque sorte d'intermédiaire, de conciliateur. C'était du travail de bureau, mais parfois, ce travail de bureau avait son importance.

De toute manière, Rosso n'avait pas très envie de retourner sur le terrain. Sa dernière mission opérationnelle l'avait convaincu d'une chose : il était devenu impossible de ne pas se salir les mains. À Orléans, il avait dirigé l'opération « Coup de balai » – nom de code de la liquidation méthodique des cadres du Extra Power dans les zones reconquises par la Fraction et les forces eurocorpos.

Yann Rosso s'imposa cette tâche comme un ultime sacrifice. Mais ce fut une sacrée saloperie, dont les fractionnaires se seraient abstenus, s'ils avaient eu le choix…

Sur Orléans-La Source, la reconquête avait été conduite avec l'appui des ethnomusuls, qui avaient retourné leur veste contre les néomusuls, une fois les Afros éliminés dans un bain de sang. Du coup, la liquidation des cadres du Extra Power avait été discrètement utilisée par les miliciens ethnomusuls pour régler leurs comptes avec les néomusuls de tous poils, y compris des types sans importance, des gars qu'on aurait très bien pu intégrer dans la Fraction – après un reconditionnement idéologique soigné.

Un beau gâchis, vraiment.

Quand ils avaient compris que leur cause était perdue, les néomusuls avaient d'abord tenté de se réfugier dans le territoire corporatif. En un sens, c'était logique : chez les eurocorpos, les néomusuls du Extra Power risquaient au pire une balle dans la nuque, c'est-à-dire une mort rapide. Chez les ethnomusuls, en revanche, ils étaient promis à l'égorgement rituel, les couilles dans la bouche et tout le toutim. À tout prendre, ils préféraient la balle dans la nuque.

Malheureusement pour les néomusuls, les eurocorpos recevaient des primes : cent eurodols par tête de cadre subalterne du Extra Power, deux cents par tête de cadre supérieur. Dans ces conditions, les FITEC et les PC restés fidèles à l'ordre corporatif avaient tendance à couper les têtes des premiers venus, après leur avoir fait « avouer » qu'ils étaient bien des cadres « supérieurs » néomusuls. Une fois de plus, l'Histoire n'innovait pas. Ce qui se passait était logique : les autorités eurocorpos étaient largement dominées désormais par les Russes et les Ukrainiens, vu l'effondrement de l'ordre corporatif en Europe occidentale. Du coup, c'étaient les méthodes russes qui prévalaient dans les troupes corporatives – ce qui n'était pas franchement une bonne nouvelle pour les prisonniers faits par lesdites troupes.

Quand ils comprirent à quelle sauce ils allaient être mangés par les eurocorpos, les néomusuls se tournèrent vers les zones fractionnaires. Là, ils furent traités de manière plus rationnelle – non par bonté d'âme, mais parce que la Fraction cherchait à renforcer ses effectifs en vue des négociations territoriales qui s'annonçaient pour le second semestre de l'année terrible. Les néomusuls de base, simples soldats et civils, furent donc conviés à un cours de « rééducation accélérée » – c'est-à-dire un lavage de cerveau en bonne et due forme. Les cadres, en revanche, subirent le sort que l'alliance eurocorpo-Fraction avait prévu pour eux : la balle dans la nuque.

Rosso commanda personnellement l'exécution de cent trente prisonniers, cadres présumés du mouvement néomusuls dans la région d'Orléans. Il n'avait pas d'états d'âme : il savait ce qui était en jeu.

Les autorités eurocorpos avaient maintenant accepté d'associer le mouvement fractionnaire aux négociations en cours avec les pays africains, lesquels étaient soutenus en sous-main par la Sinosphère. Il s'agissait d'échanger le rapatriement de millions d'Afros et d'ethnomusuls nordafs contre celui des rares Euros survivants en Afrique – où les massacres interethniques avaient été encore plus épouvantables qu'en Europe. On prévoyait aussi une aide économique importante – après tout, même après des mois de chaos, l'Union Eurocorpo restait bien plus riche que l'Afrique, laquelle atteignait, à la fin du Ragnarok, des abysses de désespérance inédits dans la longue histoire de l'humanité.

En somme, une opportunité historique se présentait de solder les comptes de la tragique erreur multiculturaliste. Il fallait à tout prix saisir cette occasion. À n'importe quel prix. Sinon, dans une génération, il faudrait tout recommencer.

Cependant, les Afros avaient prévenu : ils n'acceptaient le principe du rapatriement que pour les Afros et Nordafs n'ayant pas pris de responsabilité dans le Extra Power – que les gouvernements corporatifs africains avaient impitoyablement écrasé sur leur territoire.

Les membres du Extra Power, eux, n'avaient plus nulle part où aller. Ayant perdu la bataille pour eux décisive, c'est-à-dire la bataille d'Afrique, ils devenaient en quelque sorte superflus dans l'Histoire. Leur élimination était nécessaire à la construction d'une nouvelle stabilité mondiale. Si les choses avaient tourné différemment, c'eût été exactement la situation des fractionnaires. Mais voilà : les choses avaient tourné d'une certaine manière, et c'était les néomusuls qui allaient crever.

C'est pour la construction de cette stabilité que Yann Rosso, au début du mois de mai de Ragnarok, exécuta de ses mains 130 hommes et femmes. À cent trente reprises, ses aides firent agenouiller devant lui le néomusul, qui généralement bredouillait des prières incohérentes à l'homme sous l'arbre, dans le style caractéristique des prêcheurs européens de cette religion de pacotille, faux islam fabriqué à la va-vite par des déracinés manipulés.

Cent trente fois, Rosso leva le bras, visa le creux de la nuque, pressa la détente. Cent trente fois, la base de la tête explosa, une gerbe de sang et de matière cervicale éclaboussa le sol. Cent trente fois, un pantin désarticulé chut dans la poussière. Cent trente fois, les aides s'emparèrent du cadavre et le traînèrent jusqu'à la fosse creusée à la hâte, le matin même, par quelques dizaines de prisonniers sous-alimentés, menés à la schlague par des veilleurs choisis pour leur absence de sensibilité.

Ce jour-là, Yann Rosso fit le travail répugnant effectué au XX° siècle par les SS Totenkopf en Pologne, par les membres du NKVD en Russie – ou encore, au Rwanda, par les miliciens du Hutu Power. D'après ce qu'il dit plus tard à Jean-Baptiste Ducast, il n'en avait éprouvé aucune culpabilité. Il estimait avoir fait preuve en l'occurrence d'une certaine éthique du commandement. Il aurait très bien pu déléguer à un sous-fifre la tâche de presser la détente. Or, il ne l'avait pas fait. Il avait pris ses responsabilités.

Rosso avait fait ce qu'il fallait, voilà tout. D'ailleurs, si la situation avait été inverse, si le Extra Power l'avait emporté, si la Fraction avait été vaincue, nul doute que les chefs fanatiques du Extra Power auraient tué comme lui, Yann Rosso, avait tué au mois de mai de Ragnarok. Ils auraient pressé la détente, sans hésiter.

Ils auraient même sûrement fait pire. Pendant les dernières semaines du Ragnarok, leur sadisme n'avait plus de limite. À Reims, on racontait qu'ils avaient plongé simultanément jusqu'à soixante personnes dans les gigantesques cuves d'acide où ils immergeaient leurs victimes après les avoir enduites de soude. À Milan, le potentat local, un néomusul d'origine coréenne, avait décidé que le cannibalisme était la solution aux problèmes d'approvisionnement, et les boucheries proposèrent pendant plusieurs semaines de la viande humaine prétendument « néo-hallal » – un blasphème inouï qui ouvrit les yeux aux ethnomusuls sur la nature réelle du Extra Power.

En observant le charnier où les veilleurs avaient méthodiquement empilé ses victimes, Rosso n'avait rien ressenti de particulier. En l'occurrence, il ne se sentait pas vraiment responsable de ses propres actes. Et puis, il faisait trop froid en lui pour qu'y naisse un sentiment quelconque. Berg était morte, vraiment morte, et elle était morte jusqu'à l'intérieur de lui. L'amour, la compassion, la pitié : tout cela, pour Yann Rosso, ce n'était plus qu'une suite de mots vides de sens. Seule comptait la nécessité suprême, et la nécessité suprême avait décidé que ces cent trente personnes devaient mourir, ce jour-là, pour finir entassées dans cette fosse sinistre, confondues dans l'odeur âcre du sang.

Cette odeur, Rosso commençait à bien la connaître. Il faisait chaud, ce printemps-là, et les fosses communes puaient. Ça sentait le cadavre en putréfaction partout à travers le continent. Quand on roulait vitre ouverte le long des eurovoies maintenant bien dégagées, on sentait une odeur bizarre, comme si le pays entier avait été imprégné par le fumet de la mort. Certaines personnes en étaient malades, mais pas Rosso. Pour lui, cette odeur de mort, ce parfum de décomposition, c'était tout simplement l'indice d'une nécessité historique en voie d'accomplissement.

Quand Ducast avait questionné Rosso au sujet de la tragédie orléanaise, celui-ci lui avait répondu : « Je ne me sens pas coupable. Les hommes de ma génération ne sont pas coupables. Nous n'avons été obligés de nettoyer le terrain dans le sang que parce que les hommes de votre génération ne l'ont pas fait en 2010 ou 2015, pendant la grande crise, à l'époque où c'était encore possible de le faire à un coût bien moindre, et peut-être même sans verser le sang. Ce n'est pas moi qui ai mis en place le décor du drame, et je n'ai pas non plus écrit la pièce. Je joue mon rôle, c'est tout. Si j'ai incarné la Bête, monsieur le professeur, c'est parce que vous avez passé votre vie à incarner l'Ange. »

Ducast n'avait rien trouvé à répondre.

D'ailleurs, il n'y avait rien à répondre.

*

Le prof en était là de ses réflexions quand il vit s'approcher le père Rossi, qui cheminait avec Catherine Benaïm.

Ducast aimait bien Benaïm. Elle n'était pas jolie, mais, chose curieuse, depuis le Ragnarok, cela n'avait plus d'importance. La plupart des jeunes hommes lui couraient après. Elle était pondérée, elle était travailleuse, elle avait un corps fait pour la maternité, elle était économe et elle avait le sens des réalités. C'était un parangon des vertus qu'on apprécie le plus, quand on vit dans une retraite fractionnaire.

On venait d'assister, en quelques mois, à une refonte complète des valeurs dominantes. Ce qui servait dans les sociétés urbaines, marchandes et consuméristes construites par l'ordre eurocorporatif – la capacité de séduction, le machiavélisme, la légèreté d'esprit – était très secondaire dans la nouvelle société fractionnaire en train d'émerger – une société fondamentalement rurale, guerrière et frugale. Ce qui était déprécié dans les sociétés urbaines, par contre, prenait soudain beaucoup de valeur – l'aptitude au travail le plus rude, le courage physique, l'esprit de prévoyance.

Comme la plupart des réfugiés, Benaïm souffrait de ce qu'on appelait, faute de nom plus poétique, le « syndrome d'hypervigilance ». Ducast s'était renseigné sur le phénomène. Un toubib lui avait expliqué de quoi il s'agissait : les gens qui ont été exposés durablement à de très grands dangers en sortent avec un équilibre nerveux compromis. C'est presque inévitable : au-delà d'une certaine quantité de danger et de traumatisme, n'importe quel cerveau craque.

On voyait des cas assez impressionnants : des types qui tremblaient constamment, d'autres qui avaient le visage littéralement dévoré de tics. Un gamin arrivé fin mars de Grenoble ne parvenait à s'endormir que caché sous son lit de camp. La femme qui faisait le ménage dans la chambre de Ducast bégayait horriblement, alors qu'avant le Ragnarok, elle était actrice au théâtre de Lyon. Il y avait eu aussi plusieurs cas de suicides – des gens qui avaient fait preuve d'une grande détermination pour sauver leur peau, pendant les évènements, et puis qui, inexplicablement, renoncèrent à vivre, une fois en sécurité.

Cette épidémie de psychopathologies lourdes n'avait rien de surprenant. Jamais dans l'Histoire, une population à ce point déréalisée n'avait été confrontée à une réalité aussi terrible. Jamais dans l'Histoire une population à ce point féminisée n'avait été obligée de démontrer les vertus les plus viriles pour survivre, tout simplement. En fait, jamais dans l'Histoire le contraste n'avait été aussi grand entre le monde où la population avait pris l'habitude de vivre et celui qui émergea, avec une soudaineté stupéfiante, une fois la crise terminale avérée.

On pouvait établir un parallèle historique révélateur avec la fin de l'Antiquité. Les mécanismes qui avaient conduit à la chute de l'Empire Romain et à l'apparition de l'ordre mérovingien, étalés en Gaule sur les V° et VI° siècle, venaient d'une certaine manière de se reproduire à l'échelle de l'hémisphère occidental – mais en quelques mois, à une vitesse affolante et dans un chaos à la dimension de l'économie monde globalisée. Résultat : un septième environ des survivants sortaient du Ragnarok dans un état psychologique sévère – névrose obsessionnelle, et parfois démence pure et simple.

Le cas de Benaïm n'était pas aussi grave. Elle souffrait du syndrome du survivant, cette étrange sensation de culpabilité que partageaient beaucoup de réfugiés, comme la conscience douloureuse d'une blessure profondément enfouie. « Pourquoi moi ? », pensait-elle, « Pourquoi ai-je survécu, quand tant de gens sont morts ? » Elle regardait parfois autour d'elle avec des yeux étranges, comme si elle quêtait une réponse à cette question informulée, comme si elle interrogeait la nature entière, les crêtes montagneuses au loin, les forêts profondes et les champs ensemencés, et au-delà ce quart de l'humanité occidentale qui venait de mourir, en six petits mois.

Deux cents millions de morts, pour le seul Occident.

Tout dans le monde disait la soif de vivre, comme un appétit retrouvé après un trop long hiver, comme l'explosion sublime du printemps à la veille de l'été. Mais rien, rien dans le concert des bois et des champs, des torrents et des rocs, rien, pas une voix, pour répondre à la fille terrifiée, et pour lui dire enfin qui décide de la vie et qui décide de la mort. « Il faut vivre, voilà tout », ainsi parle l'esprit des forêts profondes…

Benaïm et Rossi grimpaient côte à côte le sentier qui conduisait à la maison d'Isabelle Cardan. Benaïm parlait et Rossi l'écoutait. Il la laissait se vider. Il fallait qu'elle évacue le superflu, qu'elle solde son trop-plein de sensations, de peurs et de remords. Rossi l'écoutait, il hochait la tête à intervalles réguliers, pour l'encourager à poursuivre, et de temps à autre, il la relançait, pour être sûr qu'elle finirait de se vider.

Depuis quelques semaines, dans la retraite fractionnaire de Ducast, le père Rossi jouait un peu le rôle d'une cellule de soutien psychologique ambulante. Il ne parlait presque pas de religion – c'était inutile : de toute manière, ses interlocuteurs ponctuaient la moitié de leurs phrases par des « mon Dieu ! » énergiques. Même les pires athées s'y mettaient. Le même homme, qui posait au bouffeur de curé à l'occasion, pouvait en appeler à Dieu dix fois en cinq minutes, dès qu'on parlait de la situation concrète dans laquelle il se débattait. Plus Ducast observait les réfugiés regroupés dans le camp autour de sa retraite, plus il se persuadait que l'interrogation religieuse commence pour la plupart avec la conscience de la précarité. « Ils ont besoin de sentir sur leur dos le poids du malheur, » disait Rossi en parlant de ses nouveaux paroissiens, « sans quoi ils ne courbent pas l'échine. »

Au milieu du désastre absolu que constituait le Ragnarok, Ducast trouvait là un motif de consolation. Les immenses pertes matérielles ressenties par l'Europe et l'Amérique du Nord allaient engendrer une extraordinaire renaissance spirituelle. Indiscutablement, les types humains en formation dans l'après Ragnarok seraient supérieurs, une fois le traumatisme surmonté, à leurs devanciers du Kali Yuga. Les survivants du Ragnarok seraient physiquement plus aptes, moralement mieux armés, et même intellectuellement plus solides. L'Histoire venait d'opérer une sélection au sein de l'humanité occidentale, et si cette sélection avait réduit quantitativement la base biologique de l'Occident, elle en avait considérablement rehaussé le niveau qualitatif.

Aux yeux du prof, la pire maladie du monde eurocorporatif avait été soignée par le désastre : le cancer individualiste associé au triomphe de l'esprit bourgeois était mort avec le monde dont il était né. L'homme occidental d'après Ragnarok ne se construirait plus en référence à la fiction illusoire du sujet purement rationnel, coupé de ses racines et de ses liens claniques. Le désastre avait si parfaitement fait exploser les anciens cadres de référence que, pour la première fois, les otages de l'ancien mode de pensée faussement libéral pouvaient opérer une reprise réflexive de leur insertion dans le système défunt, et prendre conscience de l'hétéronomie radicale où l'individualisme les avait jadis paradoxalement condamnés à croupir. Une prise de conscience avait lieu. Les réfugiés, souvent des fractionnaires de très fraîche date, expérimentaient soudain un degré de liberté inconnu d'eux jusque-là, une liberté apportée par la non-possession des biens superflus et la fraternité chaleureuse de groupes authentiquement solidaires. Descartes était mort à l'instant où Adam Smith avait trébuché sur le cadavre de Hobbes, et à vrai dire, personne ne suivrait l'enterrement du trio.

Rousseau n'était pas encore mort, lui, mais enfin il ne se sentait pas très bien. La modernité bourgeoise avait été une, jusque dans les contestations qu'elle sut internaliser. La théorie du contrat social ne vaut que dans un monde peuplé d'individus prétendument rationnels et relativement indéterminés, elle n'est au final qu'une tentative pour réhumaniser la mécanique de Hobbes. Par conséquent, à partir du moment où Hobbes avait disparu de la scène, Rousseau n'avait plus vraiment de raison d'être. La catastrophe monstrueuse qui venait de sanctionner l'absurde projet eurocorporatif l'avait démontré : ce qui unit les hommes, c'est la race, la langue, la coutume – en bref : le substrat anthropologique profond. Le contrat, même social, n'est jamais qu'un pis-aller, et on venait d'en avoir la confirmation éclatante. À l'heure où le libéralisme mourait, on découvrait enfin que le rousseauisme n'avait jamais été qu'une théorie libérale parmi d'autres.

Paradoxalement, Marx s'en sortait mieux. Il respirait encore, et contre toute attente il allait s'en sortir à peu près vivant. D'une manière qui l'eût sans doute profondément surpris, l'Histoire lui avait finalement en partie donné raison. Il était indiscutable que le capitalisme, dans sa phase terminale, avait engendré une aliénation inouïe, presque parfaite. Et il était non moins indiscutable que le système en train de naître sur les ruines du monde bourgeois serait beaucoup plus collectiviste que son prédécesseur défunt. Certes, on ne pouvait pas parler de communisme, et la théorie du socialisme scientifique apparaissait désormais clairement pour ce qu'elle était : une sophistique bouffonne. Mais ce qui émergeait après le passage de l'ouragan, ce qui fleurissait déjà au milieu des ruines, cela ressemblait bel et bien à une forme de communalisme.

D'autres penseurs, de moindre importance, allaient sombrer définitivement dans l'oubli. Bientôt, les traités des économistes monétaristes seraient à peu près aussi lus que les plus obscurs manuscrits de la théologie médiévale. Aux dernières nouvelles, certes, le système économique était en voie de renaissance. L'époque du gasoil comme monnaie unique européenne, l'époque du jerrycan d'essence comme substitut de portefeuille, c'était fini. Mais les échanges étaient désormais entièrement appuyés sur la monnaie métallique. Les billets de banque servaient à allumer les feux de camp, les obligations et les bons du Trésor étaient recyclés pour fabriquer le papier huilé qu'on voyait parfois aux fenêtres des maisons. Encore quelques années, et les écrits monétaristes feraient le même effet que ceux d'Arius : ils auraient l'air de tomber d'une autre planète – un ovni sans le mode d'emploi.

Certains auteurs subsisteraient cependant, parmi les maîtres de l'époque eurocorporative. Mais beaucoup ne devraient leur survie qu'au caractère ludique que prenait leur lecture publique après le Ragnarok. Certains textes multiculturalistes, lus par un orateur malicieux, offraient désormais un relief remarquable. Entendre rappeler les théories qui avaient cours au début de l'époque corporative sur les beautés du patchwork ethnocommunautaire, quand on connaissait la fin de l'histoire, c'était franchement comique.

Enfin, à condition d'aimer l'humour noir.

*

Pendant que Benaïm poursuivait son chemin vers la maison, Rossi s'arrêta pour saluer Ducast.

Le prof appréciait de plus en plus la compagnie du père Rossi. C'était peut-être la seule personne qui le comprît lorsqu'il parlait des vraies questions. Les autres croyaient comprendre, et sans doute, avec leur cœur, ressentaient-ils le poids de la vérité. Mais intellectuellement, ils ne suivaient pas vraiment. Il y avait quelque chose d'indicible dans le Ragnarok, comme un enseignement si immense qu'on ne pouvait pas le partager – seulement constater qu'on savait, que l'autre savait, ou bien qu'il ne savait pas. C'était un mystère.

Comme Ducast, Rossi n'aimait pas ce que la Fraction était en train de devenir. Il avait rejoint le mouvement, au départ, pour y témoigner de sa foi catholique, et quand Ducast l'avait prévenu, en termes sans équivoque, que le mouvement qu'il rejoignait n'était pas catholique, qu'il ne pouvait pas l'être, cela ne l'avait pas fait changer d'avis. Justement parce que la Fraction n'était pas catholique, il fallait qu'un catholique témoignât du catholicisme à l'intérieur d'elle. D'une certaine manière, c'était une *mission*.

Mais que la Fraction ne fût pas catholique était une chose. Qu'elle devînt partie prenante d'un ordre corporatif refondé, et tout aussi amoral que son prédécesseur, voilà qui était tout à fait différent. Là, il s'agissait de savoir si en témoignant à l'intérieur de la Fraction, le père Rossi ne cautionnait pas une entreprise fondamentalement *mauvaise*.

Rossi et Ducast avaient souvent parlé, durant le Ragnarok. À leurs âges, de toute manière, ils n'étaient plus bons à grand-chose d'autre. Travailler la terre leur était interdit, ils n'étaient pas physiquement aptes au service armé, et pour soigner les blessés, il fallait soi-même être en bonne santé. Rossi, un peu plus jeune et mieux entretenu que Ducast, avait pendant quelque temps aidé les intendants à la blanchisserie. Puis cette modeste tâche lui avait été retirée : il fallait donner du travail aux réfugiés, cela les aidait à surmonter leur dépression. Il en avait été réduit à visiter les mourants, ce qui ne lui remontait pas le moral.

Les deux vieillards suivirent les évènements avec de plus en plus d'inquiétude. À partir du début du mois de mai, l'état-major fractionnaire avait été complètement renouvelé dans la plupart des chapitres. De nouvelles questions se posaient, qui supposaient des compétences assez différentes de celles développées jusque-là dans le mouvement. Les hommes de dossier, les experts, les mécaniciens de l'appareil venaient suppléer les hommes d'action. Il n'était pas très difficile de devenir qu'à moyen terme, les hommes d'action se transformeraient à leur tour en apparatchiks, par la force des choses.

Progressivement, au fur et à mesure que l'alliance se renforçait entre les divers mouvements d'autodéfense et l'Etat corporatif en voie de reconstitution, les frontières devinrent de plus en plus floues entre cet Etat et ses alliés. Au point que dans certains cas, les autorités corporatives et les états-majors fractionnaires fusionnèrent tout bonnement. La Fraction était-elle devenue l'Etat corporatif, ou bien l'Etat corporatif avait-il récupéré la Fraction ? – Ducast, pour sa part, estimait que c'était plutôt la seconde hypothèse qui serait vérifiée, à long terme, parce que la structure même du fait étatique imposerait, une fois de plus, les logiques de centralisation, d'hétéronomie et donc d'aliénation – des logiques qui, pensait-il, pouvaient seules faire fonctionner une machine d'Etat, quelle qu'elle fût. Rossi, plus idéaliste, rêvait encore à un compromis historique d'un type nouveau – une machine d'Etat corporative regroupant des entités identitairement cohérentes, coordonnées bien sûr, mais aussi relativement autonomes.

Ducast se demandait de plus en plus ce que deviendrait cette nouvelle Europe, dont la capitale se trouvait à Moscou. Le prof redoutait que la nouvelle mécanique centralisatrice ne s'avère, à long terme, encore plus dangereuse que l'ancienne. Certes, le nihilisme marchand qui avait prévalu sous l'ancien Etat eurocorpo avait été particulièrement inconscient. Mais à tout prendre, il avait au moins un avantage : justement parce qu'il était d'une inconscience remarquable, il était bourré d'incohérences qui, tôt ou tard, devaient entraîner sa perte. On risquait de ne pas avoir la même chance avec le nihilisme latent de la nouvelle machine d'Etat corporative. Il y avait, derrière l'idéologie en cours de formation, tout un univers obscur, lourd de menaces. Ducast redoutait l'émergence d'un nihilisme purement technicien, émancipé de la forme marchande – un nihilisme prométhéen, appuyé sur le fantasme malsain d'une utopie biologique et raciale. Le glissement était déjà perceptible, d'ailleurs, de la logique initiale des mouvements jadis dissidents à une nouvelle logique, dans laquelle la défense des identités ne servait plus à dénoncer le nihilisme marchand, mais à embrigader la population dans des structures paramilitaires de moins en moins utiles, au fur et à mesure que les bandes de pillards étaient exterminées.

Pendant que Ducast réfléchissait à tout ceci, ruminant pour la centième fois des pensées peu réjouissantes sur le monde qui s'annonçait, Rossi examinait l'échiquier. Le curé n'était pas un joueur très redoutable, parce qu'il faisait facilement des erreurs d'inattention. Mais il avait des fulgurances surprenantes, et Ducast comptait sur lui pour lui indiquer le coup qui déstabiliserait Rosso.

Observant le prêtre au visage buriné par le soleil d'altitude, Ducast ressentit soudain un grand mouvement de tendresse pour ce vieux machin, cette antiquité démodée – bref cet autre lui-même. Aussi curieux que cela puisse paraître, quand il observait Rossi, Ducast pensait de plus en plus à cet inconnu qui lui avait enseigné l'Inde, soixante ans plus tôt, à Bénarès.

*

A l'époque, Jean-Baptiste Ducast était vaguement étudiant en histoire, vaguement clochard, et comme beaucoup de gamins de son temps, il avait suivi le mythique chemin de Katmandou. C'était le temps des chevelus en chemise à fleur et jean crasseux, c'était le milieu des années 70, quand la vague hippy achevait de mourir dans un tout petit clapotis, bien révélateur de son caractère surfait.

Ducast avait découvert l'Inde avec les yeux naïfs d'un jeune occidental d'à peine vingt ans, et le choc avait été terrible. Il se souvenait surtout du spectacle de la charrette qui emmenait les morts, dans les rues des grandes villes. Pour un jeune Français des années 70, il y avait là quelque chose d'incompréhensible : un monde où la mort fait partie de la vie.

Parti pour l'Inde parce qu'on lui avait dit qu'il y trouverait de l'herbe et de l'exotisme, le jeune Ducast avait découvert un univers au-delà du sien, au-delà même de l'étrangeté la plus radicale. Certains, parmi les occidentaux confrontés au phénomène, craquaient. Quelques-uns se suicidaient. Ducast, lui, avait été fasciné. Sa vocation de théologien datait de cette rencontre, de cet instant décisif dans sa vie où, devant une charrette pleine d'Indiens morts, il avait compris cette vérité indicible qui l'avait libéré des illusions et des mensonges, à tout jamais : « *Homme,* » lui avait dit l'Inde, « *tu vas mourir.* »

On lui avait dit que s'il voulait percer à jour le mystère de l'âme indienne, il fallait qu'il aille à Bénarès. Il y alla.

Bénarès, c'était l'agitation frénétique des villes indiennes, bien sûr, mais c'était aussi autre chose. Sur les trottoirs, des hommes priaient, en pleine rue, sans que les passants y prêtassent la moindre attention. Ceux qui vaquaient à leurs occupations et ceux qui priaient ne vivaient pas dans le même espace-temps. Ils se croisaient, mais ne semblaient pas se voir, comme si chaque groupe était enfermé dans une bulle hermétique à l'autre groupe.

A peine arrivé, Ducast s'était enfoncé dans la ville vers le Gange. Les rues puaient une odeur désagréable de friture. Ici ou là, des frises sur les murs, des lingams dressés en couleurs vives. Partout des mendiants, la lumière du jour naissant entre les toits, éblouissante.

Au coin d'un mur, soudain, il avait découvert le Gange, que Bénarès domine telle une forteresse nichée sur un promontoire. Des milliers de pèlerins se pressaient sur les cent escaliers qui descendent vers l'eau et qui se perdaient, ce matin-là, à travers les irrégularités de la pente, dans la lumière brumeuse, derrière les fumées lointaines des bûchers.

Il était descendu vers le fleuve, au milieu des pèlerins vêtus des saris aux couleurs vives. On entendait quelques feulements cuivrés : c'était une fanfare qui accompagnait un mort jusqu'au fleuve. Il avait regardé le corps descendre, enroulé dans un tissu chatoyant, porté par quatre hommes. La famille du mort suivait la fanfare, silencieuse et presque indifférente. Devant le corps marchaient des officiants. La foule s'écartait devant eux. On entendait la récitation obsédante d'un mantra que le jeune Français ne comprit pas.

Quand la procession atteignit le fleuve, le cœur du Ducast commença à battre plus vite. Aucun occidental ne peut voir une cérémonie funéraire indienne sans tressaillir. Il y a là quelque chose qui dépasse l'entendement, pour qui n'est pas né indien. Cela paraît trop simple pour être vrai.

Le cadavre fut plongé dans le fleuve par deux hommes, sans doute des parents, à quelques brasses de baigneurs indifférents. Les deux hommes agissaient mécaniquement. On aurait dit qu'ils accomplissaient une corvée. Le cadavre flotta un instant, puis il s'enfonça. Ensuite, on le retira du fleuve et on le remonta jusqu'au bûcher, au-dessus du fleuve.

Ducast vit la chair disparaître dans les flammes. L'odeur de barbecue était difficilement supportable.

Un vieux bonhomme s'approcha de Ducast et lui demanda ce qu'il faisait là. Dans un Anglais approximatif, le jeune homme répondit qu'il essayait de comprendre. Le vieil homme expliqua que les hommes qui s'agitaient autour des bûchers étaient membres d'une caste inférieure, et qu'il ne fallait donc pas s'inquiéter de l'impureté qui les recouvrait. Ducast regarda son interlocuteur avec une telle expression de stupeur que l'autre comprit qu'il avait affaire à un ignorant égaré en Inde – un de ces jeunes occidentaux idéalistes, une riche qui venait chercher sa part de vérité chez les pauvres, un Bouddha au sortir du palais.

Ils discutèrent quelques minutes. Plus le vieil homme parlait, et plus Ducast manifestait son incompréhension. Finalement, l'Indien se tut et, montrant le Gange à Ducast, il dit : « Tu veux comprendre l'Inde ? Alors va dans l'eau ! »

Le bonhomme commença à descendre les marches vers le fleuve. Ducast resta frappé de stupeur. Le vieil homme lui fit signe de le suivre. Comme un somnambule, Ducast descendit une marche, puis une autre. Il se retourna vers un bûcher, sur lequel un corps achevait de se désagréger. Le vieil homme répéta, dans son dos : « Viens. »

Ducast descendit les marches en état second, mais il les descendit. Arrivé au fleuve, il eut un mouvement de recul. L'eau était sale. Il vit passer une nappe de résidus à la nature incertaine. Des gens se baignaient, au milieu de ces détritus, dans l'eau où l'on avait plongé les morts l'instant d'avant.

Le vieil homme entra dans le Gange.

Il dit : « Viens avec moi. » Ducast répondit, d'une voix incrédule : « Là-dedans ? » Le vieux haussa les épaules. « Pense à la saleté à l'intérieur de toi. Est-ce qu'elle est moins repoussante que cette eau ? »

Ducast ne trouva rien à répondre, et il entra dans l'eau. Le Gange était tiède. L'eau sentait une odeur fade.

Ducast vit son genou disparaître, quelques centimètres sous l'eau. Puis ce fut le tour de la cuisse, puis celui de ses hanches. Il avait de l'eau jusqu'au cœur quand il rejoignit le vieux.

Ducast se dit qu'il allait attraper la diphtérie, ou Dieu seul savait quoi.

Puis il regarda autour de lui. Vu du lit du fleuve, le spectacle des bûchers, sur les rives, prenait un caractère majestueux. À la surface de l'eau, la lumière jouait différemment à travers les volutes de fumées. Au loin, on discernait une petite foule s'agitant au pied d'un escalier, juste sous un écriteau. C'était un mouroir, mais Ducast ne ressentit aucune émotion. La mort lui paraissait soudain moins laide.

Une petite barquette de feuilles passa sous le nez du jeune homme. Il y avait une chandelle allumée dessus. Reliquat d'un vœu formulé au lever du soleil, sans doute.

Soudain, Ducast réalisa avec stupeur que ça allait bien, vraiment bien.

Il n'avait pas peur.

Plus du tout.

Il regarda autour de lui attentivement. Il écouta le bruit que faisait la foule sur les rives.

La vérité lui apparut, douce et chaude. Des eaux du Gange montait un chant d'amour comme il n'en avait jamais entendu. Tout autour de lui, il n'y avait que cela : de l'amour. Un amour infini, d'une beauté presque insupportable.

Ducast plongea dans le Gange. Les yeux fermés, la bouche close, il plongea. Il ne pensa à rien. Il vécut l'instant, pour la première et la dernière fois de sa vie. Le fleuve coulait autour de lui, il le sentait à peine. Il ne respirait plus, donc l'eau n'avait plus d'odeur. Il ne goûtait pas, donc elle n'avait pas de goût. Il resta là, sous les eaux du Gange, pendant quelques secondes – et chaque seconde fut en elle-même comme une éternité.

Quand il émergea, le soleil l'éblouit L'astre se reflétait dans l'eau, partout autour du jeune homme émerveillé.

Tout était exactement comme l'instant d'avant.

Tout, sauf Ducast lui-même.

Il sentit qu'il était empli d'une attente qui ne le quitterait plus, plus jamais. Il sut qu'il attendrait, jusqu'à la fin, le moment de plonger à nouveau dans les eaux du Gange. Et il sentit, soudain, l'esprit de l'Inde vivant en lui, comme un deuxième cœur qui battait à côté du sien…

Il y avait à présent plus d'un demi-siècle que Jean-Baptiste Ducast avait plongé dans le Gange, mais pour lui, c'était hier. Il se souvenait de chaque seconde à Bénarès. Comme s'il en était revenu la veille.

Cette impression formidable d'entendre battre un deuxième cœur à côté du sien, voilà ce que Rossi, justement, lui avait donné – cinquante ans après Bénarès, cinquante ans après ce vieil Hindou dont Ducast ignorait jusqu'au nom.

*

Le père Rossi avait offert à Ducast un troisième cœur.

Cela s'était fait lentement, au fur et à mesure que les deux vieillards se parlaient, au rythme où leurs esprits s'ouvraient l'un à l'autre. Ducast percevait Rossi presque comme un ethnologue aurait pu s'approcher de l'homme-médecine d'une population primitive. Le professeur de théologie avait si longtemps vécu au contact des religions orientales que lui, lui qui était né français, se trouvait désormais parfaitement étranger à la catholicité. À la limite, Jean-Baptiste Ducast, sur la fin de sa vie, était en Europe aussi déplacé qu'il l'avait été, six décennies plus tôt, en Inde.

Le moment décisif avait été un soir de fin avril, alors que les horreurs du Ragnarok faisaient trembler jusqu'aux plus braves. Rossi était venu passer la soirée chez Ducast. Il avait, toute la journée, aidé à soigner les blessés qu'on ramenait de Grenoble, où l'on se battait rue par rue, maison par maison, contre les troupes du Extra Power, ivres de meurtres, de viols et de pillage. En visitant les réfugiés, le vieux curé avait vu des choses qui dépassaient l'entendement – comme ce petit garçon de quatre ans, à l'anus déchiré au point qu'on avait dû le recoudre, et qui pleurait tout le temps, sans dire un mot.

Rossi avoua à Ducast qu'il redoutait, si la situation perdurait, de perdre la raison. Le prof décida de changer les idées au curé, et il lui parla de l'Inde. C'est alors que Rossi, ivre de fatigue et sans doute profondément traumatisé par ce qu'il avait vu pendant la journée, avoua à Ducast une chose qu'il n'avait jamais dite à personne : l'origine de sa vocation – cette journée de 1983 où un gamin, qui deviendrait un jour le père Rossi, s'était endormi à l'église, et avait rêvé de la Sainte Vierge.

Ducast lui demanda de raconter son rêve, et Rossi, en termes maladroits mais évocateurs, raconta enfin le secret qu'il avait gardé pour lui toute sa vie, persuadé que s'il parlait, on le traiterait d'affabulateur. La Vierge, dit-il, ne lui avait rien dit de précis. Elle l'avait juste regardé, et soudain, il avait eu la certitude qu'elle l'appelait, qu'elle avait besoin de lui. Il sut, sans comprendre pourquoi, qu'un danger la menaçait, et qu'il fallait qu'il la protège, qu'elle comptait sur lui pour cela. C'était pour cette raison qu'il était entré au séminaire : parce que la Vierge, un jour de 1983, lui avait fait comprendre qu'elle était en danger.

Ducast, en écoutant le vieux prêtre, eut l'illusion de revenir en Inde, et d'avoir vingt ans à nouveau. Soudain, l'âme de la France, de cette vieille nation catholique, restée pour lui jusque-là mystérieuse, lui apparut dans sa nudité – exposée parfaitement, abandonnée tout à fait, comme un très beau cadavre qu'on montre, avant l'enterrement, pour le dernier adieu de ceux qui l'ont aimé.

Ducast trouva que la France faisait une très belle morte.

Il ressentit exactement ce qu'il avait jadis ressenti sur les rives du Gange – c'était un instant où la mort est belle. C'était une *révélation*.

*

Le père Rossi, devant l'échiquier, suggéra une manœuvre peu orthodoxe, mais qui avait de bonnes chances de prendre Rosso par surprise. Ducast le remercia, puis le curé s'éloigna. Il avait à faire.

Le prof resta dans le jardin jusqu'à la nuit tombée. Il attendait Hervé Blondin, le représentant du groupe Vercors Nord. Ensemble, ils avaient une escapade nocturne en perspective.

Comme la plupart des membres du réseau Isère, Blondin était un « bleu » – un adversaire de l'alliance entre la Fraction et le nouveau pouvoir corporatif. Il avait très mal pris l'annonce d'une rencontre au sommet, dans l'enclave du Vercors, au camp du Haut Plateau, entre l'état-major de la Fraction française et un représentant du conseil suprême de l'Union Eurocorpo Ouest – à savoir Herr Weinberger en personne. Comme la plupart de ses amis de réseau, il avait fait savoir au chapitre ce qu'il pensait de cette rencontre. On lui avait répondu, en substance, qu'il devait se mêler de ses affaires, qu'il y avait des raisons, et qu'il n'avait pas besoin d'en savoir plus. Le Vercors était l'une des enclaves fractionnaires les plus sûres, on avait décidé que pour des raisons de sécurité, c'était là qu'on se réunirait, point final.

Depuis, Blondin rongeait son frein. Le Ragnarok lui avait valu la perte de sa femme – non fractionnaire, elle était en instance de divorce au moment des évènements. Elle était retournée chez sa mère en Chartreuse, et c'est là qu'elle avait trouvé la mort, victime d'une bande de pillards venus de Sassenage Extrazone. Le Ragnarok lui avait aussi valu la perte de son père, tué en défendant la maison familiale dans la vallée de l'Isère. Et à présent, il commençait à se douter que le Ragnarok allait aussi lui valoir la perte de la Fraction, appelée à se fondre dans l'Etat corporatif reconstitué.

Cependant, que Blondin appréciât ou pas les choix politiques du chapitre fractionnaire français, il restait fidèle au serment d'obéissance. Quand on lui apprit qu'il devrait faire véhiculer le vieux Jean-Baptiste Ducast jusqu'au camp du Haut Plateau, pour que celui-ci participe à la rencontre Fraction – Eurocorpo, il décida de s'en occuper personnellement. Pour être sûr que le prof serait bien traité.

A onze heures, Ducast fit signe à Blondin qu'il fallait partir sans délai. La route serait longue, il fallait se hâter. Ils descendirent vers le solocar garé devant la retraite. Ducast grimaça en marchant. Ses pieds lui faisaient mal, de plus en plus. Ils étaient si vieux, ses pieds, que son pauvre corps amaigri était encore trop lourd pour eux.

Les deux hommes se mirent en route. Blondin avait décidé de faire le trajet dans un solocar modifié pour accueillir un passager. Ducast s'assit comme son chauffeur le lui demandait, le dos à la route. Le solocar démarra, avec cette sonorité un peu pétaradante qui caractérisait les véhicules modifiés pour rouler au biocarburant artisanal, et le duo prit la route du sud, en direction du Haut Plateau.

Il fallut une heure pour atteindre la piste de terre qui conduisait au camp. Dans la nuit, Blondin roulait très lentement. Il fallait se méfier sur les routes, ce printemps-là. Certes, l'enclave du Vercors était sécurisée. Mais il y avait tant de gens qui étaient tombés en panne d'essence, sur toutes les routes du pays, qu'on risquait à tout moment d'être surpris par une épave mal garée, au détour d'un virage.

Le moteur du solocar se tut sur la place centrale du camp paramilitaire, après que Blondin eut montré son ordre de mission à quatre reprises.

Il y avait des gardes fractionnaires un peu partout. Aucun d'entre eux ne reconnut Jean-Baptiste Ducast – une autre Fraction était en train de naître, et la plupart des jeunes engagés ignoraient tout des fondateurs du mouvement.

Blondin s'installa aussi confortablement que possible pour attendre le retour de Ducast, tandis que celui-ci partait vers la tente de commandement. Le représentant du Vercors Nord s'absorba dans la contemplation de la voûte céleste. Depuis trois jours, les derniers satellites publicitaires avaient été désactivés. On pouvait compter les étoiles, elles étaient revenues à leur place, au ciel.

Pour un homme de la génération de Blondin, c'était une nouveauté.

*

Quand il avait appris que Weinberger lui-même allait faire à la Fraction l'honneur d'une visite à l'enclave du Vercors, Ducast avait demandé à le rencontrer. Le président du conseil eurocorpo avait accepté parce qu'il savait que le vieux prof, bien que dépourvu de tout poste officiel dans l'organigramme fractionnaire, conservait une certaine influence, du moins sur le chapitre français.

Quand Ducast pénétra sous la tente, Weinberger et le nouveau représentant de la Fraction française, Philippe Boussard, discutaient des stocks d'or de l'eurobanque. La Fraction, bien informée grâce une taupe recrutée au sommet de la hiérarchie de l'eurobanque, avait mis la main, pendant les premières semaines du Ragnarok, sur plusieurs dépôts d'or. À présent, les nouvelles autorités corporatives cherchaient à recouvrer ces stocks. Les divers chapitres fractionnaires acceptaient de plus ou moins bon gré de restituer l'or, mais seulement en échange de concessions politiques significatives.

Ducast dressa l'oreille. Weinberger insistait sur le fait qu'il était impossible que la Fraction conserve ses propres forces militaires. Le représentant de la Fraction française rétorqua qu'il était impossible que la Fraction renonce à cette revendication. Plusieurs personnes intervinrent, d'un côté et de l'autre de la table. Un grand type jouflu, qui parlait Anglais avec un accent russe à couper au couteau, expliqua que l'europrovince d'Ukraine avait accepté de renoncer à ses forces d'autodéfense. L'intendant de la Fraction française répondit que l'Ukraine n'avait rien accepté du tout, c'étaient les autorités eurocorporatives basées à Moscou qui lui avaient donné le choix entre la soumission et la guerre. Le Russe haussa les épaules, comme pour dire : « et après ? ». Son vis-à-vis lui rappela que la Fraction avait mis la main sur des armes de destruction massive, ce qui faisait une grosse différence. Le Russe répondit que les Ukrainiens aussi avaient de telles armes. Le fractionnaire lui fit remarquer qu'ils ne les avaient pas utilisées, mais que d'autres pouvaient voir les choses différemment. Un ange passa. Weinberger remercia Boussard de ne pas porter cet échange au compte-rendu.

La discussion s'enlisa ensuite pendant une bonne heure, chacun des deux camps tenant à afficher sa détermination. Enfin, au bout d'une heure, Weinberger proposa un compromis : la Fraction conserverait ses propres troupes, mais elles seraient placées sous le commandement de l'état-major de la FITEC reconstituée. Boussard fit observer que c'était la situation des forces ethnomusuls de l'enclave de Marseille. Or, dit-il, les ethnomusuls n'avaient rien à offrir en échange de leur intégration dans la FITEC. La Fraction française, elle, détenait plusieurs tonnes d'or. Il demanda que l'état-major de la FITEC reconstituée comprenne un certain nombre de cadres issus des rangs de la Fraction. La discussion reprit sur la question du poids que devaient avoir les fractionnaires au sein de la hiérarchie militaire eurocorpo. Cela tournait à la négociation de marchands de tapis.

Au bout d'une autre heure de discussion, les deux camps parvinrent à un accord sur la composition du futur état-major de la FITEC. On aborda ensuite la question des émissions monétaires. Plusieurs enclaves fractionnaires ou ethnos venaient d'émettre un papier monnaie gagé sur le carburant, le grain ou l'or. À nouveau, la discussion tourna à l'épreuve de force. Les fractionnaires et les corporatifs tombèrent assez vite d'accord pour réserver l'émission monétaire à une banque d'Etat dont les fractionnaires possèderaient des parts proportionnelles à leur apport en métal jaune, mais les observateurs des diverses enclaves ethnomusuls, afros, asios et euros montèrent immédiatement au créneau, dans un bel ensemble, pour exiger leur part du gâteau. On convint assez vite que la question était trop technique pour être réglée en séance. Les Asios de l'enclave Paris-Banlieue Sud prévinrent qu'ils continueraient, dans l'intervalle, à émettre une monnaie gagée sur le Yuan-yen, la monnaie de référence de la Sinosphère, elle-même gagée sur l'or. Ducast remarqua avec amusement que Weinberger, à ce moment des débats, se massait les tempes du bout des doigts, comme un homme épuisé nerveusement et qui cherche à se détendre.

« Bien fait ! », murmura le vieux prof. Il trouvait très drôle le spectacle désopilant offert par cet apprenti sorcier au bord de la crise de nerf.

Puis il se désintéressa de la discussion. Tout cela faisait une assez honorable reconstitution du foutoir survenu au neuvième siècle de l'ère chrétienne, à la fin de l'Empire carolingien, le tout translaté à l'ère technologique. Un historien aurait peut-être pu se passionner pour cette nouvelle version du processus de féodalisation, mais cela n'intéressait pas Ducast. De toute façon, on voyait déjà où l'affaire allait conduire : une longue période d'anarchie tempérée de dictature, avec probablement, de temps en temps, une réplique sismique du Ragnarok – jusqu'à ce que des zones ethniquement homogènes aient été redessinées sur la carte, en traits de sang.

L'Histoire s'était formidablement accélérée en un millénaire, donc on résorberait l'effondrement de l'ordre corporatif bien plus vite que l'on avait, jadis, surmonté l'éparpillement féodal après l'explosion de l'ordre carolingien. Il fallait compter en années, à la rigueur en décennies, mais certainement pas en siècles. Et puis après ? Un nouvel ordre jaillirait du chaos, mené par une nouvelle élite aussi arrogante, inintéressante et aveugle que ses prédécesseurs. Pendant quelque temps, cet ordre connaîtrait une vive expansion, puis l'élite deviendrait folle, ivre de ses propres succès. De nouveaux apprentis sorciers viendraient, qui causeraient un nouveau Kali Yuga. Et puis un nouveau Ragnarok surviendrait, et voilà, tout recommencerait, encore et encore.

Rien de tout cela n'intéressait Ducast. Il était venu pour parler à Weinberger de tout à fait autre chose.

Quelque chose de beaucoup plus important.

*

Vers trois heures du matin, la réunion s'acheva. Ducast s'était à moitié endormi sur sa chaise. Quand l'assistant de Kurt Weinberger vint le secouer, il sursauta.

« Le président va vous recevoir, » dit l'assistant.

Ducast hocha la tête, grommela quelques paroles indistinctes et suivit jusqu'à la tente FITEC où Weinberger avait pris ses quartiers, pour quelques heures de sommeil bien nécessaires.

Ducast commença par se présenter à Weinberger. Celui-ci l'interrompit : « Je sais qui vous êtes, monsieur Ducast. Nous avons un dossier sur vous, un dossier très complet. Vous avez demandé à me parler, j'ai peu de temps. Merci d'aller au fait. »

Ducast se passa la langue sur les lèvres. Soudain, il cherchait ses mots. C'était la première fois qu'il se trouvait si près d'un homme comme Weinberger. Il n'avait jamais côtoyé la vraie puissance, par le passé.

« Je suis venu vous parler des armes virologiques que nous avons volées, il y a deux mois, » finit-il par dire.

« Na und ? », demanda Weinberger, revenant soudain à sa langue natale.

Ducast parlait Allemand. Weinberger le savait.

Ducast décida de poursuivre en Français. Pour le plaisir.

« C'est moi qui ai convaincu Yann Rosso de lancer cette opération, » dit-il.

Weinberger haussa les sourcils imperceptiblement.

« Vous ? Je croyais que votre rôle, dans la Fraction, était référent, quelque chose comme juge, enseignant et philosophe. »

Ducast avala sa salive. Ce qu'il avait à dire maintenant à Weinberger était crucial. D'une certaine manière, c'était la conclusion de sa vie qui allait se jouer maintenant, en bien ou en mal. Selon la réponse qu'il obtiendrait, il saurait s'il avait fait ce qu'il fallait.

« Normalement, » reprit-il, « je n'avais pas à me mêler de la conduite des opérations. Mais comme ancien référent, je pouvais aussi jouer parfois un rôle de conseiller. C'est ce que j'ai fait. J'ai dit à Rosso : 'allez-y, faîtes ce que le Extra Power n'a pas osé faire.' »

Weinberger observa Ducast avec attention.

« Pourquoi me dîtes-vous ça ? »

« Parce que je veux que vous connaissiez mes raisons, monsieur le président. »

Weinberger haussa les épaules.

« Elles me paraissent assez évidentes, non ? Vous avez décidé de prendre un risque insensé, pour vous-mêmes et pour l'Europe entière, parce que vous êtes des *séditieux*. Vous voulez le *pouvoir*. »

Il réfléchit quelques secondes, puis il ajouta, sur le ton de la confidence.

« Enfin, je suppose que, puisque vous avez réussi, nous dirons que vous êtes désormais une partie du pouvoir *légitime*. »

Ducast se mordit la lèvre. Il regarda Weinberger avec insistance, cherchant à capter le regard du président. Quand celui-ci releva les yeux vers le vieil homme, il y eut un silence, puis Ducast dit : « Non, monsieur le président. Ce n'est pas la raison pour laquelle j'ai conseillé à Yann Rosso de faire ce qu'il a fait. »

« Ce n'est pas pour le pouvoir ? », demanda Weinberger. « Mais alors pourquoi ? C'était terriblement risqué. Si nous avions su avec certitude où se trouvaient les armes, vous savez, nous aurions très bien pu décider de faire pour de bon ce que les Américains ont fait semblant de faire, là-bas, au Maryland. Boum ! Problème réglé. »

Ducast hocha la tête. Il comprenait le point de vue de Weinberger, et il voulait que Weinberger le sût. La question n'était pas là.

« J'ai dit à Yann Rosso de lancer cette opération parce que nous avions un message à vous faire passer, monsieur le président. »

Le président du conseil eurocorporatif était jusque-là resté debout, face à Ducast. Il prit une grande aspiration, retint son souffle quelques instants, puis il expira bruyamment. Après quoi, il s'assit sur le lit de camp.

Ducast resta debout face à Weinberger. À présent, il le regardait de haut en bas. Sous cet angle, le président paraissait plus vieux – ou plutôt : il paraissait son âge, presque celui de Ducast.

« Quel message ? », fit Weinberger, sans se départir de l'air de moquerie qu'il affectait depuis le début de l'entretien.

Ducast recula d'un pas, pour mieux voir le visage de son interlocuteur.

« Monsieur le président, » dit-il, « vous avez dit une fois à Yann Rosso que nous n'étions que des cancrelats, et que vous nous écraseriez quand vous le décideriez. »

« J'avais tort, » répondit Weinberger, toujours souriant, d'une voix sourde. « Vous n'êtes pas des cancrelats ordinaires. Vous êtes des cancrelats venimeux. Le produit d'une mutation, que nous avons déclenchée par inadvertance. »

« Non, nous ne sommes rien de tout cela » dit Ducast. « Nous sommes des hommes, monsieur le président. Vous savez ce que cela implique ? »

Weinberger leva les yeux vers Ducast.

« Dîtes-le moi et qu'on en finisse, » fit-il, plus arrogant que jamais.

Le prof reprit, d'une voix posée : « Cela implique que nous ne vous appartenons pas. La plupart des gens que vous dirigez sont effectivement des cancrelats, monsieur le président. Ils ont un cerveau très supérieur à celui des cancrelats, bien sûr, mais au fond, ils utilisent leur cervelle comme des cancrelats peuvent utiliser la leur. L'essence de ces gens-là n'est pas différente de celle des cancrelats. Ils veulent ce que veulent les cancrelats : ils veulent jouir, copuler, se glorifier dans le monde. »

Weinberger hocha la tête, visiblement perplexe.

« Et ce n'est pas ce que vous, vous voulez ? »

« Non, monsieur le président, » répondit Ducast avec fermeté. « Il existe une catégorie de personnes qui n'appartiennent pas à votre monde. Il existe une catégorie de personnes, peu nombreuses, je vous rassure, qui ne veulent rien de ce que vous pouvez leur donner. Ceux-là m'appartiennent. Vous êtes le seigneur de ce monde, monsieur Weinberger. Vous êtes le seigneur des cancrelats, je vous l'accorde. Mais vous n'êtes pas le prince de ceux qui m'appartiennent. »

Weinberger soupira.

« Monsieur Ducast, je ne crois pas à l'autre monde. »

Le prof haussa les épaules.

« On ne vous demande pas d'y croire, on vous demande de nous laisser en paix. Pour ceux-là, pour les hommes qui ne vous appartiennent pas, ménagez une brèche dans vos murs, monsieur Weinberger. Voilà le message : n'enfermez pas ces hommes-là dans la prison où vous entretenez les cancrelats. Vous pouvez continuer à soûler la masse des abrutis de télévision débile, de publicités agressives, de toutes ces choses. Vous pouvez aussi réhabiliter les bonnes vieilles méthodes de votre Prusse natale, peu m'importe. Je me fiche de ce que vous inventerez demain pour rétablir l'oppression d'hier. Tout cela est du niveau de vos ouailles. »

Weinberger écoutait maintenant Ducast avec un intérêt visible, qu'il dissimulait mal derrière son éternel air de supériorité.

Le prof reprit : « Mais certains vont refuser le pacte que vous leur proposez. Certains, quand vous leur proposerez la facilité en échange de la soumission, vous répondront : 'non'. Mon message, monsieur Weinberger, c'est : 'ceux-là, laissez-les aller'. Laissez ouverte la brèche par laquelle ils s'enfuiront. Laissez-la ouverte, et je vous promets que nous vous ficherons la paix. Nous ne vous volerons plus votre saloperie d'or, si seulement vous nous fichez la paix. »

« Et sinon ? », demanda le président, sur un ton très sérieux.

« Sinon, » répondit Ducast, « vous devez savoir que nous n'avons peur de rien. Nous n'avons même pas peur de la mort, monsieur le président. Elle est votre juge et votre ennemie, mais elle est notre refuge, elle est notre amie. Le néant ne nous effraie pas : nous y emmenons l'être qui nous peuple. Voyez : nous avons pris le risque de tout anéantir, rien que pour vous faire passer ce message. »

Weinberger répéta, d'une voix blanche : « Vous êtes prêts à tout anéantir. »

« Exactement. Tout, » répondit Ducast.

Le président et le professeur échangèrent un regard. Ce fut tellement fugitif que personne n'aurait pu le voir, si quelqu'un avait été témoin de la scène, mais le temps de ce regard, deux esprits se rencontrèrent, pour la première et la dernière fois.

Dans les yeux de Weinberger, entre deux battements de paupières, entre deux instants de morgue, il y avait eu un éclair de peur.

Et dans les yeux de Ducast, aussitôt, il y eut une lueur de triomphe.

*

Blondin ramena le prof en solocar. C'était l'aube quand ils arrivèrent chez Cardan, et le prof frissonnait. Il fait froid à l'aube, en altitude, même à la fin du printemps.

Ducast s'offrit un petit-déjeuner aussi solide que le rationnement le permettait – du pain, du jambon, du fromage, et un grand bol de lait chaud, un vrai repas de fête en temps de Ragnarok. Il avait un peu honte nourrir sa vieille carcasse bientôt inutile, alors que tant de malheureux crevaient de faim dans le pays, mais il fallait qu'il tienne debout : il avait une dernière tâche à accomplir.

Vers huit heures, il vit Cardan sortir. Elle allait fleurir les tombes. Il la suivit. Elle passa de tombe en tombe, changeant l'eau ici, remplaçant un bouquet par un autre là. Elle s'arrêta plus longtemps devant les tombes de Berg et Saïdi. Ducast la vit prendre soin des fleurs et nettoyer les dalles avec des gestes lents, presque craintifs. Puis elle s'éloigna.

Il s'approcha des tombes de ses amis. Stéphanie Berg, morte comme un homme après avoir vécu comme un homme. Karim Saïdi, l'homme qui avait dû attendre le Ragnarok pour retrouver son identité – enfin. Au-dessus de leurs noms, le « Thau » des morts au combat.

Ducast resta quelques instants devant les tombes, sans mot dire. Il avait un peu froid. Il frissonna. Il était vieux, il était fatigué, il n'avait pas dormi de la nuit.

Mais il lui restait une chose à faire.

Après, il pourrait se reposer.

Il murmura, en s'adressant aux deux morts qui gisaient là, à ses pieds : « Je suis venu vous dire que vous avez gagné. »

CHAPITRE XVII - LA VIE MALGRÉ TOUT

À la mi-juin, lorsqu'elle apprit que Jean-Baptiste Ducast était mourant, Hélène Pelletier décida de lui rendre visite. Elle n'avait jamais vu physiquement le mystérieux « monsieur Blanc » avec lequel elle avait correspondu pendant des années. Elle voulait le rencontrer, avant qu'il ne soit trop tard. Elle avait des questions à lui poser. Des questions vitales.

Elle sollicita de son chef de groupe un ordre de mission pour l'enclave du Vercors. Il n'avait aucune raison de l'envoyer là-bas, mais il lui obtint une place dans un hélico pour l'enclave de l'Ardèche, où un centre de sauvegarde technologique venait d'être installé. Le centre en question pourrait utiliser les services de Pelletier, cela tombait bien.

Et puis, de Privas, elle pourrait se rendre facilement dans le Vercors, il y avait des convois réguliers entre les deux enclaves.

Elle partit le 17 juin au soir. Alors que son hélico prenait de l'altitude, elle jeta un coup d'œil à la colline de la Défense, immense tâche grise de béton concassé. Fascinée, elle contempla ce désert calciné, parcouru de tranchées, constellé de trous d'obus, bruni ici ou là par l'explosion d'une bombe à effet de souffle. On aurait dit un champ de bataille de la Première Guerre Mondiale, aux portes de Paris.

Pelletier avait rejoint l'enclave fractionnaire de Paris-conurbation Ouest au début du Ragnarok, en février. Elle ne se trouvait donc pas dans l'hyperzone sécurisée de La Défense quand les hordes venues des extrazones toutes proches avaient déferlé, début avril, submergeant les défenses de la PC. Depuis les Hauts de Seine, elle avait juste pu contempler l'immense brasier, au loin.

La bataille de la Défense fut l'affrontement le plus violent du Ragnarok sur Paris-Banlieue. La FITEC donna l'assaut avec l'appui des bombardiers tactiques et des hélicoptères de combat, écrasant les troupes hétéroclites mais courageuses du Extra Power sous un véritable déluge de bombes – y compris des mininukes « propres », utilisées pour détruire les gigantesques parkings souterrains, que les fanatiques néomusuls avaient transformés en blockhaus imprenables.

Quand les affrontements cessèrent, début mai, la Défense avait été parfaitement rasée. Aucun bâtiment ne dépassait plus les dix mètres de haut. Au-dessus de troisième étage, tout avait été détruit. La grande arche avait disparu entièrement, on ne pouvait même plus retrouver sa trace. Par endroit, le sol s'était enfoncé de plusieurs mètres, effondré sur les parkings souterrains, raboté par les bombes et les obus.

Ce fut une bataille impitoyable et absurde. Personne ne comprit l'insistance des extrazonards, leur volonté farouche de s'approprier la Défense. Le Verdun du Ragnarok fut très largement un affrontement symbolique pour un lieu symbolique. Il n'y avait pas grand-chose à conquérir, sur la colline de la Défense. Les hyperzonards qui habitaient là avaient pratiquement tous fui au début du Ragnarok, emportant généralement avec eux les vrais objets de valeur. Si le Extra Power voulut à tout prix conquérir la Défense, ce fut tout simplement parce que ce quartier-là symbolisait tout ce que les extrazonards haïssaient le plus. Prendre la Défense, pour le Extra Power, c'était comme renverser le drapeau de l'ennemi.

Sur la colline de la Défense s'étaient affrontées deux forces, FITEC et Extra Power, l'une et l'autre résolues à tout détruire, plutôt que de céder le terrain à l'adversaire. Et sur la colline de la Défense, ces deux forces avaient entièrement anéanti l'ancienne hyperzone la plus sécurisée d'Europe.

Quoi de plus symbolique que cet affrontement à mort au milieu des ruines ? Quoi de plus symbolique que ces bombardiers aux couleurs de la FITEC détruisant l'hyperzone qu'ils étaient théoriquement chargés de défendre ? La Défense en ruines, au lendemain de la bataille, était le symbole le plus parlant qu'on pût imaginer. Avant la Défense, les gens avaient pu croire que l'affrontement opposait une rébellion, le Extra Power, à l'ordre ancien, la FITEC. Après la Défense, ceux qui avaient des yeux pour voir étaient fixés : l'affrontement visible n'avait été qu'une ruse de l'Histoire. Le véritable processus historique de fond, c'était le constat de faillite d'un ordre corporatif à bout de souffle. Les ruines de la Défense, c'était la table rase enfin réalisée.

Quand les troupes fractionnaires avaient été engagées dans la bataille, au début du mois de mai, les « bleus » du mouvement avaient été à deux doigts de la rébellion ouverte. Des négociations avaient été conduites entre les dirigeants de ce que l'on commençait à appeler « les fractions dans la Fraction ». Pelletier avait été témoin des préparatifs des deux camps – les intendants débauchant les gardes, pendant que les veilleurs s'armaient. On était passé très, très près de l'explosion du mouvement. Puis, brutalement, sans qu'on comprenne pourquoi, tout était rentré dans l'ordre. La température était retombée à un niveau normal, Fahrenheit 665.

Pelletier avait entendu toutes sortes de théories, à cette époque-là. Un peu partout dans le mouvement, on essayait de décoder les évènements. Elle avait beaucoup discuté avec Poliakov, un ancien prof de fac devenu référent de réseau. Ce type avait une théorie intéressante. À ses yeux, en dépit des apparences, disait-il, tout cela n'était fondamentalement qu'une transfiguration de la lutte des classes, et c'était bien pour cette raison que les « bleus », solidaires malgré tout des intrazonards de tous poils, finiraient par se rallier aux « gris ».

D'un côté, avait-il expliqué à Pelletier, il y avait les élites corporatives. Ces élites n'étaient pas homogènes. Elles étaient composées de deux grands blocs : il y avait d'une part les détenteurs du capital financier, dont les centres de pouvoir étaient situés principalement dans l'Alliance Panaméricaine et dans l'Ouest de l'Union Eurocorpo, et d'autre part il y avait les détenteurs du capital 'technocratique'. Ceux-là avaient Moscou et Berlin pour places fortes. Ces élites corporatives constituaient l'hyperclasse, une classe supérieure divisée contre elle-même, donc.

Outre sa profonde division interne, l'hyperclasse avait un autre problème : la montée en puissance latente des classes moyennes techniciennes, dans une société où le degré d'acquisition technologique devenait le facteur clef de la puissance. À tous points de vue, les élites corporatives se sentaient menacées par la classe moyenne : la haute bourgeoisie redoutait que le levier technologique ne supplantât l'argent comme forme principale de l'investissement productif, et la technostructure se sentait dépossédée par l'émergence des systèmes distribués, où la maîtrise de l'information n'est plus garantie par une architecture pyramidale et hiérarchique.

« Pour conserver leur ascendant sur la classe moyenne qui peuple les intrazones ordinaires, » expliqua Poliakov à Pelletier un soir de mai, « les hyperzonards des intrazones riches et ultrasécurisées se sont progressivement doté d'un allié de revers : les extrazonards, pauvres, déracinés, faciles à manipuler. Le problème, c'est que la manipulation a fini par se retourner contre les manipulateurs.

« La situation est d'une complexité extraordinaire. La classe moyenne des intrazones est divisée en trois groupes : les intrazonards ruraux enracinés, qui se situent en marge de la problématique générale, les intrazonards urbains soumis, idiots utiles de l'ordre eurocorporatif, et enfin les intrazonards urbains et ruraux déracinés et révoltés – le premier vivier de recrutement de la Fraction, à l'origine. Les extrazonards aussi se divisent en trois catégories : les déracinés intégraux, vivier de recrutement du Extra Power ; les extrazonards enracinés dans une lignée ethnique relativement cohérente, vivier de recrutement des ethnomilices afros, asios et nordafs ; et enfin les extrazonards euros, second vivier de recrutement de la Fraction.

« Alors on a quoi ? Eh bien on a quatre types de conflits qui se superposent et se brouillent mutuellement : lutte des classes, hyperzonards contre intrazonards, les extrazonards en alliés de revers des hyperzonards ; lutte des races, disons pour simplifier Euros et Asios d'un côté, Afros et Nordafs de l'autre ; lutte des systèmes aussi, les groupes enracinés, ethnomilices et intrazonards ruraux, s'opposant à l'ensemble du système administré par les hyperzonards, puisque ce système repose sur le déracinement ; et enfin, last but not least, lutte des réseaux d'influence au sein de l'hyperclasse, Est contre Ouest, technostructure contre grande bourgeoisie.

« Seule cette cartographie multicritère traduit la complexité de la situation. Et encore : tout cela se complique de trajectoires individuelles atypiques. Il y a des Euros et des Asios parmi les cadres du Extra Power, il y a des Afros et des Nordafs dans le conseil central des chapitres fractionnaires. Et puis il y a, peut-être, un cinquième type de conflit à intégrer : l'affrontement au moins verbal entre les tenants du néo-islam et les authentiques musulmans. Ce néo-islam est quelque chose de tout à fait particulier, qui n'a en fait qu'assez peu de rapport avec l'islam proprement dit. Si l'idéologie fractionnaire en voie de structuration ressemble à la *meilleure synthèse du pire*, l'idéologie du Extra Power, quant à elle, c'est la *pire synthèse du pire* : faux protestantisme millénariste, faux catholicisme du clergé corporatif, faux islam révolutionnaire des groupes terroristes, etc.

« Résumons : quatre, peut-être cinq types de conflits. Et des individus qui s'inscrivent tous dans cette cartographie multidimensionnelle, mais chacun à sa manière, jusqu'à ricocher parfois d'un plan sur l'autre, pour atterrir dans un ou l'autre camp – alliance corporative d'un côté, Extra Power de l'autre. Tout cela est bien, bien plus compliqué que nos 'bleus' et nos 'gris' ne se l'imaginent. »

*

Pelletier trouva la théorie de Poliakov assez séduisante. Cette idée de la « cartographie multidimensionnelle » collait à la réalité – une réalité bien plus complexe qu'un simple affrontement entre « bleus » et « gris », en effet.

Mais il y avait quelque chose que Poliakov ne savait pas…

Tandis que son hélico prenait de l'altitude, Pelletier regarda une dernière fois la tâche grise de la Défense, qui rapetissait déjà, au loin. Il était très clair que cette tâche grise, là-bas, c'était désormais à peu près tout ce qui restait de l'ancien ordre eurocorporatif – la technostructure administrative, appuyée sur Berlin et Moscou, avait désormais pris le pas sur les places fortes financières, Paris et Londres. Le centre de gravité de l'ensemble européen avait basculé vers l'est. L'Europe de l'Ouest allait payer pendant des décennies la faillite intégrale de son ridicule modèle multiculturaliste. Un demi-siècle après la chute du Mur de Berlin, l'Est prenait sa revanche.

Cependant, cette petite tâche grise symbolisait bien d'autres choses. Le modèle de Poliakov était certes très supérieur aux théories simplistes des « gris » – pour lesquels un « choc des civilisations » opposait l'Europe à l'Afrique – et des « bleus » – pour lesquels la « nouvelle lutte des classes » exigeait l'alliance de la Fraction avec le Extra Power. Mais ce modèle, malgré sa subtilité, ignorait un élément que Pelletier connaissait bien, qu'elle avait longuement étudié : le conflit s'était déroulé, avant et pendant le Ragnarok, *à l'intérieur des âmes*.

Pendant que l'hélico survolait les extrazones de Paris Sud, Pelletier observa le mitrailleur de bord. C'était un jeune homme de vingt ans peut-être, visiblement très sportif. Un beau gars, comme on dit. Il s'amusait à viser les véhicules sur l'eurovoie – sans ouvrir le feu, évidemment. De toute évidence, ce gamin se croyait dans un jeu vidéo. Un sourire cruel lui tirait la commissure des lèvres – le sourire d'un chasseur à l'instant où il devine la proie. Pelletier trouvait ce gosse emblématique de l'époque : une synthèse improbable et terrifiante entre l'inconscience construite et l'éternel instinct du tueur. Quelques décennies de conditionnement médiatique, en surplomb de quelques dizaines de millénaires de conditionnement naturel.

Pelletier soupira. Poliakov avait bien vu comment l'ordre eurocorporatif avait détruit les fondements de la société humaine, mais il avait manqué l'essentiel. Il n'avait pas vu comment cet ordre avait détruit l'Homme *à l'intérieur même de l'Homme*.

L'hélico s'inclina insensiblement, signe qu'il avait atteint son altitude de croisière et prenait maintenant de la vitesse horizontale. Sous l'appareil, la campagne française défilait – champs en friches, hameaux brûlés. Ici ou là, des cultures et des habitations occupées. Partout, des tentes, des milliers de tentes – les camps de réfugiés, territoire de la misère, des trafics et de la violence triste que les pauvres s'infligent entre eux. Sous les yeux d'Hélène Pelletier défilait le plus grand désastre humanitaire de l'Histoire, et pendant ce temps-là, le jeune mitrailleur de bord continuait à viser des cibles, au hasard, un sourire aux lèvres.

Pelletier décida que le spectacle de ce jeune con amoureux de sa mitrailleuse lourde était plus qu'elle ne pouvait supporter. Elle se pelotonna contre la paroi du fond de l'hélico et, le masque de virtualité sur le front, le gameglove à la main droite, elle partit à la rencontre de l'homme sous l'arbre.

Il fallait qu'elle le voie.

Il fallait qu'elle le touche.

Il fallait qu'elle le traverse.

Avant qu'il ne fût trop tard.

*

Elle jouait encore quand l'hélico se posa sur une vaste étendue herbeuse, quelque part du côté de Privas. Elle retira son masque de virtualité et regarda autour d'elle.

A côté du terrain d'atterrissage, elle repéra plusieurs citernes de carburant – il devait y en avoir pour une véritable fortune, étant donné le prix délirant atteint par le kérosène. Plus loin, elle vit une forêt de tentes militaires kaki, et encore plus loin l'ancienne intrazone touristique de Privas – à moitié détruite après le passage d'une colonne du Extra Power, au mois d'avril. À l'horizon, il y avait les forêts magnifiques de l'Ardèche, aux arbres desquelles, après leur contre-attaque victorieuse du début du mois de mai, les troupes corporatives avaient pendu des milliers de prisonniers. Là s'était déroulé un des pires massacres de la guerre civile – quand le Extra Power avait tenté en vain de descendre vers Pierrelatte et la zone sécurisée par la FITEC autour des installations nucléaires, la riposte des forces corporatives avait été terrible. Et en contemplant ce paysage bucolique, en imaginant les tombes innombrables qui parsemaient désormais les forêts de l'Ardèche, Pelletier pensa à l'homme sous l'arbre – une fois de plus.

Un garde se présenta à la jeune femme : il était chargé de l'accompagner à ses quartiers. Elle le suivit. Elle allait dormir sous la tente. Elle n'en fut pas fâchée. En fait, elle était en train d'y prendre goût.

Elle se renseigna sur les prochains convois. On en prévoyait un pour l'enclave du Vercors sous deux jours. En attendant, elle décida de rapporter au centre de sauvegarde technologique où, désormais, elle travaillerait, selon son ordre de mission.

Le centre de sauvegarde était installé dans un ancien couvent fortifié. C'était une belle synthèse des paradoxes de l'après-Ragnarok. Par certains côtés, on se serait cru revenu au Moyen Âge. Ainsi, pour économiser l'électricité, férocement rationnée, on s'éclairait à la chandelle. Par d'autres côtés, on cherchait visiblement à conserver le niveau d'acquisition technologique le plus élevé possible – d'où cette vision surréaliste : cinq consoles de travail informatisées dernier cri, cinq scribes pianotant sur des claviers d'ordinateurs, le tout dans une cave éclairée... à la bougie.

Pelletier devait travailler dans la partie « infotechnologie » du centre de sauvegarde. La mission du service était simple : préserver les connaissances relatives au traitement automatisé de l'information sur support magnétique, électronique ou nanométrique, ainsi qu'une certaine capacité à mettre en œuvre ces connaissances, même si les systèmes industriels en amont devaient être durablement désorganisés. L'enjeu principal était de conserver une capacité à prendre des contremesures face aux capacités de guerre électronique et médiatique des forces corporatives. Un enjeu secondaire était de conserver la capacité, à moyen terme, d'utiliser à nouveau à plein les technologies de l'information, telles qu'elles avaient été développées à la fin de l'ère corporative.

De toute évidence, ce service « infotechnologie » était le parent pauvre du centre de sauvegarde, et les futurs collègues de Pelletier ne lui cachèrent pas leur amertume : à eux le caveau le plus sinistre, à eux les crédits les plus faibles. Les services bien financés étaient « chimie organique », base d'une industrie pharmaceutique en voie de reconstitution, et « agronomie », qui devait à brève échéance garantir la performance du réensemencement.

Pelletier passa quelques heures avec ses nouveaux collègues. Elle fut bien accueillie, parce qu'elle apportait des savoirs-faires appréciables. Bien sûr, la régression technologique était sensible, même dans un centre de sauvegarde, mais la situation était paradoxale. Le matériel était des plus hétérogènes. Certains éléments étaient récents – il y avait même un processeur nanométrique dernière génération, un matériel que Synactis n'avait commencé à utiliser que quelques mois plus tôt. D'autres matériels étaient hors d'âge – une partie des unités de stockage de mémoire, en particulier. Faire fonctionner cet attirail n'allait pas être une mince affaire.

La principale mission opérationnelle du service, dans l'immédiat, était le décodage des images émises par la télévision corporative, laquelle venait tout juste de reprendre ses émissions satellitaires. Le mode TM était semble-t-il toujours utilisé, quoiqu'avec beaucoup plus de parcimonie.

Pelletier passa deux jours à travailler avec sa nouvelle équipe. Travail assez facile, au demeurant. Les techniques utilisées par la nouvelle télévision d'Etat étaient beaucoup plus rudimentaires que celles déployées par le passé. Sans doute une bonne partie du savoir-faire s'était-elle perdue.

Le service « Infotechnologie » repéra des formes floues dans les reportages sur l'île hyperzonale des Bahamas dont la milice privée, sans solde depuis la faillite de la société « White Sand », avait pris en otage les résidents – des hyperzonards de très haut standing, tout surpris les pauvrets de finir prisonniers de leurs propres mercenaires. La télévision berlinoise avait inséré des formes agressives dans l'ombre de quelques personnalités eurocorporatives récemment « libérées », c'est-à-dire échangées contre rançon. Ces types, dont plusieurs ministres eurocorporatifs déchus, allaient bientôt passer devant un mystérieux « tribunal du peuple », convoqué on ne savait ni par qui, ni comment. Cela sentait le règlement de compte à l'intérieur des milieux corporatifs, et Pelletier passa plusieurs heures à décoder les formes floues. Visiblement, on conditionnait l'opinion d'Europe occidentale en vue d'une opération « mains propres » savamment dosée.

Il y avait aussi des formes floues dans l'ombre du Pape, qui venait de célébrer sa première messe à Varsovie – où il avait dû se réfugier après le rétablissement des cultes sacrificiels aztèques à Mexico-Technochtitlan. À présent, ce n'était plus une chaîne de fast-food qui faisait sa pub dans l'ombre de Sa Sainteté. C'était l'Etat corporatif lui-même qui prenait en otage la religion catholique, ni vu ni connu. Un signe avait été surimprimé en mode TM sur la croix chrétienne : c'était le « E » barré d'un double trait, le symbole de l'Union Eurocorpo.

Pelletier ne put s'empêcher de sourire, quand elle eut terminé le décodage.

Allons, le Ragnarok n'avait rien changé.

La vie continuait, et le mensonge aussi.

CHAPITRE XVIII - LE SOLSTICE D'ÉTÉ

Le 20 juin au matin, veille de l'été, Hélène Pelletier monta dans un autobus recouvert de plaques de blindage peintes aux couleurs de la Fraction. Devant son bus roulait un blindé léger de l'ex-FITEC. Derrière, il y avait deux camions transportant des pièces détachées de matériel agricole et plusieurs tonnes d'engrais. À l'exception du blindé FITEC, tous les véhicules roulaient au biocarburant artisanal. À l'exception du deuxième camion, celui qui ne transportait que de l'engrais, tous les véhicules étaient blindés. À l'exception des conducteurs, tout le monde portait un pistolet-mitrailleur en bandoulière.

La routine…

Le convoi suivit une route d'intérêt local. Il s'agissait d'un itinéraire sécurisé. L'essentiel du trajet était en territoire fractionnaire ou corporatif, mais il fallait traverser l'ethnozone euro du Rhône central, une petite enclave construite dès le début du Ragnarok par une fédération de chasseurs, peu nombreux mais solidaires et habitués à manipuler les armes.

Dans le bus, Pelletier lut un journal – la presse commençait à reparaître, sur papier, comme au XX° siècle. Titre de l'article : « L'incompréhensible désastre de Vincennes Extrazone ».

« Ce qui s'est passé à Vincennes pendant le Ragnarok est stupéfiant. Et en même temps, pas du tout.

« En fait, tout dépend du point de vue. Pour quelqu'un qui ne s'est jamais intéressé à l'histoire des génocides, les massacres en extrazone euro peuvent sembler absurdes. En bien des endroits, on eut l'impression que les victimes allaient au-devant de leurs bourreaux. Dans certains cas, les Blancs payèrent les assassins afros pour qu'ils les tuent proprement – on appelait ça 'acheter une balle'. Ce fut la seule initiative que prirent les 'petits Blancs' non fractionnaires, à l'heure de leur mort. Ils demandèrent à mourir sans souffrance. Il n'y eut aucune résistance, aucune tentative de résistance, même.

« Aucun embryon d'organisation. Rien.

« À première vue, c'est stupéfiant. Une population a collaboré à sa propre extermination.

« À mieux y regarder, cela n'a rien d'étonnant.

« Jusqu'à l'insurrection du ghetto de Varsovie, il était arrivé la même chose aux Juifs d'Europe.

« Pour comprendre cette réaction apparemment aberrante – collaborer à sa propre extermination, il faut restituer l'évènement dans son contexte.

« Un génocide, en général, est une affaire longuement préparée.

« Les victimes ont eu le temps de se faire à l'idée qu'on allait les exterminer.

« Parfois, la propagande préparatoire a été si puissante, la diabolisation a été si parfaite, que les victimes elles-mêmes finissent par admettre que leur extermination est, au fond, une bonne chose. Un bon moyen de rendre le monde meilleur.

« C'est ce qui était arrivé aux vieux bolcheviks, en 1937 de l'ancienne ère.

« C'est ce qui est arrivé aux eurozonards, cette année.

« Depuis cinquante ans, une propagande inlassable répétait que tous les fléaux de la planète étaient le fait de l'Homme blanc. Pas le fait de la petite minorité de très riches, blancs ou non blancs. Pas le fait du progrès technologique en lui-même. Pas le fait de la dynamique du capitalisme.

« Non, le Mal du monde au troisième millénaire, c'était l'Homme blanc. Exactement comme le Mal de l'Allemagne, au XX° siècle, avait été le Juif.

« Pareil.

« Même motif, même punition. »

Elle n'eut pas la force de lire la suite de l'article. Certaines vérités font trop mal.

Pour se changer les idées, elle discuta de l'actualité avec ses compagnons de route – des ouvriers agricoles qui partaient travailler les terres remises en culture dans l'enclave du Vercors. On venait d'apprendre coup sur coup le putsch militaire de Pékin et l'attentat nucléaire de Haïfa. La bombe sale bourrée d'éléments radioactifs qui avait détonné dans un camp de transit allait, d'après les dernières estimations, provoquer la mort d'environ 3.000 Juifs, pour la plupart des immigrés arrivés d'Anvers quelques mois plus tôt. En riposte, l'aviation juive avait largué plusieurs bombes à effet de souffle sur les camps de réfugiés palestiniens. On parlait d'environ 10.000 morts, et ce n'était qu'un début. À Bagdad, le conseil de l'Etat corporatif arabe avait déclaré légale l'action des ethnomilices sunnites qui voulaient multiplier les attentats jusqu'à ce que les Juifs soient exterminés.

Dans le bus, les avis étaient partagés. Comme souvent au Proche-Orient, il était impossible de dire si cette déclaration devait être prise au sérieux. Les Arabes étaient tellement habitués à la rhétorique extrémiste qu'avec eux, on ne savait jamais à quoi s'en tenir. Pelletier pensait, pour sa part, que les corporatifs de Bagdad donnaient le change à leur opinion publique.

Entre les évènements de Pékin et ceux d'Haïfa, on commençait à comprendre que le Ragnarok n'était décidément pas fini. Le vent de folie meurtrière allait maintenant tourner comme une bête en cage, dévastant tour à tour telle ou telle partie du monde. Il en avait fini pour l'instant avec l'Europe, qu'il laissait exsangue et ravagée. Mais il n'avait quitté le vieux continent que pour s'abattre à nouveau sur le Proche-Orient. Un tourbillon de haine sanguinaire ricochait de pays en pays, de continent en continent, de peuple en peuple, et il continuerait à ricocher jusqu'à ce que l'immense réservoir de colère rempli par le Kali Yuga ait été vidé par le Ragnarok.

On n'en avait pas fini avec l'homme sous l'arbre. La soif de mort et l'appétit de cruauté seraient durs à apaiser, des flots de sang couleraient avant que la source du mal ne soit tarie.

*

Quand elle arriva chez Isabelle Cardan, le 20 juin au soir, Hélène Pelletier trouva Yann Rosso au chevet de Jean-Baptiste Ducast. Rosso lui souhaita la bienvenue. Ducast tourna lentement la tête vers la jeune femme et lui dit : « Alors vous voilà, madame Pelletier. »

Elle s'assit à côté du lit et demanda au vieil homme s'il pouvait parler. Il hocha la tête gravement.

« Profitez-en tant qu'il en reste, » dit-il, « parce qu'il n'en reste pas beaucoup. »

Un long frisson parcourut le corps sous les draps.

« J'ai froid, » dit Ducast.

Rosso remonta la couverture sur le vieillard. Le médecin avait dit qu'il fallait laisser faire la nature. Ducast ne souffrirait pas. Il allait s'éteindre, tout simplement. Les médicaments étaient désormais réservés aux patients plus jeunes.

Yann Rosso saisit la main de son vieil ami et la serra doucement, comme s'il voulait lui donner un peu de chaleur. Ducast sourit.

« Tu te rends compte, Yann, que je vais mourir alors que le plus dur reste à venir. Je suis vraiment un petit veinard, dans mon genre. »

Rosso rendit son sourire à Ducast.

« Ah, » murmura le vieil homme, « mourir maintenant, au moment précis où ça devient dur, quelle chance ! »

Rosso hocha la tête en signe d'assentiment.

Pelletier fit mine de parler. Sans lui laisser le temps de poser sa question, Rosso lui expliqua : « Jean-Baptiste pense que les vrais ennuis commencent maintenant seulement. »

Ducast tourna la tête vers Pelletier. Elle lui demanda : « Pourquoi ? »

« Nous sommes des chrétiens à la veille du règne de Constantin, » répondit-il. « Nous sommes des Juifs à la fin de l'Exode. Nous sommes des communistes russes en 1916. Nous sommes des résistants français en mai 1944. Nous avons mangé notre pain blanc. »

Rosso murmura : « On a gagné, mais je me demande si ça en valait la peine. »

Sans quitter Pelletier des yeux, Ducast répondit : « Yann, tu es un enfant. C'est tout le contraire. Dans ce monde, nous avons perdu. Et pourtant, ça en valait la peine. »

Puis il se tourna vers Rosso et dit : « Hélène et moi devons parler un moment, Yann. Tu dois en avoir assez de m'entendre radoter. Va à la cuisine manger un morceau, ça te fera du bien. »

Rosso se leva et Ducast grommela, dans son dos : « Ah, et au fait : Dame D8. »

Rosso hocha la tête. C'était le coup logique. Ducast allait obtenir le pat. Nullité forcée : le même mouvement pour la troisième fois, obligé.

Il descendit à la cuisine. Janine Vaneck lui donna une demi-livre de pain et un gobelet de vin. Il sortit dans le jardin pour manger tout en étudiant l'échiquier. Pas doute : il était coincé. Il ne pouvait que répéter, pour la troisième fois, le même mouvement : déplacer le roi, pour parer l'échec. Ensuite Ducast ramènerait sa reine en arrière, et à nouveau, il y aurait échec au roi. Pour parer, il faudrait ramener le roi à sa position de départ. Bien obligé. Cela ferait trois fois que la même séquence se répèterait. Ducast proposerait le pat, et Rosso serait bien obligé d'accepter.

Il se détourna de l'échiquier. Ça l'embêtait, ce pat concédé bêtement, alors qu'il avait jusque-là parfaitement manœuvré.

Il n'aimait pas perdre. Et cette partie-là, la dernière, il aurait particulièrement voulu la gagner…

Il repensa à Ducast et Pelletier, là-haut, dans la chambre. De quoi pouvaient-ils bien parler ?

Il haussa les épaules. Après tout, ça lui était égal. Que ce vieux fou et cette pauvre fille fassent leur tambouille dans leur coin.

Il regarda l'échiquier et se fit la réflexion qu'il perdait la partie faute d'avoir gardé sa dame.

Il pensa à Berg et but une grande lampée de vin.

Il posa son pain et son vin, il se leva et marcha vers les fleurs.

C'était une drôle d'idée, ce parterre de fleurs. Ducast avait tenu à ce qu'on le conserve, malgré le Ragnarok, malgré les privations. Elles servaient à décorer les tombes, au fond du jardin.

Il finit son sandwich et retourna s'asseoir. La nuit était presque tombée, maintenant. La nuit la plus courte de l'année, la nuit du solstice. Un peu partout à travers l'enclave, des gens se réunissaient pour fêter l'été. Dans le fond de vallée, au loin, on discernait déjà les lueurs de quelques feux de camp.

Rosso se sentait épuisé.

Il se renversa en arrière sur sa chaise de jardin et regarda la voûte étoilée. Plus de satellite publicitaire, plus de formes floues. Les étoiles, voilà ce qu'il y avait à voir. Les étoiles, mortes depuis des millions d'années, et bien là cependant...

Depuis le début du Ragnarok, Yann Rosso vivait un cauchemar.

C'était un de ces cauchemars sournois, qui commencent comme un rêve presque agréable, et puis qui glissent vers l'horreur – lentement, très lentement. On rêve, d'abord, tout simplement. On le sait et on ne le sait pas. On se dit : « tiens, je rêve ». Et puis progressivement, le rêve devient de plus en plus noir, de plus en plus dur. On se répète : « je rêve, voyons, ce n'est qu'un rêve. » Mais le problème, c'est que plus le rêve tourne au cauchemar, moins on est certain de rêver.

Il y avait d'abord eu les prodromes de la catastrophe. L'affaire se déroula comme prévu. Les autorités corporatives instrumentalisèrent la colère qui montait dans les extrazones.

L'Alliance Panam partait, en théorie, avec un petit avantage : elle maîtrisait mieux les outils développés par Synactis. Mais cela ne l'aida en rien. Sans le savoir, les services d'action psychologique panaméricains, en réactivant les formes floues dispersées par leurs soins dans l'ensemble de la médiasphère, réveillèrent en même temps d'autres formes – celles que la taupe, implantée par les amis américains de la Fraction au cœur du système d'information de Synactis, avait propagées dans le réseau des images satellitaires.

Début janvier, il y eut ainsi un moment où trois manipulations s'additionnaient : la première, connue à la fois des corporatifs américains et européens, consistaient à déstabiliser marginalement les extrazones pour déclencher de mini-émeutes, lesquelles justifieraient une reprise en main énergique ; la deuxième, maîtrisée par les seuls services américains, visait à maintenir un niveau d'instabilité supérieur dans l'Union Eurocorpo et dans la Sinosphère ; et la troisième, manipulation sur la manipulation de la manipulation, implantée par la Fraction au cœur du système de conditionnement médiatique, visait à faire exploser toutes les barrières, à renverser toutes les digues qui encadraient la colère et la haine. Cette troisième manipulation devait transformer les mécanismes chaotiques épars voulus par les corporatifs en un seul et unique mouvement chaotique intégral – et parfaitement incontrôlable.

Cela avait marché. Cela avait marché du tonnerre de Dieu.

Le but était de foutre en l'air l'ordre corporatif une bonne fois pour toutes.

Et pour ce qui était de le foutre en l'air, on l'avait foutu en l'air.

Là-dessus, rien à dire.

On l'avait expédié à dix milliards d'années-lumière, l'ordre corporatif. On l'avait expédié jusque parmi les étoiles mortes, et peut-être même plus loin encore. On avait foutu un bordel jamais vu depuis, disons, 1917.

On l'avait envoyé jusqu'au bout de l'univers, l'ordre corporatif.

Seulement, il y avait eu un problème.

Le problème, c'est qu'il était retombé, l'ordre corporatif.

Indemne.

*

Jusqu'à la fin du mois de mars, tout s'était passé comme Rosso l'avait imaginé. Il avait eu des moments difficiles, mais qu'il savait nécessaires. On ne fait pas d'omelette sans casser des œufs.

Au-delà des souffrances infligées aux corps, le Ragnarok fut aussi une purification des âmes. Même aux pires moments, les gens furent secrètement moins malheureux qu'ils ne l'avaient été, depuis des années, au temps de la facilité. Dans les retraites fortifiées à la hâte, au cœur des extrazones en pleine anarchie, des êtres jusque-là restés seuls toute leur vie se retrouvaient enfin, se découvraient enfin. Des gens vivaient ensemble, qui n'avaient plus rencontré une seule âme vivante depuis l'enfance. Des gens qui avaient vécu, des décennies, enfermés dans une bulle construite par le système tout autour d'eux virent soudain la bulle crevée – et cela leur fut une libération. Les fractionnaires furent plus unis au cours des mois du Ragnarok qu'au cours des trente années précédentes – et il en alla sans doute de même des membres du Extra Power, quoique d'une manière fort différente. La solidarité n'était pas un vain mot, cette année-là.

La violence même qui se déploya à cette époque n'était pas le mal en lui-même. Dans une très large mesure, cette violence anarchique ne fut que le choc en retour d'une autre violence, insidieuse celle-là, déployée par le système corporatif depuis des décennies. Cela, peu de gens le comprenaient. Mais pour Rosso, c'était évident : la violence qui s'exprima, au début du Ragnarok, était répugnante. Mais elle l'était comme peut l'être le pus qu'un médecin avisé fait sortir d'une plaie infectée – pour soigner, uniquement pour soigner. Les morts du Ragnarok, au début du moins, ne furent pas des morts inutiles.

L'humanité occidentale se nettoyait de l'incroyable accumulation de perversité engendrée par un demi-siècle de consumérisme. Forcément, les eaux de lavage étaient peu ragoûtantes, mais à la limite, plus elles seraient sales, mieux ça vaudrait.

Cette conviction que le processus en cours serait bénéfique malgré son horreur aida longtemps Rosso à accomplir sa mission. En face d'atrocités qui faisaient reculer les plus braves, il démontrait une parfaite maîtrise de lui-même. De là venait son autorité naturelle, tout à fait remarquable. À part Ducast et quelques autres, personne ne se doutait que cette superbe assurance prenait sa source dans une conviction quasiment religieuse : la manifestation du mal purifierait les âmes, de sorte qu'une humanité meilleure devait naître du chaos.

Même lorsqu'il vit certains de ses frères d'armes brisés par l'horreur répétée, Rosso ne douta pas. À ses yeux, que certains comprennent la nécessité suprême et d'autres pas, voilà qui était dans la nature des choses. Il s'était depuis longtemps fait à cette idée que certains hommes sont destinés à ne pas traverser l'épreuve. Il avait coutume de dire, quand on lui demandait s'il craignait pour sa vie, qu'il l'avait déjà perdu deux fois : une première fois au début de sa carrière, quand sa voiture avait été criblée de balles et son collègue transformé en passoire, et une deuxième fois cinq ans plus tôt, quand son équipier avait eu la tête emportée par une décharge de shotgun tirée à bout portant. Ce jour-là, le collègue était entré en premier dans la chambre d'hôtel du dealer. Si Rosso était entré à sa place, c'est lui qui serait mort.

Voilà, c'est comme ça : certains passent à travers, et d'autres pas. Ça marche comme ça en face d'un shotgun, ça marche comme ça en face du réel, n'importe quel réel. Ça vaut pour un shotgun à bout portant, ça vaut aussi pour le Ragnarok. Rien de choquant pour Yann Rosso, jusque-là.

L'austérité forcée des retraites fractionnaires ne le rebuta pas davantage. Le style de vie de l'après Ragnarok, l'autarcie, l'épargne, la frugalité : quoi de plus sain ? Rosso n'avait aucun besoin de la quincaillerie encombrante dont la publicité avait fini par emplir sa vie, avant la catastrophe.

Il n'avait aucune envie de posséder un kit de check-up quotidien capable de détecter ses problèmes de santé. Il n'avait aucune envie d'un robomédecin capable de prescrire un régime alimentaire optimisé pour une espérance de vie maximisée. D'ailleurs, il n'avait aucune envie de retarder la mort. Il voulait vivre en paix avec lui-même et attendre la camarde de pied ferme.

Construire sa maison. Coudre ses vêtements. Cultiver sa terre. Cela avait été le mode de vie de cinquante générations de paysans français, depuis un millénaire – et leur sang coulait dans les veines de Yann Rosso.

Au fond, pour un type comme lui, le Ragnarok, c'était un retour aux sources.

L'ennui, c'est qu'en revenant à la source, Yann Rosso avait découvert qui il était.

Qui il était *vraiment*.

*

Le problème avec la vérité, c'est qu'elle est insupportable. C'est pour ça que les hommes ont inventé le mensonge d'Etat, ou si vous préférez l'art de mentir ensemble pour ne pas mentir seul. C'est à ça que ça servait, l'ordre corporatif : à ne pas dire la vérité.

Et donc, quand l'ordre corporatif disparut, la vérité apparut.

Pour Yann Rosso, c'est la fin du mois de mars qui marqua le moment précis où la vérité se fit jour. Quand la taupe implantée par la Fraction au cœur du système d'information de Synactis comprit qu'elle était sur le point d'être démasquée, trois mois après l'injection d'un homme sous l'arbre modifié dans les réseaux satellitaire, une décision fut prise : grillé pour grillé, il fallait que l'informateur donnât un maximum. En quelques heures, cet Américain, recruté par les amis de la Fraction outre-Atlantique, pirata les systèmes les plus sensibles de la mégacorporation, y compris le réseau de communication interne du board de Synactis America.

Quantité d'informations parvinrent aux chapitres européens. On apprit ainsi que la manipulation du mode TM par les Américains trouvait son origine dans une banale question d'argent : il s'agissait de déstabiliser l'Union Eurocorpo afin qu'elle continuât à subventionner une économie panaméricaine en pleine décapilotade – en échange de quoi, l'Alliance Panaméricaine continuerait de son côté à « protéger » cette Union Eurocorpo fragilisée.

La manipulation avait été approuvée par les milieux dirigeants corporatifs ouest-européens, en échange d'un appui des Panaméricains contre les milieux dirigeants est-européens. Synactis avait conduit l'opération pour le compte du Department of Defense de l'Alliance Panam, d'autant plus volontiers que la présidente du groupe Synactis en profita pour faire insérer des routines supplémentaires dans le mode TM – un moyen, pour Synactis, de prendre le dessus sur le gouvernement corporatif panaméricain, et donc sur les mégacorpos nord-américaines rivales.

Le détail des évènements ultérieurs restait flou. Weinberger fut-il mandaté par les milieux eurocorps orientaux pour saboter l'action entreprise par les Panaméricains ? Ou bien fut-ce, comme l'animal devait le prétendre par la suite, uniquement l'initiative malheureuse de la présidente de Synactis qui, considérée comme une rupture de contrat par les milieux eurocorps occidentaux, entraîna leur ralliement tardif aux réseaux moscovites ? Rosso fut incapable de répondre à cette question, d'ailleurs assez secondaire. Au fond, il était très possible que les deux hypothèses fussent vraies, que Weinberger ait fait semblant d'aider les Panaméricains pour plaire aux ouest-européens tout en trahissant les Américains pour plaire aux est-européens. Cela aurait bien été dans la manière du personnage – un agent triple qui ne servait jamais que lui-même.

C'est à cette époque que commença le glissement qui devait conduire la Fraction à une alliance toujours plus étroite avec le nouvel ordre corporatif. Ce glissement involontaire fut dû pour l'essentiel à l'incapacité totale des dirigeants du Extra Power à définir une ligne stratégique cohérente. Ainsi, au début du Ragnarok, Yann Rosso était plutôt favorable à l'alliance avec le Extra Power. Il ne s'était rallié aux « gris » que contraint et forcé, quand il apparut qu'il était complètement impossible de discuter avec le Extra Power.

Cette alliance avec les milieux corporatifs déplaisait souverainement à Rosso. Une bonne partie des responsables du désastre allaient s'en sortir, et cela le rendait malade. Pendant quelques jours, il caressa l'idée de rallier les « bleus », malgré tout. Puis, petit à petit, il comprit qu'il ne pouvait rien faire d'autre que suivre le mouvement. La dynamique favorable aux corporatifs était tout simplement trop forte.

Cette dynamique était d'autant plus forte qu'elle fut pour l'essentiel spontanée. Elle se produisit systématiquement, partout où, en s'effaçant, l'Etat corporatif abandonna la souveraineté à la Fraction, contrainte d'assumer les fonctions régaliennes sur des portions de territoire étendues. Partout où cette configuration se produisit, les autorités fractionnaires durent s'attacher les services des experts et spécialistes en tous genres qui avaient jusque-là travaillé pour les autorités corporatives. Il était en effet impossible de se passer de ces experts et spécialistes, parce qu'eux seuls pouvaient fournir à la population désemparée les cadres dont elle avait besoin. On avait beau dire, on avait beau faire, sans ces gens, il n'y avait pas moyen de s'organiser.

Il faut bien voir que les capacités de réaction de la population non fractionnaire s'avéraient *très* faibles. Et, à vrai dire, les fractionnaires de fraîche date réagissaient *à peine* mieux. Habitués à une hétéronomie radicale vécue au quotidien depuis leur plus tendre enfance, les Euros, intrazonards comme extrazonards, avaient perdu toute capacité d'initiative. Pour cette raison, à la différence des groupes survivalistes américains auxquels elle ressemblait initialement, la Fraction dut très vite s'organiser sur le modèle de la pyramide corporative, hiérarchique et verticale. Copier les corporatifs était bel et bien le seul moyen de les remplacer, étant donné les réflexes d'obéissance passive inculqués à la population d'Europe occidentale. En Europe, il ne fallait pas compter sur les gens pour se prendre en main.

A la mi-avril, Rosso pilota plusieurs reconnaissances vers l'usine de retraitement de déchets de la Hague, dont l'attaque avait été envisagée pour se procurer des matières radioactives – une opération-éclair jugée finalement trop dangereuse, et à laquelle on préféra l'assaut sur le Ventoux. À cette occasion, il visita un camp de réfugiés installé par le réseau Normandie dans le Cotentin.

Des gens étaient arrivés de Rouen, du Havre et de Caen, par groupes plus ou moins importants, fuyant les conurbations en pleine anarchie. Il fallait tout leur dire. Il fallait leur dire qu'on pouvait récupérer les bâches des camions pour se faire des tentes. Il fallait leur dire de monter la garde, car ils n'y pensaient pas eux-mêmes. Il fallait désigner les tours de garde, car ils étaient incapables de se mettre d'accord entre eux. Il fallait même leur dire de creuser des feuillées, car si on les avait laissé faire, ils seraient allés chier dans les bois par centaines, sans penser à rien, à deux pas de leur propre camp ! Même ça, creuser son trou pour y déposer ses excréments, *même ça*, il fallait le leur dire.

Peu à peu, de la fin mars à la mi-mai, un nouveau personnage apparut, un peu partout à travers la Fraction. C'était parfois un ancien spécialiste eurocorporatif rallié, parfois un fractionnaire de la première heure. Mais quelle que fût son origine, son type ne variait pratiquement pas : il était le nouveau corporatif. Exactement comme l'ancien ordre bourgeois avait jadis secrété une élite fondée sur la détention du capital productif, exactement comme l'ordre corporatif avait consisté à renforcer le pouvoir de cette bourgeoisie par la maîtrise du capital médiatique capable de susciter un appétit de consommation illimité, l'ordre post-Ragnarok fabriqua une nouvelle nomenklatura, fondée cette fois sur la détention de ce que l'on appelait parfois, sans la moindre ironie, le « capital sécuritaire ».

D'un côté, il y avait ceux qui possédaient les réseaux, les méthodes, les savoirs-faires individuels et collectifs nécessaires à la survie dans l'univers post-Ragnarok. De l'autre côté, il y avait les autres, tous les autres – qui n'avaient plus qu'à obéir aux premiers. Tel était le nouvel ordre : aussi injuste, aussi absurde, aussi profondément *dual* que l'ancien système corporatif.

Tout avait changé, et rien n'était changé. Quelques individus de l'ancienne élite corporative étaient retombés dans la masse des dominés, quelques individus issus des extrazones du temps jadis avaient désormais rejoint les rangs des dominants : tout ça pour ça. Mutatis mutandis, tout recommençait. L'esprit de fraternité dans la résistance à l'oppression n'avait pas survécu à la dislocation de l'ordre oppressif qui l'avait jadis suscité. Pire encore, il devenait lui-même oppressif : certains chapitres fractionnaires disposaient maintenant d'une chaîne de télévision, et ils commençaient à utiliser le mode TM pour faire leur propagande.

Peu après la mort de Berg, Rosso perdit ses dernières illusions.

A présent, l'alliance entre les réseaux corporatifs et les nouvelles directions fractionnaires était devenue si étroite qu'en pratique, on pouvait considérer que la Fraction était de facto une mégacorporation d'un genre nouveau – une mégacorporation du « capital sécuritaire ». Les services de renseignements corporatifs est-européens et la filière des veilleurs échangeaient constamment des informations. On pouvait parler d'intégration mutuelle.

Un jour de mai, un rapport secret des services corporatifs est-européens fut communiqué à la Veille fractionnaire. Le sujet en était l'actionnariat de la société d'investissement Davidson Worldwide, basée aux îles Cayman, et principal actionnaire de Synactis International. D'où il ressortait que cet actionnariat, très dispersé, regroupait des centaines de fonds d'investissement secondaires, lesquels déléguait à six d'entre eux, les plus importants, le soin de présider aux destinées de Davidson Worldwide.

Rosso prit le temps de lire ce rapport. L'actionnariat de Davidson Worldwide avait été un des grands mystères de l'ère corporative. Comme ce fond d'investissement contrôlait directement ou indirectement la plupart des mégacorpos mondialisées, on pouvait dire, sans grand risque de se tromper, que ceux qui contrôlaient Davidson étaient, en pratique, les maîtres du monde.

Yann Rosso parcourut la liste des maîtres du monde. Des centaines de noms plus ou moins exotiques, et derrière ces centaines de noms, des millions d'actionnaires. Des centaines de millions, même. Tout ce que la terre comptait de riches, de demi-riches et de quarts-de-riches. Rosso releva d'ailleurs le nom d'un fond d'investissement dans lequel il avait investi une partie de ses économies, dix ans plus tôt, quand il avait commencé à préparer sa retraite, sur les conseils de son banquier.

Il se revit, ce jour-là, négociant le taux de rendement de son placement. Le banquier voulait lui fourguer du 4 % garanti hors inflation. Rosso exigeait du 4,5 %, moyennant quoi il s'engageait à augmenter ses versements mensuels. Le banquier avait fait mine de tirer la langue, puis il avait accepté. Rosso s'était dit qu'il avait eu raison de négocier.

Il pouvait voir, maintenant, quelle conséquence avec eue ce demi-point supplémentaire, arraché de haute lutte par un petit épargnant roublard. Les institutions financières voulaient évidemment un rendement supérieur à celui auquel elle rémunérait leurs prêteurs. Donc les banques avaient demandé à leurs emprunteurs du 6,5 %, au lieu de se contenter de 6 %. Les emprunteurs, les fonds d'investissement globalisés, avaient répercuté la hausse sur les mégacorporations, lesquelles avaient un peu plus serré la visse à leurs sous-traitants. On avait sans doute comprimé un peu les salaires dans les extrazones chinoises, pour que Yann Rosso touche son demi-pourcent de plus. De là, le boomerang était revenu dans l'Union Eurocorpo, car il n'y avait aucune raison pour que les mégacorpos continuassent à investir en Europe dans ces conditions. Par contrecoup, il y avait sans doute eu des mouvements de protestation dans les extrazones, et pour contrôler la population, les autorités corporatives avaient accentué leur recours au mode TM.

Ainsi la vérité apparut. Si Yann Rosso voulait voir le maître du monde, il n'avait qu'à consulter son relevé de compte d'épargne. Si Yann Rosso voulait voir le commanditaire de l'immense machine corporative, il n'avait qu'à se regarder dans une glace. S'il voulait appréhender le meurtrier de Stéphanie Berg, il ne lui restait plus qu'à s'arrêter lui-même.

La boucle était bouclée.

Le Ragnarok n'avait servi qu'à une chose : enseigner à Yann Rosso qu'il était son propre ennemi. Pour le reste, au fond, la Fraction était au fond un échec. Si elle n'avait pas existé, Rosso serait mort, sans doute, voilà tout ou à peu près. La lutte n'avait préservé que les corps, elle n'avait presque rien sauvé des âmes, semblait-il. Sans la Fraction, le monde eût appartenu à Weinberger à cent pour cent. Avec elle, il lui appartenait à quatre-vingt-dix-neuf pour cent. Tant d'effort, pour ne sauver qu'un pourcent de l'Homme.

*

Rosso sursauta quand Pelletier posa la main sur son épaule.

« J'ai dormi ? »

« Il est minuit passé, » répondit Pelletier. « Il faudrait que vous veniez, je crois que Jean-Baptiste va passer bientôt. Et il veut nous montrer quelque chose d'abord. »

Rosso se leva et suivit Pelletier.

« Il veut nous montrer quoi ? »

« Je l'ignore. Il m'a dit de vous appeler pour nous montrer quelque chose, je n'en sais pas plus. »

En entrant dans la chambre, quand il vit la pâleur du vieil homme gisant sur le lit, Rosso resta sans voix. Ducast avait les traits d'une statue de marbre, et son visage immobile eut fait l'effet d'un masque funèbre, sans le regard incisif qui jaillissait des yeux brûlants.

« Je n'ai pas très longtemps devant moi, » dit le mourant, « alors je vais faire d'une pierre deux coups. Madame Pelletier voulait que je lui montre ce qu'il y a derrière l'arbre, et je crois, Yann, que tu as gagné toi aussi le droit de savoir. »

Hélène Pelletier ouvrit le sac qu'elle avait posé au pied du lit. Elle en tira un smartcom, un gameglove et un masque de virtualité. Ducast désigna du regard son masque et son gant, posés sur la petite table de nuit. Rosso les lui tendit.

« Ouvre le tiroir du haut, » dit Ducast, « il y a un gant et un masque. »

Rosso s'empara du nécessaire de jeu. Tandis que Pelletier le connectait à la console, il murmura : « Vous êtes certain que c'est une bonne idée ? »

Ducast ne répondit pas. Pelletier fit comme si elle n'avait pas entendu la question. Rosso soupira et enfila le gant.

Il n'avait jamais aimé jouer. L'homme sous l'arbre l'effrayait.

Il regarda Ducast. Le vieillard tourna la tête de côté et darda ses yeux de braise vers l'ex-flic.

« Je n'ai pas le temps de discuter, Yann. »

Rosso soupira derechef, et mit le masque de virtualité.

Pelletier alluma la console.

*

Ducast prit la tête du trio. Il attendit le troisième marchand pour passer la porte, ce qui était de bonne politique – avec les deux premiers, on perdait du temps, et on risquait de se faire éliminer bêtement. Il entraîna ensuite ses compagnons vers les bas-quartiers de la ville. Filant tout droit à travers les rues mal famées, il atterrit dans une taverne fréquentée par les gardes de la citadelle. Pendant ce temps, Rosso et Pelletier attendaient que la voleuse ait fini de détrousser le bourgeois pour la bloquer dans un recoin obscur et lui confisquer le produit de ses larcins. C'était une jolie somme, mal gagnée sans doute, mais volée à une voleuse. Ils rejoignirent Ducast et payèrent aux gardes du vin jusqu'à l'ivresse. Les gardes parlèrent, la princesse était détenue dans l'aile ouest.

Ils s'y rendirent rapidement, profitant de leur expérience pour surmonter sans mal les embûches préparées par les concepteurs du jeu. Ils franchirent le parvis et là, sous l'arbre, comme ils s'y attendaient, ils trouvèrent celui qu'ils étaient venus défier – l'homme sous l'arbre modifié par les soins de Jean-Baptiste Ducast. L'homme sous l'arbre, l'être qui avait provoqué le Ragnarok, *l'ennemi de la paix*.

Il les attendait. Ils l'avaient déjà vu par le passé, et ils le voyaient à nouveau, semblable à lui-même. Ils avaient marché sous le porche à l'ouest du donjon. Ils avaient traversé le parvis. Le parvis était plus grand qu'il ne l'aurait dû, et l'arbre se dressait à sa limite, à l'entrée du cloître. L'homme les attendait sous l'arbre, et il avait pris la forme de la princesse.

Son visage était d'un ovale parfait, ses yeux étaient semblables à des pierres précieuses, ses traits étaient fins et réguliers, ses cheveux faisaient comme une auréole à la douce clarté. Ducast s'approcha et la princesse dit : « Tu ne mérites pas de me délivrer. » Elle dit et elle répéta : « Tu ne mérites pas de me délivrer. »

Rosso s'approcha à son tour. Il était si près qu'en tendant le bras, il aurait pu saisir la princesse. Et la princesse répéta : « Tu ne mérites pas de me délivrer. » Puis elle recula dans l'ombre de l'arbre.

Rosso fit un pas en arrière. Pelletier fit un pas en avant. Ducast se retourna et regarda Rosso. « Viens, » lui dit-il, « l'heure approche. Viens et vois. »

Rosso fit deux pas en avant.

Il s'approcha à la limite de l'ombre. Ducast et Pelletier entrèrent dans l'ombre. Rosso vit la princesse reculer. Il suivit ses amis, et elle avança à nouveau. Son visage se transforma. Ses yeux s'éteignirent. Ses traits se fanèrent. Ses cheveux devinrent sombres et drus. Tout ce qui était beauté se fit laideur. Tout ce qui était bonté se fit méchanceté. Tout ce qui était noblesse se fit bassesse.

L'homme dit : « Voyez et apprenez : suis-je digne ? »

Il dit encore : « Je suis venu au monde et la mort m'a saisi dans ses bras. Pourquoi ai-je goûté au fruit de la vérité, si je dois vivre dans l'illusion et me nourrir du mensonge ? »

Sa voix sifflait. Rosso avait le cœur battant. L'homme dit : « Reniez vos frères, et je vous offrirai ce le trésor dont j'ai la clef. »

Il dit encore : « Offrez-moi l'eau de vos gourdes, en signe d'allégeance. »

Rosso fit un pas en arrière.

Puis un deuxième.

Soudain, l'homme tendit le bras et saisit le poignet de Yann Rosso.

*

Ducast et Pelletier restaient absolument immobiles.

L'homme attira Rosso vers lui. Sa poigne était d'une force incroyable.

Ducast dit : « Tu mens. Tu n'as pas la clef du trésor. »

L'homme tendit l'autre bras et attira Ducast vers lui.

Puis il planta son regard dans celui de Pelletier, et il fit un pas en arrière.

Elle avança.

Rosso, Ducast et Pelletier pénétrèrent plus avant dans l'ombre. À présent, la lumière avait changé de nature, on aurait dit le soleil couché. C'était comme une nuit de pleine lune, remplie de lueurs froides et d'ombres mystérieuses.

L'homme attira Rosso vers lui, et Ducast aussi. Et Pelletier, obéissant au commandement muet des yeux terribles, avança, elle aussi.

L'homme se plaqua contre l'arbre. On aurait cru qu'il allait rentrer dans l'arbre, qu'il allait devenir l'arbre.

Soudain, Rosso reconnut Weinberger. L'homme avait le visage de *Stasi Volodia*.

« Voyez, » dit-il, « venez et voyez, je vais vous montrer la clef que je cache. »

Il ramena ses bras vers sa poitrine.

« Venez et prenez, » dit-il, et son haleine frappa Rosso en plein visage, comme le fumet horrible d'une tombe profanée.

Rosso sentit la poigne de l'homme qui l'attirait, irrésistible. Il sentit le torse de l'homme contre le sien, puis il sentit le torse de l'homme autour du sien.

L'instant d'après, il fut l'homme.

L'homme avait à présent le visage de Yann Rosso.

L'instant d'après, Rosso ne fut plus rien.

*

Il se trouvait à présent quelque part dans un désert. Il se tourna vers lui-même et vit que son cœur était vide. Il regarda autour de lui et ne vit rien de vivant.

Il fut à nouveau un enfant qui vient de naître, et l'air brûlant pénétra dans ses poumons. Il fut un enfant qui vient de naître, et l'air glacial le fit frissonner. Il fut un enfant qui vient de naître, et il poussa un cri d'effroi et de honte, disant : « Je suis le mensonge, car le mensonge est ce que je suis. »

Il devint fou. Il fut un criminel odieux, et il se délecta du sang de ses victimes. Il fut un criminel odieux, et chaque vie qu'il prenait était comme un mensonge qu'il dissipait. « Vois, » hurla-t-il au ciel, « je suis et tu n'es pas, car je prends les vies que tu fais, et toi, tu ne prends pas la mienne. »

Il fut un être honteux, qui savait quel imposteur vivait en lui. Il eut honte et se tailla un uniforme. Il se fit à l'image des autres hommes, pour cacher parmi eux le monstre qui vivait en lui. Puis il voulut des galons sur son uniforme, et il fit ce qu'il fallait pour les obtenir. Il se reconnaissait trop bien dans les autres hommes en uniforme, il voulait être comme eux pour se cacher parmi eux, mais au-dessus d'eux pour ne pas se reconnaître en eux.

Il fut tout cela en un instant, il vécut mille vies en une seconde, et toutes ces vies se ressemblaient, et toutes ces vies n'étaient qu'un long moment de honte, de peur, de colère et de haine. Il se dressa face au ciel et dit au ciel qu'il le ferait descendre jusqu'à lui, même s'il fallait pour cela l'éventrer à coups de pierre. Il hurla à la terre qu'elle serait son marchepied vers le ciel, même s'il fallait pour cela la creuser jusqu'à ce qu'elle saigne. Et il creusa, et il hurla, et il lança des pierres au ciel, et rien n'apaisa sa colère, sa honte et sa peur.

« Vois, » se dit-il à lui-même, ou bien l'homme le lui dit peut-être, « vois : je t'ai offert la clef que tu voulais. »

Il dit : « Offre-moi encore du vin de la haine. » Il dit et il se prosterna devant l'homme, ou bien peut-être il s'inclina devant lui-même, car il était l'homme et l'homme était lui.

Il resta prostré quelques instants, puis l'homme se détacha de lui totalement, et le repoussa jusqu'à la limite de l'ombre. Et Rosso crut, à cet instant, qu'il allait quitter l'ombre, comme il l'avait déjà quittée souvent, quand il était venu jusque sur le cœur de l'homme, par le passé.

Mais alors que le bras de l'homme repoussait Rosso vers la lumière, soudain, du fond de l'ombre un autre bras surgit. C'était le bras de Ducast. Et d'une poigne de fer, Ducast attira Rosso vers le cœur de l'ombre, et Rosso glissa tout doucement jusque vers l'homme, jusqu'à s'écraser à nouveau contre le torse de l'homme, jusqu'à se confondre avec l'homme.

L'instant d'après, il le traversa.

*

De l'autre côté, Rosso fut l'homme. L'homme avait le visage de Yann Rosso.

De l'autre côté, Rosso fut tout.

Ducast se tenait devant lui, mais Rosso était Ducast. Pelletier se tenait à côté de Ducast, mais Rosso était Pelletier. Elle était lui. Ils étaient ensemble.

Il y eut un moment de silence et de calme. Rosso se tourna vers Ducast, mais Ducast à présent avait pris la forme de la princesse. Et Pelletier aussi. Et Rosso aussi se rendit compte qu'il avait pris la forme de la princesse, sans s'en rendre compte.

Sauf que la princesse n'était pas du tout une princesse.

En fait, elle n'avait pas de forme.

Ducast était Rosso et Rosso était Pelletier. Parce qu'ils n'avaient plus de forme, ils étaient unis dans la même absence de forme.

Rosso se retourna, et soudain il vit la forme qu'il avait été.

La forme était toujours dans le sein de l'homme sous l'arbre, et elle l'appelait, elle le suppliait.

Il l'observa attentivement. Il essaya de comprendre ce que la forme voulait, mais il ne le comprit pas. Elle voulait venir vers lui, mais elle ne voulait pas. Lui ne la retenait pas. C'était elle qui restait là-bas, dans le territoire des ténèbres.

Puis il vit une immense armée d'hommes et de femmes, de vieillards et d'enfants, qui marchaient avec la forme, sous le parvis, derrière l'arbre, à l'entrée du jardin. Tous criaient, tous suppliaient. Et lui, Rosso, ne comprenait pas ce que voulaient ces gens.

Il s'assit sur le sol pour réfléchir. Les gens criaient maintenant contre lui, ils l'accusaient de les abandonner dans les ténèbres. Mais il ne les abandonnait pas du tout. Ils n'avaient qu'à avancer, voilà tout. Ils se déchiraient les uns les autres, et ils l'accusaient, lui, d'être la cause de leurs malheurs. Qu'y pouvait-il, si ces gens avaient trop peur d'avancer vers lui ? La vérité, c'est qu'ils devaient aimer les ténèbres, pour y séjourner si longtemps.

Il se reconnut à nouveau dans la foule. Il revit sa forme, Yann Rosso, là-bas, au milieu d'une foule de gens en colère. Il se regarda attentivement et il comprit que la forme, en réalité, ne se préoccupait que d'elle-même. La forme, là-bas, de l'autre côté de l'ombre, croyait qu'elle était lui. Elle s'imaginait que les pierres qu'elle lançait vers lui pouvaient l'atteindre.

Il fut empli de pitié pour la forme.

Rosso regarda attentivement la cohue. Les gens couraient, puis ils glissaient vers l'arrière. Ils avançaient de dix pas, glissaient de neuf, se relevaient, couraient, retombaient, et ainsi de suite. Ils se montaient les uns sur les autres pour aller plus vite, et naturellement, plus ils se montaient dessus, plus ils se rejetaient mutuellement vers l'arrière.

Il rechercha à nouveau sa forme dans la cohue. Sa marche était ardue. La forme tomba, elle s'accrocha au sol. La distance qu'elle parcourut ainsi était infime, par rapport à celle qu'elle aurait dû parcourir pour sortir de l'ombre.

Rosso remarqua que d'autres formes, à côté de la sienne, avaient cessé de lutter. Ces formes-là restaient immobiles. La plupart des marcheurs finissaient par imiter les formes immobiles. Quelques-uns poursuivaient, comme mus par une détermination supérieure.

Il regarda plus attentivement sa forme. Elle avait encore grignoté quelques millimètres. Elle s'arrêta pour lancer des cailloux, pleine de rancune à son égard. Puis elle s'effondra sur le sol, et resta immobile pendant quelques instants.

Ensuite, très lentement, elle recommença à avancer. Tombant, revenant à son point de départ, s'accrochant au sol, gagnant quelques millimètres, une fois de plus.

Rosso se tourna vers Ducast et, parlant de la forme qui avait été lui, il demanda : « Ne peut-on rien faire pour l'aider ? »

Ducast ne répondit rien. Toujours souriant, il recula dans la lumière. Rosso resta seul face à Pelletier, et soudain, le jeu s'arrêta.

Ecran noir.

Masque de virtualité coupé.

Gant inopérant.

Rosso entendit la voix de Pelletier – sa voix normale, sa voix dans le monde réel.

Il enleva son masque et regarda autour de lui.

La chambre était toujours là, telle qu'il l'avait quittée quelques heures plus tôt.

Pelletier tenait le poignet de Ducast.

Elle répéta : « Je crois qu'il est mort. »

*

Ils fermèrent les yeux de leur ami après lui avoir retiré son masque et son gant. Son visage était paisible, on aurait dit qu'il dormait.

Ils restèrent un moment près du corps, sans rien dire.

Puis ce fut l'aube.

Le jour traversa les persiennes, et Rosso se fit la réflexion qu'ils avaient joué beaucoup plus longtemps qu'il ne l'avait cru.

Pelletier alla à la fenêtre, ouvrit les volets. Le matin parut.

Rosso se leva et marcha jusqu'à Pelletier. Il regarda par-dessus son épaule. Dehors, Isabelle Cardan partait fleurir les tombes avec Catherine Benaïm.

Hélène Pelletier mit sa main dans celle de Yann Rosso. Il ne la repoussa pas.

POSTFACE

Rédigé selon le principe de la littérature itérative par un collectif de trois auteurs et deux contributeurs, regroupés sous le libellé de « collectif Solon », Eurocalypse est un texte que nous avons voulu original – anormal, même, au sens de « hors normes ».

Original, Eurocalypse l'est d'abord sans doute par son *ton*. À la fois très factuel et très symbolique, selon « l'esprit » de l'inspirateur principal de chaque chapitre ou sous-chapitre, Eurocalypse rebondit sans cesse d'un niveau de lecture à un autre. Difficile, pour le lecteur, de faire le tri. Difficile mais, nous l'espérons, stimulant.

Original, Eurocalypse l'est ensuite par la multiplicité de ses sources. Construit progressivement par la collaboration d'un chrétien, d'un païen, d'un Juif, d'un agnostique et d'un libre-penseur, Eurocalypse entremêle des références religieuses et philosophiques diverses, insérées toutes dans un schéma cadre général emprunté à l'Apocalypse, chapitre XIII principalement. De ce métissage idéologique raisonné, un discours étrange et très paradoxal. Là encore, le décodage est difficile mais, du moins nous l'espérons, stimulant.

Bien sûr, il ne faut pas prendre Eurocalypse au pied de la lettre. C'est justement pour empêcher une lecture sans recul que nous avons construit un récit largement invraisemblable.

Le lecteur aura sans doute remarqué qu'il y a six personnages supports de la narration, que chaque personnage revient trois fois, et que ces personnages apparaissent toujours dans le même ordre. Il aura peut-être constaté aussi que le premier de ces personnages est caractérisé par la Crainte, le quatrième par la Force spirituelle et le sixième par l'Intelligence à la recherche de la Sagesse.

Le lecteur attentif aura peut-être aussi remarqué que le récit est supposé durer trois ans et demi, c'est-à-dire quarante-deux mois. Il se sera peut-être étonné que deux personnages, Blanco et Ducast, choisissent le même pseudonyme : « Monsieur Blanc ».

On se doute bien, dans ces conditions, que les personnages 2, 3 et 5 ne sont pas, eux non plus, dessinés par caprice, et l'on imagine bien que toute cette histoire doit être lue *au second degré*.

Alors de quoi s'agit-il ?

Sans entrer dans les détails, car après tout, le jeu veut qu'on laisse le lecteur décoder à sa guise, disons que très schématiquement, Eurocalypse est porteur de deux messages.

Le premier message, adressé aux hommes de paix, est un message de *paix*.

En essayant de dessiner les mécanismes de la catastrophe, tels que *toutes* les traditions humaines les ont esquissés, du Kali Yuga hindou au Ragnarok scandinave, nous avons voulu mettre en garde les hommes de paix. Il ne faut pas lire notre récit comme la description de nos souhaits, mais bien comme l'expression de nos *craintes*.

Ce que nous disons aux hommes de paix, c'est : voyez, le Kali Yuga est en train de commencer, faisons en sorte qu'il dure le moins longtemps possible, pour que le Ragnarok soit le moins cruel possible. Tel est le sens de ce livre, s'il est lu par un homme de paix : c'est un appel à édifier, ensemble, une digue contre la guerre.

Le second message, adressé aux fauteurs de guerre, est un message de *force*.

En dessinant à très gros traits la silhouette de la colline de Sion, entre le Kali Yuga et le Ragnarok, nous avons voulu mettre en garde aussi les hommes de violence. Notre message est simple : ne croyez pas que vous êtes les seuls à pouvoir combattre. Ne croyez pas que vous allez nous intimider. Nous ferons ce qu'il faut pour préserver l'avenir à nous confié par le passé. C'est simple : nous ferons ce qu'il faut pour rester vivants, *quoi qu'il en coûte*, parce que *l'Histoire n'est pas finie*.

Tels sont les deux messages passés par Eurocalypse.

Et si quelqu'un a des oreilles, qu'il entende !

Les membres du Collectif Solon

Éditions le Retour aux Sources

ÉDITIONS
LE RETOUR AUX SOURCES
MAURICE GENDRE & JEF CARNAC
LES NOUVELLES SCANDALEUSES
LE MONDE DANS LEQUEL VOUS VIVEZ N'EST PAS LE MONDE QUE VOUS PERCEVEZ...

PAUL DAUTRANS
MANUEL DE L'HÉRÉTIQUE
ÉDITIONS
LE RETOUR AUX SOURCES
PAUL DAUTRANS
MANUEL DE L'HÉRÉTIQUE
UN LIVRE QUI METTRA EN COLÈRE ABSOLUMENT TOUS LES CONS

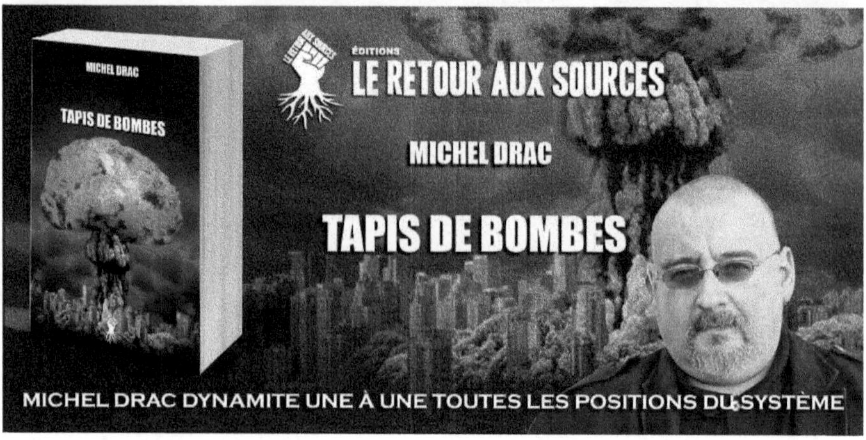
MICHEL DRAC
TAPIS DE BOMBES
ÉDITIONS
LE RETOUR AUX SOURCES
MICHEL DRAC
TAPIS DE BOMBES
MICHEL DRAC DYNAMITE UNE À UNE TOUTES LES POSITIONS DU SYSTÈME

MICHEL DRAC
TRIANGULATION
REPÈRES POUR DES TEMPS INCERTAINS
ÉDITIONS
LE RETOUR AUX SOURCES
TRIANGULATION
REPÈRES POUR DES TEMPS INCERTAINS
MICHEL DRAC
NOUS APPROCHONS MANIFESTEMENT D'UN MOMENT CRITIQUE DANS L'HISTOIRE DE NOTRE PAYS

JEF CARNAC
VENDETTA
ÉDITIONS
LE RETOUR AUX SOURCES
JEF CARNAC
VENDETTA
L'ARGENT, LE POUVOIR, LA CÉLÉBRITÉ...
RIEN NE VOUS PROTÈGERA

MICHEL DRAC
VOIR MACRON
8 SCÉNARIOS POUR UN QUINQUENNAT
ÉDITIONS
LE RETOUR AUX SOURCES
VOIR MACRON
8 SCÉNARIOS POUR UN QUINQUENNAT
MACRON : UN ILLUSIONNISTE.
SON ÉLECTION : UN TROMPE-L'OEIL.
SA POLITIQUE : DU THÉÂTRE.
MICHEL DRAC

www.leretourauxsources.com